Scott Kelby

the Adobe Photoshop
Lightroom

Classic CC

스콧 켈비의 사진가를 위한

어도비 포토샵
라이트룸
클래식 CC

스콧 켈비 지음 | 홍성희 옮김

정보문화사
Information Publishing Group

스콧 켈비의 사진가를 위한

어도비 포토샵 라이트룸 클래식 CC

초판 1쇄 인쇄 | 2018년 10월 05일
초판 1쇄 발행 | 2018년 10월 10일

지 은 이 | 스콧 켈비
옮 긴 이 | 홍성희
발 행 인 | 이상만
발 행 처 | 정보문화사

책 임 편 집 | 최동진
편 집 진 행 | 김지은

주   소 | 서울시 종로구 대학로 12길 38 (정보빌딩)
전   화 | (02)3673-0037(편집부) / (02)3673-0114(代)
팩   스 | (02)3673-0260
등   록 | 1990년 2월 14일 제1-1013호
홈 페 이 지 | www.infopub.co.kr

I S B N | 978-89-5674-791-0

이 책을 소중한 친구이자 동료이며,
라이트룸의 등불이 되어 준 윈스톤 헨드릭슨에게 바칩니다.
우리에게 너무나 많은 가르침을 준 당신이 항상 그리울 것입니다.
1962-2018

감사의 글

내가 집필하는 모든 저서의 머리말은 항상 아내 칼레브라에게 전하는 감사 인사로 시작하는데, 내 아내가 얼마나 놀라운 사람인지 안다면 여러분도 그 이유를 이해할 것이다.

다소 바보같이 들릴 수도 있지만 우리가 함께 장을 보러 갔을 때, 아내가 다른 구역에서 가져오라고 시킨 우유를 들고 돌아 오는 나를 향해 세상에서 가장 따뜻하고 아름다운 미소를 짓는다. 그것은 내가 우유를 찾았다는 기쁨 때문이 아니라 단 60초만 떨어져 있었더라도 그녀는 똑같은 미소를 짓는다. 그것은 "저 사람이 내가 사랑하는 남자에요."라는 미소이다.

올해 9월로 29주년을 맞는 결혼 생활에서 그 미소를 매일 수십 번씩 보며 세계 최고 행운의 사내라고 느낀다. 아내는 아직까지도 내 가슴을 두근거리게 만드는 능력이 있으며, 이런 인생을 선물해 준 아내에게 무한한 행복과 감사를 느낀다.

사랑하는 당신의 친절한 포옹, 이해심과 조언, 인내심, 관대함에 늘 감사하고, 항상 배려하고 인정 많은 아내이자 엄마가 되어 주어서 고마워. 사랑해.

두 번째로 아들 조던에게 고맙다는 말을 전하고 싶다. 21년 전, 아내가 조던을 임신하고 있을 때 첫 번째 저서를 집필하고 있었으며, 그는 나의 저서들과 함께 성장했기 때문에 작년에 자신의 첫 번째 책(243 페이지의 판타지 소설)을 완성했을 때 아들이 얼마나 자랑스러웠는지 모른다. 엄마의 성품을 닮은 훌륭한 청년으로 성장하는 과정을 지켜보는 것은 큰 기쁨이었으며, 대학교 4학년이 된 아들을 보며 아버지로서 매우 자랑스럽고 기뻤다. 조던은 지금까지 성장하면서 많은 사람들의 마음을 감동시키고 영감을 주었다. 앞으로 그의 길에 얼마나 놀라운 모험과 사랑, 그리고 웃음이 기다리고 있을지 기대된다. 아들아, 세상에는 너 같은 사람들이 더 필요해.

우리 훌륭한 딸 키라, 마치 우리의 기도에 응답한 듯 오빠에게는 좋은 동생이자 강한 소녀로 성장해 기적은 매일 일어날 수 있다는 것을 다시 한번 증명해 주었단다. 엄마를 빼닮았다는 말은 내가 해 줄 수 있는 최고의 칭찬이란다. 행복하고, 유머가 넘치고, 똑똑한 너의 모습을 매일 집에서 볼 수 있다는 사실이 우리는 너무 행복하고 자랑스럽단다.

형 제프에게 특별한 감사를 전하고 싶다. 성장하면서 형과 같은 롤 모델이 있다는 사실에 감사한다. 제프는 최고의 형이며, 전에도 수없이 말했지만 한 번 더 말하고 싶다. 사랑해 형!

켈비원 팀 전체에 깊은 감사를 드린다. 팀 구성원 모두와 함께 일하게 된 것이 자랑스럽고, 아직도 팀원들의 능력에 놀랄 때가 많다. 그리고 그들이 모든 일에 쏟는 열정과 자부심에 계속 감명받고 있다.

에디터 킴 도티에게 감사한다. 킴의 놀라운 사고방식, 열정, 침착함, 그리고 세부 사항에 집중하는 능력이 내가 계속 책을 쓸 수 있게 도와 주었다. 책을 집필할 때는 이 세상에 홀로 남겨진 듯한 느낌이 들 때가 많은데, 킴은 그런 내 옆을 지켜 주었다. 집필 중 간혹 벽에 부딪히면 용기를 북돋는 응원이나 도움이 되는 아이디어로 극복할 수 있게 도와 준 킴에 대한 감사는 말로 다 표현할 수 없다.

그리고 나의 저서를 디자인한 뛰어난 재능을 가진 제시카 말도나도가 팀원이라는 점 또한 큰 행운이다. 제시카의 디자인은 정말 훌륭하며, 표지 디자인과 레이아웃에 넣은 세부 디자인은 독창적이다. 제시카는 재능이 뛰어날 뿐 아니라 함께 일하기 즐거운 동료이다. 그녀는 모든 레이아웃 디자인에서 다섯 단계 앞서서 생각할 줄 아는 똑똑한 디자이너이다.

또한 카피 에디터 신디 스나이더에게도 감사한다. 그녀가 아직도 우리와 함께 책을 만들고 있다는 것은 큰 행운이다. 고마워, 신디!

오랜 세월 동안 아낌없는 응원과 우정을 베풀어 준 친구이자 사업 파트너인 진 A 켄드라에게 감사한다. 당신은 나와 칼레브라, 그리고 우리 회사에 소중한 존재야.

소중한 친구이자 멋진 사진가, 테슬라 연구 교수이자 비공식적인 디즈니 크루즈 가이드이며, 일시적인 풍경 사진 탐미자이자 아마존 프라임 애호가인 에릭 쿠나 씨에게 감사한다. 당신은 매일 출근하는 것을 즐겁게 만들어 주는 사람이야. 항상 흥미로운 것을 발견하고, 새로운 사고를 하며, 항상 정당한 이유를 위해 옳은 일을 하도록 우리를 독려하는 당신의 우정과 소중한 조언들에 감사해.

끊임없이 내가 비껴 가지 않도록 도와 주는 책임 부관리자 잔 질레바에게 감사한다. 건물 안에서도 길을 잃는 나에게 주는 모든 당신의 도움과 능력, 그리고 끝없는 인내심에 매일 감사해.

내 저서들이 무사히 탄생할 수 있도록 만들어 준 피치핏 프레스의 모든 직원과 편집장 로라 노먼의 노고에 감사한다.

나의 라이트룸 교육 여정을 지지하고 도움을 준 롭 실반, 서지 라멜리, 매트 클스코우스키를 비롯한 모든 친구들과 교육자들에게 감사한다. 오랜 세월 동안 항상 나를 믿어 주고 지지하고 우정을 나누어 준 매니 스티그만에게 감사한다. 게이브, 스티브, 조셉을 포함한 훌륭한 모든 B&H 직원들에게도 감사의 말을 전하고 싶다. B&H는 세계에서 가장 훌륭한 카메라 상점일 뿐 아니라 그 이상이다.

다음 친구들은 이 책과는 관련이 없지만 내 인생에서 소중한 존재들이기 때문에 깊은 감사를 전하고 싶다. 제프 레벨, 테드 위이트, 돈 페이지, 후안 알폰소, 무스 피터슨, 브랜든 헤이스, 에릭 에글리, 래리 그레이스, 롭 폴디, 메리데스 더핀, 데이브 클레이튼, 빅토리아 파블로브, 데이브 윌리엄스, 래리 벡커,

피터 트레드웨이, 로베르토 피스콘티, 페르난도 산토스, 마이크 멕케스키, 마빈 데리젠, 마이크 큐비시, 멕스 하몬드, 마이클 벤 포드, 브래드 무어, 낸시 데이비스, 마이크 라슨, 조 맥날리, 애니 카힐, 릭 새몬, 미모 메이다니, 테일로 하딩, 데이브 블랙, 존 쿠치, 그렉 로스타미, 매트 랭, 바브 코크란, 잭 레즈니키, 프랭크 도어호프, 칼-프란츠, 피터 헐리, 캐시 포럽스키, 바넬리.

멋진 어도비 직원들에게도 다음과 같은 신세를 졌다. 세계에서 가장 강한 대응력을 가진 슈퍼히어로 제프 트랜베리, 라이트룸 제품 부장 샤라드 맨갈릭의 모든 도움과 통찰력 그리고 조언, 수많은 질문에 대한 답변, 늦은 밤의 이메일, 그리고 항상 큰 그림을 볼 수 있도록 도움을 준 톰 호가티, 여러분이 최고야!

어도비 시스템의 다음 친구들에게도 감사한다. 브라이언 휴, 테리 화이트, 스테판 닐슨, 브라이언 램킨, 줄리안느 코스트, 러셀 프레스톤 브라운, 지금은 없지만 잊지 않을 바바라 라이스, 라이 리빙스톤, 짐 헤이져, 존 로이아코노, 케빈 코너, 데브 휘트만, 에디 로프, 케리 거쉬킨, 그리고 이 책을 바친 윈스톤 헨드릭슨.

지혜와 질책으로 가늠할 수 없는 많은 도움을 주는 나의 멘토들, 존 그레이든, 잭 리, 데이브 게일즈, 주디 파머, 더글라스 풀에게도 감사한다.

무엇보다도 하나님과 그의 아들 예수 그리스도에 감사한다. 나를 아내에게 인도해 주고 훌륭한 두 아이를 갖게 해 주었으며, 사랑하는 일을 직업으로 삼을 수 있도록 해 주었고, 필요할 때면 항상 힘을 불어 넣어 주어 가족들과 행복한 삶을 누리게 해 주었다.

예제 및 완성 파일

이 책에 사용된 예제 파일 및 완성 파일은 정보문화사 홈페이지(http://www.infopub.co.kr)의 [자료실]−[통합 자료실]에서 책 제목을 검색하여 다운로드할 수 있다.

저자 소개

스콧 켈비는 〈Lightroom Magazine〉의 편집장이며 발행인이자, Lightroom KillerTips.com의 제작자이고, 잡지 〈Photoshop User〉의 편집장이며 공동 발행인이다. 또한 사진가를 위한 주간 인터넷 방송 〈The Grid〉의 진행자이며, 매년 열리는 행사 Scott Kelby's Worldwide Photo Walk의 설립자이다.

또 라이트룸, 포토샵과 사진 교육 사업을 전문으로 하는 KelbyOne의 대표 이사이다.

사진가이자 디자이너인 스콧은 'Light It, Shoot It, Retouch It: Learn Step by Step How to Go from Empty Studio to Finished Image', 'The Adobe Photoshop Book for Digital Photographers', 'Professional Portrait Retouching Techniques for Photographers Using Photoshop', 'How Do I Do That in Lightroom?'을 포함 90권 이상의 책을 집필했으며, 'The Digital Photography Book' 시리즈 중 첫 번째인 'The Digital Photography Book, Part 1'은 디지털 사진 도서 중 역대 최고의 판매량을 기록했다.

스콧은 6년 연속 사진 관련 서적 분야의 베스트셀러 자리를 놓치지 않고 있다. 그의 저서들은 중국어, 러시아어, 스페인어, 한국어, 폴란드어, 대만어, 프랑스어, 독일어, 이탈리아어, 일본어, 히브리어, 네덜란드어, 스웨덴어, 터키어, 포르투갈어를 포함 전 세계의 언어로 번역 출간되었다. 그리고 그는 예술과 과학으로서의 전문 사진 분야에 기여한 공헌을 인정받아 미국 사진가 협회에서 매년 수여하는 ASP 인터내셔널 상을 수상했다. 또한 전 세계 사진 교육에 기여한 공적을 인정받아 HIPA 상을 수상했다.

스콧은 매년 열리는 세계 포토샵 회담의 기술 의장을 맡고 있으며, 전 세계를 여행하며 다양한 회담과 트레이드 쇼에서 강연을 하고 있다. 그는 1993년부터 KelbyOne.com의 다양한 온라인 강의에 출연하며 포토샵 사용자들과 사진가들을 위한 강의를 하고 있다.

그의 블로그와 SNS에서 스콧 켈비에 대해 더 많은 정보를 얻을 수 있다.

라이트룸 블로그 : lightroomkillertips.com
개인 블로그 : scottkelby.com
트위터 : @scottkelby
페이스북 : www.facebook.com/skelby
인스타그램 : @scottkelby
구글+ : +ScottKelby

차례

CHAPTER 01

IMPORTING
라이트룸으로 사진 불러오기

CHAPTER 02

GETTING ORGANIZED
행복한 라이트룸 작업을 위한 사진 정리하기

CHAPTER 03

Advanced Stuff
사진 불러오기와 정리 고급 기술 익히기

차례

CHAPTER 04

CUSTOMIZING
내 작업 방식에 맞는 라이트룸 설정하기

CHAPTER 05

EDITING YOUR IMAGE
프로 사진가처럼 사진 보정하기

CHAPTER 06

PAINTING WITH LIGHT
보정 브러시와 보정 도구 익히기

CHAPTER 07

SPECIAL EFFECTS
라이트룸으로 특수 효과 만들기

차례

CHAPTER 08

PROBLEM PHOTOS
일반적인 문제점 해결하기

CHAPTER 09

EXPORTING
JPEG, TIFF 파일 저장하기와 내보내기

CHAPTER 10

LR WITH PHOTOSHOP
포토샵으로 전환하기

CHAPTER 11

PHOTO BOOKS
내가 찍은 사진들로 아름다운 포토북 만들기

차례

CHAPTER 12

PRINTING
사진 출력하기

CHAPTER 13

VIDEO
내 카메라로 촬영한 영상 편집하기

읽기 전에
알아 두어야 할
7가지 주의사항

필자는 여러분이 이 책을 최대한 활용하기를 원한다. 그러므로 2분만 투자해서 다음 일곱 가지 주의사항을 읽어 두면 라이트룸 클래식을 습득하는 데 큰 도움이 될 것이다. 또한 중요한 정보도 포함되어 있으므로 그냥 지나친다면 제대로 되지 않아 번거로움을 겪어야 할 것이다. 여기에서 실은 캡처 사진들은 빈 공간으로 남겨 둘 수 없어서 보기 좋으라고 삽입한 것이다. 우리는 무엇이든 보기 좋게 만들어야 하는 사진가가 아닌가.

01

이 책은 라이트룸 클래식 사용자들을 위해 만들었다(11년 동안 우리가 알고 좋아한 바로 그 라이트룸이다). 여러분이 보고 있는 라이트룸이 옆의 사진과 똑같다면 라이트룸 클래식이 맞다. 그렇지 않다면(그림과 같이 윗부분에 [Library], [Develop], [Map] 등과 같은 모듈이 보이지 않는다면) 사진을 클라우드에 저장하는 방식의 Lightroom CC라는 다른 앱을 사용한다는 의미이다. 이 책에서는 클라우드 버전을 다루지 않는다는 점을 유의하자.

02

이 책에 사용한 대부분의 사진들은 정보문화사 홈페이지(http://www.infopub.co.kr)의 [자료실]-[통합자료실]에서 책 제목을 검색하여 파일을 다운로드하거나 http://kelbyone.com/books/lrclassic7에서 다운로드해서 과정을 그대로 따라 할 수 있다. 위에서 얘기했듯이 이 부분을 읽지 않고 CHAPTER 01로 건너뛰었다면 사진을 어디에서 다운로드하는지 말하지 않았다고 불평했을 수도 있었을 것이다.

03

필자의 다른 책들을 읽어 보았다면, 보통 '순서대로 읽지 않아도 괜찮다'는 점을 기억할 것이다. 그러나 라이트룸의 경우, 일반적으로 실행하는 작업 순서에 따라 썼기 때문에 라이트룸 초보자라면 CHAPTER 01부터 보기를 권장한다. 하지만 결정은 여러분의 몫이다. 또한 각 프로젝트 첫 페이지 윗부분에 있는 도입부는 중요한 정보를 포함하고 있으므로 반드시 읽기 바란다.

04

라이트룸의 정식 명칭은 포토샵군과 어도비 Creative Cloud에 속하기 때문에 '어도비 포토샵 라이트룸 클래식 CC'이다. 필자가 매번 '어도비 포토샵 라이트룸 클래식 CC'라고 쓴다면 곧 필자(혹은 근처에 앉은 사람)의 목을 조르고 싶은 기분이 들 것이다. 그러므로 여기부터는 줄여서 '라이트룸'이나 '라이트룸 클래식'이라고 칭할 것이다.

05

경고 : 각 챕터의 시작 페이지는 잠시 휴식을 가지려고 썼기 때문에 사실 본문 내용과 연관성이 없다. 기발한 시작 페이지를 쓰는 것은 개인적인 전통이며, 모든 챕터의 시작 페이지를 동일한 방식으로 쓴다. 그러므로 자신이 '진지한' 성격이라고 생각한다면 시작 페이지는 짜증만 유발할 것이므로 건너뛰어도 괜찮다.

06

CHAPTER 15는 보너스 챕터로 필자의 작업 과정을 실었다. 작업 과정 챕터는 이 책을 모두 읽은 다음 마지막에 보기 바란다. 그 전에 읽는다면 필자의 설명을 이해하지 못할 것이다.

07

[Web] 모듈과 [Slideshow] 모듈에 대한 챕터가 빠졌다. 이 두 개의 챕터는 정보문화사 홈페이지(http://www.infopub.co.kr)에서 다운로드한 예제 폴더에서 찾을 수 있으며, 웹 사이트(http://kelbyone.com/books/lrclassic7)에도 올렸다(영문으로 제공한다). 두 모듈에 대한 챕터를 책에 넣지 않은 이유는 공식적으로 발표한 것은 아니지만 어도비가 두 기능을 버렸다고 생각하기 때문이다(이전 네 개의 버전에서 새로운 기능을 전혀 추가하지 않았다. 그래서 두 기능의 사용도 그다지 권장하고 싶지 않다). 그러나 [Slideshow] 모듈에 유용한 기능이 한 가지 있는데, 그 내용은 CHAPTER 13에 넣었다. 하지만 만약의 경우를 위해 두 개의 모듈에 대한 챕터를 웹 사이트에 올렸으므로 전혀 사용하지 않을 기능에 대한 보너스 챕터라고 생각하자.

07.1

멋진 무료 라이트룸 프리셋이 필요한가? 이 책을 끝낼 때 즈음에는 충분히 받을 자격이 있다고 생각한다. 아직 프리셋이 무엇인지 모르는 초보 사용자를 위해 간단히 설명하자면, 프리셋은 클릭 한 번으로 사진을 멋지게 만드는 기능으로, 프리셋을 만들어 판매하는 거대한 인터넷 시장이 형성되어 있을 정도이다. 하지만 여러분의 열정을 십분 이해하기 때문에(또는 이 책을 구입했기 때문에) 우리 회사에서 만든 프리셋을 무료로 제공하겠다. 프리셋과 효과의 샘플 이미지는 정보문화사 홈페이지(http://www.infopub.co.kr)에서 다운로드한 예제 폴더에서 찾을 수 있다([DevelopPresets 챕터와 프리셋], [Layout 챕터와 템플릿] 폴더, 관련 설명은 영문으로 제공한다).

07.2

CHAPTER 01의 모든 사진을 외장 하드 드라이브로 이동하는 방법과 CHAPTER 12의 출력할 사진에 넣을 수 있는 테두리를 포토샵에서 직접 만드는 방법을 단계별로 보여 주는 보너스 영상(영어로 설명한다)을 제작했다. 영상은 http://kelbyone.com/books/lrclassic7에서 찾을 수 있다. 이제 페이지를 넘겨 본격적으로 라이트룸 클래식을 배워 보자.

Photo by Scott Kelby | Exposure: 0.5 sec | Focal Length: 14mm | Aperture Value: *f*/11

CHAPTER 01

IMPORTING
라이트룸으로 사진 불러오기

이 도입부를 더 읽기 전에 잠시 멈추고 앞에 있는 '읽기 전에 알아 두어야 할 7가지 주의사항'에 있는 05번 항목을 주의해서 읽어 보자.

필자가 이 점을 중요시하는 이유는(사실 매우 슬픈 이야기이다) 이전에 그 부분을 대충 보고 넘어간 독자가 있었다. 그는 챕터 시작 페이지에 대한 필자의 경고를 모른 채 시작 페이지를 읽고 나머지 내용도 똑같을 것이라고 추측해서 결국 미쳐 버리고 말았다. 그는 매일 알루미늄 호일만 입고 거리에서 금붕어 샌드위치를 팔기 시작했다. 그러다가 어느 시점에서인지 그가 선거에 출마하는 것 외에는 방도가 없다는 것을 주변 사람들이 느끼게 되었다. 그는 바람이 세차게 몰아치는 2015년 11월(필자의 기억이 맞는다면 화요일이었다)에 간발의 차로 당선되었다. 당선 후 그는 법원 청사 계단에 위엄 있게 서서 호일 가운 속으로 스며드는 찬바람을 맞으며 히스토그램 여왕과 그녀의 후계자들과 후손들을 향한 진정한 충성을 맹세했다. 그는 루페뷰와 키워드 섬 지역의 자치구에 지대한 영광과 명성을 위해 그의 사진들을 라이트룸으로 불러오기로 맹세했다. 그러나 임기 5개월 만에 사라진 사진 경고와 손상된 카탈로그에 대한 루머가 수면 위로 떠오르자 서둘러 기자회견을 열었다. 가디언지의 정치부 편집장인 사이먼 졸리보텀이 루머가 사실이냐는 질문을 건네자 그는 사이먼을 멍한 눈으로 쳐다보며 "해시태그 가짜 뉴스, 해시태그 슬픔."이라고 말했다. 그리고는 자신의 잔디에서 나가라고 소리를 질렀다.

이 이야기는 실화이다.

(※ 챕터 시작 페이지는 쉬어 가는 페이지이다. 가볍게 읽고 넘어가길 바란다.)

모든 사진을 하나의 외장 하드로 이동하기☆☆

라이트룸을 본격적으로 사용하기 전에, 사실 프로그램을 시작하기 전에 해야 하는 일이 있는데, 모든 사진을 저장할 외장 하드를 준비하는 것이다(컴퓨터 내장 하드는 금방 용량이 차기 때문에 사용하지 않는다). 이 과정은 중요하며, 앞으로 닥칠 수 있는 고생을 방지할 것이다. 좋은 소식은 외장 하드의 가격이 점점 저렴해진다는 것이다(필자는 최근에 4테라바이트 WD 외장 하드를 88달러에 판매하는 것을 보았다).

사진 이동하기

외장 하드를 컴퓨터에 연결했다면 이제 모든 사진을 한 개의 외장 하드로 이동할 차례이다. 그러므로 모든 사진을 모은다(CD와 DVD, 다른 휴대용 하드 드라이브 등에 분산된 모든 사진을 모아서 하나의 외장 하드로 이동한다). 이때 사진을 복제해서 저장하는 것이 아니라 컴퓨터에서 외장 하드로 이동해야 한다는 점에 유의하자(이동이 완료되었는지 확인한 다음 컴퓨터에 남은 복제 파일을 삭제한다. 앞으로는 외장 하드로 이동한 사진들만 사용할 것이다).

모든 사진을 하나의 외장 하드로 이동하는 작업이 쉽지는 않다(자세한 방법은 'http://kelbyone.com/books/lrclassic7'에서 영어 동영상으로 볼 수 있다). 백업이 쉬운 하나의 저장 장치에 모든 사진을 저장했다는 안도감을 준다는 점 외에도 라이트룸 작업을 훨씬 더 쉽고 빠르게 만든다는 장점이 있다.

Tip

외장 하드를 구입할 때 자신이 필요하다고 예상한 용량보다 큰 용량의 외장 하드 구입을 추천한다(최소한 4테라바이트). 초고화질 메가픽셀 카메라들이 표준이 된 요즈음 어떤 외장 하드를 선택하든지 생각보다 외장 하드 용량이 훨씬 빨리 채워질 것이다(앞으로 사진 파일 크기는 점점 더 커질 것이다). 하지만 우선 가지고 있는 모든 외장 하드, CD들과 DVD들에 저장한 사진들을 모아 한 개의 외장 하드로 이동하자.

라이트룸의 [Folders] 패널에 있는 폴더에 물음표가 보인다면 폴더를 컴퓨터에서 외장 하드로 이동해서 라이트룸이 더 이상 폴더의 위치를 파악하지 못한다는 의미이다. 해결법은 간단하다. 라이트룸에 폴더를 위치를 알려 주어 사진을 자동으로 재연결하도록 설정하면 된다.

이미 라이트룸 사용자이며, 이 책에서 필자가 가르치는 라이트룸 클래식 버전의 정리 시스템으로 전환하는 경우라면, '라이트룸 숙련자의 경우' 항목만 읽어도 상관없다.

사진 폴더에 물음표가 나타난다면

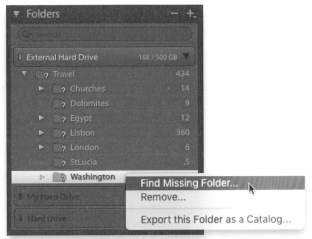

라이트룸에 폴더의 이동 위치 알려 주기

컴퓨터에서 사진들을 외장 하드 드라이브로 이동한 후, [Library] 모듈의 [Folders] 패널을 보면 물음표가 붙은 회색으로 비활성화된 폴더들이 있을 것이다. 그것은 라이트룸이 원본 사진의 위치를 더 이상 모른다는 의미이다. 해결 방법은 사진을 이동한 위치를 알려 주면 된다.

물음표가 있는 폴더를 마우스 오른쪽 버튼으로 클릭한 다음 메뉴에서 **Find Missing Folder**를 실행해 [Open] 창을 불러온다. 외장 하드에서 해당 폴더를 찾은 다음 [Choose] 버튼을 클릭한다. 그것으로 끝이다. 이제 라이트룸이 사진 위치를 파악하고 있으며, 작업할 준비가 되었다.

라이트룸 숙련자의 경우

[Folders] 패널 사용이 익숙하다면, 폴더들을 컴퓨터에서 외장 하드로 드래그하는 대신 [Folders] 패널에서 바로 실행할 수 있다. 패널 안에서 폴더를 이동하면 라이트룸을 사용하기 때문에 이동 위치를 이미 파악하고 있어서 재연결할 필요가 없다.

Note -

데이터가 저장되어 있지 않은 빈 새 외장 하드 드라이브를 연결하면 라이트룸이 인식하지 못해서 [Folders] 패널에 나타나지 않기 때문에 패널 윗부분 헤더에서 오른쪽에 있는 [+] 아이콘을 클릭하고 새 외장 하드 드라이브를 찾은 다음 드라이브에 새 폴더를 만든다. 그러면 [Folders] 패널에 외장 하드 드라이브가 나타날 것이다. 이제 폴더를 드래그해서 외장 드라이브로 바로 이동할 수 있다.

- -

백업 하드 드라이브 만들기

두 개의 외장 하드가 필요하므로 외장 하드의 가격이 저렴해졌다는 점이 다행이다. 두 개가 필요한 이유는 외장 하드는 언젠가는 수명을 다하기 때문이다(간혹 자체적으로 수명을 다하거나, 떨어뜨리거나, 번개를 맞거나 혹은 책상 위에 있는 드라이브를 개가 물어서 떨어지는 등).

하드 드라이브뿐만 아니라 CD, DVD, 휴대용 드라이브, 광학 드라이브 등 모든 미디어 저장용 기기는 제한된 수명을 가지고 있다. 그렇기 때문에 사용하는 하드 드라이브에 문제가 생길 경우를 위해 백업이 필요하다.

완전히 분리된 드라이브가 필요하다

백업은 사용하는 외장 하드 드라이브와 완전히 분리된 별도의 외장 하드 드라이브에 한다. 단지 파티션이나 동일한 외장 하드 드라이브 안 별도의 폴더에 저장하는 방법은 백업이 아니다.

한 사진가는 그 사실을 모른 채 파티션에 백업을 했는데, 하드 드라이브가 수명을 다하면 다른 파티션에 저장한 백업 폴더도 동시에 수명을 다한다. 결과는 동일하다. 모든 사진을 영원히 손실할 가능성이 높다.

외장 하드 드라이브 보관 장소

드라이브 두 개는 각각 다른 장소에 보관하는 것이 바람직하다. 예를 들어, 필자는 하나는 집에 두고, 다른 하나는 사무실에 보관하며, 한 달에 한 번, 집에 있는 드라이브를 사무실에 가져와 동기화해서 한 달 동안 새로 저장한 사진들을 백업 드라이브에 업데이트한다.

각기 다른 장소에 보관하면 화재, 도난, 자연재해 등 사고가 생길 경우 다른 장소에 백업 드라이브가 있으므로 안심할 수 있다. 이 점이 바로 컴퓨터를 백업 드라이브로 시용하거나, 메인 외장 하드 드라이브가 있는 책상에 함께 두지 말아야 하는 이유이다.

©ADOBESTOCK/DRUMCHEG

세 개의 백업은 너무 과하다고 생각할 것이다. 지난 몇 년 동안 휴스턴의 홍수나 태풍 카트리나, 혹은 자연재해 때문에 사진을 잃은 경험이 있는 사람들에게 물어 보라. 그 사진들은 무엇으로도 대체할 수 없는 우리 인생의 시각적 역사이다. 거기에는 의뢰인을 위한 사진들과 가족사진, 그리고 가격을 매길 수 없는 사진들이 포함되어 있기 때문에 세 번째 백업은 매우 중요하다. 필수는 아니지만 더 안심할 수 있을 것이다.

클라우드 백업하기

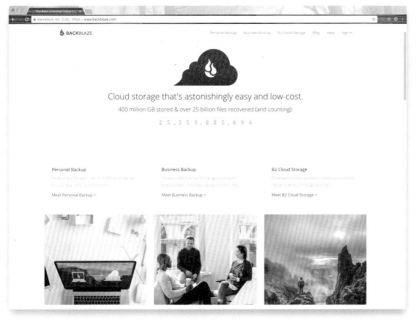

클라우드 백업도 해야 하는 이유

두 개의 외장 드라이브를 각기 다른 장소에 보관해도 자신이 사는 지역에 태풍이나 홍수 등 자연재해가 닥치는 경우 두 개를 모두 잃을 수 있다. 그것이 바로 필자가 클라우드 백업을 추천하는 이유이다.

필자는 Backblaze.com을 클라우드 백업으로 사용하는데 이유는 간단하다. 한 달 사용료 5달러로 무제한 저장 공간을 사용할 수 있기 때문이다. 이 클라우드는 시스템에서 작동하며, 외장 하드의 데이터를 자동으로 클라우드에 백업한다.

업로드 과정을 지켜보지 말자

Backblaze를 포함한 모든 클라우드 기반 백업이 마찬가지로 테라바이트 단위의 사진 라이브러리 전체를 클라우드에 복제하는 것은 긴 시간이 소요된다. 얼마나 걸리는지 궁금한가?

일반인의 경우, 최소한 한 달이 소요된다. 사진을 열심히 찍는 아마추어라면 아마도 6주에서 두 달 정도 소요되며, 직업 사진가라면 그보다 훨씬 오래 걸릴 것이다. 업로드 속도는 다운로드 속도에 비해 현저히 느리기 때문에 최소한 한 달 동안은 업로드 과정에 신경을 끊는 것이 좋다. 그러지 않으면 스트레스만 받을 것이다. 그저 외장 하드 드라이브를 백업하도록 설정한 다음 놔 두면 6주 후 클라우드에 백업한 사진 라이브러리를 가질 수 있다. 그보다 더 오래 걸릴 수도 있지만 어차피 시간은 흘러가기 마련이다.

라이트룸을 시작하기 전에 사진 정리하기

필자는 거의 매일 사진가들에게서 사진 위치가 헛갈린다는 고충을 듣는다. 그들이 느끼는 실망감과 혼란은 라이트룸과 아무 상관이 없다. 그러나 라이트룸을 사용하기 전에 사진을 먼저 정리한다면(필자가 매우 간단한 방법을 공유할 것이다), 라이트룸을 훨씬 더 쉽게 사용할 수 있다. 게다가 이 방법은 모든 사진의 위치를 정확하게 파악할 수 있을 뿐 아니라 컴퓨터 앞에 앉아 있지 않아도 타인에게 정확한 위치를 알려 줄 수 있다.

외장 하드 드라이브를 연 다음(22쪽 '모든 사진을 하나의 외장 하드로 이동하기' 참고) 새 폴더 한 개를 만든다. 이 폴더가 메인 사진 라이브러리 역할을 할 것이며, 이 폴더 안에 과거부터 앞으로 찍을 사진들까지 모두 넣는 것이 라이트룸을 사용하기 전 사진을 완벽하게 정리하는 핵심 비법이다. 필자는 이 중요한 폴더를 [Lightroom Photos]라는 이름으로 설정했다. 여러분은 얼마든지 자신이 원하는 이름을 설정할 수 있다. 어떤 이름을 설정하든지 이 폴더가 사진 라이브러리의 새 집이라는 점만 기억하자. 또한 라이브러리 전체를 백업할 때 이 폴더만 백업하면 된다. 간단하지 않은가?

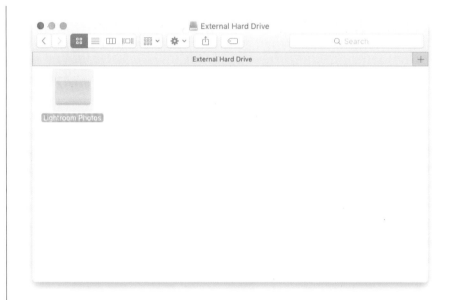

폴더 안에는 촬영한 사진들의 주제별로 다양한 폴더들을 만든다. 예를 들어, 필자는 다음과 같은 아홉 개의 폴더를 만들었다([Architecture], [Automotive], [Aviation], [Family], [Landscapes], [Misc], [People], [Sports], [Travel]), [Lightroom Photos] 폴더 안 분리된 폴더들에 사진들을 분류해 저장할 것이다.
그다음은 다양한 종목의 스포츠 사진을 촬영하기 때문에 [Sports] 폴더 안에 '축구', '야구', '모터스포츠', '농구', '하키' 등 종목별 폴더들을 만들어 스포츠 사진을 분류한다. 여러분도 똑같이 할 필요는 없다. 필자는 다양한 종목의 스포츠 사진을 촬영하기 때문에 라이트룸을 사용할 때 사진을 쉽게 찾으려고 이와 같은 방식으로 분류한 것이다.

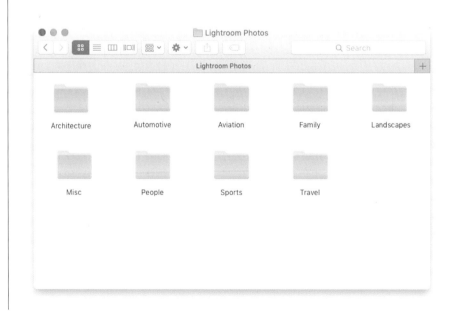

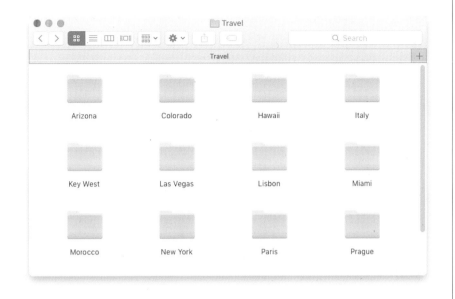

STEP
03

여러분의 컴퓨터에는 이미 사진들이 가득 찬 수많은 폴더가 있을 것이다. 여러분이 해야 할 일은 컴퓨터의 폴더들을 드래그해서 외장 하드 드라이브로 이동해 사진들의 주제에 맞는 폴더에 넣는 것이다(생각보다 쉽다).

만약 하와이 여행에서 찍은 사진 폴더라면 드래그해서 [Lightroom Photos] 폴더에 넣은 다음 그 안에 있는 [Travel] 폴더에 넣는다.

폴더 이름은 언제든지 알아보기 쉽게 설정하는 것이 좋다. 폴더 이름만 보아도 무슨 사진이 들었는지 알 수 있어야 한다.

사진 정리를 계속 해 보자. 만약 딸의 소프트볼 경기를 촬영한 사진 폴더가 있다면, 먼저 폴더를 드래그해서 [Lightroom Photos] 폴더에 넣은 다음 [Sports] 폴더에 넣는다. 혹은 딸을 촬영한 사진들이기 때문에 [Family] 폴더에 넣을 수도 있다. 결정은 여러분에게 달렸다. 그 사진을 [Family] 폴더에 넣었다면 앞으로 촬영하는 아이들의 경기는 [Family] 폴더로 넣어야 한다는 점만 유의하자. 사진 정리의 핵심은 일관성이다.

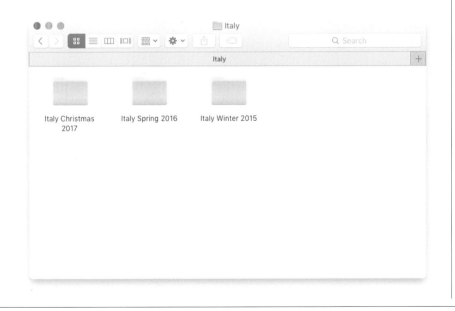

STEP
04

모든 사진을 외장 하드의 폴더에 정리하는 데 소요되는 시간이 궁금할 것이다. 생각보다 오래 걸리지 않는다. 대부분 몇 시간만 투자하면 된다.

이 작업으로 얻는 성과는 무엇일까? 우선, 컴퓨터 앞에 앉아 있지 않아도 자신이 촬영한 모든 사진이 어디에 있는지 알게 된다. 예를 들어, "이탈리아 여행에서 찍은 사진들이 어디 있지?"라는 질문을 받아도 이미 [Lightroom Photos]-[Travel]-[Italy]라는 폴더 안에 있다는 것을 알고 있다. 이탈리아 여행을 한 번 이상 갔다면 [Italy Winter 2015], [Italy Spring 2016], [Italy Christmas 2017]과 같이 분류할 수 있을 것이다.

STEP 05

사진을 정리할 때 빠지기 쉬운 함정이 있는데, 폴더를 날짜별로 정리하는 것이다. 이 방식이 함정인 이유는 촬영 시기에 대한 자신의 기억에 의존해야 하기 때문이다.

라이트룸은 이미 라이브러리에 있는 모든 사진의 정확한 촬영 날짜와 시간을 알고 있다(촬영할 때 카메라가 기록한 카메라 정보를 인식한다). 그러므로 사진을 촬영 날짜별로 보고 싶다면, [₩]를 눌러 라이트룸의 Grid 보기 모드 윗부분 Library Filter 바를 불러온 다음 [Metadata]를 선택하고 첫 번째 메뉴에서 Date를 선택한다. 그리고 원하는 연도, 월을 순서대로 선택한다. 특정 날짜에 촬영한 사진들만 보고 싶다면, 라이트룸이 이미 자동으로 처리하므로 직접 선택할 필요가 없다.

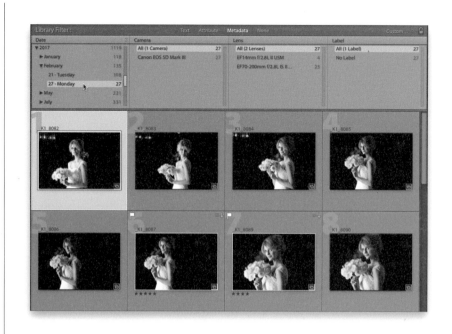

STEP 06

풍경 사진을 많이 촬영한다면, 누군가로부터 "요세미티에서 촬영한 사진들이 어디에 있지?"라는 질문을 받을 수 있다. 그러면 "외장 하드 드라이브의 [Lightroom Photos]-[Landscape] 폴더 안에 있어."라고 대답할 수 있다. 컴퓨터가 폴더를 알파벳순으로 나열할 수 있기 때문에 원하는 폴더를 더 찾기 쉽다. 쉽지 않은가? 모든 폴더명을 [Acadia National Park], [Rome], [Family Reunion 2016]과 같이 알아보기 쉽고 명확하게 표현한다면 원하는 사진을 더 쉽고 빠르게 찾을 수 있을 것이다.

사진 정리는 이처럼 간단하다. 지금 약간의 시간만 투자해 모든 사진들을 드래그해서 적합한 주제 폴더에 분류하면 나중에 충분한 보상을 받을 것이다.

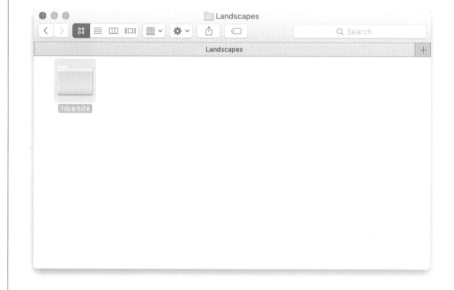

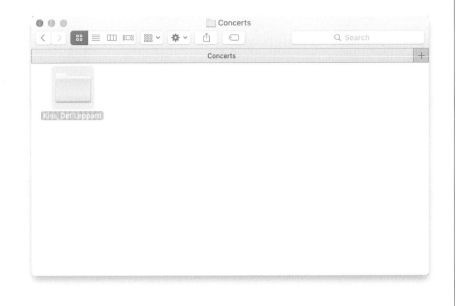

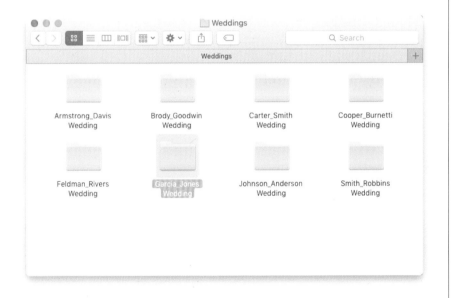

 STEP 07

카메라 메모리 카드에서 새로 찍은 사진들을 불러오는 경우에도 동일한 방식으로 분류한다. 메모리 카드에서 사진 파일을 외장 하드 드라이브의 해당 주제 폴더에 바로 복제한 다음, 주제 폴더 안에 촬영을 묘사하는 간단한 이름의 새 폴더를 만든다. 예를 들어, 록그룹 키스와 데프 레파드 콘서트를 촬영했다면, 외장 하드 드라이브의 [Lightroom Photos]−[Concerts]−[Kiss_Def Leppard] 폴더를 만들어 사진을 저장한다.

Note

행사 사진 촬영을 많이 한다면, [Events]라는 주제 폴더를 만들고 그 안에 [Concerts], [Celebrities], [Award Shows], [Political Events] 등 하위 폴더들을 만들어 사진을 정리한다.

 STEP 08

또 다른 예를 들어 보자. 결혼 사진 촬영을 하는 사진가라면 [Weddings] 폴더가 필요하다. 그리고 그 안에 [Johnson_Anderson Wedding], [Smith_Robins]와 같은 하위 폴더들을 만든다. 만약 가르시아 부인이 전화로 "우리 결혼 사진들 중 추가 사진이 필요해요."라는 요청을 한다면, 사진을 어디에서 찾아야 하는지 정확히 알 것이다. 외장 하드 드라이브에서 [Lightroom Photos]−[Weddings]−[Garcia_Jones Wedding] 폴더순으로 사진을 찾으면 된다. 이보다 더 간단한 사진 정리 방식은 없다(사실 라이트룸에서 사진을 찾으면 더 간단하지만 우선은 라이트룸을 시작하기 전에 사진을 정리하는 방법에 대한 부분이므로 라이트룸을 사용하는 방법은 나중에 알아볼 것이다). 이제 우리는 사진 라이브러리 정리 비법을 나눈 사이이므로 행복한 결혼 생활 비법도 알려 주겠다. 간단하지만 매우 효과적이다. 바로 욕실을 따로 사용하는 것이다. 한 권의 책에서 비밀을 두 개나 알려 주다니. 훌륭하지 않은가?

하드 드라이브에 있는 사진 불러오기

라이트룸에서 이해해야 하는 가장 중요한 개념은 어도비가 사진 '불러오기'라고 칭하는 처리 방식은 실제로 사진을 이동하거나 복제해서 라이트룸으로 가져오는 것이 아니라는 것이다. 사실 사진 파일은 이동하지 않고 외장 하드 드라이브에 그대로 있다. 라이트룸은 선택한 사진 파일을 '관리'하는 것뿐이다. 그것은 마치 우리가 라이트룸에게 '외장 하드에 있는 저 사진들을 나 대신 관리해.'라는 명령을 내리는 것과 같다. 물론 사진을 볼 수 없다면 사진을 관리할 수 없으므로 라이트룸이 사진 파일 섬네일 미리 보기 이미지를 만들어 우리가 라이트룸에서 볼 수 있다. 실제 사진 파일은 라이트룸으로 이동되거나 복제되지 않는다.

STEP 01

사진을 불러오기 전에 이해하고 있어야 할 중요한 점이 있으므로 윗부분 도입문을 먼저 읽자.

사진을 라이트룸으로 불러오는 방법은 매우 쉽다. 외장 하드 드라이브에서 라이트룸으로 불러오려는 사진 폴더를 라이트룸 아이콘으로 드래그해서 놓으면 예제 사진과 같은 [Import] 창이 표시된다. 라이트룸은 사용자가 폴더 안 모든 사진을 불러오려 한다고 가정하기 때문에 각 섬네일 옆에 체크 상자가 있다. 불러오기 원하지 않는 사진은 체크 상자를 클릭해 선택 해제하면 불러오지 않는다.

특정 사진을 더 크게 보고 싶다면 더블클릭한다. 기본 섬네일 Grid 보기 모드로 돌아가려면 다시 더블클릭하거나 G를 누른다. 모든 섬네일을 확대해서 보고 싶다면 창 아랫부분 오른쪽에 있는 Thumbnail 슬라이더를 드래그해서 섬네일 크기를 조절한다.

STEP 02

이 시점에서 해야 하는 것은 창 윗부분의 'Add'가 선택되었는지 확인하는 것뿐이다. 그리고 오른쪽 아랫부분 [Import] 버튼을 클릭하면(지금은 모든 버튼 같은 기능들을 무시하자), 사진들이 라이트룸에 나타날 것이다. 이때 조절이 가능한 기능들이 몇 가지 있지만(잠시 후 설명할 것이다), 사진을 불러와 라이트룸에 관리를 맡기는 기본적인 방법은 이것이 전부이다.

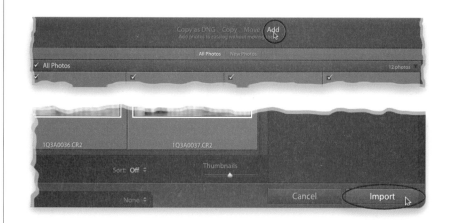

라이트룸은 섬네일, 표준 화면 크기, 100%(라이트룸에서는 1:1이라고 칭한다), 세 종류의 미리 보기 이미지를 만든다. 미리 보기 크기가 클수록 사진을 처음 불러올 때 렌더링에 소요되는 시간이 길어진다. 다행히 사용자 취향에 따라 미리 보기가 나타나는 속도를 선택할 수 있다. 필자는 성격이 급해서 사진을 불러오는 즉시 섬네일을 보고 싶다(그러나 속도를 선택하면 다른 조건을 희생해야 한다). 자신의 성격에 맞는 미리 보기 종류를 찾아보자.

사진이 나타나는 속도 설정하기

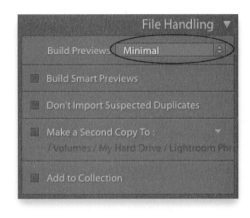

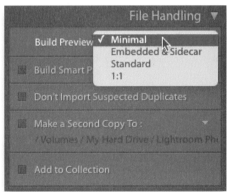

미리 보기 종류

[Import] 창 윗부분에 있는 [File Handling] 패널의 Build Previews 메뉴에는 라이트룸에서 사진을 줌인할 때 사진이 나타나는 속도를 설정하는 네 개의 선택 항목이 있다.

1. Minimal(매우 빠른 섬네일)

RAW 형식으로 사진을 촬영하는 경우 이 방식을 선택하면, 라이트룸이 카메라가 RAW 파일에 포함한 JPEG 형식의 작은 미리 보기 이미지(RAW 형식으로 촬영할 때 카메라 뒷부분에서 보는 것과 동일한 JPEG 형식의 미리 보기 이미지)를 불러와 섬네일로 사용하기 때문에 매우 빨리 나타난다(필자는 항상 이 항목을 선택한다). 이 Minimal 미리 보기는 정확한 색상을 표현하지는 못하므로 속도를 위해 색상의 정확도를 희생하는 것이다.

카메라가 RAW 파일에 적당한 크기의 미리 보기 이미지를 포함했다면 사진을 줌인해서 확대해야 하는 경우에도 꽤 빠르다. 그렇지 않은 경우에는 라이트룸이 직접 확대된 미리 보기 이미지를 만든다(이 경우에는 몇 초 정도 더 시간이 걸린다).

> **Note**
> -
> JPEG 형식으로 촬영한다면 사진을 불러올 때나 확대할 때 모두 미리 보기 이미지가 빠르게 나타나며, 색상 역시 꽤 정확하다.
> -

> **Tip**
> **더 큰 크기의 미리 보기 이미지 렌더링하기**
> 파일에 기록된 미리 보기 이미지를 크기가 더 큰 고화질의 미리 보기 이미지로 보고 싶다면, Grid 보기 모드에서 섬네일 윗부분 왼쪽에 있는 작은 검은색 쌍방향 화살표 아이콘을 클릭한다.

2. Embedded & Sidecar

'Embedded & Sidecar'를 선택하면 카메라에서 만들어진 미리 보기를 최대한의 크기로 불러와 섬네일로 사용하며 속도도 꽤 빠르다.

섬네일을 더블클릭해서 줌인하면 더 큰 미리 보기를 만드는 동안 기다려야 한다(그동안 화면에 'Loading'이라는 메시지가 나타난다). 사진을 더 크게 보려고 줌인할 때마다 더 큰 고화질의 미리 보기를 만들어야 하기 때문에 다시 기다려야 한다('Loading' 메시지도 다시 나타난다).

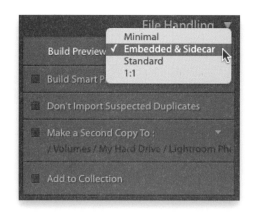

3. Standard

'Standard' 미리 보기를 선택하는 것은 표준 크기의 미리 보기 렌더링에 소요되는 시간을 기다리겠다는 의미이다. 그래서 사진을 나중에 더블클릭해도 더 이상의 렌더링 과정은 없으며, 'Loading' 메시지도 나타나지 않는다. 섬네일을 더블클릭하거나, 사진을 [Develop] 모듈에서 열 때 보는 것이 'Standard' 미리 보기 이미지이다.

여전히 섬네일이 나타나는 것을 볼 수 있지만 사진을 더 큰 크기로 확대해서 보기 전에 왼쪽 윗부분 모퉁이에 있는 진행 바에서 모든 미리 보기 이미지 렌더링이 완료되었는지 확인한다. 사진을 1:1 크기로 더 확대한다면, 1:1 미리 보기 이미지를 렌더링하는 동안 몇 초 더 기다려야 한다.

4. 1:1(100% 원본 크기)

'Loading' 메시지를 보지 않고 언제든지 선명한 초대형 미리 보기를 원하며, 무한한 인내심을 가지고 있다면 '1:1' 미리 보기를 선택한다.

이 원본 크기 미리 보기의 렌더링 시간은 매우 느리다. 그러나 일단 렌더링이 완료되면 사진을 확대해서 볼 때마다 'Loading' 메시지를 쳐다보고 있지 않아도 되므로 작업 진행 속도가 빨라진다.

이 방법은 라이트룸 초보자이며, 사진을 불러올 때 사진 저장 위치가 헷갈리는 사용자를 위한 것이다(라이트룸 사용이 익숙하다면 다음 내용으로 건너뛰어도 된다). 이 방법은 라이트룸의 모든 불러오기 기능을 활용하지는 않지만, 최소한 불러오는 사진들이 어디에 저장되는지 정확하게 파악할 수 있다.

카메라에서 사진 불러오기 • 쉬운 방법

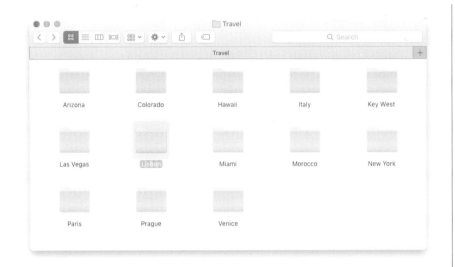

라이트룸 시작 전에 메모리 카드를 끼운 카드 리더기를 컴퓨터에 연결하고, 카드에 있는 모든 사진을 선택한 다음 외장 하드 드라이브로 드래그해서 저장하고 싶은 폴더에 드롭한다.

예를 들어, 리스본 여행 사진을 불러오는 경우라면, 외장 하드 드라이브의 [Travel]-[Lisbon] 폴더를 새로 만들어 드래그한 사진들을 저장한다. 이제 불러오는 사진 저장 위치를 정확하게 알 수 있다.

이제 [Lisbon] 폴더를 드래그해서 컴퓨터 라이트룸 아이콘에 드롭하면 라이트룸의 [Import] 창이 표시된다.

창 오른쪽 윗부분 [File Handling] 패널의 Build Previews 메뉴에서 앞에서 알아본 대로 원하는 미리 보기 종류를 선택한다. 필자는 여기서 'Embedded & Sidecar'를 선택했다.

STEP
03

[Import] 창에는 다른 선택 항목들도 있다. 'Don't Import Suspected Duplicates'를 선택하면 폴더 안에 동일한 파일명의 파일이 이미 있는 경우 해당 사진을 불러오지 않는다. 이 기능은 동일한 메모리 카드에서 사진을 여러 번 불러올 때 같은 사진을 다시 불러오지 않아서 유용하다.

다른 항목들은 다음 페이지에서 설명할 것이다. 다음 페이지를 읽기 전에 사진 불러오기와 저장 기능 사용에 익숙해지자.

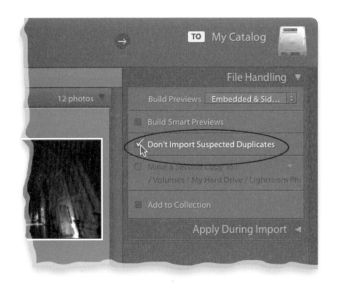

STEP
04

창 윗부분의 'Add'를 선택했는지 확인하고 오른쪽 아랫부분의 [Import] 버튼을 클릭하면 불러오는 사진들이 라이트룸에 나타날 것이다. 그 후에는 미리 보기 이미지를 스크롤해서 볼 수 있으며, 확대해서 사진이 선명한지 확인할 수 있다. 이제 최고의 사진을 선별하는 작업을 시작할 수 있다.

라이트룸을 사용한 지 꽤 되었으며, 더 이상 사진 저장 위치가 헷갈리지 않는다면, 이 페이지의 방법을 숙지하자. 이 방법을 숙지하면 라이트룸 전문가처럼 사진을 불러올 수 있으며, 어도비조차 알지 못하는 기능들과 선택 항목을 활용할 수 있다.

카메라에서 사진 불러오기 • 전문 방법

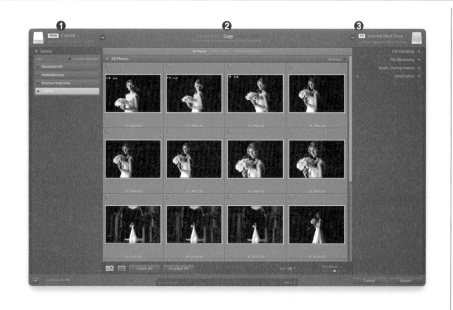

STEP 01

라이트룸을 열고 카메라나 카드 리더기를 컴퓨터에 연결하면, 라이트룸 창에 예제 사진과 같은 [Import] 창이 나타난다. [Import] 창 윗부분은 앞으로 일어날 상황을 알려 주기 때문에 중요하다. 왼쪽으로부터 오른쪽까지 살펴보자.

❶ 사진을 어디에서 불러오는지 보여 준다(카메라 메모리 카드).
❷ 사진에 적용될 기능을 알려 준다(Copy).
❸ 사진을 저장할 위치를 알려 준다(외장 하드 드라이브 [Wedding] 폴더).

STEP 02

메모리 카드를 컴퓨터에 연결했다면 라이트룸은 메모리 카드에서 사진을 불러와야 한다고 예측하고 창 왼쪽 윗부분 FROM 영역에서 알려 준다(예제 사진에서 빨간색 원으로 표시한 부분).
다른 메모리 카드에서 사진을 불러오고 싶은 경우(컴퓨터에 여러 개의 카드 리더기를 연결할 수도 있다), [FROM]을 클릭하면 그림과 같이 메뉴가 표시된다. 이 메뉴에서 카드 리더기를 선택하거나, 데스크톱이나 [Pictures] 폴더 혹은 최근에 불러온 폴더 등 다른 위치에서 사진을 불러오도록 설정할 수 있다.

STEP 03

미리 보기 영역 오른쪽 아랫부분에는 섬네일 미리 보기 크기를 조절하는 Thumbnail 슬라이더가 있다. 섬네일을 더 크게 보려면 슬라이더를 오른쪽으로 드래그한다.

사진을 전체 화면 크기로 보고 싶다면, 슬라이더를 더블클릭해서 줌 인하거나, 한 번 클릭한 다음 [E]를 누른다. 줌 아웃하려면 다시 더블클릭하거나 [G]를 누른다.

Tip

섬네일 크기 조절 단축키

[Import] 창에서 섬네일을 더 크게 보려면 [+]를 누른다. 다시 작게 축소하려면 [-]를 누른다.

STEP 04

모든 사진은 기본적으로 각 그리드 셀 왼쪽 윗부분의 체크 상자가 활성화되어 있다(모든 사진을 불러오도록 자동 선택). 불러오고 싶지 않은 사진이 있다면, 체크 상자를 클릭해서 선택을 해제한다. 불러올 사진들이 300장 이상인데 그중 소량의 사진들만 불러오고 싶은 경우에는 어떻게 해야 할까? 창 아랫부분의 [Uncheck All] 버튼을 클릭해서 모든 사진을 선택 해제한 다음 불러올 사진들의 체크 상자만 [Ctrl] (Mac: [Command])을 누른 채 클릭하여 선택해서 불러온다.

Tip

여러 사진 선택하기

불러오려는 사진 여러 개가 나란히 붙어 있다면, 첫 번째 사진을 클릭하고 [Shift]를 누른 채 마지막 사진까지 스크롤한 다음 마지막 사진을 클릭해서 두 사진 사이의 모든 사진을 선택한다.

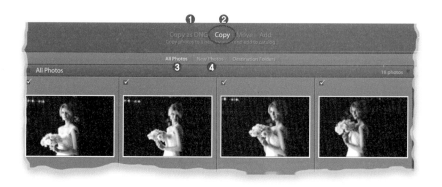

STEP 05

[Import] 창 맨 위에 있는 선택 항목들을 살펴보자.

❶ **Copy as DNG** : 불러오는 RAW 형식 사진을 어도비 DNG 형식으로 변환한다(44쪽 참고).

❷ **Copy** : 메모리 카드에 있는 원본 파일을 그대로 복제한다. RAW 형식이나 JPEG 형식을 그대로 유지한다.

필자는 항상 'Copy'로 설정한다. 어느 방식을 선택하든지 원본을 메모리 카드에서 이동하지 않고 ('Move'가 회색으로 비활성화되어 있다) 복제만 하기 때문에 원본은 아직 메모리 카드에 그대로 있다.

그 아래에는 사진 보기 선택 항목이 있다.

❸ **All Photos** : 메모리 카드에 있는 모든 사진들을 보여 준다.

❹ **New Photos** : 불러오지 않은 새 사진들만 보여 주고 나머지는 숨긴다.

STEP 06

창 오른쪽에 더 많은 선택 항목이 있다.

❶ **[File Handling] 패널** : 스마트 프리뷰 기능을 활성화할 수 있다(필자는 랩톱을 사용하는 경우, 고해상도 원본을 가지고 있지 않지만 [Develop] 모듈에서 사진을 보정해야 할 때 이 기능을 활성화한다).

• **Make a Second Copy To** : 불러온 사진들을 두 번째 외장 드라이브로 복제하는 기능이다. 그러나 이 두 번째 드라이브에 저장한 백업 사진들에는 라이트룸에서 실행한 편집 설정이 적용되지 않으며, 단순히 메모리 카드의 원본을 복제할 뿐이다.

• **Add to Collection** : 불러온 사진을 이미 만든 컬렉션이나 새로 만든 컬렉션에 바로 넣는 기능이다.

❷ **[Apply During Import] 패널** : 불러오는 사진에 [Develop] 모듈 프리셋을 자동 적용한다.

• **Metadata** : 저작권 정보를 설정할 수 있다.

• **Keywords** : 사진 탐색에 도움을 주는 키워드를 설정해서 적용할 수 있다.

STEP 07

[File Handling] 패널 아랫부분에는 사진을 불러올 때 사진 파일 이름을 자동으로 재설정할 수 있는 [File Renaming] 패널이 있다.

예시 이미지에서는 나중에 사진을 찾기 쉽도록 무의미한 '_K1_8115.CR2'라는 파일명 대신 'Williams Wedding'으로 재설정했다. 'Rename Files' 체크 상자를 활성화하면, 여러 가지 형식으로 파일명을 설정할 수 있는 Template 메뉴가 표시된다. 필자는 여기에서 'Williams Wedding-1.CR2', 'Williams Wedding-2.CR2'처럼 파일 이름 뒤에 일련번호가 있는 형식으로 설정하려고 'Custom Name - Sequence'를 선택했다. 선택 항목의 제목으로 어떤 형식인지 금방 알 수 있다. 원하는 형식이 없다면 메뉴 아랫부분에서 'Edit'을 선택하여 직접 설정한다(106쪽 참고).

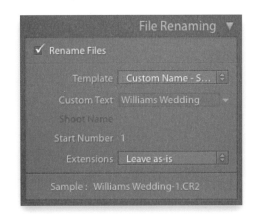

STEP 08

마지막으로 오른쪽 윗부분 [To]를 클릭하고 있으면 그림과 같이 불러온 사진의 저장 위치를 선택하는 메뉴가 표시된다. 외장 하드 드라이브 사진을 저장하려면 'Other Destination'을 선택한 다음 사진을 저장할 카테고리 폴더를 선택한다([Travel], [Portrait], [Family] 혹은 예제와 같이 [Weddings]). 필자는 [Destination] 패널에서 'Into Subfolder'에 체크 표시하고 'Williams_Arnone Wedding'과 같이 사진을 실명하는 폴더명을 설정한 다음 Organize를 'Into one folder'로 지정한다.

이 시점에서 다음 세 가지 사항을 알 수 있다.

• 사진은 메모리 카드로부터 불러온다.
• 카드에서 사진을 복제한다.
• 복제 파일들은 외장 하드 드라이브의 [Weddings] 폴더 안 새로 만든 [Williams_Arnone Wedding] 폴더로 보낸다.

랩톱을 사용한다면 사진을 외장 하드에 저장할 것이다. 그러나 외장 하드를 연결하지 않으면 고해상도 원본에 접근할 수 없기 때문에 노출이나 화이트 밸런스 등 편집 기능을 설정할 수 없다. 섬네일은 사진을 정리하는 목적 정도로만 사용할 수 있으며, [Develop] 모듈 기능은 적용할 수 없다. 그러나 Smart Preview 기능이 그와 같은 제약 조건을 극복할 수 있게 도와줄 것이다.

랩톱 사용자에게 유용한 Smart Preview 기능 알아보기

STEP 01

외장 하드 드라이브가 연결되어 있지 않은 오프라인 상태에서 사진을 편집하려면 [Import] 창에서 기능을 활성화하고 오른쪽 윗부분 [File Handling] 패널에서 'Build Smart Previews' 체크 상자를 클릭한다. 그러면 [Develop] 모듈 편집 기능 설정을 적용할 수 있는 큰 크기의 미리 보기 이미지가 만들어진다.

그리고 나중에 외장 하드를 다시 연결하면 설정 내용을 고해상도 원본 파일에 자동 적용한다.

STEP 02

불러온 사진들 중 하나를 클릭하면 현재 외장 하드 드라이브가 연결되어 있기 때문에 오른쪽 윗부분에 있는 히스토그램 아랫부분 'Original+Smart Preview'가 현재 보이는 사진이 원본이라는 점을 알려 준다.

왼쪽 [Folders] 패널의 목록에서 현재 컴퓨터에 연결한 외장 하드를 볼 수 있으며, 원본 파일 역시 스마트 프리뷰 이미지를 가지고 있다.

Tip

이미 불러온 사진의 스마트 프리뷰 만들기

사진을 불러올 때 'Build Smart Preview'에 체크 표시하지 않았다면, 스마트 프리뷰를 추가할 사진을 선택한 다음 [Library]―[Previews]―[Build Smart Previews]를 실행한다.

Import 프리셋과 Compact View로 불러오는 시간 단축하기

사진을 불러올 때마다 동일한 설정을 적용한다면 "왜 사진을 불러올 때마다 같은 정보를 매번 입력하지?"라는 생각이 들 것이다. 다행히 그럴 필요가 없다. 불러오기 설정을 한 번만 입력하고 Import 프리셋으로 만들면 라이트룸이 모든 과정을 기억한다. 사진을 불러올 때 프리셋을 선택하고 몇 개의 키워드만 입력한 후 사진을 저장할 하위 폴더명을 설정하는 정도의 과정만 필요하다.

사실 여러 개의 프리셋을 만들어 두면 간소화된 [Import] 창만 필요하다.

STEP 01

여기서는 메모리 카드에서 사진을 불러와 복제한 파일을 외장 하드 드라이브의 메인 폴더인 [Lightroom Photos]-[Portrait] 폴더에 저장한다고 가정하자. 사진을 불러올 때 저작권 정보도 추가하고(110쪽 참고), 섬네일이 빨리 나타나도록 'Embedded & Sidecar'를 선택하자. 이제, [Import] 창 가장 아랫부분 가운데에 있는 'None'이라는 단어를 클릭하고 누르고 있으면 열리는 메뉴에서 그림과 같이 'Save Current Settings as New Preset'을 선택한 다음 프리셋 이름을 지정한다.

STEP 02

[Import] 창 왼쪽 아랫부분에서 위를 향한 화살표 형태의 [Show Fewer Options] 아이콘을 클릭하면 옆의 예제 사진과 같이 간소화된 창으로 전환된다. 그래서 이제부터는 아랫부분의 메뉴에서 프리셋을 선택해서 사진을 불러오면 되며(여기서 필자는 'From Memory Card' 프리셋을 선택했다), 새로운 사진 세트를 불러올 때는 사진을 저장할 하위 폴더명과 같은 몇 가지 변동 사항만 입력하면 된다. 이세부터는 폴너를 선택한 나음 하위 폴더명을 설정하고 [Import] 버튼만 클릭하면 사진을 불러온다. 사진을 불러올 때마다 매번 일일이 설정할 필요가 없기 때문에 작업 시간이 단축된다.

Note

아래를 향한 화살표 형태의 [Show More Options] 아이콘을 클릭해 언제든지 원래의 확장된 [Import] 창으로 전환할 수 있다.

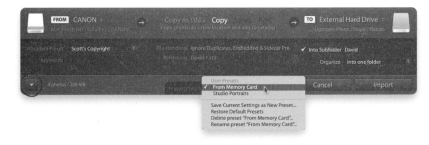

사진 불러오기 기본 설정에 대한 내용을 챕터 뒷부분에 넣은 이유는 지금쯤이면 라이트룸으로 사진을 불러온 경험이 생기고 그 과정을 어느 정도 숙지하면서 만족스럽지 않은 점들을 느꼈을 것이라는 추측 때문이다. 라이트룸 기본 설정 기능을 자신의 작업 방식에 맞게 직접 설정해 보자.

사진 불러오기 기본 설정하기

STEP 01

사진 불러오기 기본 설정을 하기 위해 매킨토시는 [Lightroom] 메뉴에서, 윈도우는 [Edit] 메뉴에서 [Preferences]를 실행하여 [Preferences] 창을 불러온다.

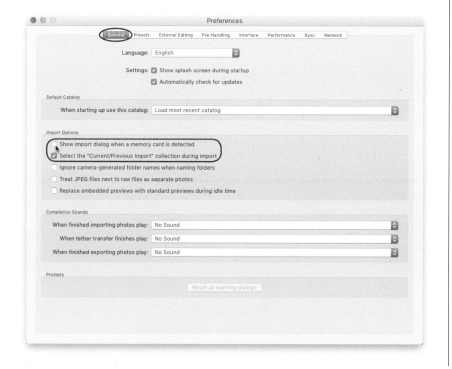

STEP 02

[General] 탭 화면 중간의 Import Options 영역에서 메모리 카드를 연결할 때 실행하는 기능을 설정할 수 있다. 메모리 카드를 감지하면 [Import] 창을 자동으로 불러오도록 기본 설정되어 있다. [Import] 창을 자동으로 불러오는 것을 원하지 않는다면 체크 해제한다.

두 번째 기능은 라이트룸 5에서 추가된 항목이다. 이전 버전의 라이트룸은 다른 모듈에서 사진 불러오기 단축키를 누르면 진행 중인 모든 작업을 멈추고 [Library] 모듈로 전환해서 불러오는 사진들을 보여 주었다. 사용자가 다른 모듈의 작업을 멈추고 현재 불러오는 사진을 편집할 것이라고 추측했기 때문이다. 하지만 라이트룸 5 버전부터 'Select the "Current/Previous Import" collection during import'의 체크 표시를 해제하면, 현재 작업 중인 폴더나 컬렉션을 그대로 유지한 채 사진 불러오기를 실행한다.

STEP 03

사진을 불러올 때 Embedded & Sidecar 미리
보기를 선택했다면(32쪽 참고), 중요한 작업을 실
행하지 않는 동안 더 큰 크기의 미리 보기를 만
들도록 설정할 수 있다. 'Replace embedded
previews with standard previews during idle
time'에 체크 표시하면, 라이트룸이 배경에서 더
정확한 색상의 큰 미리 보기를 만들 것이다.

STEP 04

[General] 탭에서 알아 두어야 할 불러오기 설정
항목이 두 가지 더 있다.
Completion Sounds 영역에서 불러오기를 완료
하면 알림음이 나도록 선택할 수 있을 뿐 아니라
메뉴에서 알림음 종류도 선택할 수 있다.

STEP 05

Completion Sounds 영역의 불러오기 완료 알림
음 선택 항목 아랫부분에는 테더링 촬영(촬영 후
컴퓨터로 실시간 전송되어 모니터 화면에서 볼 수
있는 촬영)한 사진 불러오기와 사진 보내기 완료
알림음을 선택하는 메뉴도 있다. 불러오기 설정
항목은 아니지만 지금 함께 설정하면 편리하다.
이번 챕터는 불러오기 기능을 다루고 있으므로 다
른 기본 설정 항목은 나중에 설명할 것이다.

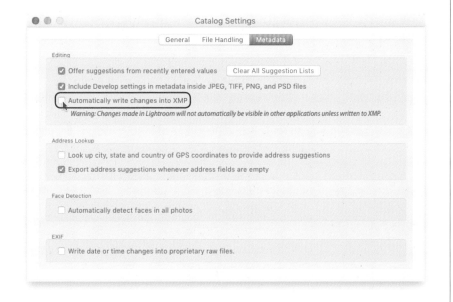

STEP 06

[Preferences] 창을 닫고 매킨토시에서는 [Lightroom] 메뉴, 윈도우에서는 [Edit] 메뉴에 있는 [Catalog Settings]를 선택한다. [Catalog Settings] 창에서 [Metadata] 탭을 클릭한다. [Metadata] 탭에서는 메타데이터(저작권, 키워드 등)를 RAW 파일에 적용하거나, 별도의 파일을(XMP Sidecar) 만들어 저장하도록 설정할 수 있다.

'Automatically write changes into XMP'를 활성화해서 XMP 파일을 만들면 각 사진은 두 개의 파일, 즉 사진 파일과 메타데이터를 담은 XMP 파일로 구성된다. 메타데이터를 별도의 XMP 파일에 저장하는 이유는 라이트룸이 주로 데이터베이스 파일에 추가하는 메타데이터를 인식하고 있지만, 보내기를 실행하기 전에는 실제로 사진에 적용하지 않기 때문이다. JPEG, TIFF, PSD 형식 파일은 복제 파일을 포토샵으로 보낼 때 메타데이터를 파일에 바로 적용한다. 그러나 일부 프로그램은 메타데이터를 읽지 못하기 때문에 별도의 XMP 보조 파일이 필요하다.

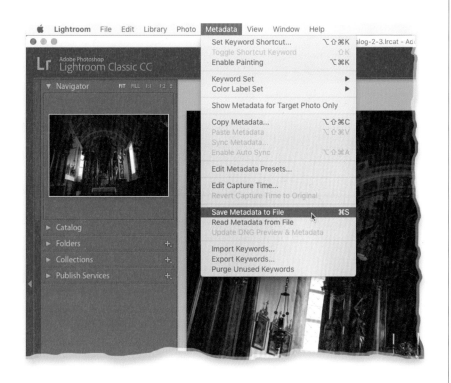

STEP 07

앞에서 'Automatically write changes into XMP'를 설명했지만 실제 사용은 추천하지 않는다.

XMP 파일에 메타데이터를 기록하는 데 소요되는 시간에 의해 라이트룸의 속도가 느려지기 때문이다. XMP 파일을 포함한 사진 파일을 친구 혹은 의뢰인에게 보내야 한다면, 이 방법 대신 [Library] 모듈에서 사진을 선택한 다음 [Metadata]-[Save Metadata to File(Ctrl+S)]을 실행하면 메타데이터를 별도의 XMP 파일에 기록한다.

사진을 보낼 때, 사진과 XMP 두 개의 파일을 함께 보내야 한다는 점을 잊지 말자.

RAW 파일을 DNG 파일로 변환하기

[Preferences] 창에는 사진을 불러올 때 DNG(Digital Negative) 형식으로 변환하는 선택 항목이 있다. DNG 형식은 현재 각 디지털카메라 또는 제조사마다 다른 고유의 RAW 파일 형식을 사용하고 있기 때문에 미래에 제조사들이 과거의 파일 형식을 새로운 형식으로 대체하는 경우를 대비해 어도비에서 개발한 파일 형식이다. DNG 파일은 독점 형식이 아니기 때문에 호환성 제약을 받지 않을 뿐만 아니라 다른 장점들도 있다.

DNG 형식의 두 가지 장점

DNG 형식은 다음과 같은 두 가지 장점이 있다.

❶ DNG 파일 크기는 RAW 파일보다 20% 정도 작다.

❷ 누군가에게 라이트룸에서 적용한 키워드, 저작권 정보, 메타데이터 등 편집 설정을 포함한 RAW 원본 파일을 보내야 하는 경우, 모든 데이터를 파일 자체에 기록하는 DNG 형식 파일로 변환하면 별도의 XMP 파일을 만들 필요가 없다.

DNG 형식에는 단점도 있는데, RAW 파일을 DNG 형식으로 변환해야 하기 때문에 사진을 불러오는 시간이 더 오래 걸린다는 것이다. 또한 DNG 형식을 지원하지 않는 사진 애플리케이션이 많다는 것도 단점이다.

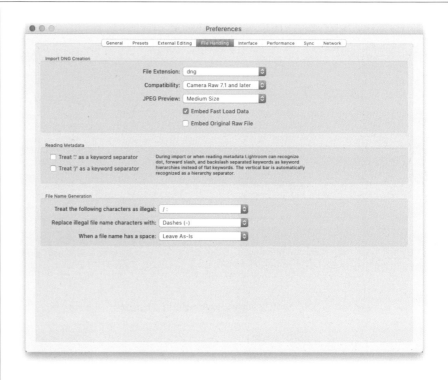

DNG 기능 설정하기

사진을 불러올 때 RAW 파일을 DNG 형식으로 변환하려면, 가장 먼저 Ctrl + , (Mac: Command + ,)를 눌러 [Preferences] 창을 불러온 다음 [File Handling] 탭을 클릭한다. 윗부분 Import DNG Creation 영역에서 세 글자의 File Extension을 선택할 수 있으며, Compatibility에서는 어느 정도의 오래된 Camera Raw 버전에서까지 파일을 사용할 수 있는지 호환성을 설정하고, JPEG Preview에서 DNG 사진에 적용할 미리 보기의 크기를 설정한다.

RAW 파일 원본 정보를 그대로 사용할 수 있지만, 그러면 파일 크기가 커져 위에서 본 장점 ❶과 부합하지 않는다. 설정을 마치고 사진을 DNG 형식으로 변환해서 불러오려면 [Import] 창 윗부분에서 'Copy as DNG'를 선택한다.

사진을 불러왔으니 이제 작업 진행에 도움을 주는 라이트룸 인터페이스를 알아보자.
라이트룸에는 각각 다른 기능의 모듈이 일곱 개 있다.

라이트룸 인터페이스 살펴보기

STEP 01

윗부분 작업 표시줄에서 원하는 모듈의 이름을 클릭하거나 단축키를 눌러 다른 모듈로 전환할 수 있다.

❶ Library(Ctrl+Alt+1) : 불러온 사진이 배치되는 영역으로, 모든 사진을 분류하고 정리하는 영역이다.

❷ Develop(Ctrl+Alt+2) : 노출, 화이트 밸런스, 색상 등을 보정하는 영역이다.

나머지 다섯 개의 모듈은 이름만 봐도 기능을 쉽게 알 수 있을 것이다.

STEP 02

라이트룸 인터페이스는 윗부분의 작업 표시줄, 좌우 패널, 아랫부분의 Filmstrip, 불러온 사진을 배치하는 가운데 Preview의 다섯 개 영역이 있다. 어느 패널이든 가장자리의 삼각형 아이콘을 클릭하면 숨길 수 있는데, 미리 보기 영역을 확장해서 사진을 크게 보고 싶을 때 유용하다.

예를 들어, 인터페이스 윗부분 가운데에 있는 작은 회색 삼각형 아이콘을 클릭하면 작업 표시줄이 숨는다. 아이콘을 한 번 더 클릭하면 작업 표시줄이 확장된다.

라이트룸 사용자들은 패널 기본 설정인 Auto Hide & Show 기능에 많은 불만이 있다. 작업 중 패널이 필요할 때만 마우스 포인터를 패널이 있던 위치로 가져가면 자동으로 확장되는 이 기능은 이론상으로는 아이디어가 훌륭하다.

문제는 마우스 포인터를 화면 사방 가장자리로 이동할 때마다 패널이 열려 오히려 작업에 방해가 된다는 점이다. 이 기능을 해제하려면, 각 패널 삼각형 아이콘을 마우스 오른쪽 버튼으로 클릭한 다음 **Manual**을 실행한다. 이 기능은 각 패널마다 개별적으로 설정해야 한다.

필자는 Manual 모드를 사용하기 때문에 필요에 따라 패널을 열거나 숨긴다. 단축키를 사용해도 되는데, F5는 윗부분의 작업 표시줄 열기/숨기기, F6는 Filmstrip 영역 숨기기, F7는 왼쪽 패널 숨기기, F8는 오른쪽 패널을 숨기기를 실행한다(새로운 매킨토시용 키보드나 랩톱에서는 Fn을 동시에 눌러야 할 수도 있다). Tab은 양쪽 패널을 함께 숨기며, 필자가 가장 많이 사용하는 단축키는 모든 패널을 함께 숨겨 사진만 볼 수 있는 Shift + Tab 이다.

또한 각 모듈의 패널 기능들은 기본적으로 동일한 목적이 있다. 왼쪽 패널 영역은 주로 프리셋과 템플릿을 적용하고, 컬렉션을 여는 기능이 있으며, 오른쪽 패널 영역은 모든 보정 기능이 있다.

본격적으로 사진을 정리하는 기능을 배우기 전에 잠시 시간을 할애해서 라이트룸에서 불러온 사진들을 보는 다양한 보기 모드를 살펴보자.

불러온 사진 보기

STEP 01

라이트룸으로 사진을 불러오면 미리 보기 영역 가운데 작은 섬네일들이 나열된다. 이 섬네일들은 미리 보기 영역 아랫부분의 짙은 회색 도구바에 있는 Thumbnail 슬라이더로 조절한다.

오른쪽으로 드래그하면 섬네일이 커지고, 왼쪽으로 드래그하면 작아진다. 또한 Ctrl + + (Mac: Command + +)를 누르면 사진이 확대되고, Ctrl + − (Mac: Command + −)를 누르면 사진이 축소된다.

STEP 02

섬네일을 더 크게 보려면 더블클릭하거나 E 나 Space Bar 를 누른다. 이렇게 확대한 모드를 Loupe 보기 모드라고 부른다(루페(소형 확대경)를 통해 사진을 보는 것과 유사하다고 붙인 이름). 미리 보기 영역은 사진을 확대해서 전체를 볼 수 있도록 기본 설정되어 있다. 이것을 Fit in Window 보기 모드라고 하는데, 회색 배경이 보기 싫다면 왼쪽 윗부분 [Navigator] 패널에서 'Fill'을 선택하고 사진을 더블클릭하면 미리 보기 영역 전체를 채우는 크기로 확대된다. '1:1'은 사진을 원본 크기로 확대한다.

STEP 03

필자는 사진을 더블클릭하면 미리 보기 영역 가운데에 사진 전체가 나타나도록 [Navigator] 패널을 항상 'Fit'으로 설정한다. 사진을 더 확대해서 보려면 Loupe 보기 모드에서 마우스 포인터가 돋보기 아이콘으로 변환된 다음 사진을 한 번 클릭해 1:1 배율로 확대한다.

다시 한 번 클릭하면 확대하기 전의 크기로 돌아온다. 다시 섬네일 크기로 전환하려면(Grid 보기 모드) G를 누른다. G는 반드시 기억해야 할 중요한 단축키이다. 다른 모듈에 있을 때 G를 누르면 [Library] 모듈의 Grid 보기 모드로 전환되기 때문에 유용하다.

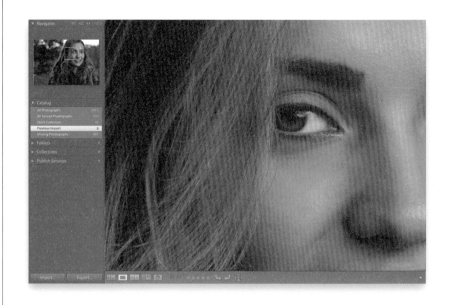

STEP 04

섬네일을 감싸고 있는 영역을 셀이라고 부르는데, 각 셀은 파일명, 파일 형식, 크기 등 사진에 대한 정보를 담고 있다. 셀에서 보이는 정보를 설정하는 방법은 CHAPTER 04에서 자세히 다룰 것이다. 여기서는 알아 두면 좋은 다른 단축키를 알아보자.

- J : 한 번 누를 때마다 세 가지 종류의 셀로 번갈아 전환되며, 각 종류의 셀은 다른 정보를 표시한다. 확장된 셀은 간소화한 셀보다 더 많은 정보를 담고 있다.
- T : 도구바를 숨긴다. 계속 누르고 있으면, 누른 동안에만 도구바를 숨긴다.

기본 셀 보기를 '확장'이라고 하며, 정보 대부분을 제공한다.

J를 눌러 셀의 크기를 줄이고, 모든 정보를 숨기고, 사진만 표시하는 Compact 뷰로 전환한다.

J를 한 번 더 누르면 각 셀에 정보와 숫자가 표시된다.

라이트룸에는 두 종류의 전체 화면 보기 모드가 있다. 첫 번째는 패널과 도구 대부분을 숨긴 모드이다. 또 다른 하나는 화면 전체를 채워 사진만 보이는 모드이다. 두 개의 모드 중 마음에 드는 것을 선택하자.

전체 화면 보기 모드 설정하기

STEP 01

Shift + Tab 을 눌러 모든 패널을 숨겨도 윗부분 라이트룸 메뉴와 제목 표시줄은 여전히 남아 있다. 미리 보기 영역 아랫부분 회색 도구바를 남겨 두었다면 이 모드에서도 여전히 그대로 보일 것이다. T 를 눌러 도구바를 열거나 숨길 수 있다. Grid 보기 보드에서 화면 윗부분의 Library Filter 바를 그대로 두었다면 전체 화면으로 전환해도 여전히 보이며, W 로 열거나 숨길 수 있다.

Shift + Tab 을 다시 누르면 기본 화면으로 돌아온다.

Note

왼쪽 패널 영역 윗부분의 [Navigator] 패널을 'Fit'으로 설정했다면, 전체 화면 보기 모드로 전환했을 때 예제 사진과 같이 회색 배경이 있다. 'Fill'을 선택하면 줌인해서 화면 전체를 채운다.

STEP 02

F 를 누르면 간단하게 사진을 전체 화면으로 볼 수 있다. 다시 F 를 누르면 일반 보기 모드로 돌아 온다. 훨씬 쉬운 방법이다.

CHAPTER 02

GETTING ORGANIZED
행복한 라이트룸 작업을 위한 사진 정리하기

라이트룸으로 사진을 정리하는 방식은 다양하다. 너무 많은 방법이 있기 때문에 동일한 방법으로 사진을 정리하는 사용자를 만나기는 어려울 것이다. 더 심각한 문제는 정리 방법 중 어떤 것은 복잡하고 헷갈려서 문서로 출력하여 컴퓨터 옆에 두고 사진 정리를 해야 할 정도라는 것이다. 그래서 필자는 몇 년 전 쉽고 효과적이며 누구나 사용할 수 있는 새로운 정리 방식을 소개했다. 그 결과, 라이트룸을 새로 접하는 사용자들도 라이트룸에서 사진을 빠르고 쉽게 찾을 수 있을 뿐 아니라 사고에도 대처할 수 있게 되었다. 필자는 그 정리 방식을 'SLIM'이라고 부르는데 '간소

화된 라이트룸 이미지 관리(Simplified Lightroom Image Management)' 시스템의 약자이며, 이번 챕터에서 배울 내용이다.

처음에는 'CHUBBY(통통한)'라고 칭하는 '연도별로 분류한 카탈로그 등급 통합' 시스템을 사용했다. 많은 사용자들은 이 시스템의 날짜별 분류가 어렵다는 불평을 쏟았다. 이 시스템은 점점 자라더니 몸집이 꽤 커져 많은 상황에 끼워 맞출 수 없게 되었다. 이 시스템은 커져서 어디에도 들어갈 수 없는 'Filter And Tag(FAT)' 시스템으로 부르고 있다.

4가지 중요 사항 알아보기

이번 챕터에서는 필자가 사진을 정리할 때 사용하는 사진 정리 방식을 배울 것이다. 필자는 이 방식을 '간소화된 라이트룸 이미지 관리(Simplified Lightroom Image Management)'를 의미하는 'SLIM'이라고 부른다.

좋은 소식은 CHAPTER 01에서 사진을 외장 하드 드라이브로 이동해서 촬영 주제별로 정리할 때 이미 SLIM 시스템의 핵심 부분을 배웠다는 것이다. 그러나 그 외에도 미리 알아 두어야 할 사항이 네 가지 있다.

1. [Folders] 패널을 사용하지 말자

사진 일부나 전체를 손실했다는 사람들의 이야기를 들을 때마다 그 원인은 [Folders] 패널을 사용했기 때문이었다. 그래서 필자는 [Folders] 패널을 아예 사용하지 말라고 조언하고 싶다. [Folders] 패널에서 실수를 하면 영원히 복구할 수 없기 때문에 위험부담이 크다.

자동차로 비유를 하나 들어보자. 운전을 해서 가고 싶은 곳을 갈 수 있다는 점만으로도 충분히 행복한데, 엔진에 대해 아무것도 모르는 사람이 어느 날 자동차 후드를 열어 엔진을 만진다면 자동차에 이상이 생길 수 있다. [Folders] 패널이 바로 자동차 엔진과 같다. 라이트룸 운영에 중요한 필수 기능이지만 건드리지 않는 편이 좋다.

2. 라이트룸은 컬렉션을 사용하도록 디자인되었다

그래서 라이트룸에는 [Collections] 패널이 일곱 개 모듈에 모두 있는 반면, [Folders] 패널은 [Library] 모듈에만 있다. [Collections] 패널은 안전하며, 실수를 해도 복구가 가능하다. 또한 동일한 사진을 여러 컬렉션에 넣을 수도 있다(반려견 사진을 [Dog]과 [Family] 컬렉션에 모두 넣을 수 있다). [Folders] 패널에는 그러한 기능이 없다.

지금까지 [Folders] 패널을 사용해 왔다면, 폴더를 컬렉션으로 만들 수 있다. 폴더를 마우스 오른쪽 버튼으로 클릭하고 Create Collection [폴더 이름]을 선택해 컬렉션을 만든다.

3. 컬렉션은 사진 앨범과 유사하다

필름을 사용하던 시절을 되돌아보면, 필름을 현상해서 마음에 드는 사진을 인화하여 사진 앨범에 끼워 두었다.

라이트룸에는 사진 앨범과 유사한 역할을 하는 '컬렉션'이 있다. 좋아하는 사진을 드래그해서 컬렉션에 넣을 수 있으며, 똑같은 사진을 컬렉션 여러 개에 넣을 수도 있다.

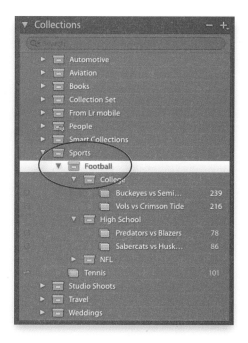

4. 컬렉션들은 컬렉션 세트 안에 정리한다

이탈리아와 샌프란시스코, 하와이 여행에서 촬영한 사진들을 각각의 컬렉션으로 만든 것과 같이 연관성이 있는 컬렉션들을 가지고 있다면, 하나의 컬렉션 세트에 넣어 정리할 수 있다(컬렉션 세트의 이름은 아마도 [Travel]이 될 것이다). 그러면 하드 드라이브 폴더들을 정리한 것과 마찬가지로 모든 여행 사진 컬렉션을 한 곳에 모을 수 있다. 컬렉션 세트 아이콘은 마치 사무용품 상점에서 구입하는 파일 폴더들을 넣는 상자처럼 생겼다.

컬렉션 세트에는 컬렉션뿐만 아니라 다른 컬렉션 세트도 넣을 수 있다. 예를 들어, [Sports] 컬렉션 세트를 만들고, [Football] 컬렉션 세트를 넣어 모든 축구 경기 사진들을 하나의 컬렉션 세트에서 정리할 수 있다. 유소년 축구와 대학 축구 경기들을 촬영한 사진들이 있다면 컬렉션 세트 각각을 만들어 [Sports] 컬렉션 세트에 넣어 정리한다.

컬렉션과 컬렉션 세트로 작업하면, 컬렉션에서만 사용할 수 있는 기능을 활용할 수 있다. 예를 들어, 핸드폰이나 태블릿에서 라이트룸 작업을 할 때는 폴더는 사용할 수 없으며, 컬렉션만 사용할 수 있다(426쪽 참고). 라이트룸의 미래는 컬렉션을 기반으로 한 작업 방식이므로 처음 사용할 때부터 컬렉션 사용에 익숙해지는 것이 바람직하다.

하나의 카탈로그만 사용하기

제목을 보고 이미 여러 개의 카탈로그를 가진 사용자들은 늦었다고 생각하겠지만, 늦지 않았다(해결 방법을 곧 배울 것이다). 체계적이고 시간을 허비하는 좌절감을 방지하는 라이트룸 작업을 바란다면 한 개의 카탈로그만 사용하기를 추천한다. 그렇다면 작업 속도의 손실 없이 한 개의 카탈로그에 넣을 수 있는 사진 분량은 어느 정도일까? 우리도 정확히 모른다. 한 개의 카탈로그에 6백만 개 이상의 사진 파일을 가지고 있는 사용자들도 있는데, 작업 속도 차이를 전혀 느끼지 못한다고 한다. 그러므로 아무 걱정 없이 한 개의 카탈로그만 사용해도 될 것이다.

STEP 01

라이트룸을 처음 사용한다면, 이번 단계는 매우 쉬울 것이다. 라이트룸을 열면 사진과 함께 화면에서 보는 것이 바로 카탈로그이므로 새 카탈로그를 만들지 말자. 앞으로 그 한 개의 카탈로그만 사용할 것이다. 만약 이미 여러 개의 카탈로그가 있다면 다음 두 가지 방법 중 하나를 선택한다.

첫 번째 방법은 모든 카탈로그를 하나로 합치는 것이다. 그래도 이전에 적용한 사진 분류, 메타데이터, 편집 설정이 그대로 유지되므로 걱정하지 않아도 된다. 가장 먼저 자신이 좋아하는 카탈로그(혹은 가장 완성도가 높은 카탈로그)를 연다. 이제부터 그 카탈로그가 앞으로 사용할 단 하나의 카탈로그가 될 것이다.

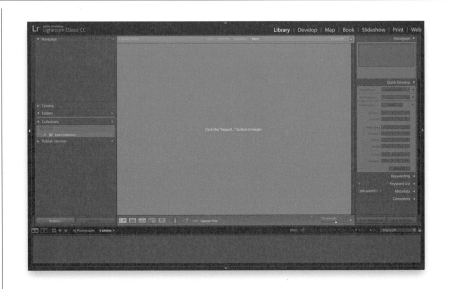

STEP 02

다른 카탈로그를 찾아 앞에서 선택한 카탈로그로 불러오기 위해 **[File]-[Import from Another Catalog]**를 선택한다. 그리고 컴퓨터 라이트룸 카탈로그가 저장된 위치로 간다(컴퓨터의 [Pictures]나 [My Pictures] 폴더 안에 있는 [Lightroom] 폴더 안에 있을 것이다).

카탈로그를 찾은 다음 [Choose]를 클릭해 과정을 시작한다.

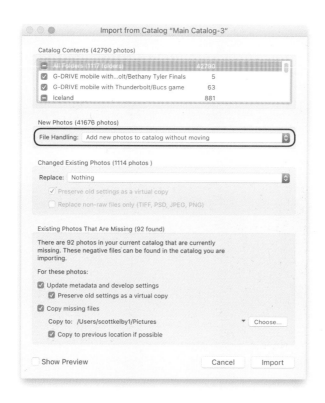

STEP 03

[Choose] 버튼을 클릭하면 예제 사진과 같은 [Import from Catalog] 창을 불러온다. 창 가운데에 다른 카탈로그에 있는 컬렉션 목록이 있으며, 각 컬렉션에 있는 사진 파일의 개수도 표시되어 있다. 필자가 그중 일부를 체크 해제해서 불러오지 않는 경우는 카탈로그에 해당 컬렉션이 이미 있을 때뿐이다.

File Handling을 'Add new photos to catalog without moving'으로 지정한다. 다음은 특정 사항이 없다면 추가 설정 없이 오른쪽 아랫부분의 [Import] 버튼을 클릭하고 위에서 선택한 모든 컬렉션들을 현재 열린 카탈로그에 추가한다.

카탈로그에 추가한 컬렉션을 확인하고 필자는 다음 두 가지 작업을 한다.

- 모든 사진을 주제별로 분류한 컬렉션 세트에 넣어 정리한다.
- 모든 사진을 하나의 카탈로그로 통합했으므로 더 이상 필요 없는 다른 카탈로그들을 삭제한다.

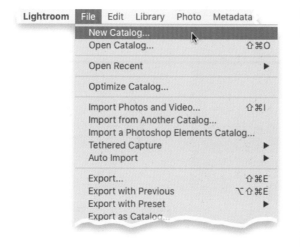

STEP 04

여러 개의 카탈로그가 있는 경우 사용할 수 있는 두 번째 방법은 특별히 마음에 드는 카탈로그가 없는 경우, 새 카탈로그를 만들어 카탈로그들을 불러오는 것이다.

가장 먼저 [File]-[New Catalog]를 실행해서 빈 새 카탈로그를 만든 다음 위에서 배운 방법대로 다른 카탈로그들을 불러온다. 모든 사진을 한 개의 카탈로그에 넣어 정리하는 것이 행복한 라이트룸 작업을 위한 비결이다.

카탈로그 저장 위치 지정하기

사진은 외장 하드 드라이브에 저장하는 것이 바람직하지만, 카탈로그는 최상의 라이트룸 능률을 위해 컴퓨터에 저장하는 것이 적합하다.

오랫동안 라이트룸을 사용했거나 최근에 사용하기 시작했으며, 카탈로그를 외장 하드 드라이브에 저장했다면 복제해서 컴퓨터로 가져오기 쉽지만 바른 방법을 사용해야 한다.

카탈로그를 단순히 컴퓨터로 드래그하기 전에 외장 하드 드라이브에 새 폴더를 만들어 [Catalog Backup]이라는 폴더명을 설정한 다음 카탈로그를 [Previews] 파일들과 함께 새 폴더에 넣는다. 이 작업으로 다음 두 가지 결과를 얻는다.

- 만약 카탈로그를 컴퓨터로 가져오는 과정 중 사고가 생기는 경우 사용할 수 있는 백업을 만든다(그럴 일은 없겠지만, 만약을 위해 대비하는 것이다).
- 카탈로그 위치를 바꾸는 것이므로 라이트룸을 시작할 때 실수로 외장 하드 드라이브 백업 카탈로그를 여는 것을 방지한다.

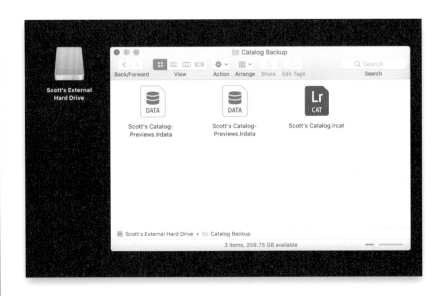

[Catalog Backup] 폴더에서 다음 파일들을 클릭하고 드래그한다.

❶ .lrcat 확장명 파일(카탈로그 파일)
❷ .lrdata 확장명 파일(섬네일 미리 보기 파일)
❸ 스마트 프리뷰 파일(이 파일 역시 .lrdata라는 확장 파일명을 가지고 있지만, 파일명에 'Smart Previews'가 있으므로 구분하기 쉽다.)

세 종류 파일 모두 컴퓨터의 [Pictures]나 [My Pictures] 폴더 안 [Lightroom] 폴더에 넣는다. 이 작업을 완료하면, 방금 컴퓨터로 복제한 .lrcat 파일을 더블클릭한다. 이제부터 이 카탈로그로 라이트룸 작업을 진행할 것이다.

52쪽에서 '4가지 중요 사항 알아보기'를 읽었다면, [Folders] 패널 사용 위험성에 대한 경고를 기억할 것이다(지나쳤다면 돌아 가서 읽기 바란다). 이번에는 폴더를 사용하지 않기 위해 폴더로 컬렉션을 만드는 방법을 알아보자. 참고로 어떤 폴더도 삭제하지 않으며, 컬렉션을 대신 사용하는 것뿐이다. 폴더들은 실제 사진 파일이 저장된 곳이므로 매우 중요하다. 그러므로 컬렉션을 만들고 난 후에는 사용하지 않을 것이다.

폴더로 컬렉션 만들기

STEP 01

과거에는 폴더를 컬렉션으로 만드는 과정이 훨씬 더 복잡했지만, 어도비가 놀랍도록 간소화했다. [Folders] 패널에서 컬렉션이 있었으면 하는 폴더를 마우스 오른쪽 버튼으로 클릭한 다음 **Create Collection**을 실행한다. 그것으로 끝이다. 그리고 [Collections] 패널을 보면 새 컬렉션을 찾을 수 있다(컬렉션은 알파벳 순서로 나열된다).

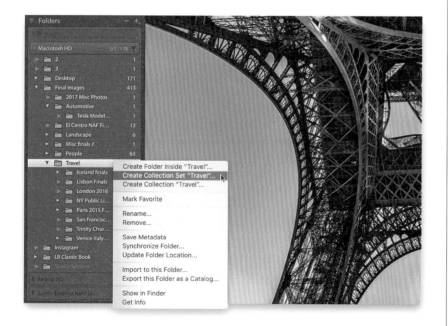

STEP 02

하위 폴더가 있는 폴더의 경우에는 컬렉션을 만드는 과정에 한 가지 다른 점이 있다. 하위 폴더가 있는 폴더를 마우스 오른쪽 버튼으로 클릭한 다음 **Create Collection Set**를 실행한다. 그러면, 하나의 컬렉션 대신 동일한 하위 폴더들이 있는 컬렉션 세트가 만들어진다. 모든 파일은 동일하지만 이제부터는 폴더가 아닌 컬렉션을 가지고 작업하는 것이다. 컬렉션을 사용하여 더 행복한 라이트룸 작업을 향해 한 걸음 더 다가선 것이다.

경고

위에서 언급했듯이 폴더로 컬렉션을 만들고 어떤 폴더도 삭제하면 안 된다. 그 폴더에는 실제 사진 파일들이 담겨 있다. 그저 무시하고 그대로 두면 된다. 이제부터는 예전의 작업 방식은 잊고 컬렉션만 가지고 작업하자.

외장 하드 드라이브에 저장한 사진 정리하기

외장 하드 드라이브에 저장한 사진들을 정리하는 방식을 순서대로 알아보자. 필자와 같이 이미 모든 사진을 외장 하드 드라이브로 이동했기를 바라지만, 그렇지 않더라도 필자의 사진 정리 방식을 그대로 사용해도 괜찮다.

STEP 01

바로 본론으로 들어갈 수 있도록 여러분이 이번 챕터 시작 부분을 이미 읽었으리라 믿는다. CHAPTER 01에서 라이트룸을 시작하기도 전에 외장 하드 드라이브에 주제별 폴더들을 만들어 사진을 정리한 것이 기억나는가? 여기서는 컬렉션 세트와 컬렉션을 가지고 그와 유사한 작업을 실행할 것이다.

가장 먼저 [Collections] 패널에서 패널 헤더 오른쪽에 있는 [+] 아이콘을 클릭하고 **Create Collection Set**를 선택한다. 컬렉션 세트의 이름은 외장 하드 드라이브의 폴더와 동일하게 설정한다.

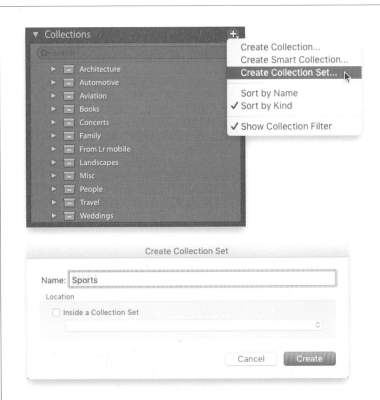

STEP 02

첫 번째 컬렉션 세트를 만든 후, 컬렉션 세트에 설정한 주제에 해당하는 컬렉션들을 드래그해서 넣는다. 예를 들어, 첫 번째 컬렉션 세트를 [Sports]로 설정하고 다양한 종목의 스포츠 사진 컬렉션들이 있다면, [Sports] 컬렉션 세트에 드래그해서 넣는다. 자동차 경주와 같은 특정 주제의 사진을 많이 가지고 있다면 [Sports] 컬렉션 세트 안에 [Car Racing] 컬렉션 세트를 만들 수 있을 것이다. 필자의 [Sports] 컬렉션 세트 안에는 [Football], [Baseball], [Tennis], [Motorsports], [Misc Sports], [Hocky], [Basketball] 컬렉션 세트들이 있다. 그리고 [Football] 컬렉션 세트 안에는 [College], [NFL] 컬렉션 세트가 있고, [NFL] 컬렉션 세트 안에 [Bucs]와 [Falcons] 컬렉션 세트를 만들어 사진을 정리했다.

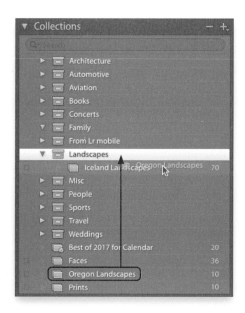

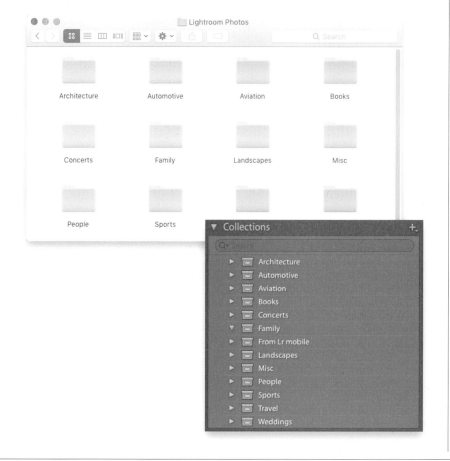

STEP 03

외장 하드 드라이브의 모든 주제별 폴더에 맞춰 컬렉션 세트들을 만든다. 그리고 폴더로 만든 컬렉션을 [Collections] 패널로 드래그해서 적합한 주제의 컬렉션 세트에 드롭한다. 여기서는 [Oregon Landscapes] 컬렉션을 [Landscapes] 컬렉션 세트에 넣었다.

고등학교 축구 경기 사진들은 [Sports], 아들의 졸업식 사진들은 [Family] 컬렉션 세트에 넣는다.

딱 한 번 꽃을 접사 촬영했다면, 그 사진들은 [Misc] 컬렉션 세트에 넣는다(꽃 촬영을 더 많이 하게 된다면, 언젠가는 [Flowers] 컬렉션 세트를 만들어야 할 것이다). 만약 자녀의 축구 경기를 촬영한 사진들을 [Sports]와 [Family] 중 어디에 넣어야 할지 모르겠다면 양쪽에 모두 컬렉션을 만드는 것도 좋은 방법이다. 동일한 사진을 여러 개의 컬렉션에 넣을 수 있다는 점이 컬렉션 기능의 장점이다.

> **Tip**
>
> **컬렉션 삭제하기**
>
> 컬렉션이나 컬렉션 세트를 삭제하려면, 해당 컬렉션을 마우스 오른쪽 버튼으로 클릭하고 [**Delete**]를 실행한다. 컬렉션을 삭제해도 사진은 여전히 카탈로그에 남아 있다.

STEP 04

윗부분 예제 사진은 주제별로 정리한 사진 폴더들이 있는 외장 하드 드라이브 모습이다(여러분이 가진 폴더들은 필자와 다른 이름을 가지고 있을 것이다). 그리고 아랫부분 예제 사진은 외장 하드 드라이브 폴더의 구성을 그대로 모방해 컬렉션 세트들로 만든 [Collections] 패널의 모습이다.

컬렉션 세트 이름 옆에 있는 작은 삼각형 아이콘을 클릭하면 컬렉션 세트를 열어 그 안에 포함된 컬렉션들을 볼 수 있다.

별점보다 Pick 플래그 선별 방식을 사용해야 하는 이유 알아보기

필자의 워크숍에서 작업을 더 이상 진행하지 못하고 있는 수강생을 보면 대부분 두 가지 이유 때문인데, 그중 하나가 엄청난 작업 시간을 소요하는 별점 사진 선별 방식 때문이다. 그들은 "이 사진에 별점 두 개를 주어야 하는지 세 개를 주어야 하는지 잘 모르겠어요."라는 식의 질문을 한다. 그들은 시간을 낭비하고 있다. 최고의 사진과 초점이 맞지 않는 사진처럼 삭제할 사진만 선별하자. 나머지는 그냥 무시한다. 그래서 별점보다는 Pick 플래그를 사용하는 것이 훨씬 효율적이다.

Pick 플래그를 사진 정리 방식의 핵심 기능으로 활용하는 방법을 배워 보자.

STEP 01

사진 선별의 핵심은 촬영한 사진 중 최고의 사진과 초점이 맞지 않았거나 실수로 셔터를 눌렀거나 플래시가 발광하지 않았거나 등의 이유로 삭제할 사진들을 고르는 것이다. 절대 사용하지 않을 사진들을 저장할 필요는 없다. Pick 플래그는 최고의 사진들과 삭제할 사진들을 빠르고 쉽게 선별하는 기능이다.

가장 먼저, 사진을 선별할 때는 확대해서 보는 것이 좋으므로 [Shift]+[Tab]를 눌러 모드 패널을 숨기거나, [F]를 눌러 사진을 전체 화면으로 전환한다. 이제 사진을 살펴보고(좋은 사진은 흘끗 봐도 두드러진다) 좋은 사진이면 [P]를 눌러 Pick 등급으로 설정한다. 패널들을 숨겼다면 예제 사진과 같이 사진 아랫부분에 'Flag as Pick'이라는 알림 메시지가 보인다. 전체 화면으로 사진을 보는 경우에는 화면에 작은 흰색 깃발만 보인다.

STEP 02

좋은 사진을 보면 [P]를 누르고, 다른 사진들은 그대로 둔다. [→]를 눌러 다음 사진으로 진행하면서 선별하면 된다. 삭제해야 하는 사진들을 보면 [X]를 눌러 'Reject' 등급으로 설정한다. 사진을 'Pick'이나 'Reject' 등급으로 설정한 다음 마음이 바뀌면, [U]를 눌러 플래그 설정을 취소한다.

> **Tip**
>
> **Auto Advance 기능 사용하기**
>
> [Photos]-[Auto Advance]를 실행하면, 사진을 'Pick' 등급으로 설정하고 다음 사진으로 자동 진행한다.

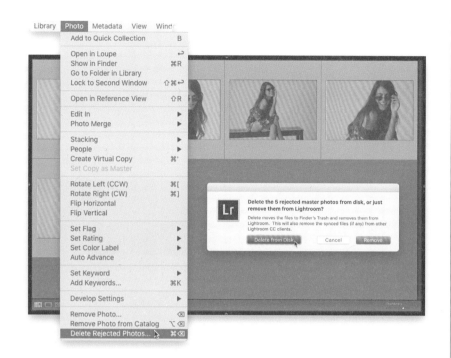

STEP 03

다음 페이지에서 시작되는 정리 단계로 넘어가면 'Pick' 등급으로 설정한 사진들로 무엇을 할지 알게 되겠지만, 여기서는 우선 'Reject' 등급 사진들부터 처리한다(나중에 해도 되겠지만, 자꾸 화면에 나타나 공간을 차지하는 방해물일 뿐이므로 작업 초기 단계에서 처리하는 편이 낫다). 'Reject' 등급 사진을 일괄 삭제하려면, 윗부분의 **[Photo] –[Delete Rejected Photos]**를 선택한다. 삭제하려는 모든 사진은 Grid 보기 모드 화면에 배치되고(아마도 마지막으로 삭제를 고려할 기회를 주기 위해서일 것이다), 창이 나타나 사진을 라이트룸에서만 삭제할 것인지 혹은 디스크에서 영구 삭제할 것인지 묻는다. 필자의 경우, 'Reject'로 설정한 사진들은 사용할 가능성이 전혀 없으므로 항상 [Delete from Disk] 버튼을 클릭한다.

STEP 04

그렇다면 별점 등급은 전혀 사용하지 않는 것인가? 별점 다섯 개 등급만 사용한다. 예제 사진에 5를 눌러 별점 다섯 개 등급을 설정했다. 별점 등급을 사용하고 싶지 않다면 색상 라벨을 대신 사용해도 되지만, 이 기능은 모바일용 라이트룸 CC에서 사용할 수 없다는 단점이 있기 때문에 필자는 사용하지 않는다.

그러나 프로페셔널 모델을 촬영하는 경우, 촬영 현장에 패션 스타일리스트와 헤어 스타일리스트가 있다. 그들이 마음에 드는 사진을 선택할 때 색상 라벨 등급을 사용하도록 하면, 그들이 신속히 포트폴리오나 소셜 미디어에 업로드하도록 사진을 빨리 찾아서 보내 줄 수 있다.

카메라에서 불러온 사진 정리하기

촬영을 마친 후 바로 불러온 사진을 정리하는 방법을 알아볼 것이며, 필자가 사용하는 정리 방식을 소개할 것이다. 이번에 소개할 방식은 복잡하지 않지만, CHAPTER 02에 소개하는 모든 정리 방식과 마찬가지로 일관성이 핵심이다.

STEP 01

실질적으로 1단계는 당연히 사진을 불러오는 작업이지만, 여기서는 사진 불러오기를 완료한 시점에서 출발해 보자.

불러온 사진이 Grid 보기 모드 창에 배치되어 분류, 편집 등의 작업을 기다리고 있지만, 그 전에 [Collections] 패널 헤더 오른쪽에 있는 [+] 아이콘을 클릭하고 **[Create Collection Set]**을 실행한 다음 컬렉션 세트 이름을 설정한다.

여기서는 리스본에서 촬영한 사진들을 컬렉션 세트로 만들었으며, 이름은 'Lisbon'으로 지정했다. 필자는 모든 여행 사진들을 정리한 [Travel] 컬렉션 세트를 가지고 있기 때문에 [Create Collection Set] 창에서 'Inside a Collection Set'에 체크 표시하고 메뉴에서 'Travel'을 선택한 다음 [Create] 버튼을 클릭해서 새로 만드는 컬렉션 세트를 [Travel] 컬렉션 세트 안에 만들도록 설정했다.

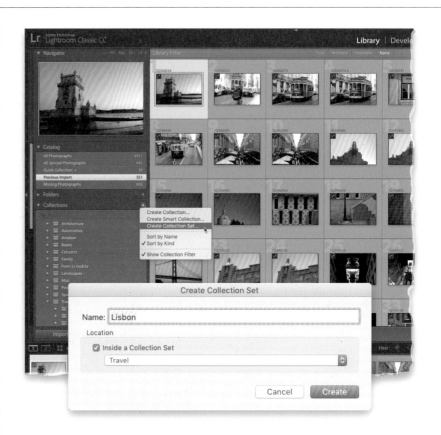

STEP 02

이 시점에는 [Travel] 컬렉션 세트 안에 [Lisbon]이라는 빈 컬렉션 세트가 있다. **[Edit]-[Select All](Ctrl + A)** 메뉴를 실행해 불러온 모든 리스본 사진들을 일괄 선택한다.

[Collections] 패널로 돌아가 [+] 아이콘을 다시 클릭하고 **[Create Collection]**을 실행한다. 그리고 [Create Collection] 창에서 컬렉션 이름을 'Full Shoot'으로 지정한다. 이제 리스본에서 촬영한 모든 사진을 보고 싶을 때 [Full Shoot] 컬렉션을 클릭하면 된다.

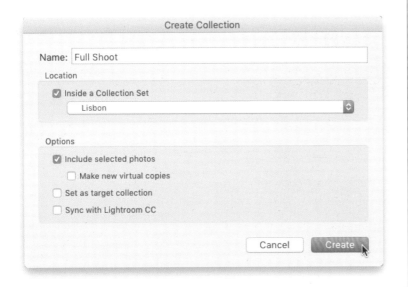

STEP 03

Location 영역에서 'Inside a Collection Set'에 체크 표시하고 세트를 'Lisbon'으로 지정한다. 창 아랫부분에는 Options 영역이 있는데 'Include selected photos' 기능이 이미 체크되어 있어야 하지만, 그렇지 않다면 체크해서 활성화한다(체크 하지 않으면 조금 전에 선택한 사진들을 새로 만든 컬렉션에 넣지 않을 것이다).

이제 [Create] 버튼을 클릭해 사진을 [Lisbon] 컬렉션 세트 안에 새로 만든 [Full Shoot] 컬렉션 안에 넣는다.

STEP 04

이번 단계부터 60쪽에서 보여 준 Pick 플래그로 최고의 사진들을 선별하는 작업을 시작한다. 첫 번째 사진을 더블클릭해서 사진을 크게 볼 수 있도록 Loupe 보기 모드로 전환한 다음 Shift +Tab 을 눌러 모든 패널을 숨긴다. 그리고 사진을 넘겨 보면서 마음에 드는 사진은 P 를 눌러 'Pick' 등급으로 설정한다.

사진이 마음에 들지 않는다면, → 를 눌러 다음 사진으로 넘어간다. 삭제할 사진은 X 를 눌러 'Reject' 등급으로 설정한다. 등급 설정을 취소하고 싶다면 U 를 누른다. 필자는 이 과정을 빨리 진행한다. 다음 단계에서 더 까다로운 선별 작업을 하기 때문에 우선은 화면에 사진이 떴을 때 등급을 설정할지 그냥 넘어갈지 빠른 결정을 내린다. 이 방식으로 사진을 선별하면 짧은 시간 안에 1차 선별 작업을 완료할 수 있다. 이제 다음 단계로 넘어가자.

STEP 05

'Pick'과 'Reject' 플래그 등급 사진을 고른 다음 'Reject' 등급 사진들을 삭제한다. Grid 보기 모드(G)로 전환하고, [Catalog] 패널에서(Shift +Tab을 다시 눌러 숨겨진 패널을 불러온다) 'Previous Import'를 선택한다. [Photo]-[Delete Rejected Photos]를 선택하면, 'Reject' 등급으로 설정한 사진들을 나열하고, 라이트룸에서 제거할지 묻는 창을 불러온다. [Delete from Disk] 버튼을 클릭해 사진 파일을 하드 드라이브에서 삭제한다.

STEP 06

'Pick' 등급으로 설정한 사진들만 보려면 [Lisbon] 컬렉션 세트 안의 [Full Shoot] 컬렉션을 선택하고, 아랫부분에 Filmstrip 영역이 열려 있는지 확인한다. Filmstrip 영역 윗부분에는 Filter 기능이 있고, 그 옆에 회색으로 비활성화되어 있는 세 개의 플래그가 있다. 첫 번째 플래그를 더블클릭해서 활성화하면 'Pick' 등급 사진만 그리드 화면에 표시된다.

이 기능은 처음 사용할 때 한 번만 플래그를 더블클릭하면 된다. 그리고 두 번째 플래그를 더블클릭하면, 플래그 등급이 아닌 사진들만 불러온다.

Tip

다른 Picks 필터 사용하기

미리 보기 영역 윗부분에 있는 Library Filter 바에서 'Picks' 등급이나 'Reject' 등급 혹은 플래그 등급이 없는 사진들만 불러오도록 선택할 수 있다(바가 보이지 않는다면, W를 눌러 활성화한다). 'Attribute'를 클릭한 다음 아랫부분 바에서 흰색 'Pick' 플래그를 클릭하면 'Pick' 등급 사진만 볼 수 있다.

STEP 07

Ctrl + A (Mac: Command + A)를 누르고 'Pick' 등급 사진을 일괄 선택해서 컬렉션을 만든다. 새 컬렉션 만들기 단축키인 Ctrl + N (Mac: Command + N)를 눌러 [Create Collection] 창을 불러온다. 앞으로 수많은 컬렉션을 만들 것이므로 알아 두면 편리하다.

Name에 새 컬렉션의 이름인 'Picks'를 입력한다. 물론 이 컬렉션은 리스본 사진들이므로 [Lisbon] 컬렉션 세트에 포함되어야 한다. Inside a Collection Set를 'Lisbon'으로 지정하고 'Include selected photos'에 체크 표시한다. 이 항목은 항상 체크 표시한 채로 둔다.

마지막으로 [Create] 버튼을 클릭해 새 컬렉션을 만든다. 현재, [Travel] 컬렉션 세트 안에 [Lisbon] 컬렉션 세트가 있고, 그 안에는 [Full Shoot]과 [Picks] 컬렉션이 있다.

STEP 08

[Picks] 컬렉션 안의 사진 중 의뢰인에게 보내거나, 출력하거나, 포트폴리오에 추가하고 싶은, 특히 눈에 더 띄는 최상위 사진들이 보일 것이다. 그러므로 더 세밀한 사진 선별 작업으로 최상의 사진을 고르는 작업이 필요하다. 'Pick' 등급 사진들만 따로 분리해 컬렉션을 만들었기 때문에 모든 사진을 일괄 선택하고 U를 눌러 'Pick' 등급 설정을 취소한다. 이제 최고의 사진을 고르는데 Pick 플래그를 다시 사용할 것이다.

Pick 플래그 대신 별점 등급을 사용하는 것은 어떨까? 별점 등급을 사용하면 나중에 스마트 컬렉션을 사용할 때 매우 편리하며, Pick 플래그는 그때는 도움이 되지 않는다. 자세한 내용은 나중에 알아볼 것이다.

STEP
09

별점 다섯 개 등급을 사용해 'Pick' 사진 중 최고의 사진을 선별해 보자. 나중에 이 방식을 사용한 보상을 받을 것이다.
충분한 시간을 투자해 1차로 선별한 사진 중 최고로 좋은 사진을 선별한다. 이때는 전 단계보다 엄격한 잣대로 판단한다.
[Picks] 컬렉션에서 첫 번째 사진을 더블클릭해서 Loupe 보기 모드로 전환하고, Shift + Tab 을 눌러 사진을 전체 화면으로 확대한 다음 별점 다섯 개 등급 사진을 찾아보자.

STEP
10

사진들을 살펴보면서 우수한 사진을 발견했을 때 (완벽한 보정 작업을 하기에 적합하거나, 온라인에 게시하거나, 의뢰인에게 보내기에 적합한 사진 등) 5 를 누르면 화면에 'Set Rating to 5'라는 메시지가 표시되고 별점 다섯 개 등급이 설정된다. 전체 화면 모드에서는 화면 아랫부분에 별 다섯 개가 나타난다.

STEP 11

별점 다섯 개 등급 사진 선별을 마치면, 별점 등급을 설정한 사진만으로 세 번째이자 마지막 새 컬렉션을 만든다. 그러나 우선 별점 다섯 개 등급 사진들만 화면에 나타나도록 설정해야 한다. Filmstrip 영역에서 Pick 플래그 옆에 있는 회색으로 비활성화된 별점을 클릭하고 별 다섯 개를 모두 드래그하면, 별점 다섯 개 등급 사진들만 화면에 남는다. 지금부터 무엇을 해야 하는지 이제는 여러분도 알고 있을 것이다.

Ctrl + N (Mac: Command + N)을 눌러 'Selects'라는 이름의 새 컬렉션을 만들고 [Lisbon] 컬렉션 세트 안에 저장한다.

STEP 12

지금 [Lisbon] 컬렉션 세트를 열어 보면 [Full Shoot], [Picks], [Selects] 세 개의 컬렉션이 있다. 이제부터는 [Selects] 컬렉션만 주로 사용하게 될 것이다. 만약 포토북이나 슬라이드 쇼를 만들기 위해 추가 사진이 필요하다면, [Picks] 컬렉션에서 선택할 수 있다.

그렇다면 인물 사진 컬렉션 세트는 어떻게 생겼을까? 필자의 [Portrait] 컬렉션 세트를 열어 보면, 촬영한 인물의 이름을 사용해서 [Allison's Headshots]와 같이 이름을 설정하고, 그 안에는 [Full Shoot], [Picks], [Selects] 컬렉션들로 정리했다.

사진의 주제에 상관없이 각 촬영은 [Full Shoot], [Picks], [Selects] 컬렉션 세 개로 정리한다. 이와 같이 일관성을 유지하면서 사진들을 정리하면 사진 분류 작업을 매우 빠르고 쉽게 할 수 있다. 또한 필요한 사진을 훨씬 빠르고 쉽게 찾을 수 있다.

Survey와 Compact 보기 모드에서 최고의 사진 선별하기

간혹 최고의 사진을 선별하기 까다로울 때가 있다. 특히 인물 사진처럼 비슷해 보이는 사진이 많은 경우 정확한 판단을 내리기 어렵다. 그러한 경우, Survey와 Compact 보기 모드는 선별 과정이 쉬울 수 있도록 돕는 두 가지 라이트룸 도구이다.

STEP 01

필자는 비슷한 사진(예를 들어, 동일한 포즈를 촬영한 다수의 사진) 중 최고의 사진을 선별할 때 Survey 보기 모드를 사용한다. 예제 사진과 같은 Survey 보기 모드로 전환하려면, 비슷한 사진들을 일괄 선택한다. Ctrl(Mac: Command)을 누른 채 클릭하면 여러 사진을 선택할 수 있다. 여기서는 여섯 개의 사진을 선택했다.

여러 개의 비슷한 사진 중 최고의 사진을 고르는 것보다 가장 마음에 들지 않는 사진을 고르는 것이 훨씬 쉽다. 그것이 바로 Survey 보기 모드 사용 방식이다. 최하의 사진을 하나씩 배제하는 과정을 통해 최고의 사진을 선별하는 것이다. 가장 마음에 들지 않는 사진으로 마우스 포인터를 가져가면 오른쪽 아랫부분 모퉁이에 × 표시가 나타난다.

STEP 02

사진에 나타난 × 표시를 클릭해서 화면에서 제거한다. 이때 사진이 삭제되거나, 컬렉션에서 삭제되지 않으며, 단순히 화면에서 제거되는 것뿐이다. 예제 사진을 보면 이제 다섯 개의 사진만 남았다. 다음은 동일한 방법으로 그다음 사진을 제거하고, 또 그다음 사진을 제거하는 과정을 반복한다.

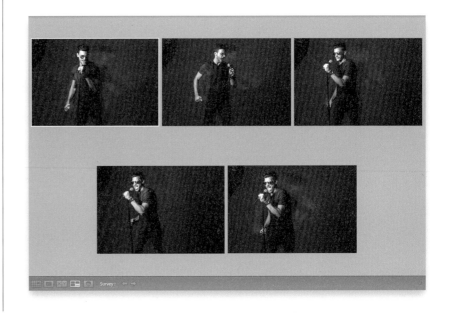

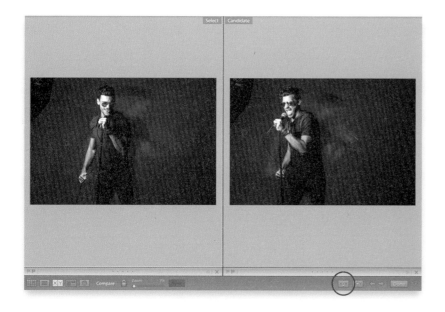

STEP 03

이제 세 개의 사진이 남았다. 남은 사진이 모두 좋다면, 별점 다섯 개 등급으로 설정하거나 선별 작업을 계속한다. 그리고 한 개의 사진이 남았을 때, 바로 그 사진이 선별 과정에서 살아남은 최상의 사진이다. ⑤를 눌러 별점 다섯 개 등급으로 설정하고 [Selects] 컬렉션에 추가한다.

이번에는 Compact 보기 모드에서 최고의 사진을 선별하는 방법을 알아보자. 이 방법은 다수의 사진을 화면에 불러오는 대신 두 개의 사진만 불러와 1 대 1로 비교한다. [Shift]+[Tab]을 눌러 모든 패널을 숨기고, 선별할 사진들을 선택한 다음 ⓒ를 눌러 Compact 보기 모드로 전환한다. 그러면, 'Select'라고 표시한 사진을 화면 왼쪽, 'Candidate'라고 표시한 사진을 오른쪽에 배치한다.

STEP 04

마음에 드는 사진이 Select 영역에 있어야 하지만, 이 과정을 시작할 때는 둘 중 어느 사진이 더 좋은지 결정한다. Select 영역 사진이 더 마음에 든다면, →를 누른다. 그러면 Select 사진은 그대로 있고, 새로운 Candidate 사진을 불러와 현재의 Select 사진과 비교한다. Candidate 사진이 더 마음에 든다면, [Swap] 아이콘을 클릭해(예제 사진에 빨간색 원으로 표시한 곳) 두 사진의 위치를 바꾼다.

사진 일곱 장을 선별한다면, 마지막으로 비교할 사진을 불러온 다음 거기서 멈춘다(Candidate 영역에 더 이상 사진이 나타나지 않는다). 이제 마지막 두 장만 남았다. 여전히 Select 영역의 사진이 좋다면, 바로 그것이 최고의 사진이다. Candidate 영역의 사진이 더 좋다면, [Swap] 아이콘을 클릭해 위치를 바꾸고, [Done] 버튼을 클릭해 Loupe 보기 모드로 전환해 ⑤를 눌러 별점 다섯 개 등급으로 설정한 다음 [Selects] 컬렉션에 추가한다.

Note -

도구바가 보이지 않는다면, ⊤를 누른다.

- -

사진 정리 비서 역할을 하는 스마트 컬렉션 기능 사용하기

'라이트룸에서 지난 60일 동안 찍은 별점 다섯 개 등급 사진 중 5D Mark IV로 촬영했고, 가로 구도에 GPS 데이터가 있는 사진만 컬렉션에 자동 저장하기'와 같은 작업을 맡길 수 있는 비서가 있다면 정말 좋을 것이다.

바로 스마트 컬렉션이 그 역할을 할 수 있다. 스마트 컬렉션 기능은 선택한 기준 범위에 부합하는 사진을 수집해 컬렉션에 자동 저장한다. 마치 비서나 마법의 사진 집사처럼 말이다. 이번에는 스마트 컬렉션 사용법을 알아보자.

STEP 01

스마트 컬렉션 기능을 이해하기 위해 2017년에 선별한 최고의 사진 중 가로 촬영한 사진만으로 컬렉션을 만들어 보자. 좋아하는 사진들로 캘린더를 만들어 친구들과 가족들에게 선물한다고 가정하자.

[Collections] 패널 오른쪽 윗부분에서 [+] 아이콘을 클릭하고 **Create Smart Collection**을 실행해 창을 표시한다.

Name에 'Best of 2017 for Calendar'를 입력하고 Match를 'all'로 지정하여 추가하는 모든 조건을 스마트 컬렉션에 포함하도록 설정한다.

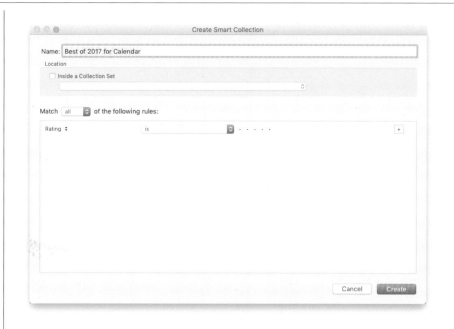

STEP 02

기본 메뉴인 Rating 오른쪽에 있는 메뉴가 'is'로 설정되어 있는지 확인하고, 옆 다섯 개 검은색 점 중 다섯 번째 점을 클릭하면 다섯 개의 별로 변환된다. [Create] 버튼을 클릭하면 카탈로그 전체에서 별점 다섯 개 등급 사진들을 모아서 새 컬렉션을 만든다.

2017년에 촬영한 별점 다섯 개 등급 사진만 선택하도록 조건 하나를 더 추가해 보자. 조건을 추가하려면, 별 오른쪽 끝에 있는 [+] 아이콘을 클릭한다.

첫 번째 메뉴에서 [Date]-[Capture Date], 오른쪽에서 'is in the range'를 선택한 다음 텍스트 영역에 '2017-01-01'과 '2017-12-31'을 입력해 기간을 설정한다.

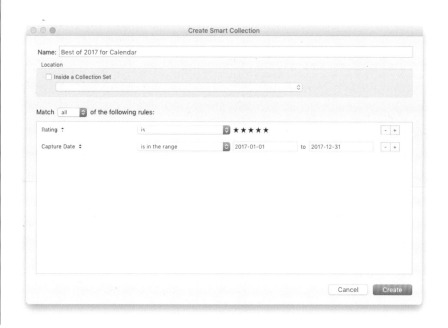

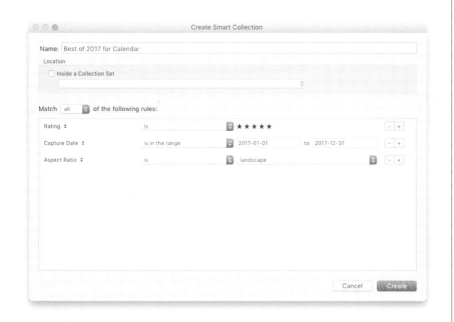

이 시점에서 [Create] 버튼을 클릭하면, 2017년에 촬영하고 별점 다섯 개 등급을 설정한 사진들만 모아서 컬렉션을 만들 것이다. 그러나 캘린더를 만들기 위해 가로 사진들만 필요하므로 조건 하나를 더 추가해 보자. 마지막으로 설정한 기준 오른쪽 끝에 있는 [+] 아이콘을 클릭하고, 첫 번째 메뉴에서 [Size]-[Aspect Ratio], 오른쪽에서 'is', 'landscape'를 선택한다. 지금 [Create] 버튼을 클릭하면 2017년에 촬영한 사진 중 별점 다섯 개 등급을 설정한 가로 사진들만 모아 컬렉션을 만든다. 또한 지금 라이트룸으로 불러오는 사진 중 위에서 설정한 조건에 맞는 사진이 있다면 스마트 컬렉션에 자동으로 추가된다.

Tip

세부 조건 추가하기

더 진보된 스마트 컬렉션을 원한다면 Alt (Mac: Option)를 누른 채 오른쪽 [+] 아이콘을 클릭하면 [#] 아이콘으로 전환된다. 아이콘을 클릭하면 더 세밀한 조건을 추가할 수 있다.

마지막으로 [Create] 버튼을 클릭하면 설정한 조건들에 부합하는 사진들이 컬렉션과 [Collections] 패널에 추가된다. 스마트 컬렉션은 컬렉션 아이콘 오른쪽 모퉁이에 작은 기어 아이콘이 있어서 구분하기 쉽다.

스마트 컬렉션을 알아 두면 좋은 점이 두 가지 있다. 이미 만든 스마트 컬렉션 조건을 바꾸거나 추가 혹은 삭제하려면, 컬렉션을 더블클릭해서 [Edit Smart Collection] 창을 불러온 다음 [+] 아이콘을 클릭해 조건을 추가하거나, [-] 아이콘을 클릭해 삭제한다. 또한, 스마트 컬렉션은 예제와 같이 다수 조건이 아니라 한 개의 조건만으로 만들어도 괜찮다. 예를 들어, 저작권 정보가 없는 사진들만 모으거나, 특정 키워드가 있는 사진(또는 키워드가 없는 사진)이나 GPS 데이터가 없는 사진들만 모아서 스마트 컬렉션을 만들 수도 있다. (86쪽에서 없어진 GPS 데이터를 추가할 수 있다.)

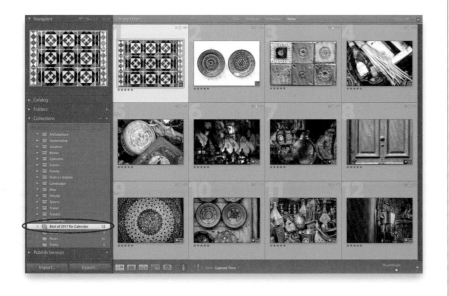

Stack 기능으로 컬렉션 안 사진 정리하기

컬렉션 안 사진을 정리하는 방법 하나는 유사한 사진을 묶어 주는 Stack 기능을 사용하는 것이다. 이 기능은 여러 개의 프레임이 필요한 파노라마 사진이나 한 개의 사진을 만들기 위해 일곱 개의 프레임이 필요한 HDR 사진을 정리할 때 유용하다. Stack 기능의 수동 정리 방식도 좋지만, 자동 정리 방식을 더 좋아하게 될 것이다.

STEP 01

예제 사진은 모델을 촬영한 사진들을 불러온 모습이다. 사진을 보면 위에서 설명했듯이 동일한 포즈의 사진이 다수 있다는 것을 알 수 있다.

유사한 사진들끼리 하나의 스택으로 쌓아 그 안에 포함된 사진 개수를 표시한 하나의 섬네일만 보이게 만들어 보자(나머지 사진들은 대표 섬네일 뒤에 있다). 유사한 포즈 사진 중 첫 번째 사진을 클릭하고 Shift를 누른 채 마지막 사진을 클릭해서 일괄 선택한다(Filmstrip 영역에서도 선택할 수 있다).

STEP 02

Ctrl + G (Mac: Command + G)를 눌러 선택한 사진들을 스택으로 만든다(G를 Group을 의미하는 약자로 생각하면 단축키를 기억하기 쉽다). 그리고 그리드 화면을 보면, 스택으로 만든 포즈의 사진 섬네일 하나만 보인다. 다른 사진들은 제거되거나 삭제된 것이 아니라 그 섬네일 뒤에 있다.

섬네일 왼쪽 윗부분 모퉁이를 보면, 28이라는 숫자가 표기된 작은 흰색 상자가 있다. 그 섬네일 뒤에 27개의 유사한 사진들이 있다는 의미이다.

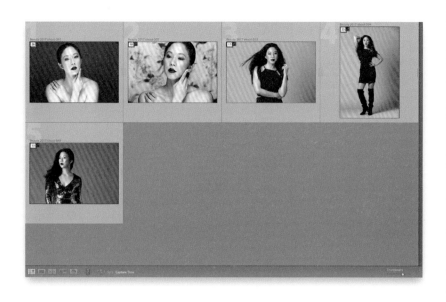

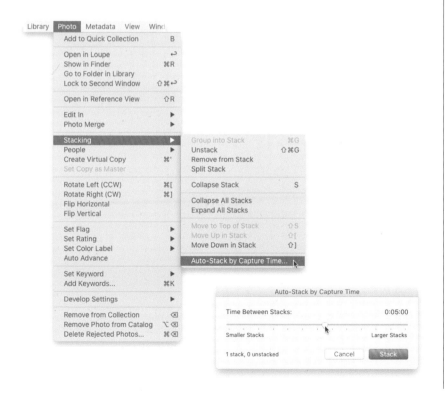

STEP 03

그림은 동일한 포즈의 사진들을 각각 스택으로 정리해 다섯 개의 섬네일만 남은 모습이다. **STEP 01** 그림과 비교해 보자. 스택 기능으로 사진을 정리한 이 화면을 Collapsed 보기 모드라고 부른다. 하나의 스택에 포함된 사진들을 보려면, ⓢ를 누르거나, 각 스택 섬네일 왼쪽 윗부분 모퉁이에 있는 작은 숫자를 클릭하거나, 또는 섬네일 양쪽 측면에 나타나는 가늘고 작은 두 개의 바 중 하나를 클릭한다(스택을 다시 접으려면 세 가지 방법 중 하나를 다시 실행한다).

이미 만든 스택에 사진을 추가하려면, 사진을 드래그해서 스택에 바로 드롭한다. 스택 설정을 해제하려면, 섬네일을 마우스 오른쪽 버튼으로 클릭한 다음 **[Stacking]-[Unstack]**을 실행한다.

> **Tip**
>
> **스택 커버 사진 선택하기**
>
> 기본적으로 스택을 만들 때 선택한 첫 번째 사진이 커버 섬네일이 된다. 다른 사진을 커버 섬네일로 설정하려면, 스택을 연 다음 원하는 사진으로 마우스 포인터를 가져가고 섬네일 왼쪽 윗부분에 있는 숫자를 클릭한 다음 맨 앞으로 이동한다.

STEP 04

수동으로 스택을 만드는 작업은 시간이 꽤 걸리기 때문에 필자는 촬영 시간을 기반으로 스택을 만드는 자동 기능을 사용한다. **[Photo]-[Stacking]-[Auto-Stack by Capture Time]**을 실행해 슬라이더가 있는 창을 불러온다.

이 슬라이더로 스택 사이의 시간 간격을 설정하는데, 왼쪽으로 드래그하면 시간 간격이 짧아지고, 오른쪽으로 드래그하면 길어진다.

[Stack] 버튼을 클릭해도 아무 변화가 없는 것처럼 보이는데, 현재 스택을 모두 확장한 상태이기 때문이다.

[Stacking]-[Collapse All Stacks]를 실행하면 결과를 확인할 수 있다.

검색 키워드 추가하기

검색 키워드를 사진에 추가해야 하는 직업 사진가(저널리스트, 상업 사진가, 스톡 사진 에이전시에 사진을 판매하는 사진가)들이 있다.

사진 정리를 제대로 해서 원하는 사진을 키워드가 없어도 빠르고 쉽게 찾을 수 있다면, 사진마다 검색 키워드를 추가하는 것이 오히려 시간 낭비일 수 있다. 그러나 사진 정리를 제대로 하지 않은 사용자에게는 키워드가 최후의 희망이 될 수도 있다. 사진에 키워드를 추가하는 방법을 알아보자.

STEP 01

기본 키워드 설정 방법을 먼저 설명하겠다. 사용자 대부분은 이후 설명할 고급 키워드 설정이 필요하지 않기 때문이다. 그러나 상업 사진가나 스톡 사진 에이전시에서 일하는 전문 사진가라면 모든 사진에 키워드를 추가해야 한다. 라이트룸의 키워드 기능은 다양한 방법으로 사진에 키워드를 쉽게 추가할 수 있도록 돕는다.

사진 하나를 클릭하면 [Keywording] 패널 윗부분에 키워드 목록이 표시된다. 이때 키워드를 '태그했다'고 표현한다. 예를 들어 '그 사진에는 키워드 NFL을 태그했다'고 할 수 있다.

STEP 02

예제로 사용한 사진들을 불러올 때 'Alabama', 'Clemson'과 'Raymond James Stadium'과 같은 포괄적인 키워드를 태그했다. 다른 키워드를 추가하려면, 키워드 영역 아래 'Click here to add keyword'를 클릭하고 키워드를 입력한다.

한 개 이상의 키워드를 추가하려면, 키워드 사이에 쉼표(,)를 넣고 Enter(Mac: Return)를 누른다.

STEP 01에서 선택한 사진에는 'End Zone'이라는 키워드를 추가로 태그했다.

STEP 03

동일한 키워드를 다수의 사진에 일괄 적용할 수 있다.

경기 후 승리를 자축하는 현장을 촬영한 71개의 사진에 똑같은 키워드를 적용해 보자. 첫 번째 사진을 클릭하고 [Shift]를 누른 채 마지막 사진까지 드래그한 후 클릭해서 71개 사진을 일괄 선택한다. [Keywording] 패널의 Keyword Tags 입력란에 키워드를 입력한다. 예를 들어, 여기서는 'Celebration'을 입력해서 71개 사진에 일괄 적용했다. 필자는 다수 사진에 동일한 키워드를 태그하고 싶은 경우에 [Keywording] 패널을 가장 먼저 찾는다.

Tip

키워드 선택 비법

필자는 키워드를 선택할 때 '몇 달이 지난 후에 이 사진을 찾을 때 Search 영역에 뭐라고 입력할까?' 라는 질문을 스스로에게 하고 떠오르는 단어를 사용한다. 생각보다 효과가 탁월하다.

STEP 04

특정 선수만 촬영한 사진과 같이 일부 사진에만 특정 키워드를 태그하고 싶은 경우가 있다. 먼저 그 사진을 [Ctrl]+클릭(Mac: [Command]+클릭)해서 선택한 다음 [Keywording] 패널에서 키워드를 추가하면 선택한 사진에만 키워드가 적용된다.

Tip

키워드 세트 만들기

동일한 키워드를 자주 사용한다면, 키워드 세트로 만들어 저장하면 한 번의 클릭으로 적용할 수 있다. Keyword Tags 영역의 입력란에 키워드를 입력한 다음 패널 아랫부분에서 Keyword Set를 'Save Current Settings as New Preset'으로 지정하면 [Wedding], [Portrait] 등 기본 세트가 있는 목록에 추가된다.

STEP 05

[Keyword List] 패널은 사용자가 만들었거나, 불러온 사진에 이미 기록되어 있던 모든 키워드 목록이 표시된다. 각 키워드 옆의 숫자는 그 키워드를 태그한 사진 개수이다.

목록에서 포인터를 키워드 하나에 놓으면, 오른쪽 끝에 흰색 화살표가 나타난다. 화살표를 클릭하면, 그 키워드를 태그한 사진들을 아랫부분에 보여 준다. 옆 예제 사진의 경우, 키워드 'Deshaun Watson' 옆 화살표를 클릭하니 카탈로그 전체에서 해당 키워드를 태그한 두 장의 사진을 불러왔다.

Tip

드래그로 키워드 적용하기와 키워드 삭제하기

[Keyword List] 패널에서 키워드를 사진에 직접 드래그해서 태그하거나, 그 반대로 사진을 키워드로 드래그해서 태그할 수 있다. 사진에서 키워드를 삭제하려면, [Keywording] 패널의 Keyword Tags 영역에서 삭제하면 된다. 모든 사진과 [Keyword List] 패널에서 특정 키워드를 전부 삭제하려면, 키워드를 클릭하고 패널 헤더 왼쪽에 있는 [−] 아이콘을 클릭한다.

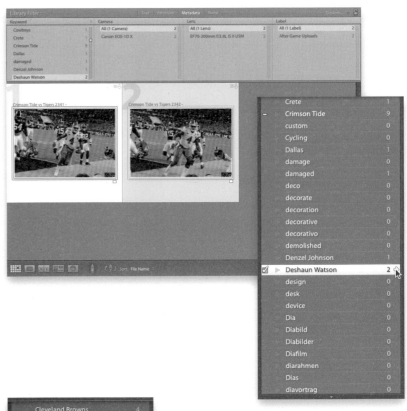

STEP 06

키워드 목록은 생각보다 금방 길어지기 때문에 하위 키워드를 포함한 키워드를 만들어 정리하는 방법을 추천한다(예를 들어, 메인 키워드 'college football' 안에 'Alabama', 'Clemson' 등 하위 키워드를 넣는 방식이다). 키워드 목록이 짧게 정리된다는 장점 외에도 정리한 키워드들을 더 유용하게 사용할 수 있다. 예를 들어, [Keyword List] 패널에서 상위 키워드 'college football'을 클릭하면, 카탈로그에서 'Alabama', 'Clemson'과 같은 하위 키워드를 태그한 모든 사진을 불러온다. 이 기능은 작업 시간 단축에 도움이 된다. 다음 단계에서 설정 방법을 알아보자.

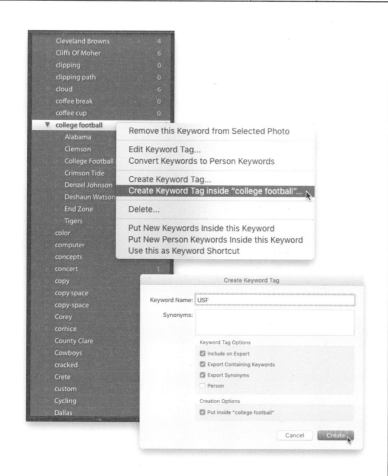

STEP 07

다른 키워드들을 드래그해서 드롭하면 하나의 키워드를 메인 키워드로 만들 수 있다. 새 하위 키워드를 만들려면, 메인 키워드가 될 키워드를 마우스 오른쪽 버튼으로 클릭하고 **Create Keyword Tag inside [키워드 이름]**을 실행한다. 창에서 키워드를 입력하고 [Create] 버튼을 클릭하면, 새 키워드가 메인 키워드 아래에 나타난다. 메인 키워드 왼쪽 삼각형 아이콘을 클릭하면 하위 키워드를 숨길 수 있다.

Tip

페인트 도구로 키워드 태그하기

페인트 도구를 사용해서 키워드를 태그할 수 있다. 도구바에서 페인트 도구를 클릭한 다음 메뉴에서 'Keyword'를 선택하면 오른쪽에 입력란이 나타난다. 태그할 키워드를 입력하고, 물감 통을 클릭해 원하는 사진으로 드래그해서 놓으면 키워드가 태그된다. 설정한 키워드가 태그되었다는 알림 메시지가 화면에 표시된다.

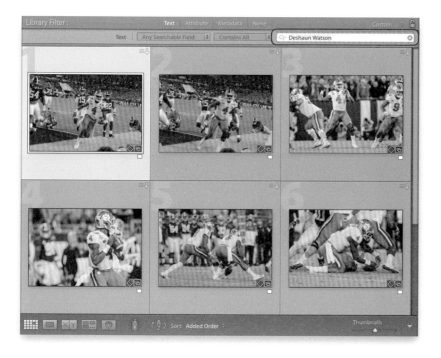

STEP 08

[Keywording]과 [Keyword List] 패널 작업 외에도 사진에 키워드를 태그한 다음에는 Library Filter 기능을 사용해서 키워드로 사진을 탐색할 수 있다. 예를 들어, 특정 선수의 사진을 찾는 경우, Ctrl + F (Mac: Command + F)를 누르면 섬네일 그리드 오른쪽 윗부분에 입력란이 표시된다. 입력란에 선수 이름을 입력하면, 해당 선수 이름을 키워드로 태그한 사진들만 불러온다.

키워드는 사진을 탐색해서 찾기 위한 도구이다. 'NCAA football'과 같은 포괄적인 키워드를 태그하고, 선수 이름과 같은 세부적인 키워드를 추가로 태그해도 좋다.

페이스 태깅 기능으로 인물 빠르게 찾기

라이트룸 안면 인식 소프트웨어를 사용하면 인물을 쉽게 찾아서 태그할 수 있다. 결과가 좋을 때도 있지만 아직 완벽한 단계는 아니다. 페이스 태깅 기능으로 인물을 찾아보면, 인물 사진을 찾는데 감자 사진이나 비누 사진, 또는 스크램블 에그 사진을 불러온다. 간혹 진짜 인물 사진을 불러오기도 한다.

하지만 가족사진 탐색을 위해 이름을 사용해 태그할 때는 유용할 것이다.

페이스 태깅 기능을 사용하기 전에 알아 두어야 할 것이 있다. 라이트룸 페이스 태깅 기능이 '자동'이라고는 하지만, 상당한 초기 작업을 직접 설정해야 한다는 것이다.

라이트룸은 사진 속 얼굴을 인식할 뿐 그 인물이 누구인지 모른다. 라이트룸이 태깅해야 할 사진을 놓치거나 다른 인물을 태그하는 경우를 방지하도록 설정하는 작업은 사용자의 몫이다. 상당한 크기의 카탈로그 전체에 페이스 태깅을 적용하고 싶다면, 오전 시간을 전부 기본 설정 작업에 할애해야 할 것이다.

이제 페이스 태깅 기능을 사용해 보자. 가장 먼저 [Library] 모듈 도구바에서 People 아이콘(예제 사진에서 원으로 표시한 아이콘)을 클릭하거나 [View]–[People(○)]을 실행한다.

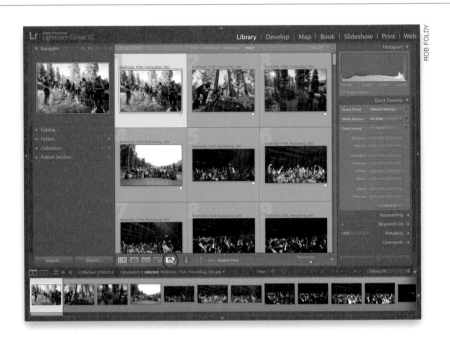

페이스 태깅 기능을 활성화하면, 카탈로그에서 얼굴이 있는 사진들을 탐색하는 데 시간이 소요된다고 알림창이 나타난다(다행히 작업은 백그라운드에서 실행되기 때문에 하던 작업을 멈출 필요는 없다). 알림창에서 카탈로그 전체를 탐색하거나(Start Finding Faces in Entire Catalog), [People] 아이콘을 클릭하는 경우에만 작업을 실행하도록 선택한다(Only Find Faces As-Needed). 원하는 실행 방식을 선택하면, 페이스 태깅 기능이 얼굴이 있는 사진들을 탐색하기 시작한다.

STEP 03

페이스 태깅 기능이 찾은 얼굴이 있는 사진은 Unnamed People 영역에 배치되며, 아직 인물의 이름을 설정하지 않았기 때문에 각 섬네일 아랫부분에 '?'가 표시되어 있다.

배경에 얼굴이 흐릿하게 보이는 사진과 같이 태그하지 않을 사진을 People 영역에서 삭제하기 위해 마우스 포인터를 섬네일에 놓고 왼쪽 아랫부분에 표시되는 × 표시를 클릭한다.

이때 사진은 라이트룸에서 제거되는 것이 아닌 People 보기 모드에서만 제거된다.

STEP 04

Unnamed People 영역에 있는 사진들에 이름을 태그하려면(탐색에 사용할 수 있는 특정한 키워드 타입을 실제로 태그), 섬네일의 물음표를 클릭하고 입력란에 이름을 입력한 다음 Enter (Mac: Return)를 누른다.

이름을 태그한 사진은 윗부분의 Named People 영역으로 이동한다. Unnamed People 영역에 남은 사진 중 Named People 영역으로 이동한 인물 사진과 동일한 인물의 사진이 있다면, 사진을 클릭하고 드래그해서 Named People 영역에 있는 섬네일에 드롭한다.

STEP 05

페이스 태깅 기능은 동일 인물이라고 추측한 사진들끼리 모아 스택으로 쌓아 정리한다. 예제 사진에서 첫째 줄 마지막 섬네일을 보면, 동일 인물이라고 추정한 세 개의 사진을 찾아서 쌓았다(섬네일 왼쪽 윗부분에 '3'이라고 표시한 숫자가 있다). 스택에 포함된 사진들을 보려면, 섬네일을 클릭한 다음 ⑤를 눌러 확장한다. ⑤를 다시 누르면 스택을 접는다. ⑤를 계속 누르고 있으면 스택을 임시로 확장해 사진을 볼 수 있으며, ⑤를 놓으면 접는다.

이 스택이 Unnamed People 영역에 있다면, 마우스 포인터를 물음표로 이동하고 입력란에 이름을 입력해 태그한다(예제의 사진 속 인물은 무스 피터슨이므로 'Moose'를 입력했다). 몇 분 후, 'Julieanne?'와 같이 물음표가 있는 이름들이 나타나기 시작한다. 페이스 태깅 기능이 제시한 이름이 그 인물과 맞는다면, 체크마크 아이콘을 클릭해 섬네일을 Named People 영역으로 이동한다. 이름이 맞지 않는다면 No 아이콘을 클릭한다. 이름을 태그한 다음에는 라이트룸이 유사한 얼굴들을 찾아 태그할 수 있도록 1, 2분 정도의 작업 시간을 준다.

STEP 06

이 시점은 라이트룸이 얼굴이 있는 사진을 모두 찾아 동일 인물이라고 추측되는 사진들끼리 스택으로 묶는 작업을 완료했으며, 아직 이름을 찾지 못한 사진들이 Unnamed People 영역에 남아 있는 단계이다.

이름이 없는 얼굴들을 Named People 영역의 적합한 섬네일로 드래그해서 드롭하는 작업은 여러분의 몫이다. 그러면 해당 태그에 사진을 추가한다고 알려 주는 녹색 + 표시가 나타난다. 이 작업은 **STEP 02**에서 선택한 설정에 따라(카탈로그 전체 혹은 현재 사용하는 컬렉션) 소요되는 작업 시간의 길이가 달라진다. 나머지 작업은 사용자에게 달렸다.

Named People 영역에 있는 이름을 태그한 사진을 더블클릭하면, 태그한 이름을 확정하는 Confirmed 영역으로 이동한다. 아랫부분 Similar 영역에는 라이트룸이 동일 인물이라고 추정하는 사진을 불러오는데, 포인터를 섬네일에 놓으면 이름 뒤에 물음표가 있다(이런 경우는 자주 생긴다). 사진의 인물이 Steve가 맞는다면, 체크마크 아이콘을 클릭해서 Confirmed 영역으로 사진을 이동한다. 이제 라이트룸은 그 정보를 사용해서 다른 사진들을 제시한다. 사진 속 인물이 라이트룸이 제시하는 추정한 인물이 아닌 경우 왼쪽 윗부분에 있는 'People'을 클릭해서 People 보기 모드로 전환한 후 다른 사진들의 태그 작업을 계속한다. 태그하지 않은 사진을 더블클릭하면, Loupe 보기 모드 크기로 사진이 확대된다. 얼굴이라고 추정하는 영역이 사각형으로 표시된다. 물음표를 클릭하고 인물의 이름을 입력한다.

또한, 사각형을 클릭하고 드래그해서 라이트룸이 인식하지 못한 얼굴을 새 선택 영역으로 설정할 수 있다. 작은 × 표시를 클릭하면 얼굴 영역 선택이 취소된다.

인물 키워드를 설정한 후에는 일반 키워드와 똑같이 사진을 탐색해서 찾을 수 있다. 예제에서는 'Moose'로 태그한 사진을 찾아보자.

[Keyword List] 패널에서 포인터를 'Moose'로 이동하면 오른쪽에 화살표가 나타난다. 화살표를 클릭하면 'Moose'를 태그한 사진들을 불러온다. 또한 Ctrl + F (Command + F)를 누르고 키워드를 직접 입력해서 사진을 탐색하는 일반적인 방법으로도 이름을 태그한 사진을 찾을 수 있다.

사진 파일명 변경하기

카메라 메모리 카드에서 사진을 불러올 때 파일명을 재설정하지 않았다면, 사진을 빨리 찾기 위해 적절히 묘사한 파일명으로 변경하는 것이 좋다(모든 사진, 컬렉션, 컬렉션 세트를 적절한 이름을 설정하는 것이 좋다). 카메라에서 설정한 숫자로 된 파일명을 그대로 사용한다면 텍스트 검색으로 사진을 찾을 가능성은 낮다. 검색하기 적합한 파일명을 재설정하는 방법을 알아보자.

STEP 01

Ctrl + A (Mac: Command + A)를 눌러 현재 사용하는 컬렉션의 모든 사진을 선택한 다음 [Library]−[Rename Photos]를 실행하거나 F2 를 눌러 [Rename Photos] 창을 표시하고, File Naming에서 사용할 프리셋을 선택한다.

필자는 항상 이름을 입력하고 일련번호를 자동 설정하는 'Custom Name − Sequence' 프리셋을 사용하며, 일반적으로 1부터 일련번호를 지정하도록 Start Number를 설정한다.

[OK] 버튼을 클릭하면 파일명을 즉시 재설정한다.

STEP 02

전체 과정은 단 몇 초밖에 걸리지 않지만 라이트룸뿐만 아니라, 외부 폴더나 이메일에서 사진을 찾기 쉬우며, 승인을 받기 위해 의뢰인에게 보냈을 때 사진을 찾기 훨씬 쉽다.

사진을 쉽게 찾기 위해 사진을 처음 불러올 때나 나중에 이름만으로 알기 쉬운 파일명으로 설정했다. 그 간단한 단계 덕분에 파일명만으로도 원하는 사진을 쉽게 찾을 수 있다(물론 파일명 외에도 카메라 기종이나 렌즈 기종 등 다양한 조건들로도 사진을 찾을 수 있다).

간단하게 사진
검색하기

STEP 01

검색을 시작하기 전에 검색 위치를 설정한다. 특정 컬렉션만 검색하려면 [Collections] 패널에서 해당 컬렉션을 클릭한다. 카탈로그 전체를 검색하려면 Filmstrip 영역 왼쪽 윗부분에서 현재 위치를 표시한 경로를 클릭하고 **All Photographs**를 실행한다.

Note -

다른 항목들은 Quick Collection, 마지막으로 불러온 사진, 혹은 최근에 사용한 컬렉션이나 폴더에서 사진을 검색할 때 사용한다.

- -

STEP 02

검색 위치를 설정한 다음 가장 빠르게 사진을 찾는 방법은 단축키를 사용하는 것이다. Ctrl + F (Mac: Command + F)를 누르면, [Library] 모듈의 Grid 보기 모드 윗부분에 Library Filter 바가 표시된다.

대부분의 경우, 단어로 검색할 가능성이 높기 때문에 검색란에 검색어를 입력하면, 기본적으로 파일명, 키워드, 캡션, EXIF 데이터 등 모든 요소를 검색한다. 예제에서는 'Bucs vs Raiders'를 입력했다. 검색 영역 왼쪽에 있는 두 개의 메뉴에서 검색 범위를 좁힐 수 있다. 예를 들어, 첫 번째 메뉴에서 검색 범위를 캡션이나 키워드로만 설정할 수 있다.

STEP 03

검색 범위를 지정하는 또 다른 방법은 사진에 설정한 등급을 이용하는 것이다. Library Filter에서 'Attribute'를 클릭하면 선택 항목들이 나타난다. 이번 챕터 앞부분에서 Attribute 선택 항목들은 Pick 등급으로 설정할 때 사용해 보았기 때문에 이미 익숙하겠지만, 몇 가지 더 알아 두어야 할 점이 있다.

별점 등급의 경우, 별점 네 개 등급을 클릭하면 별점 네 개 등급 이상의 사진들을 불러온다(별점 네 개와 다섯 개 등급 모두 볼 수 있지만, 지금까지 사진 정리 과정을 잘 따라왔다면, 별점 네 개 등급을 사용하지 않는다는 점을 알고 있을 것이다). 별점 네 개 등급의 사진들만 보고 싶다면, '≥' 기호를 클릭하면 열리는 메뉴에서 **Rating is equal to**를 실행한다. 또한 별점 등급 왼쪽 Edits 아이콘을 사용하면 아직 보정하지 않은 사진들만 보도록 Library Filter를 활용할 수 있다.

STEP 04

검색어와 등급으로 사진을 검색하는 방법 외에도 메타데이터로도 사진을 검색할 수 있다. 즉 사용한 렌즈 기종이나 ISO 설정, f-스톱 등 데이터로 검색이 가능하다.

Library Filter에서 'Metadata'를 클릭하면, 촬영 날짜, 카메라 기종, 렌즈, 라벨 등급 등 다양한 검색 항목이 있는 칼럼 여러 개가 있다. 그러나 사진 촬영 날짜나 사용한 렌즈 기종을 기억하려고 노력해야 한다면, 그것은 파일명이나 키워드를 제대로 설정하지 않았다는 의미이다. 이 방법은 최후의 선택으로 사용한다.

사진 촬영 위치를 지정하기 위해 GPS는 필요 없다. 사실, GPS 없이 위치를 지정하는 두 가지 방법을 배울 것이다. 그러나 사용하는 카메라에 내장된 GPS 기능이 있다면, 라이트룸이 사진을 세계 지도에 자동으로 추가해서 더 편리하다.

지도상 사진 자동 정리하기

STEP 01

GPS 내장 카메라로 촬영한 사진을 불러왔다면, 사진을 클릭한다.

[Library] 모듈 오른쪽 [Metadata] 패널 아랫부분 EXIF 영역에 사진 촬영 위치의 정확한 GPS 정보가 있다. GPS 오른쪽 끝에 있는 작은 화살표를 클릭한다.

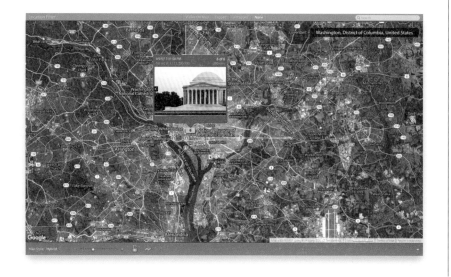

STEP 02

[Map] 모듈로 전환해 사진 촬영 위치를 핀으로 표시한 인공위성 사진을 보여 준다. 멋지지 않은가? 클릭한 사진 촬영 위치만 표시하는 것이 아니라 GPS 정보가 있는 모든 사진 위치를 자동으로 추가했으므로 파일명이나 키워드 대신 위치로 사진을 찾을 수 있다.

마우스 포인터를 지도 위의 핀으로 가져가면, 미리 보기 창을 불러와 그 위치에서 찍은 사진의 섬네일을 볼 수 있다(핀을 더블클릭하면, 미리 보기 창이 사라지지 않고 그대로 머물러 있다). 더 많은 사진을 보려면, 미리 보기 창 양옆에 있는 작은 화살표를 클릭하거나 ⊡/⊡를 누른다.

GPS 정보가 없는 사진을 지도 위에 정리하기

카메라에 GPS가 내장되어 있지 않아도 글로벌 맵 올바른 위치에 사진을 추가하는 두 가지 방법이 있다. 첫 번째는 사진을 촬영한 위치를 검색하는 것이고, 두 번째는 휴대전화 정보를 사용하는 것이다.

첫 번째 방법은 지도에서 사진을 촬영한 위치를 검색(도시/국가와 같은 일반적인 위치를 검색하거나, 정확한 위치나 명소를 검색)하는 단순한 방법으로 [Map] 모듈 오른쪽 윗부분에 있는 검색 창에 원하는 장소를 입력하면, 지도에 핀이 나타나 그 장소가 표시된다. 예제의 경우, 이탈리아의 베니스를 검색했다.

Note
라이트룸의 [Map] 모듈은 특별한 버전의 구글 지도를 사용하므로, GPS 및 지도 기능을 사용하기 위해서는 인터넷 연결이 필요하다.

Filmstrip 영역에서 검색한 장소에서 촬영한 사진들을 선택해 클릭하고 드래그하여 지도 위 핀으로 드롭한다. 지도에 사진을 추가할 뿐 아니라 정확한 GPS 정보(그림에서 빨간색 원으로 표시한 부분)를 사진에 기록한다.
두 번째 방법이 더 정확하지만, 카메라의 GPS 기능이 없이 정확한 GPS 정보를 얻기 위해 약간의 요령이 필요하다.

두 번째 방법은 촬영 현장에서부터 시작된다. 현장을 떠나기 전에 휴대전화기로 사진을 한 장 찍는다. 휴대전화에는 GPS가 내장되어 있기 때문에 사진을 찍으면 GPS 정보가 기록된다. 그리고 GPS 정보가 없는 촬영한 사진들을 카메라에서 라이트룸으로 불러온 후 지도에 추가할 때, 휴대전화로 촬영한 사진도 불러와 그 사진의 위치 정보를 사용한다.

Tip

좋아하는 장소 저장하기

좋아하는 장소를 핀으로 설정하면 검색 없이 쉽게 해당 장소를 사용할 수 있다.
좋아하는 장소로 저장할 핀을 클릭하고 [Saved Location] 패널 오른쪽 윗부분 [+] 아이콘을 클릭한다. 선택한 장소의 이름을 입력하고 Radius 슬라이더로 사진을 태그할 수 있는 지점 반경을 설정한다. 슬라이더를 드래그하면 설정하는 반경을 확인할 수 있도록 지도에 흰색 원으로 표시한다.
New Location 창에서 'Private'에 체크 표시하면 파일을 라이트룸 외부에 저장하는 경우 자동으로 GPS 정보를 제거해서 위치 정보를 알 수 없게 설정한다.
[Create] 버튼을 클릭하면 위치를 [Saved Location] 패널에 저장한다.

휴대전화로 찍은 사진을 드래그해서 카메라로 찍은 사진들과 동일한 컬렉션에 추가한 다음 사진을 클릭하고 [Metadata] 패널 GPS 영역 작은 화살표를 클릭한다. 그러면 [Map] 모듈로 전환해 휴대전화로 사진을 찍은 정확한 위치에 핀이 추가된다.
이제 Filmstrip 영역에서 같은 장소에서 카메라로 촬영한 사진들을 일괄 선택하고, 사진들을 드래그해서 휴대전화 사진이 있는 핀에 드롭한다. 동일한 GPS 정보가 모든 사진에 적용된다.

지도 위치 정보로 컬렉션 만들기

GPS 데이터가 있는 사진을 지도에 추가하는 자동 기능을 활용해 컬렉션을 만들 수 있다. 예를 들어, [Map] 모듈에서 파리에서 촬영한 사진들이 모인 태그를 컬렉션으로 만들면, 모든 파리 사진이 컬렉션에 들어간다. 이 과정은 라이트룸에서 쉽게 활용할 수 있다.

예제의 경우 [Map] 모듈에 모로코 마라케시에서 DSLR의 GPS 기능을 켜고 촬영한 70여 장의 사진을 라이트룸이 지도에 자동 추가해 만든 핀이 보인다. 마라케시 사진을 컬렉션으로 만들기 위해 핀을 마우스 오른쪽 버튼으로 클릭하고 **Create Collection**을 실행한다.

Tip

여기서는 인공위성 보기 모드를 선택했으며, 도구 바 왼쪽에 있는 [Map Style] 메뉴에서 다른 보기 모드를 선택할 수 있다.

[Create Collection] 창에서 Name을 설정하고 컬렉션 세트에 추가하는 등 새 컬렉션을 만들 때와 동일한 설정을 한다. 예제에서는 'Travel' 컬렉션 세트에 넣었다. [Create] 버튼을 클릭하면, 마라케시에서 찍은 사진이 [Collections] 패널에 새 컬렉션으로 추가된다.

라이트룸을 사용하다보면 사진을 [Develop] 모듈로 가져갔을 때, 파일을 찾을 수 없다는 경고 메시지를 볼 수 있다. Grid 보기 모드로 돌아가면 섬네일 오른쪽 윗부분에서 사진 원본을 찾을 없다는 의미의 작은 느낌표 아이콘이 보일 것이다.
사진을 라이트룸이 찾을 수 없는 위치로 이동했다는 의미이며, 이동한 위치를 지정하면 이 문제를 해결할 수 있다.

사진 재연결하기

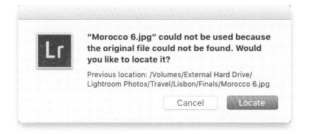

STEP 01

예제 사진 섬네일을 보면 작은 느낌표 아이콘이 해당 사진 원본을 찾을 수 없다고 알려 준다(현재 저화질 섬네일만 남았다). 이 사진을 [Develop] 모듈로 불러오면 경고 메시지가 표시된다.
이것은 일반적으로 사용자가 사진을 다른 위치로 이동해서 라이트룸이 찾을 수 없거나 원본 사진을 저장한 외장 하드 드라이브를 컴퓨터에 연결하지 않아서이다.
어떤 이유든 이 문제는 쉽게 해결할 수 있다. 사진을 원하는 위치로 이동하는 것은 자유다. 그러나 먼저 이유가 무엇인지 찾아야 한다.

STEP 02

찾을 수 없는 사진을 마지막으로 본 위치부터 파악하기 위해 느낌표 아이콘을 클릭하면, 원본을 찾을 수 없다는 내용의 메시지 창을 불러온다. 이미 알고 있는 사실을 알리는 경고문 아랫부분에 더 중요한 내용이 있다. 파일 마지막 위치를 표시하기 때문이다. [Locate] 버튼을 클릭한다.

STEP 03

표시되는 창에서 원본 파일의 현재 위치를 찾는다 ('나는 파일을 이동한 적이 없어!'라고 생각할 수 있겠지만 파일을 이동한 사실을 잊어버렸을 것이다). 사진을 찾은 다음 사진을 클릭하고 [Select] 버튼을 클릭해서 재연결한다.

폴더 전체 위치를 이동한 경우, 아랫부분 'Find nearby missing photos'에 체크 표시하면 폴더 전체에서 사진들을 연결할 수 있다.

이제 사진을 다시 [Develop] 모듈에서 편집할 수 있다.

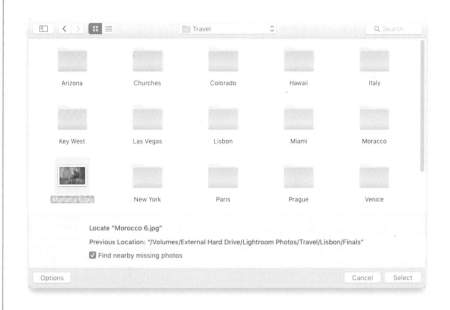

Tip

모든 사진을 연결 상태로 유지하기

더 이상 느낌표 아이콘을 보지 않아도 되도록 모든 사진을 원본 파일과 연결된 상태로 유지하려면, [Library] 모듈에서 [Library]-[Find All Missing Photos]를 실행한다. 방금 배운 방법으로 재연결할 수 있도록 연결이 끊긴 사진들을 Grid 보기 모드로 불러온다.

Note

폴더를 사용하는 경우

컬렉션 대신 폴더를 사용한다면, 사진 폴더를 이동했거나 외장 하드 드라이브를 컴퓨터에 연결하지 않은 경우 폴더가 물음표 아이콘을 표시한 회색으로 비활성화된다.

[Folders] 패널에서 회색 폴더를 마우스 오른쪽 버튼으로 클릭하고 **Find Missing Folder**를 실행한 다음 새 위치를 찾아 선택하면 라이트룸이 폴더 위치를 인식한다. 폴더를 찾을 수 없다면, 폴더 자체 혹은 폴더 안 파일을 실수로 삭제했을 가능성이 있다(처음부터 폴더를 사용하지 말라고 조언한 이유가 이러한 사고 때문이다).

어디엔가 파일을 백업해 두었기 바란다.

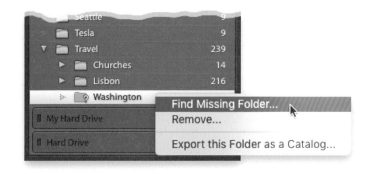

앞에서 라이트룸이 사진을 날짜별로 자동 정리하기 때문에 직접 사진을 날짜별로 정리할 필요가 없다고 설명했다. 라이트룸은 카메라가 사진 파일에 기록한 촬영 시간과 날짜, 연도를 기반으로 사진을 정리한다.

날짜별로 정리된 라이브러리 전체를 보는 방법을 알아보자.

날짜별 자동 정리하기

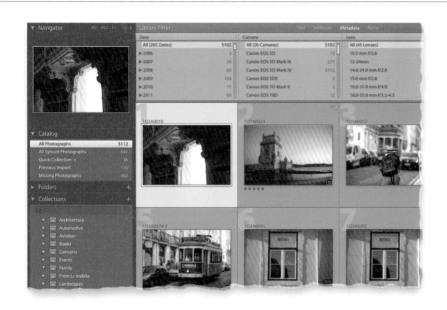

STEP
01

[Library] 모듈 미리 보기 영역 윗부분에 Library Filter가 있다(보이지 않는다면 ⓦ를 눌러 불러온다). 이 필터는 현재 작업 위치를 기반으로 검색하므로(예를 들어, 현재 컬렉션에 있다면, 그 컬렉션에 무엇이 있는지 자세하게 알려 준다), [Catalog] 패널에서 'All Photographs'를 클릭하면 하나의 컬렉션이 아니라 카탈로그 전체에 있는 사진을 보여 준다.

창 윗부분에는 네 개의 탭이 있다. [Metadata] 탭을 클릭하면, 데이터 칼럼을 불러온다. 왼쪽 첫 번째 [Date] 칼럼이 가장 빠른 연도부터 순서대로 정리한 카탈로그이다.

STEP
02

특정 연도에 촬영한 사진을 보기 위해 해당 연도를 향한 화살표를 클릭하면 해당 월에 촬영한 사진 개수를 표시한 월별 목록이 열린다. 그리고 각 월마다 일별, 주간별로 동일한 방식으로 정리되어 있다. 한 날짜를 클릭하면, 아랫부분 그리드에 그날 촬영한 사진을 확인할 수 있다.

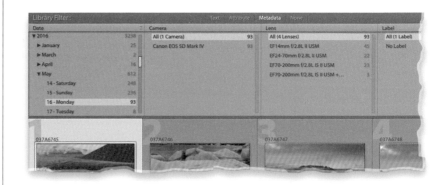

[Date] 영역에서 원하는 날짜를 선택하면, 옆 세 개의 칼럼은 선택한 카테고리에 있는 사진에 대한 상세 데이터를 보여 준다.

예를 들어, [2016]-[May]-[16-Monday]을 선택 하면, 두 번째와 세 번째 칼럼에서 그 사진을 촬영 한 카메라와 각 사진에 사용한 렌즈를 알 수 있다. 그러므로 특정 날짜에 사용한 카메라 기종이나 렌 즈로 사진을 찾을 수 있다. 촬영에 사용한 렌즈 기 종을 알고 있는 경우 사진을 찾을 때 유용하다.

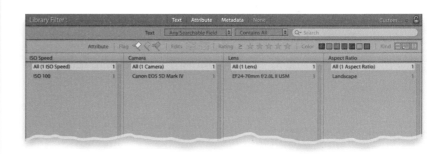

Tip

복합 조건으로 검색하기

Library Filter 영역에서 Ctrl +클릭(Mac: Command +클릭)으로 검색 조건을 여러 개 선택하면, 복합 조건으로 사진을 검색할 수 있다.

[Text], [Attribute], [Metadata]순으로 Ctrl +클릭 하면 검색 조건은 계속 추가된다.

이제 특정 키워드를 태그하고, Pick 등급과 Red 라벨 등급을 설정하고, ISO 100으로 촬영하고, Canon EOS 5D Mark Ⅳ와 24-70mm 렌즈를 사 용했고, 가로로 촬영한 사진을 검색하도록 설정할 수 있다. 또한 이 조건을 프리셋으로 저장하여 맨 오른쪽 메뉴에서 선택해서 사용할 수도 있다.

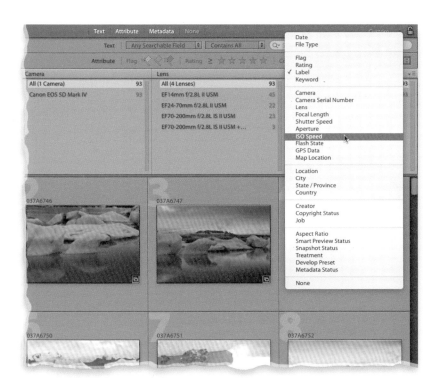

마지막 칼럼은 기본적으로 사진 라벨 등급을 보여
주는 [Label] 영역이다. 그러나 칼럼 헤더를 클릭
하고 누르고 있으면, 다른 검색 조건으로 바꿀 수
있다(라벨 기능을 사용하지 않는 경우 유용하다).
네 개 칼럼 헤더 모두 동일한 방법으로 다른 조건
으로 변경할 수 있다.

카탈로그 백업하기☆☆

사진을 컬렉션에 정리하고, [Develop] 모듈에서 편집하고, 저작권 정보와 키워드를 설정하는 등 라이트룸에서 적용하는 모든 설정은 카탈로그 파일에 저장되기 때문에 카탈로그는 매우 중요한 파일이다. 만약 카탈로그가 손상되었고 백업하지 않았다면 처음부터 다시 작업해야 한다. 그러나 라이트룸에는 카탈로그 자동 백업 기능이 있다. 카탈로그 백업 설정 방법을 알아보자.

라이트룸을 종료할 때 간혹 카탈로그를 백업하는 [Back Up Catalog] 창이 자동으로 표시되는 경우를 보았을 것이다. 윗부분에는 이 창을 얼마나 자주 표시할지 설정하는 메뉴도 있다(필자는 카탈로그가 손상되는 경우에 어느 정도 작업 분량을 잃을 각오가 되어 있는지에 따라 백업 빈도를 설정한다).
백업 파일은 기본적으로 일반 카탈로그가 저장되어 있는 [Lightroom] 폴더 안 [Backups] 폴더에 저장하도록 설정되어 있다.

Note -

사진은 외장 하드 드라이브에 저장하더라도 카탈로그는 라이트룸이 최상의 성능을 유지하기 위해 컴퓨터에 저장하는 것이 좋다(56쪽 참고).

- -

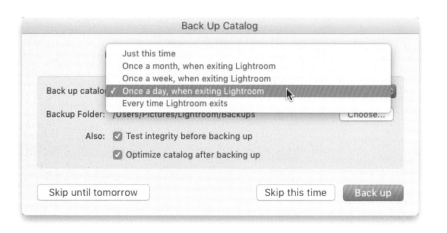

원한다면 백업 카탈로그를 다른 위치에 저장하도록 설정할 수 있다(외장 하드 드라이브나 클라우드에 저장하면 컴퓨터를 도난당해도 안전하다). 필자는 깔끔한 파일 정리를 위해 Also에서 두 개 항목에 체크 표시한다.

STEP 03

카탈로그를 백업한 후 라이트룸을 시작했는데 카탈로그가 손상되어 사용할 수 없다는 경고 창이 나타나면 어떻게 해야 할까?

[Repair Catalog] 버튼을 클릭하면 카탈로그에 생긴 문제가 해결되어 전처럼 정상적인 작업을 할 수 있을 것이다. 그러나 만약 무슨 이유에서인지 카탈로그를 회복할 수 없다는 창이 보인다면 2안으로 넘어가야 한다.

2안은 가장 최근의 백업 카탈로그를 복구하는 것이다. [Cannot Repair Corrupt Catalog] 경고창에서 [Choose Different Catalog] 버튼을 클릭해 카탈로그 선택 창을 불러오고 [Create New Catalog]를 클릭한다.

이 단계는 라이트룸 메뉴에 접근하기 위해서이다 (카탈로그를 열지 않으면 라이트룸 메뉴에 접근할 수 없다).

> **Tip**
>
> **백업이 필요하지 않은 경우**
>
> 컴퓨터 전체를 자동 백업하는 경우(필자는 애플 Time Capsule을 사용해 매일 컴퓨터를 백업한다), 백업 카탈로그가 컴퓨터 하드 드라이브에 이미 있으므로, 라이트룸 백업 카탈로그가 필요 없다.

STEP 04

새로 만든 빈 카탈로그를 열고 [File]-[Open Catalog]를 실행한다.

창에서 [Backups] 폴더를 찾아서 열면, 날짜별로 저장된 백업 폴더 목록이 있다. 그중 가장 최근 폴더를 연 다음 .lrcat 파일을 더블클릭하고 [Open] 버튼을 클릭하면 카탈로그를 정상적으로 사용할 수 있다.

CHAPTER 03

Advanced Stuff
사진 불러오기와 정리 고급 기술 익히기

이 책은 11년 이상 수많은 개정판들로 계속 업데이트되었지만, 사진 불러오기와 정리에 대한 고급 기술을 별도의 챕터로 분리한 것은 처음이다. 이로 인해 필자가 라이트룸의 새로운 장르를 개척했다고 느낀다.

이번 챕터를 읽은 여러분에게 어떤 일이 생길지 상상해 보자. 어느 날 저녁, 여러분은 라이트룸 자선 행사에 참여하게 되고, 레드 카펫을 밟으며 입장하고 있다. "멋진 의상은 누구의 디자인인가요?", "그 멋진 목걸이는 어디 것인가요?", "일반적인 풍경 사진에 적절한 Clarity 설정을 무엇일까요?" 등의 판에 박힌 질문을 하기 위해 TV 리포터들이 손을 흔든다. 항상 그렇듯이 웨이터가 건네는 샴페인 잔을 받으며 질문에 우아하고 고상하게 답한다. 모든 시선

이 명품 드레스와 구두로 단장한 여러분에게 집중되고 있는 그 순간 경쾌하게 리포터 방향으로 돌아 말한다. "오늘 밤은 저를 위한 것이 아니에요. 저는 그저 이 훌륭한 아이들을 위한 모금을 돕고 싶을 뿐이며, 라이트룸의 '사진 불러오기와 정리 고급 기술 익히기'에 집중하고 싶어요." 그 순간, 현장은 쥐 죽은 듯 고요해질 것이다. 아이들은 울음을 터트리고, 내빈들은 정신을 잃고 쓰러지고, 접시들이 바닥에 떨어져 산산조각이 날 것이다.

그것은 방금 단독으로 라이트룸 상급 레벨로 승급했기 때문이다. 행사장 안 사람들은 그들이 목격한 것이 무엇인지 모두 깨달았다. 마치 신의 예언이 이루어진 것처럼 여러분은 '상급자'로 승격한 것이다.

테더링 촬영하기

필자는 제3의 소프트웨어 없이 카메라를 라이트룸과 직접 연결해서 촬영하는 테더링 기능을 좋아한다. 테더링 기능을 한 번 사용해 보면, 다시는 다른 방식으로 촬영하기 싫어질 것이다. 테더링 기능의 장점은 다음과 같다.

(1) 촬영한 사진을 카메라 후면 작은 LCD 화면을 사용하지 않고, 훨씬 큰 컴퓨터 화면에서 즉시 확인할 수 있다.

(2) 촬영 즉시 사진을 저장하기 때문에 촬영 후 사진을 라이트룸으로 불러올 필요가 없다.

테더링 촬영 첫 단계는 카메라를 구매할 때 포함되어 있던 USB 케이블로 카메라와 컴퓨터를 연결하는 것이다(디지털카메라가 들어 있던 상자에 사용설명서 및 다른 케이블과 함께 있을 것이다).
카메라를 컴퓨터에 연결해 보자. 스튜디오 촬영이나 야외 촬영의 경우, 필자는 예제 사진과 같이 설치한다(세계적으로 유명한 사진가 조 맥널리에게 전수받은 방법이다).
그림에서는 Tether Tools Rock Solid 4-Head Tripod Cross Bar에 TetherTable Aero를 설치하고, Aero Secure-Strap과 TetherPro USB 케이블을 사용했다.

장비 설치를 마친 다음 라이트룸에서 [File]-[Tethered Capture]-[Start Tethered Capture]를 실행한다. 창의 입력 항목들은 [Import] 창과 유사하다.
Session Name에 촬영 제목을 입력하고 사진을 저장할 하드 드라이브를 선택한다. 필요하다면 추가할 메타데이터나 키워드 정보도 설정한다.
[Import] 창과 다른 한 가지 중요한 기능이 있는데, 촬영과 동시에 사진을 분류하는 'Segment Photos By Shots'에 체크 표시하는 것이다.
예를 들어, 창가와 야외 두 곳의 다른 장소에서 로케이션 촬영을 하는 경우, 두 개의 폴더에 사진을 나누어 분류할 수 있다. 'Segment Photos By Shots'에 체크 표시한 다음 [OK] 버튼을 클릭한다.

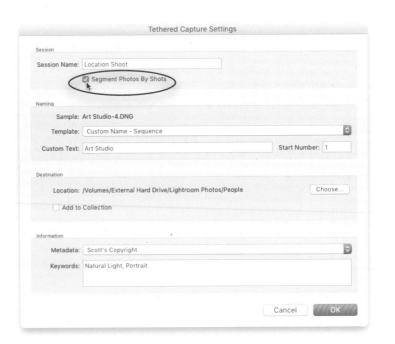

STEP
03

[Initial Shot Name] 창에서 촬영 전반부를 설명하는 제목을 입력한다.

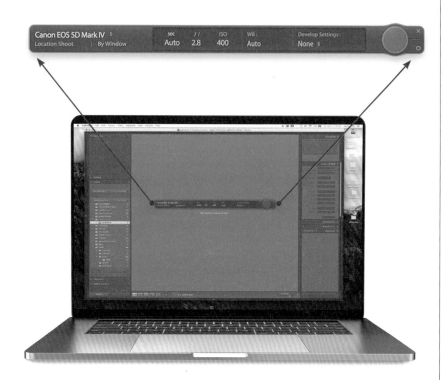

STEP
04

[OK] 버튼을 클릭하면 그림과 같은 창이 표시된다. 라이트룸에 연결한 카메라 기종이 보인다. 만약 두 대 이상의 카메라를 연결했다면, 카메라 기종을 클릭하고 촬영에 사용한 카메라를 선택한다. 라이트룸이 카메라를 인식하지 못하면 'No Camera Detected'라는 경고문이 나타나는데, USB 케이블이 제대로 연결되어 있지 않거나, 라이트룸과 호환되지 않는 기종일 가능성이 높다. 카메라 기종 오른쪽에 셔터 스피드, f-스톱, ISO 등 카메라 현재 설정이 표시된다.
오른쪽에서 [Develop] 모듈 프리셋을 적용할 수 있다(228쪽 참고).

Tip

[Tethered Capture] 창 숨기거나 간소화하기

Ctrl + T (Mac: Command + T)를 누르면 [Tethered Capture] 창을 화면에 표시하거나 숨길 수 있다.
[Tethered Capture] 창을 간소화하려면 Alt (Mac: Option)를 누른 채 오른쪽 윗부분 [×] 아이콘을 클릭하면 [-] 아이콘으로 전환된다. [-] 아이콘을 클릭하면 셔터 버튼만 남기고 창이 간소화된다. 오른쪽 윗부분에서 다시 Alt 를 누르면 원래 크기로 전환된다.

STEP 05

[Tethered Capture] 창 오른쪽 원형 버튼은 셔터 버튼이며, 카메라 셔터 버튼과 동일한 기능을 한다. 이제 사진을 촬영하면 라이트룸 화면에 촬영한 사진이 나타난다. 촬영한 사진 파일 전체를 USB 케이블(혹은 무선 송신기)을 통해 컴퓨터로 전송하기 때문에 카메라의 LCD 화면만큼 빠르지는 않으며 1~2초 정도 걸린다.
RAW 형식보다 파일 크기가 작은 JPEG 형식이 전송 속도가 훨씬 빠르다. 예제 사진은 테더링 촬영의 예이다.

Note

캐논과 니콘 카메라 기종은 테더링 기능에 각각 다르게 반응한다. 예를 들어, 캐논 카메라는 메모리 카드를 카메라에 끼우면 촬영한 사진을 메모리 카드와 하드 드라이브에 모두 저장하지만, 니콘 카메라는 하드 드라이브에만 저장한다.

STEP 06

[Library] 모듈의 Grid 보기 모드로 사진을 보면 카메라 LCD로 보는 사진 크기와 차이가 거의 없다. 테더링 촬영의 장점 중 하나는 촬영한 사진을 큰 화면에서 확인할 수 있다는 것이다.
큰 화면에서는 조명 상태, 초점 등 결과를 더 정확하게 확인할 수 있을 뿐 아니라 스튜디오에서 촬영할 때 의뢰인들이 사진기 어깨너머로 작은 LCD 화면을 보려고 애쓰지 않아도 된다. 그러므로 사진을 더블클릭해서 Loupe 보기 모드로 전환하여 보는 것이 좋다.

Note

Grid 보기 모드에서 촬영을 진행하려면, 섬네일 크기를 최대로 확대하고, 도구바 Sort 왼쪽 [A-Z] 아이콘을 클릭해서 가장 나중에 촬영한 사진을 윗부분에 배치하도록 설정한다.

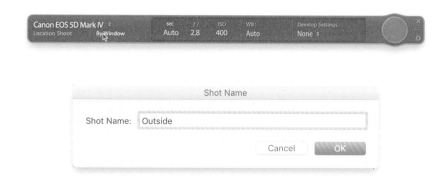

이제 'Segment Photos By Shots' 기능을 사용해 보자. 창가에서의 촬영을 완료하고 야외 촬영을 시작할 순서라고 가정해 보자.

[Tethered Capture] 창에서 먼저 입력한 'By Window'를 클릭하거나 Ctrl + T (Mac: Command + T)를 눌러 [Shot Name] 창을 표시한다. 다음 촬영분의 제목을 입력하고(예제에서는 'Outside' 라고 입력했다) 촬영을 시작한다. 지금부터 촬영한 사진들은 [Location] 폴더에 속한 하위 폴더에 저장된다.

Tip

Tethered Capture 단축키

F12 를 눌러 테더링 캡처 기능을 실행할 수 있다.

필자는 테더링 촬영을 할 때 [Library] 모듈의 Loupe 보기 모드가 아닌 [Develop] 모듈에서 사진을 확인한다. 그 이유는 촬영한 사진에 즉시 간단한 보정을 적용할 수 있기 때문이다. 또한 테더링 촬영을 하는 목적은 촬영한 사진을 크게 보기 위해서이므로 전체 화면으로 전환하기 위해 Shift + Tab 을 눌러 패널을 숨긴다.

마지막으로 L 을 두 번 눌러 Lights Out 모드로 전환하면, 검은색 배경을 사용해서 시선에 방해되는 요소 없이 사진을 볼 수 있다(112쪽 참고).

사진을 보다가 보정하려면, L 을 두 번 누르고 Shift + Tab 을 눌러 패널들을 다시 불러온다.

Image Overlay 기능으로 레이아웃 확인하기

Image Overlay는 잡지 표지, 브로슈어 표지, 내지 레이아웃, 웨딩 포토북 등 특정 프로젝트를 위한 촬영을 하는 경우 사진이 레이아웃에 적합한지 확인할 수 있는 기능이다. 사진과 레이아웃이 어울리는지 미리 확인할 수 있기 때문에 촬영한 다음 시간을 절약할 수 있고 혼란을 겪을 필요가 없으며, 포토샵에서 약간의 작업만 하면 되기 때문에 사용법도 간단하다.

STEP 01

포토샵에서 여러 개의 레이어를 가진 레이아웃을 불러온다. 포토샵을 사용하는 이유는 텍스트와 그래픽을 제외한 배경 전체를 투명하게 전환해야 하기 때문이다. 예제에 있는 표지 레이아웃의 배경은 회색이다(사진을 포토샵으로 불러오면 회색 배경을 덮을 것이다).
레이아웃 파일을 라이트룸으로 불러오기 전에 두 가지 준비 과정이 필요하다. ❶ 모든 레이어를 그대로 유지하고, ❷ 회색의 불투명한 배경을 제거해야 한다.

STEP 02

준비 과정은 간단하다.

❶ 'Background' 레이어(예제에서는 회색 배경 레이어)를 [Layers] 패널 아랫부분에서 'Delete Layer' 아이콘으로 드래그하여 삭제한다.
❷ [File]–[Save As]를 실행한 다음 Format을 'PNG'로 지정한다.

PNG 포맷은 레이어를 유지한 채 배경을 투명하게 만든다. [Save As] 창에서 PNG 이미지를 저장하려면 복제 파일을 저장해야 한다고 알려 주지만 신경쓰지 않아도 된다.

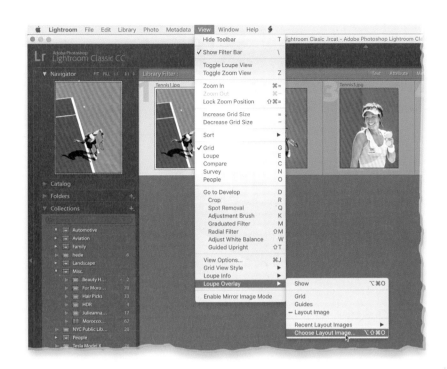

STEP 03

포토샵에서 작업을 완료했으므로, 라이트룸의 [Library] 모듈에서 [View]-[Loupe Overlay]-[Choose Layout Image]를 실행한 다음 포토샵에서 만든 레이어가 있는 PNG 파일을 선택한다.

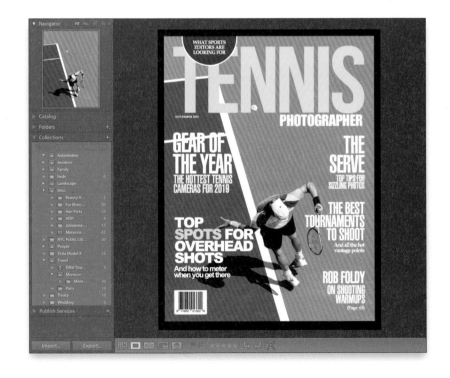

STEP 04

레이아웃 오버레이 이미지를 선택하면, 현재 화면에 있는 사진 위에 예제 사진과 같이 레이아웃 이미지가 나타난다. 표지 레이아웃을 숨기려면, [View]-[Loupe Overlay]-[Layout Image]의 체크 표시를 해제한다.

오버레이 이미지를 다시 보려면 [Layout Image]를 다시 선택하거나 Ctrl + Alt + O (Mac: Command + Option + O)를 눌러 보이기/숨기기를 실행한다.

배경 레이어를 제거하지 않았다면, 예제와 같은 사진이 아닌 회색 배경에 있는 문구들만 보이고 사진은 보이지 않을 것이다. 'Background' 레이어를 삭제하고 PNG 형식으로 저장하는 것이 중요하다는 점을 기억하자.

STEP 05

Image Overlay의 다른 몇 가지 기능을 알아보자. 레이아웃 이미지를 불러온 다음 ←/→를 눌러 다른 사진을 레이아웃에 대입해 볼 수 있다. 예제 는 다른 사진이 레이아웃에 어울리는지 대입한 화 면이다.

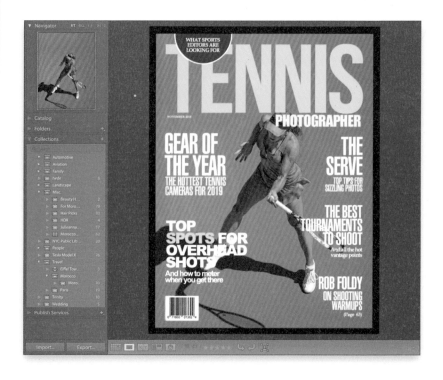

STEP 06

STEP 05 그림을 보면 'PHOTOGRAPHER'라는 단어가 인물의 머리를 가리고 있다. 이러한 경우, 커버 위치를 조절해 비교해 볼 수 있다.

Ctrl(Mac: Command)을 눌러 마우스 포인터를 이동 아이콘으로 전환한 다음 커버를 클릭하고 드래그 해서 사방으로 이동해 본다. 사진을 이동하는 것 이 아니라 레이아웃 커버 이미지를 이동하는 방 식이라 처음에는 약간 이상하겠지만, 곧 익숙해질 것이다.

오버레이 이미지의 투명도도 조절할 수 있다(예제에서는 다른 사진으로 교체했다). Ctrl (Mac: Command)을 누르고 있으면 이미지 아랫부분에 두 개의 작은 조절 기능이 표시된다.

왼쪽 Opacity를 클릭하고 왼쪽으로 드래그하면 불투명도가 낮아진다(예제 사진의 경우 불투명도를 '45%'로 설정했다). 오른쪽으로 드래그하면 불투명도를 높인다.

오른쪽 Matte 또한 유용하다. **STEP 07**의 예제 사진을 보면, 레이아웃 이미지 배경이 불투명하다. 이때 Matte 설정을 낮추면 배경 불투명도를 낮춰서 오버레이 이미지 밖의 영역을 볼 수 있다. 그림을 살펴보면, 표지 이미지 밖 네 면 모두 여분이 보인다. 이것으로, 표지를 이동할 수 있는 여분이 있다는 점을 알 수 있다. 이 기능은 사진을 보면서 오버레이 이미지의 위치를 조절할 수 있어서 편리하다.

Matte 역시 Opacity와 동일한 방법으로 설정한다. Ctrl (Mac: Command)을 누르고 있으면 표시되는 조절 기능 중 'Matte'를 클릭하고 드래그해서 조절한다.

파일명 템플릿 만들기

디지털카메라는 일정한 파일명을 반복해서 사용하기 때문에 드라이브에 저장한 수천 장 이상의 사진을 잘 정리하는 것이 중요하다. 그러므로 사진을 불러올 때 파일명을 잘 설정해야 한다. 가장 일반적인 방법은 새 파일명에 촬영 날짜를 포함하는 것이다. 그러나 라이트룸에 내장된 파일명 프리셋은 단 하나만 날짜를 포함하는 방식을 사용하며, 카메라가 설정한 파일명을 그대로 유지한다. 다행히 라이트룸에서 파일명 템플릿을 직접 만들 수 있다.

STEP 01

[Library] 모듈에서 왼쪽 아랫부분 [Import] 버튼을 클릭하거나 Ctrl+Shift+I(Command+Shift+I)를 눌러 [Import] 창을 불러온다.

윗부분에서 'Copy as DNG' 또는 'Copy'를 클릭하면, 오른쪽에 [File Renaming] 패널이 표시된다. 패널에서 'Rename Files'에 체크 표시하고 Template 메뉴에서 'Edit'을 클릭한다.

STEP 02

[Filename Template Editor] 창 윗부분에는 라이트룸 파일명 프리셋을 선택하는 메뉴가 있다. 'Custom Name-Sequence'를 선택하면, 아랫부분 프리셋에 파란색 토큰(토큰은 어도비가 부르는 이름이며, PC에서는 중괄호로 표시된다) 두 개가 표시된다.

앞의 토큰은 텍스트이고, 뒤의 토큰은 자동 번호이다. 토큰을 삭제하려면, 토큰을 클릭한 다음 Backspace(Mac: Delete)를 누른다.

프리셋을 새로 만들려면 두 개의 토큰을 모두 삭제하고 아랫부분 메뉴에서 원하는 설정을 선택한 다음 [Insert] 버튼을 클릭해 입력란에 추가한다(메뉴에서 선택하는 경우 [Insert] 버튼을 클릭하지 않아도 된다).

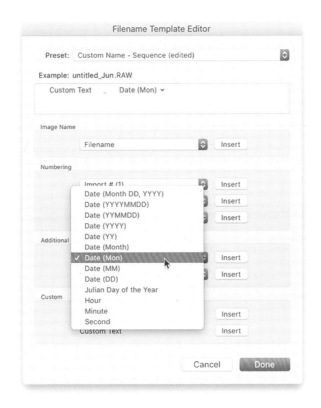

템플릿을 처음부터 만들어보자(예제에서는 하나의 예를 보여주며, 이후 필요한 형식의 새 템플릿을 얼마든지 만들 수 있다).

[Custom Text] 토큰을 먼저 추가해 보자(나중에 사진을 불러올 때 적합한 파일명을 설정할 것이다). 창 아랫부분에서 Custom Text 오른쪽 [Insert] 버튼을 클릭해서 [Custom Text] 토큰을 추가한다. 토큰이 나타나는 영역 위의 Example은 현재 만들고 있는 파일명을 적용한 예를 보여 준다.

이 시점에서 우리가 만든 파일명은 'untitled. RAW'이다(실제의 파일 확장명을 표기하므로 파일 형식에 따라 바뀐다).

STEP
04

다음은 사진을 촬영한 월을 표시하는 토큰을 추가한다(카메라가 파일에 기록한 메타데이터에 따라 자동으로 표기된다). 단순히 월만 추가하면 단어 사이를 띄어쓰기하지 않기 때문에 텍스트와 월 사이 하이픈이나 밑줄을 추가하는 것이 보기 편리하다.

Shift + — 를 누르면 Custom Name 뒤에 하이픈을 추가해 시각적인 분리 공간이 생긴다.

Additional 영역의 [Date] 메뉴에서 'Date (Mon)'을 선택하면 월 명칭 전체를 표기하지 않고 세 글자의 약자로 표기한다. 'Date(MM)'을 선택하면, Jun 대신 06으로 표기한다.

연도를 추가해 보자. 월과 연도 사이에 공간을 만들기 위해 대시를 추가한다. 이제 연도를 선택한다. 예제에서는 네 자리 연도 표기를 선택했다. 윗부분의 예를 보면 파일명은 'untitled_Jun-2018. RAW'와 같은 형식으로 표기될 것이다.

Tip

라이트룸은 불러오는 사진의 촬영 날짜를 자동으로 인식하므로 Library Filter 바에서 [Metadata] 탭을 클릭하고, 첫 번째 칼럼에서 [Date]를 선택해서 사진을 자동으로 정리할 수 있기 때문에(91쪽 참고) 필자는 파일명에 날짜를 추가하지 않는다. 예제에서는 [Filename Template Editor]의 사용법을 보여 주기 위해 날짜를 추가하는 것이다.

마지막으로, 라이트룸이 파일명에 일련번호를 자동 적용하도록 설정한다. Numbering 영역 세 번째 메뉴에서 원하는 번호 설정 항목을 선택한다. 여기서는 파일명 끝에 세 자릿수 번호를 자동 적용하는 'Sequence # (001)' 토큰을 선택했다. 이제 'untitled_Jun-2018-001.RAW', 'untitled_Jun-2018-002.RAW'와 같은 형식으로 파일명을 자동 적용할 것이다.

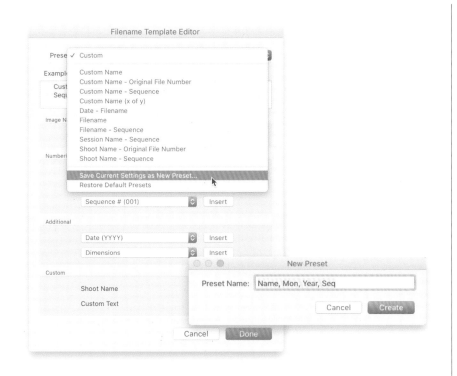

STEP
07

설정을 마치고 Preset을 'Save Current Settings as New Preset'으로 지정해 창에서 프리셋 이름을 설정한다. 프리셋 이름은 다음에 사용할 때 알아보기 쉽도록 자세히 쓴다(예제에서는 'Name, Mon, Year, Seq'으로 설정했다). [Create] 버튼을 클릭하고, [Filename Template Editor] 창에서 [Done] 버튼을 클릭해 작업을 완료한다.

이제 다음에 [Import] 창에서 사진을 불러올 때 [File Renaming] 패널의 Template에서 새로 만든 템플릿을 선택할 수 있다.

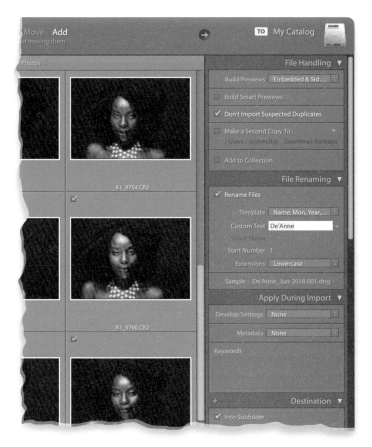

STEP
08

추가한 [Custom Text] 토큰을 사용해 보자.

Template에서 새 프리셋을 선택한 다음 Custom Text 영역에서 사진을 설명하는 파일명을 입력한다(예제에서는 'De'Anne'을 입력했다. 이때 단어 사이에 띄어쓰기를 하지 않는다). 그러면 입력한 파일명을 시각적으로 분리하기 위해 추가한 밑줄 앞에 추가된다.

파일명을 입력한 다음 [File Naming] 패널 아랫부분 Sample 영역에서 사진에 적용할 새 파일명의 예를 확인할 수 있다. [Apply During Import]와 [Destination] 패널 설정까지 마친 다음 [Import] 버튼을 클릭해서 사진을 불러온다.

메타데이터(저작권) 템플릿 만들기

앞부분에서 라이트룸으로 사진을 불러올 때 저작권과 연락처 등 정보를 자동 기록할 수 있는 메타데이터 템플릿의 편리함을 언급했다. 이번에는 메타데이터 템플릿을 만드는 방법을 알아보자. 메타데이터 템플릿은 연락처 정보 템플릿, 기본 정보만 있는 템플릿 등 용도에 따라 다양한 템플릿을 미리 만들고 목적에 따라 적용하면 편리하다.

STEP 01

메타데이터 템플릿은 [Import] 창에서 바로 만들 수 있다. Ctrl+Shift+I(Mac: Command+Shift+I)를 눌러 [Import] 창을 표시한 다음 [Apply During Import] 패널에서 Metadata를 'New'로 지정한다.

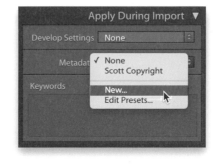

STEP 02

[New Metadata Preset] 창 아랫부분에서 [Check None] 버튼을 클릭하여 입력하지 않은 항목을 숨긴다.

IPTC Copyright 영역에 저작권 정보를 입력한 다음 IPTC Creator 영역에 연락처 정보를 입력한다. 누군가 웹 사이트에서 사진을 다운로드한다면, 저작권을 문의할 연락처가 필요하다. 만약 IPTC Copyright 영역의 Copyright Info URL에 입력한 웹 주소만으로도 충분하다고 생각한다면 연락처를 입력하지 않고 건너뛰어도 상관없다(메타데이터 프리셋은 잠재 고객에게 연락처를 제공하려는 목적도 있으므로 결정은 여러분에게 달렸다).

필요한 모든 메타데이터의 입력을 마치고 창 윗부분에서 프리셋 이름을 지정한 다음 [Create] 버튼을 클릭한다. 예제에서는 프리셋 이름을 'Scott Copyright (Full)'로 설정했다.

메타데이터 템플릿은 삭제 역시 간단하다. [Apply During Import] 패널의 Metadata에서 'Edit Presets'를 선택한다.

[Edit Metadata Presets] 창 윗부분 Preset에서 삭제할 프리셋을 지정하고 해당 프리셋의 메타데이터가 나타나면, 다시 Preset을 'Delete preset [프리셋 이름]'으로 지정한다.

선택한 프리셋을 삭제할지 묻는 경고 메시지가 표시되면 [Delete] 버튼을 클릭해서 삭제한다.

Lights Dim과 Lights Out 보기 모드 사용하기

필자가 라이트룸에서 가장 좋아하는 기능 중 하나는 사진에만 집중할 수 있는 보기 모드이다. 그래서 모든 패널을 숨기는 Shift + Tab 을 애용한다. 만약 사진에 더 집중하고 싶다면, 패널을 숨기고 사진 주변을 어둡게 만드는 Lights Dim과 Lights Out 보기 모드를 사용한다.

STEP 01

L 을 눌러 Lights Dim 보기 모드로 전환하면 미리 보기 영역 가운데에 있는 사진을 제외한 모든 영역이 마치 조도를 낮춘 것처럼 어두워진다. Lights Dim 모드의 가장 좋은 점은 패널 영역과 작업 표시줄, Filmstrip 영역 모두 정상적으로 사용할 수 있다는 것이다.

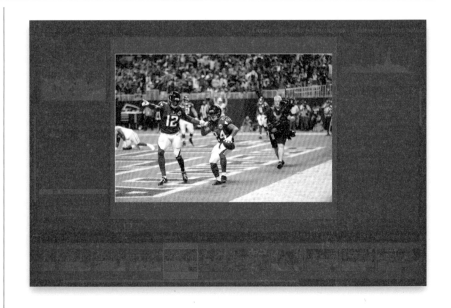

STEP 02

L 을 한 번 더 누르면 Lights Out 모드로 전환된다. Lights Out 모드는 사진 외 영역을 완전히 어둡게 만들어 화면에 사진만 보이게 한다(기본 화면인 Lights On 모드로 전환하려면 L 을 한 번 더 누른다).

사진을 전체 화면으로 확대하려면, Lights Out 모드로 전환하기 전에 Shift + Tab 을 눌러 윗부분, 아랫부분 패널을 모두 숨긴다. 그러지 않으면 **STEP 01** 그림처럼 넓은 검은색 여백 가운데에 있는 작은 크기의 사진만 보일 것이다.

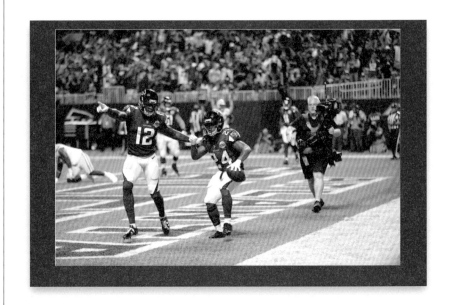

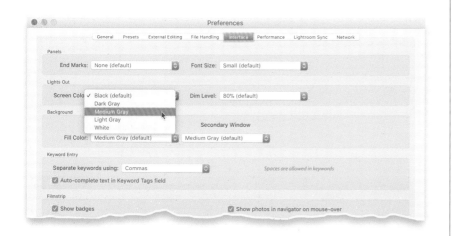

Tip

Lights Out 모드 설정하기

Lights Out 모드에는 생각보다 다양한 설정 기능이 있다. 윈도우의 [Edit](Mac:[Lightroom])-[Preferences]를 실행하고 [Interface] 탭을 클릭한 다음 Screen Color와 Dim Level에서 Lights Out 모드 화면 밝기와 색상을 조절할 수 있다.

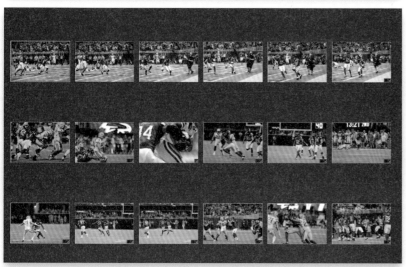

STEP 03

라이트룸 창에서 시각적 방해 요소 없이 사진을 Grid 모드로 볼 수 있다.

Shift + Tab 을 눌러 모든 패널을 숨기고 Ctrl + Shift + F (Mac: Command + Shift + F)를 누르면 윗부분 제목 표시줄과 메뉴 바가 숨겨지고 사진 그리드만 보인다.

이 효과를 더 극대화하려면, T 를 눌러 도구바를 숨긴다. 윗부분 Library Filter 바가 활성화되어 있는 경우 W 를 눌러 숨기면 윗부분 예제 사진과 같이 회색 배경에 사진 그리드를 배치한 화면이 된다.

배경을 검은색으로 전환해 파일명도 숨기고 싶다면, L 을 두 번 누르면 아랫부분 예제 사진과 같은 화면이 된다. L 을 한 번 더 누르면 Lights On 모드로 돌아 온다. 그리고 Shift + F 를 누르면 기본 화면 모드로 돌아 온다.

가이드와 그리드 오버레이 기능 사용하기

라이트룸에도 포토샵과 같이 이동이 가능하면서 출력이 되지 않는 가이드 기능이 있다(오히려 포토샵의 가이드 기능보다 훨씬 탁월하다). 또한, 가이드 기능 외에도 크기 조절이 가능하고 출력이 되지 않는 그리드도 있는데, 사진 일부분의 기울기를 조절할 때 유용하다. 가이드 기능부터 먼저 살펴보자.

STEP 01

[View]-[Loupe Overlay]-[Guides]를 실행해 가이드 기능을 활성화하면 가로선과 세로선, 두 개의 흰색 가이드 선이 화면 가운데에 나타난다. 가로나 세로 가이드를 움직이려면 Ctrl (Mac: Command)을 누른 채 마우스 포인터를 가운데 검은색 원에 놓고, 돋보기 도구에서 손 도구로 전환한 다음 가이드 두 개를 원하는 위치로 드래그한다.

가이드를 개별적으로 드래그하려면 마우스 포인터를 가운데에서 벗어나 가이드 위로 이동해 드래그한다. 가이드를 취소하려면 Ctrl + Alt + O (Mac: Command + Option + O)를 누른다.

STEP 02

그리드 기능도 가이드 기능과 유사하다. [View]-[Loupe Overlay]-[Grid]를 실행해서 사진 위에 그리드가 표시되면 기울기 조절 등 다양한 기능을 사용할 수 있다. Ctrl (Mac: Command)을 누르고 있으면 화면 윗부분에 조절 바가 나타난다. 'Opacity'를 클릭하면 그리드의 불투명도를 조절할 수 있다. 예제에서는 '100%'로 선을 선명하게 설정했다. Size는 그리드 간격을 조절한다. 왼쪽으로 드래그하면 간격이 좁아지고, 오른쪽으로 드래그하면 간격이 넓어신나. 그리드를 해제하려면 Ctrl + Alt + O (Mac: Command + Option + O)를 누른다.

Note

오버레이 기능을 동시에 여러 개 활성화할 수 있으므로 가이드와 그리드를 동시에 사용할 수 있다.

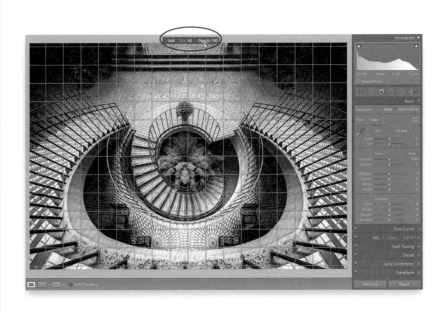

잠재 고객과 함께 점심을 먹으며 대화를 나누다가 그 사람이 자동차 마니아라는 점을 발견했다. 전에 촬영한 자동차 사진들을 짧은 시간 안에 모아서 그에게 보여 주고 싶다. 결과물을 영구 보관하지 않을 것이며, 컬렉션들을 뒤져 마음에 드는 사진들을 모아 임시 컬렉션을 만들어 간단한 슬라이드 쇼로 보여 주고 싶을 뿐이다. 이러한 경우에 Quick Collection 기능을 사용한다.

Quick Collection 기능 사용하기

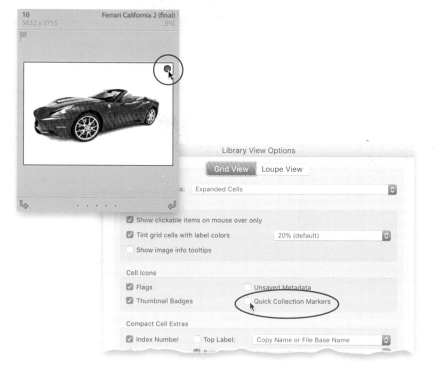

STEP 01

임시 컬렉션이 필요한 이유는 다양하지만, 필자는 대부분 여러 개의 컬렉션에 있는 사진들을 모아 임시로 하나의 컬렉션으로 만들기 위해 Quick Collection 기능을 사용한다.

위에서 든 예를 그대로 사용해 자동차 사진 컬렉션 중 마음에 드는 사진들을 모아 짧은 시간에 간단한 슬라이드 쇼를 만들어 보자. 자동차 컬렉션 하나를 열고, 슬라이드 쇼에 넣고 싶은 사진을 발견하면 B를 눌러 Quick Collection에 추가한다 (이때 그림과 같이 Quick Collection에 추가했다는 알림 메시지가 나타난다).

STEP 02

다른 자동차 컬렉션에서 동일한 과정을 반복한다. Quick Collection에 넣고 싶은 사진을 보면 B를 눌러 추가한다. 이 방식을 사용하면 짧은 시간 안에 10개나 15개의 최상 등급 사진들로 컬렉션을 만들 수 있다.

Note

Grid 보기 모드에서 섬네일에 마우스 포인터를 놓으면 오른쪽 윗부분 모서리에 나타나는 작은 원을 클릭해도 사진을 Quick Collection에 추가할 수 있다. 클릭하면 굵은 검은색 테두리를 가진 회색 원으로 바뀐다.

회색 원을 숨기려면 Ctrl + J (Mac: Command + J)를 누른 다음 창 윗부분 [Grid View] 탭을 클릭하고 'Quick Collection Markers'의 체크 표시를 해제한다.

STEP 03

Quick Collection에 넣은 사진을 보려면, 왼쪽 패널 영역의 [Catalog] 패널에서 'Quick Collection'을 클릭한다.

모든 Quick Collection 사진을 삭제하려면, 컬렉션을 클릭하고 Backspace(Mac: Delete)를 누른다. 이때, 원본 사진을 삭제하는 것이 아니라 임시로 만든 Quick Collection에서만 삭제한다.

또한 사진 하나를 클릭하고 B를 누르면, 사진을 Quick Collection에서 삭제한다.

Tip

Quick Collection 저장하기

[Quick Collection]을 일반 컬렉션으로 저장하고 싶다면 [Catalog] 패널에서 Quick Collection을 마우스 오른쪽 버튼으로 클릭하고 **Save Quick Collection**을 실행한 다음 창에서 새 컬렉션 이름을 설정하고 저장한다.

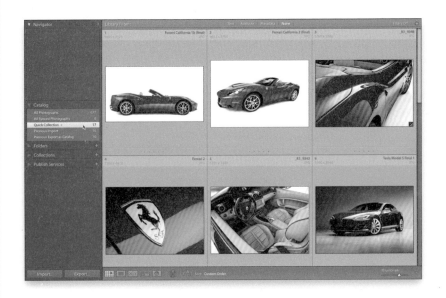

STEP 04

여러 개 컬렉션에서 고른 사진들을 ·Quick Collection으로 만든 다음에는 언제든지 Ctrl +Enter(Mac: Command+Return)를 눌러 슬라이드 쇼를 실행할 수 있다. 그러면 Quick Collection 안 사진들로 전체 화면 슬라이드 쇼가 실행된다. 이때, 슬라이드 쇼는 [Slideshow] 모듈의 기본 설정 프리셋을 적용한다. 슬라이드 쇼를 멈추려면 Esc를 누른다.

Quick Collection을 사용한 후 삭제 어부는 여러분에게 달렸다. 원한다면 일반 컬렉션으로 저장할 수 있고, Quick Collection을 마우스 오른쪽 버튼으로 클릭하고 **Clear Quick Collection**을 실행해서 컬렉션을 비운 다음 필요할 때 사용해도 된다.

앞에서는 여러 개의 컬렉션에서 선택한 사진들을 임시로 모아 즉석 슬라이드 쇼를 실행하는 Quick Collection을 알아보았다. 혹은 모아 놓은 사진들을 컬렉션으로 만들어야 할지 확신이 생기지 않으며, 더 유용한 사진을 찾을 수도 있다는 생각이 든다면 Quick Collection 대신 타깃 컬렉션을 사용해 보자. 똑같은 단축키를 사용하지만 사진을 Quick Collection에 넣는 대신 기존에 있던 컬렉션에 넣는다.

필자의 설명을 읽으면 이 기능이 얼마나 편리한지 이해할 것이다.

편리한 Target Collection 사용하기

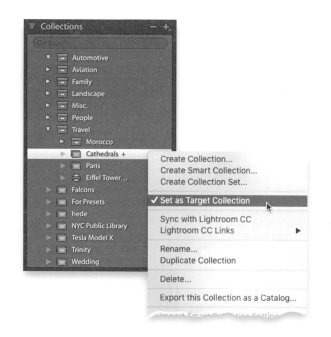

 STEP 01

여행 중 성당 사진을 많이 찍었다고 가정하자. 마음에 드는 성당 사진들만 모아 하나의 컬렉션을 만들어 한 번의 클릭으로 볼 수 있다면 편리할 것이다. 'Cathedrals'라는 새 컬렉션을 만든 다음 [Collections] 패널에서 컬렉션을 마우스 오른쪽 버튼으로 클릭한다.

Set as Target Collection을 실행하면 컬렉션 이름 오른쪽에 +가 표시되어 해당 컬렉션이 타깃 컬렉션이라는 것을 알 수 있다.

Note - - - - - - - - - - - - - - - - - - -
타깃 컬렉션에는 스마트 컬렉션을 만들 수 없다.
- -

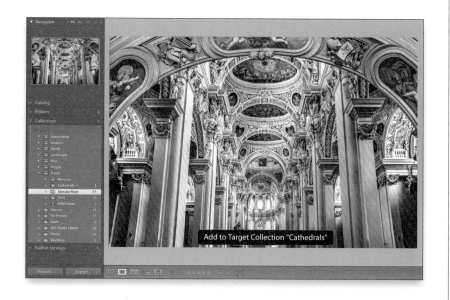

 STEP 02

타깃 컬렉션에 사진을 추가하는 방법은 간단하다. 사진을 선택한 다음 Quick Collection과 동일한 단축키 B를 눌러 [Cathedrals] 타깃 컬렉션에 추가한다.

예를 들어, 예제 사진은 독일, 파사우에 있는 슈테판 대성당의 천장을 찍은 사진이다. [Danube River] 컬렉션에 있는 이 사진을 [Cathedral] 타깃 컬렉션에 추가하기 위해 B를 누르면 사진 아랫부분에 알림 메시지가 나타나 사진을 추가했다고 알려 준다. 사진은 [Danube River] 컬렉션에서 제거되지 않으며, 타깃 컬렉션에 추가만 된다.

이제 [Cathedrals] 타깃 컬렉션을 클릭하면 슈테 판 대성당 사진과 함께 다른 컬렉션들에서 선택한 사진들을 볼 수 있다.

타깃 컬렉션을 자주 만든다면 시간을 절약하 는 방법이 있다. 새 컬렉션을 만들 때 [Create Collection] 창에서 'Set as target collection'에 체크 표시하면 새 컬렉션을 타깃 컬렉션으로 만든 다. 그런데, 타깃 컬렉션은 한 번에 한 개만 설정 할 수 있다. 그러므로 다른 컬렉션을 타깃 컬렉션 으로 설정하면 이전에 선택한 타깃 컬렉션의 설정 이 취소된다(컬렉션은 그대로 있지만 ⃞B⃞를 누르 면 사진이 새로 선택한 타깃 컬렉션에 추가된다). 또한 타깃 컬렉션 대신 ⃞B⃞를 눌러 사진을 추가 해 Quick Collection을 만들고 싶다면, 사진을 마 우스 오른쪽 버튼으로 클릭하고 **Set as Target Collection**을 실행해서 해제한다.

저작권 정보, 캡션과 다른 메타데이터 추가하기

디지털카메라는 촬영한 사진 파일에 사용한 카메라 기종과 렌즈, 플래시 사용 여부 등 모든 정보를 자동으로 기록한다. 라이트룸에서 EXIF 데이터라고 부르는 사진에 기록된 정보들을 기반으로 사진을 검색할 수 있다. 게다가 파일에 저작권 정보나 뉴스 서비스에 업로드하기 위한 사진 캡션 등의 데이터도 직접 기록할 수 있다.

STEP 01

사진 파일에 기록한 메타데이터라고 부르는 정보는 [Library] 모듈 오른쪽 패널 영역에 있는 [Metadata] 패널에서 볼 수 있다.

기본적으로 볼 수 있는 데이터(EXIF 데이터)는 촬영에 사용한 카메라와 렌즈 기종, 파일 크기, 라이트룸에서 설정한 등급이나 라벨 등급 등이다. 하지만 그 외에도 훨씬 다양한 정보를 담고 있다. 카메라가 파일에 기록한 모든 데이터를 보려면 패널 헤더 왼쪽 메뉴에서 **EXIF**를 실행하거나, 캡션과 저작권 정보를 설정할 수 있는 입력란까지 보기 위해 **EXIF and IPTC**를 실행한다.

Tip

더 많은 정보를 보거나 검색하기

Grid 보기 모드에서 메타데이터 영역 어느 항목이든 오른쪽에 있는 화살표는 추가 정보나 검색 링크가 태그되어 있다는 의미이다. 예를 들어, EXIF 데이터를 스크롤해서 ISO Speed Rating에 있는 화살표에 마우스 포인터를 놓으면, 작은 알림 메시지가 표시된다(여기서는 화살표를 클릭하자 카탈로그에 있는 ISO 400으로 촬영한 모든 사진을 불러온다).

카메라가 기록한 EXIF 데이터는 수정이 불가능하지만, 추가 정보를 설정할 수 있는 항목이 있다. 예를 들어, 캡션을 추가하려면 Caption을 입력한다. 또한 [Metadata] 패널에서 별점이나 라벨 등급도 설정할 수 있다.

Note -

추가하는 메타데이터는 라이트룸 데이터베이스에 저장되기 때문에 라이트룸에서 JPEG, PSD, TIFF 형식의 사진을 불러올 때 메타데이터를 색상 보정과 같은 사진 편집 설정과 함께 적용한다. 하지만 RAW 형식 파일의 경우는 다르다(차이점은 다음 단계에서 알아볼 것이다).

- -

저작권 메타데이터 템플릿을 만들었지만(110쪽 참고) 사진을 불러올 때 적용하지 않았다면 [Metadata] 패널 윗부분에 있는 Preset에서 적용할 수 있다. 또한 저작권 템플릿을 만들지 않았다면 저작권 정보를 직접 추가할 수 있다.

[Metadata] 패널 아랫부분 Copyright 영역에서 Copyright Status를 'Copyrighted'로 지정한 다음 Copyright에 저작권 정보를 입력한다. 저작권 정보 설정은 다수의 사진에 일괄 적용할 수 있다. Ctrl(Mac: Command)을 이용해 저작권 정보를 적용할 사진들을 일괄 선택한 다음 [Metadata] 패널에서 정보를 입력한다.

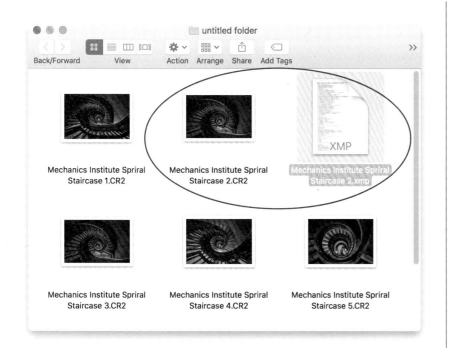

STEP 04

RAW 형식 원본 파일을 타인에게 전달하거나 다른 프로그램에서 사용할 때, 라이트룸에서 추가한 메타데이터(저작권 정보, 키워드, 색상 보정 설정까지 포함)는 RAW 파일 자체에 기록할 수 없기 때문에 보이지 않는다. 그래서 XMP라고 부르는 별도의 보조 파일을 사용한다. XMP 보조 파일은 자동으로 생성되지 않으며, RAW 파일을 전달하기 전에 Ctrl + S(Mac: Command + S)를 눌러 만든다.

XMP 보조 파일을 만든 다음 폴더를 열어 보면 RAW 파일 옆에 XMP 보조 파일이 있다. 이 두 개의 파일은 함께 있어야 하기 때문에 두 파일 모두 전달하는 것을 잊지 말자.

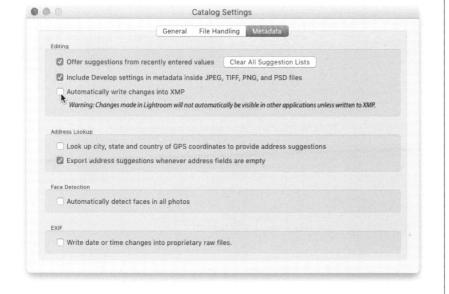

STEP 05

RAW 파일을 불러올 때 DNG 파일로 변환한 경우 Ctrl + S(Mac: Command + S)를 누르면 DNG 파일에 정보가 기록된다(DNG 파일의 다른 장점은 44쪽 참고). 그러면 분리된 XMP 파일이 필요 없다. **[Edit](Mac:[Lightroom])-[Catalog Settings]**를 실행하고 [Metadata] 탭을 선택하면 라이트룸 [Catalog Settings] 창에서 RAW 파일에 적용하는 설정을 자동으로 XMP 보조 파일에 기록하도록 설정할 수 있다. 한 가지 단점은 RAW 파일에 설정 변경을 적용할 때마다 XMP 파일의 데이터도 변경해야 하기 때문에 속도가 느려진다는 것이다. 그래서 필자는 'Automatically write changes into XMP'에 체크 표시하지 않는다.

랩톱에서
데스크톱으로,
카탈로그
동기화하기

로케이션 촬영에서 랩톱으로 라이트룸을 사용한다면 사진과 함께 모든 편집 설정, 키워드, 메타데이터를 스튜디오에서 사용하는 데스크톱 컴퓨터 라이트룸 카탈로그에도 추가해야 할 것이다. 방법은 간단하다. 랩톱에서 내보낼 컬렉션을 선택하고 스튜디오용 컴퓨터에 폴더를 만들어 불러오면 된다. 모든 과정은 라이트룸이 실행하며 여러분은 몇 가지 설정만 하면 된다.

로케이션 촬영 현장에서 사진을 불러와 컬렉션 세트에 정리하고 몇 개의 사진은 보정도 했다. 랩톱으로 가능한 작업은 모두 완료했다고 가정하자.

STEP 02

촬영에서 돌아 온 후, 랩톱 라이트룸의 [Collections] 패널에서 새로 만든 컬렉션 세트를 스튜디오에 있는 데스크톱 컴퓨터와 동기화하기 위해 마우스 오른쪽 버튼으로 클릭한다.
Export this Collection Set as a Catalog를 실행한다.

Note

컬렉션 대신 폴더를 사용하는 경우 [Folders] 패널에서 새로 만든 폴더를 마우스 오른쪽 버튼으로 클릭한다는 점만 다르다.

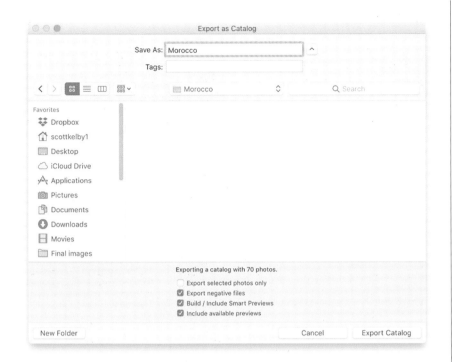

STEP
03

[Export as Catalog] 창에서 내보내는 카탈로그 저장 위치를 설정한다. 사진을 랩톱에서 데스크톱 컴퓨터로 가져와야 하므로 카탈로그, 미리 보기와 원본 사진을 저장하기 충분한 용량의 작은 휴대용 하드 드라이브나 USB 플래시 드라이브 사용을 권장한다.

다음은 컬렉션 이름을 설정하고, 저장 위치를 휴대용 드라이브로 선택한 다음 창 아랫부분에 있는 'Export negative files'에 체크 표시하여 편집 설정뿐 아니라 사진들도 함께 저장한다. 나중에 사진을 불러올 때 렌더링 시간을 절약하기 위해 'Include available previews'에 체크 표시하는 것도 잊지 말자. 또한, 스마트 프리뷰를 포함하도록 설정할 수도 있다.

[Export Catalog] 버튼을 클릭해서 컬렉션 보내기를 실행한다.

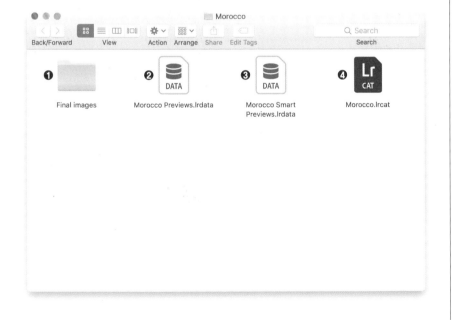

Final images | Morocco Previews.lrdata | Morocco Smart Previews.lrdata | Morocco.lrcat

STEP
04

시간이 오래 걸리지 않지만, 카탈로그 용량이 클수록 더 오래 걸린다. 보내는 작업을 마치면 휴대용 드라이브나 USB 플래시 드라이브에 새 폴더가 나타난다.

폴더 안에는 스마트 프리뷰 내보내기 선택 여부에 따라 다음과 같이 세 개나 네 개의 파일이 있다.

❶ 실제 사진이 있는 폴더
❷ 미리 보기 이미지가 있는 폴더
❸ 스마트 프리뷰가 있는 폴더(스마트 프리뷰 내보내기를 선택한 경우)
❹ 카탈로그 파일(LRCAT 확장 파일 포함)

STEP 05

윈도우를 사용한다면 **[File]-[Import from Another Catalog]**를 실행한다. 휴대용 드라이브에 만든 폴더를 선택하고, 폴더 안 확장자가 LRCAT인 파일(컴퓨터로 불러오는 카탈로그 파일)을 클릭한 다음 [Choose] 버튼을 클릭해 그림과 같은 [Import from Catalog] 창을 불러온다.

불러올 사진의 섬네일을 보고 싶은 경우, 왼쪽 아랫부분 모퉁이의 'Show Preview'에 체크 표시하면 창 오른쪽 영역에 섬네일이 표시된다. 그중 불러오고 싶지 않은 사진이 있다면 섬네일 왼쪽 윗부분에서 체크 표시를 해제한다.

STEP 06

지금까지는 미리 보기 이미지와 랩톱에서 적용한 편집 설정만 불러오는 작업을 했으며, 아직 휴대용 드라이브나 USB 플래시 드라이브의 폴더에 있는 사진들은 데스크톱 컴퓨터의 저장 장치로 이동하지 않았다(외장 하드 드라이브이길 바란다-CHAPTER 01 참고). 원본 사진도 함께 불러오려면, New Photos 영역에서 File Handling을 'Copy new photos to a new location and import'로 지정한다.

이 항목을 선택하면 바로 밑에 사진 저장 위치를 설정하는 버튼이 나타난다. 여기서는 외장 하드 드라이브의 메인 폴더에 있는 [Travel] 폴더에 저장하도록 설정했다. 저장할 폴더를 찾아 선택하고 [Choose] 버튼을 클릭한다.

[Import] 버튼을 클릭하면 컬렉션을 불러와 데스크톱 컴퓨터 카탈로그에 모든 편집 설정, 미리 보기, 메타데이터 등을 추가하고, 원본 사진들의 복제 파일들도 외장 하드 드라이브에 저장한다.

라이트룸 카탈로그에 큰 문제가 생길 가능성은 낮지만(필자가 오랫동안 라이트룸을 사용했지만 그런 경우는 단 한 번뿐이었다), 만약 문제가 생겨도 라이트룸 복구 기능만으로도 충분할 것이다. 그러나 하드디스크나 컴퓨터 자체에 문제가 발생하거나, 단 하나밖에 없는 카탈로그를 가진 하드디스크나 컴퓨터를 분실하는 경우가 생길 가능성이 있다. 이번에는 이러한 사고에 대처하는 방법을 알아보자.

사고에 대처하기

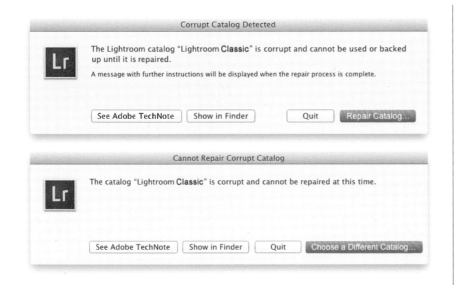

STEP 01

라이트룸을 열자 그림과 같은 경고창이 나타난다면, 일단 [Repair Catalog] 버튼을 클릭해서 라이트룸이 자동으로 고치는 방법을 시도한다.

이 방법만으로 문제를 해결할 가능성이 높지만, 실패할 경우 카탈로그를 고칠 수 없다는 두 번째 경고창이 나타난다. 그러한 경우에는 백업 카탈로그를 불러와야 한다(94쪽 참고).

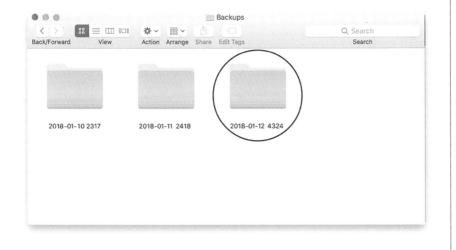

STEP 02

카탈로그를 백업했다면 문제가 생겨도 백업 카탈로그를 불러와 복구하면 된다. 하지만 3주 전에 마지막으로 카탈로그를 백업했다면 그 이후의 데이터는 손실된다. 그러므로 카탈로그를 자주 백업하기를 추천한다. 의뢰받은 촬영 사진은 매일 백업하자.

다행히 백업 카탈로그 복구는 쉽다. 가장 먼저, 백업 하드 드라이브(백업 카탈로그는 별도의 외장 하드 드라이브에 저장한다)에서 라이트룸 카탈로그 백업 파일을 찾는다. 폴더는 날짜별로 저장되어 있으므로 가장 최근 날짜의 폴더를 더블클릭한다. 폴더 안에는 예제 사진과 같은 백업 카탈로그가 있다.

다음은 컴퓨터에서 문제가 있는 라이트룸 카탈로
그(필자 컴퓨터에서는 [Pictures]—[Lightroom]
폴더)를 찾아 삭제한다. 그리고 백업 카탈로그 파
일을 삭제한 폴더가 있던 폴더로 드래그해서 불러
온다.

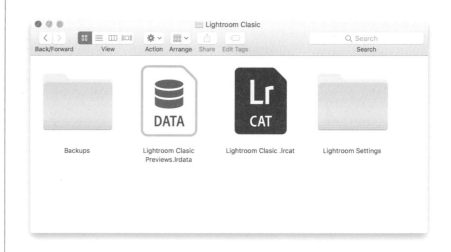

Tip

카탈로그 찾기

카탈로그를 저장한 위치가 기억나지 않는 경우
[Edit](Mac:[Lightroom])—[Catalog Settings]를
실행한다.
[General] 탭을 클릭하면 Location 영역에서 카탈
로그의 경로를 확인할 수 있다. [Show] 버튼을 클
릭하면 카탈로그 위치로 이동한다.

마지막 단계는 [File]—[Open Catalog]를 실행하
고 새 카탈로그를 열기만 하면 된다. 컴퓨터로 불
러온 백업 복제 파일을 찾아 클릭하고 [OK] 버튼
을 클릭한다.
백업 데이터는 사진을 저장한 위치도 기억하므로
걱정할 필요는 없지만, 만약 사진을 찾지 못한다
면 89쪽에서 배운 방법대로 파일을 재연결한다.

Tip

컴퓨터가 고장 난 경우

카탈로그 오류가 아닌 컴퓨터에 이상이 생긴 경우
(혹은 하드디스크 오류나 랩톱을 분실한 경우 등)
에도 대처 방법은 유사하다. 오류가 생긴 카탈로
그를 찾아 삭제하는 과정만 빠질 뿐이다. 그러므
로 카탈로그 백업 복사 파일을 드래그해서 새로
만든 빈 라이트룸 폴더로 이동한다.

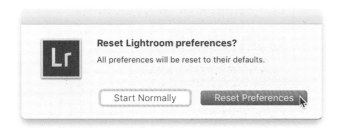

STEP
05

카탈로그에는 문제가 없는데도 라이트룸이 제대로 작동하지 않는 경우에는 보통 라이트룸을 재시작하면 해결된다(정말 간단하지만 의외로 많은 문제들을 해결할 수 있는 방법이다).

프로그램을 재시작하는 것으로 문제가 해결되지 않는다면 환경설정이 손상되어 초기화해야 할 가능성이 있다. 환경설정을 초기화하려면 라이트룸을 종료하고 Alt + Shift (Mac: Option + Shift)를 누른 채 라이트룸을 재시작한다. 키를 계속 누르고 환경설정을 재설정할지 묻는 창이 나타날 때까지 기다린 다음 [Reset Preferences] 버튼을 클릭해 초기화한다. 대부분의 문제가 해결될 가능성이 높다.

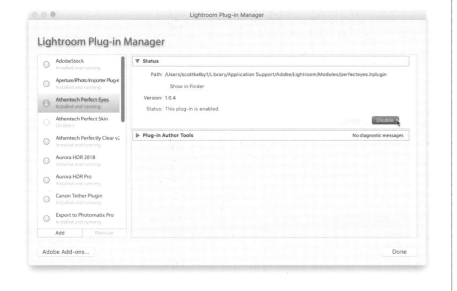

STEP
06

라이트룸 플러그인을 설치한 경우, 플러그인에 이상이 있거나 최신 버전이 아닐 때 문제가 생길 수 있다. 제조사 사이트에서 사용하는 플러그인이 최신 버전인지 확인한다.

플러그인이 최신 버전이라면 **[File]-[Plug-in Manager]**를 실행한다. 창에서 해당 플러그인을 클릭한 다음 오른쪽에서 [Disable] 버튼을 클릭하고 문제점이 사라졌는지 확인한다. 이와 같은 방법으로 플러그인을 하나씩 비활성화해서 이상이 있는 플러그인을 찾는다.

그래도 문제가 해결되지 않는다면, 원본 설치 파일(라이트룸 6 이하 버전을 사용하는 경우)이나 Adobe Creative Cloud 앱(라이트룸 클래식 CC를 사용하는 경우)을 이용해 라이트룸을 재설치한다. 가장 먼저 라이트룸을 컴퓨터에서 삭제하고 (카탈로그는 삭제되지 않는다) 재설치한다. 위의 방법 중 하나로 문제를 해결할 가능성이 높다.

그래도 해결이 되지 않는다면 고객 지원 센터의 도움을 받는 방법밖에 없다.

CHAPTER 04

CUSTOMIZING
내 작업 방식에 맞는 라이트룸 설정하기

CHPATER 04에서는 라이트룸을 개인의 기호에 맞게 설정할 것이다. 그러나 이 챕터를 읽기 전에 여러분의 라이트룸 사용 능력이 조금은 향상되어 있어야 한다. 준비가 되지 않은 채 이 챕터를 읽으면 문제가 생길 수 있다.

그것은 우리가 12살짜리 딸을 꾸짖을 때 사용하는 "그러면 안 돼."에 속하는 행위이다. 이 말은 전 세계 부모들이 아낌없이 사용하는 "내 말 들어."로도 대체할 수 있다.

부모들은 이 말을 분명 이유가 있지만 이유를 밝히기 싫을 때 한다. 단순히 상대할 기분이 아니거나, 게으르거나, 심술궂거나 혹은 세 가지 모두의 경우 이렇게 말하곤 한다. 아이 입장에서 타당한 설명을 듣지 못하는 것은 확실히 실망스러울 수 있다.

그러나 부모들(그리고 라이트룸 책 저자들)은 "그러면 안 돼."라는 말을 좋아한다. 그 말에는 이유가 있기 때문이다. 그런데 그 이유를 설명하면 아이들은 그것을 이해하지 못할 수 있다.

그래서 우리 아이들은 그 말을 들었을 때 그것이 안 좋은 것이라고 추측하고, 나이에 적합하지 않은 경험(또는 라이트룸 경험 레벨)에 대한 부모의 우려를 느끼며 일상을 이어 간다.

필자가 여러분을 아끼고, 여러분이 라이트룸을 잘못 익힐까봐 걱정한다는 것을 알아주기 바란다.

이번 챕터를 대충 볼 수도 있을 것이다. 그러나 이해가 되지 않는 부분이나 불편함을 느낀다면, 그것을 상급자에게 문의해야 할 것이라는 점을 기억하자.

Loupe 보기 모드 설정하기

Loupe 보기 모드는 사진을 확대하는 기능 외에도 사진에 대한 정보가 미리 보기 영역 왼쪽 윗부분에 보이게 하는 기능이 있다. Loupe 보기 모드에서 많은 작업 시간을 보내게 될 것이므로 자신의 작업 방식에 맞게 설정해 보자.

STEP 01

[Library] 모듈의 Grid 보기 모드에서 섬네일을 클릭하고 E를 눌러 예제 사진과 같은 Loupe 보기 모드로 전환한다. 여기에서 필자는 사진을 더 크게 볼 수 있도록 오른쪽 패널 영역을 제외한 모든 영역을 숨겼다.

STEP 02

Ctrl + J(Mac: Command + J)를 누르고 [Library View Options] 창에서 [Loupe View] 탭을 클릭한다. 창 윗부분에서 'Show Info Overlay'에 체크 표시하면 오른쪽에서 두 종류의 정보 오버레이 중 하나를 선택할 수 있다.

'Info 1' 오버레이는 미리 보기 영역 왼쪽 윗부분 모퉁이에 파일명을 큰 글자로 표시하며, 그 아래에는 작은 글자로 사신 촬영 날싸와 시간을 표시한다.

'Info 2' 정보 오버레이는 파일명을 표시하는 것은 똑같지만, 그 아래에 노출, ISO와 렌즈 설정을 표시한다.

사진 위에 표시할 정보 오버레이를 직접 선택할 수 있다. 예를 들어, Loupe Info 2의 첫 번째 메뉴에서 'Common Photo Settings'를 선택하면, 오른쪽 패널 영역의 히스토그램 아랫부분에 있는 셔터 스피드, 조리개, ISO, 렌즈 설정과 동일한 정보를 표시한다.

이 메뉴에서 두 종류의 정보 오버레이를 각각 설정할 수 있다. 그리고 각 영역 윗부분 메뉴는 큰 글자로 표시된다는 점을 기억하자.

기본 Loupe 정보가 표시되도록 전환하려면 오른쪽에서 [Use Defaults] 버튼을 클릭한다. 정보는 대부분의 경우 눈에 거슬리는 요소이지만 간혹 유용할 때도 있다. 그러므로 자신에게 유용한 기능이라고 생각한다면 다음과 같이 설정한다.

❶ 'Show Info Overlay'의 체크 표시를 해제하고, Loupe Info 메뉴에서 사진을 처음으로 Loupe 보기 모드로 불러올 때만 정보가 잠시 보이도록 'Show briefly when photo changes'를 설정한다. 정보는 4초 정도 보였다가 자동으로 사라진다.

혹은 필자가 사용하는 다음 설정을 더 선호할 수도 있다.

❷ ❶의 항목들을 모두 체크 해제하고 ⒤를 누를 때마다 'Info 1', 'Info 2', 'Show Info Overlay' 설정이 번갈아 나타난다.

창 아랫부분에는 'Loading'이나 'Assigned Keyword' 등과 같은 알림 메시지와 영상 선택 항목들과 관련된 체크 상자가 있다.

Grid 보기 모드 설정하기

사진 섬네일을 둘러싼 작은 셀은 사용자 취향에 따라 풍부한 정보 제공처가 되기도 하고, 시각적 방해 요소가 되기도 한다. 다행히 자신의 작업 방식이나 기호에 따라 셀에 표시되는 정보를 편집할 수 있다. 물론 CHAPTER 01에서 배운 것처럼 J를 눌러 셀 정보를 보이거나 숨길 수 있지만, 그 정보들을 자신의 작업 방식에 맞춰 편집하면 더 유용하게 활용할 수 있다.

STEP 01

G를 눌러 [Library] 모듈의 Grid 보기 모드로 전환한다. Ctrl + J (Mac: Command + J)를 누르고 [Library View Options] 창의 [Grid View] 탭 화면에서 'Compact Cells'와 'Expanded Cells' 중 한 가지 정보 표기를 선택한다. 둘 중 'Expanded Cells'에서 더 많은 정보를 볼 수 있다.

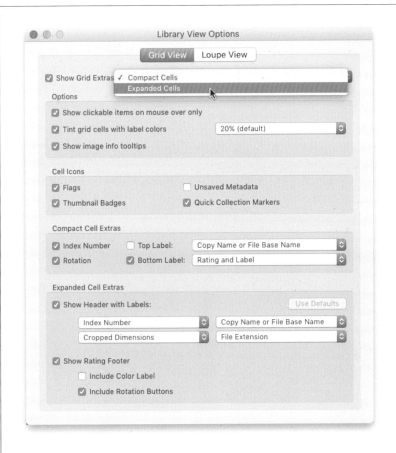

STEP 02

가장 먼저 윗부분 Options 영역에서 Pick 플래그와 사진 진행 화살표를 셀에 추가할 수 있다.

'Show clickable items on mouse over only'에 체크 표시하면 마우스 표인터를 셀에 놓을 때만 아이콘들이 보이며 해제하면 항상 보인다.

'Tint grid cells with label colors'는 사진에 색상 라벨을 태그한 경우에만 적용된다. 사진에 라벨 등급을 태그했다면 셀이 사진에 태그한 라벨 색상으로 나타나며, 메뉴에서 색상의 밝기를 조절할 수 있다.

'Show image info tooltips'에 체크 표시하면 셀에 있는 도구(Pick 플래그나 배지)에 마우스 포인터를 올렸을 때 도구에 대한 설명이 나타난다. 마우스 포인터를 섬네일로 가져가면 EXIF 데이터를 볼 수 있다.

섬네일 배지를 통해(왼쪽부터) 키워드를
적용했고, GPS 정보를 가지고 있으며,
컬렉션에 추가했고, 크로핑과 보정을
적용했음을 알 수 있다.

오른쪽 윗부분의 검은색 버튼을 클릭하면
사진이 Quick Selection에 추가된다.

STEP
03

Cell Icons 영역에는 섬네일 사진 위에 나타나는
두 개의 아이콘과 셀에 나타나는 두 개의 아이콘
에 대한 설정 항목이 있다.

섬네일 오른쪽 아랫부분에 있는 섬네일 배지는 사
진의 GPS 정보 여부, 키워드 태그, 크로핑 적용,
컬렉션 추가, 라이트룸 편집 설정(색상 보정, 샤프
닝 등)을 알려 준다. 이 작은 배지들은 클릭할 수
있는 아이콘이다.

키워드를 추가하고 싶은 경우, 태그 아이콘 형태
의 [Keyword] 배지를 클릭하면 [Keywording]
패널로 전환되어 키워드 영역이 하이라이트 표시
가 되어 나타나 새 키워드를 입력할 수 있다.

'Quick Collection Markers'를 선택하면 사진 오
른쪽 윗부분에 검은색 원형 배지가 추가되는데,
클릭하면 사진이 Quick Collection에 추가된다.

플래그 아이콘을 클릭해서
Pick 등급을 적용한다.

[Unsaved Metadata] 아이콘을 클릭해
변경 사항을 저장한다.

STEP
04

다른 두 개의 선택 항목은 섬네일이 아닌 셀에 아
이콘을 추가한다. 'Flags'에 체크 표시하면 셀 왼
쪽 윗부분에 Pick 플래그 아이콘이 추가된다. 아
이콘을 클릭하면 Pick 등급을 태그할 수 있다.

'Unsaved Metadata'는 셀 오른쪽 윗부분에 있는
아이콘으로, 사진의 메타데이터를 업데이트했으며
(마지막으로 사진을 저장한 후), 아직 파일에 저장
하지 않았다는 표시이다(이미 키워드, 등급 등을
적용한 JPEG 파일 형식의 사진을 불러온 다음 라
이트룸에서 키워드를 추가하거나, 등급 설정을 변
경했을 때 간혹 나타난다). 이 아이콘을 클릭하면
새 설정을 저장할지 묻는 창이 표시된다.

The metadata for this photo has been changed in Lightroom. Save
the changes to disk?

Don't show again   Cancel   Save

STEP 05

창 아랫부분에 있는 Expanded Cell Extras 영역에서는 Expanded Cell 보기 모드에서 셀 윗부분에 표시하는 정보를 선택할 수 있다. 반드시 모든 정보를 선택할 필요는 없으므로 정보 표시를 원하지 않으면 'None'으로 지정한다.

❶ Index Number : 셀 왼쪽 윗부분에 사진 일련번호를 표시한다. 예를 들어, 63장의 사진을 불러왔다면, 첫 번째 사진의 번호는 '1'이며, 셀에 순서대로 번호를 표시한다.

❷ Cropped Dimensions : 사진 크기를 표시한다(사진을 크로핑한 경우, 설정 적용 후의 크기를 표시한다).

❸ Copy Name or File Base Name : 파일명을 표시한다.

❹ File Extension : 파일 형식(JPEG, RAW, TIFF 등)을 표시한다. 정보 라벨을 변경하고 싶다면 메뉴를 클릭한 다음 원하는 정보 항목을 선택한다.

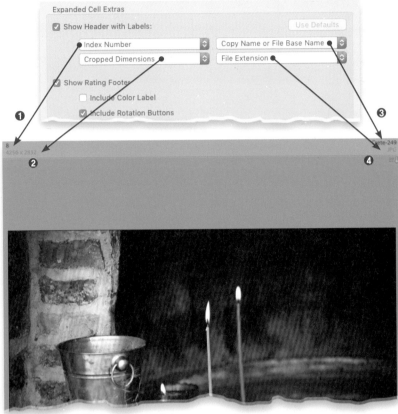

STEP 06

[Library View Options] 창을 이용하는 대신 셀에서 직접 선택할 수 있다. 셀 정보 라벨을 클릭하면 창과 동일한 메뉴가 표시된다. 목록에서 원하는 정보를 선택하면 오른쪽 예제 사진과 같이 정보를 표시한다.

그림에서는 **ISO Speed Rating**을 실행했으며, 사진에서 ISO 200으로 촬영했다는 정보를 확인할 수 있다.

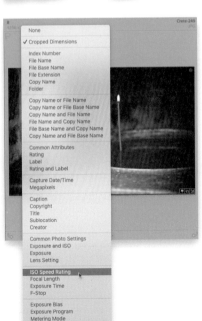

 STEP 07

Expanded Cell Extras 영역 아랫부분 'Show Rating Footer'은 기본적으로 체크 표시되어 있으며, 셀 아랫부분에 별점 등급 설정을 표시한다. 아랫부분에 있는 두 개 항목에 체크 표시하면 색상 라벨 등급과 회전 버튼이 표시된다(마우스 포인터를 셀에 놓으면 나타나며, 클릭할 수 있다).

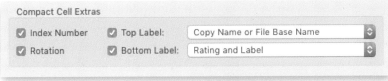

 STEP 08

중간에 있는 Compact Cell Extra 영역에 대한 설명을 건너뛴 이유는 Expanded Cell Extra 영역과 거의 차이가 없기 때문이다.

Compact Cell Extra 영역에는 파일명과(섬네일 왼쪽 윗부분) 등급(섬네일 왼쪽 아랫부분) 정보 선택 항목밖에 없다. 표시하는 정보를 변경하려면 라벨 메뉴를 클릭한다.

왼쪽에 있는 두 개의 체크 상자는 사진의 일련번호(셀 왼쪽 윗부분 큰 회색 글자로 표시) 보이기/숨기기와 셀 아랫부분 화살표 아이콘(마우스 포인터를 가져가면 나타난다) 설정 항목이다.

마지막으로 정보 항목들은 창 윗부분에 있는 'Show Grid Extras'의 체크 표시를 해제하면 영구적으로 비활성화된다.

더 빠르고 쉬운 작업을 위한 패널 설정하기

라이트룸에는 많은 패널들이 있어서 작업할 때 필요한 패널을 찾는 데 많은 시간을 소비하게 된다. 모든 패널을 사용하는 것은 아니므로 사용하지 않는 패널은 숨기고, Solo 모드로 전환해서 클릭한 패널을 제외한 나머지는 숨기도록 설정하는 것이 좋다. 쉽고 빠르게 패널을 설정하는 방법을 알아보자.

패널 윗부분을 마우스 오른쪽 버튼으로 클릭하면 패널 목록 메뉴가 표시된다. 체크 표시가 된 패널은 활성화된 패널이고, 체크 표시를 해제하면 패널을 숨길 수 있다.

예제에서는 [Develop] 모듈의 오른쪽 패널 영역에서 [Calibration] 패널을 숨겼다. 위에서 언급한 대로 **Solo Mode**에 체크 표시하여 활성화하는 것을 추천한다.

두 개의 그림을 살펴보자. 왼쪽 그림은 기본적인 [Develop] 모듈 패널 인터페이스이다. [Split Toning] 패널을 사용하기 위해 다른 여러 개의 패널을 스크롤해서 내려가야 하는데, 이는 시각적 방해 요소이다. 그러나 Solo 모드로 패널을 설정해서 다른 패널들을 숨기면 [Split Toning] 패널에만 집중할 수 있다.

다른 패널로 전환하기 위해 해당 패널의 이름을 클릭하면 [Split Toning] 패널이 자동으로 숨겨진다.

Solo 모드를 비활성화했을 때의 [Develop] 모듈 오른쪽 패널 영역

Solo 모드를 활성화했을 때의 [Develop] 모듈 오른쪽 패널 영역

라이트룸에서는 두 개의 모니터를 사용해서 한 모니터에서는 사진을 전체 화면으로 보고, 다른 모니터에서는 편집 작업을 할 수 있다. 이러한 듀얼 디스플레이 기능 외에도 다른 멋진 기능들이 있다.

두 개의 모니터 사용하기

STEP 01

Filmstrip 영역 왼쪽 윗부분에 듀얼 디스플레이 조정 아이콘이 있다. 아이콘에는 주 모니터를 표시한 '1'과 보조 모니터를 표시한 '2'가 있다. 두 번째 모니터를 연결하지 않고 [2] 아이콘을 클릭하면 예제 사진과 같이 별도의 창이 나타난다.

STEP 02

두 번째 모니터를 연결하고 [2] 아이콘을 클릭하면 Loupe 보기 모드의 사진이 보조 모니터에 표시된다. 듀얼 디스플레이 기능의 기본 설정은 한 모니터에서 라이트룸의 인터페이스와 편집 기능들을 사용하고, 다른 모니터에서 사진을 전체 화면으로 보는 것이다.

STEP
03

[2] 아이콘을 누르고 있으면 보조 모니터를 조정할 수 있는 메뉴가 표시된다.

예를 들어, 보조 모니터 화면을 Survey 보기 모드로 전환한 다음 사진 하나를 선택해 주 모니터의 Loupe 보기 모드에서 확대해서 볼 수 있다 (아랫부분 예제 사진). 그리고 Survey 보기 모드, Compare 보기 모드, Grid 보기 모드, Loupe 보기 모드 단축키에 [Shift]를 더하면 보조 모니터 보기 모드 단축키가 된다. 따라서 [Shift]+[N]을 누르면 보조 모니터 화면이 Survey 보기 모드로 전환된다.

STEP
04

Second View 기능은 Loupe 보기 보느로 사진을 크게 보는 것 외에도 또 다른 기능이 있다.

예를 들어, [2] 버튼을 클릭한 다음 보조 모니터 메뉴에서 **Loupe-Live**를 실행하고, 마우스 포인터를 주 모니터 Grid 보기 모드 화면이나 Filmstrip 영역에서 섬네일로 가져가면 두 번째 화면에 바로 나타난다. 예제 사진을 보면 주 모니터에서 선택한 섬네일은 세 번째 사진이지만, 보조 모니터 화면 사진은 마우스 포인터를 놓은 네 번째 사진이다.

STEP
05

보조 모니터 메뉴의 또 다른 Loupe 보기 모드 선택 항목인 **Loupe-Locked**는 두 번째 모니터의 사진을 고정해 주 모니터에서 다른 사진을 보고 작업을 할 수 있다. 이전의 상태로 되돌리려면 Loupe-Locked 기능을 해제한다.

윗부분과 아랫부분에 내비게이션 바가 보이는
두 번째 모니터

STEP
06

두 번째 모니터 화면 윗부분과 아랫부분에는 내비게이션 바가 있다. 이 바를 숨기려면 화면 윗부분과 아랫부분에 있는 작은 회색 화살표 아이콘을 클릭한다.
화살표를 마우스 오른쪽 버튼으로 클릭하면 바를 숨기거나 보이게 설정하는 선택 메뉴가 표시된다.

내비게이션 바를 숨겨 사진을 더 크게 볼 수
있도록 설정한 모습

Tip

Show Second Monitor Preview 기능

보조 모니터 메뉴에 있는 Show Second Monitor
Preview 기능은 주 화면에서 두 번째 모니터 화면
을 보여 주는 미리 보기 창이다. 이 기능은 프로
젝터를 사용해 두 번째 화면을 스크린에서 보여
주면서 관중을 향해 프레젠테이션을 진행하거나,
의뢰인에게 보조 모니터로 사진을 보여 주는 경우
와 같이 모니터를 직접 볼 수 없는 경우 편리하다.

Grid와 Loupe 보기 모드에서의 정보 표시 설정과 마찬가지로 Filmstrip 영역 역시 정보 표시 설정이 가능하다. [Filmstrip] 창은 기본적으로 낮은 높이로 설정되어 있으므로 복잡해 보이지 않도록 작업 방식에 맞게 설정하는 것이 좋다. 여기서는 각 정보 표시를 활성화하거나 해제하는 방법을 알아보겠지만, 되도록 모든 Filmstrip 정보 표시를 해제해서 이미 복잡한 인터페이스를 정리하기를 권장한다.

Filmstrip 설정하기

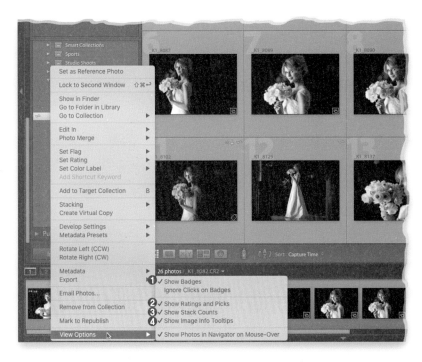

STEP 01

Filmstrip 영역에 있는 섬네일 하나를 마우스 오른쪽 버튼으로 클릭하고 **View Options**를 선택하면 다음과 같은 네 가지 선택 항목이 있다.

❶ **Show Badges** : Grid 보기 모드와 마찬가지로 작은 섬네일 배지를 추가한다.
❷ **Show Ratings and Picks** : 셀에 작은 플래그와 별점 등급을 표시한다.
❸ **Show Stack Counts** : 스택에 포함된 사진 개수를 표시한 [Stack] 아이콘을 추가한다.
❹ **Show Image Info Tooltips** : 마우스 포인터를 Filmstrip 영역 사진에 놓으면 작은 팝업창이 뜨면서 [View Options] 창에서 선택한 'Info 1' 오버레이 정보가 표시된다. Filmstrip 영역을 사용할 때 다른 기능을 활성화하는 배지를 실수로 자주 클릭한다면 메뉴에서 **Ignore Clicks on Badges**를 선택해서 Filmstrip 영역의 배지를 비활성화한다.

STEP 02

윗부분 그림은 정보 표시를 모두 해제한 모습이다. 아랫부분 그림은 모든 정보 표시를 활성화한 모습으로 Pick 플래그, 별점 등급, 섬네일 배지가 있고, 마우스 포인터를 섬네일로 가져가면 작은 정보 팝업창이 열린다.
깔끔한 인터페이스와 복잡한 인터페이스 중 선택은 여러분에게 맡기겠다.

라이트룸에
스튜디오 이름이나
나만의 로고
추가하기

라이트룸을 처음 봤을 때 필자의 눈에 띄었던 것 중 하나는 인터페이스 왼쪽 윗부분에 있는 Adobe Photoshop Lightroom 로고를 사용자 스튜디오 이름이나 로고로 대체할 수 있는 기능이었다. 마치 어도비가 필자만을 위해 프로그램을 디자인한 것처럼 보여서 의뢰인을 상대할 때 더 특별해 보이는 효과가 있다. Identity Plate를 만들어 라이트룸을 나만의 프로그램처럼 보이게 만드는 효과 외에도 다른 기능들이 있지만, 여기서는 라이트룸 로고를 대체하는 방법을 알아보자.

STEP 01

먼저 라이트룸 인터페이스에 있는 라이트룸 로고를 살펴보자.

라이트룸 로고는 텍스트 기능을 사용해서 대체하거나(모듈 영역 오른쪽 윗부분 테스크 바에 있는 텍스트도 로고와 어울리게 바꿀 수 있다), 그래픽 형식의 로고를 사용할 수 있다. 여기에서는 두 가지 모두 알아볼 것이다.

STEP 02

[Edit](Mac:[Lightroom])-[Identity Plate]를 실행하여 [Identity Plate Editor] 창을 표시한다. 윗부분 Identity Plate는 'Lightroom Mobile'로 기본 설정되어 있으므로 'Personalized'를 선택한다. **STEP 01**의 라이트룸 로고를 자신의 이름으로 내체하려면 창 왼쪽에 있는 큰 검은색 텍스트 영역에 이름을 입력한다. 자신의 이름을 사용하고 싶지 않다면 원하는 다른 문구를 입력해도 된다(회사명이나 스튜디오 이름 등). 입력한 문구를 선택한 채 아랫부분 메뉴에서 글꼴과 크기를 선택한다.

STEP 03

문구 일부(글꼴이나 크기 혹은 글자 색상 등)만 변경하고 싶다면, 단어를 블록으로 지정해 변경한다. 색상을 변경하려면 Font Size 메뉴 오른쪽에 있는 작은 색상표 버튼(그림에서 원으로 표시한 곳)을 클릭하고, [Colors] 패널에서 색상을 선택한다(예제 사진의 패널은 Mac용이며, PC용 패널은 약간 다르다).

STEP 04

완성한 Identity Plate가 마음에 든다면 저장한다. Identity Plate는 라이트룸 로고를 대체하는 용도 외에도 세 개의 모듈에 있는 메뉴에서 선택하여 슬라이드 쇼, 웹 갤러리, 최종 출력 사진에도 적용할 수 있다.

새로 만든 Identity Plate를 저장하려면 'Save As'를 선택한 다음 Identity Plate의 이름을 설정하고 [OK] 버튼을 클릭한다. 이제 Identity Plate 메뉴에서 선택해서 사용할 수 있다.

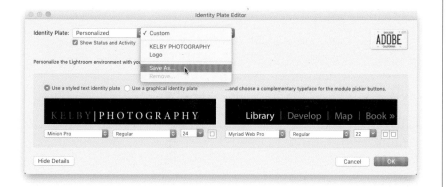

[OK] 버튼을 클릭하면 새 Identity Plate가 창 왼쪽 윗부분에 있던 라이트룸 로고를 대체한다.

회사 로고와 같은 그래픽 로고를 Identity Plate로 만들려면 앞에서 배운대로 [Identity Plate Editor] 창을 불러온 다음 'Use a styled text identity plate' 대신 'Use a graphic identity plate'를 클릭한다.

아랫부분에 있는 [Locate File] 버튼을 클릭하고 그래픽 로고 파일을 찾아서 선택한다. 로고 배경은 라이트룸 배경과 어울리도록 검은색 배경으로 만들거나, 포토샵에서 투명한 배경으로 만든 다음 PNG 형식으로 저장해서 불러온다.

[OK] 버튼을 클릭해서 그래픽 파일을 Identity Plate로 만든다.

Note -

그래픽 로고 위아래가 잘리지 않도록 로고 높이가 57픽셀을 넘지 않도록 주의한다.

- -

STEP 07

[OK] 버튼을 클릭하면 라이트룸 로고(혹은 이전에 적용한 로고)가 새 그래픽 로고로 대체된다. 새 그래픽 로고가 마음에 든다면 Identity Plate에서 'Save As'를 선택해서 저장한다.

STEP 08

다시 원래의 라이트룸 로고로 교체하려면 Identity Plate에서 'Lightroom Classic CC'를 선택해 원래의 로고로 변경한다. 그리고 이번 레슨에서 만든 새 Identity Plate는 나중에 모듈을 배울 때 다시 사용한다는 점도 기억하자.

CHAPTER 05

EDITING YOUR IMAGE
프로 사진가처럼 사진 보정하기

만약 처음 선택한 디지털 사진 보정 도구가 라이트룸이라면 여러분은 행운아다. 진화 과정을 거친 라이트룸은 현재 믿을 수 없을 만큼 강력하고 훌륭하지만, 라이트룸 이전은 암흑기였다.

그때는 Camera Raw를 사용했는데, Adobe Bridge라고 부르는 형편없는 프로그램에 속해 있었다. 잠깐, 그 말을 취소한다. Adobe Bridge에 대한 힘담은 하고 싶지 않지만 한 마디해야 한다면, 정말 쓰레기라는 점이다.

모든 교습서는 미국 국회 도서관 국가 기록원에 한 권씩 소장되기 때문에 우리가 'Bridge'를 얘기할 때 역사를 위해서 올바른 표현을 사용하는 것이 중요하다. 그러므로 '쓰레기'와 같은 아슬아슬한 단어를 사용한다면 그곳의 사서들이 좋아하지 않을 것이다. 그 때문에 필자가 여기에서 긁어모은 단어보다 여러분이 더 정확하고 적합한 문구들로 '바꾸는 것'은 대단히 중요한 사안이다.

필자가 제시하는 설명문의 진하게 표시한 단어를 Bridge를 더 정확하게 표현하는 단어로 바꿔 보기 바란다.

이제 시작해 보자. 'Adobe Bridge는 김이 모락모락 나는 한 무더기의 **홍당무**이다.' 후두부를 위한 것이므로 신중하게 답하기 바란다.

짜증 나는 자동 교정 기능 같으니라고! 필자가 쓰려고 했던 문장은 '후세를 위한 것이므로'였다.

다른 문장을 만들어 보자. 'Adobe Bridge는 의심할 여지 없는 **고철**이다.' 엉덩이를 할 시간이다.

저런, 또 바보 같은 자동 교정이 '응답할 시간이다'를 저렇게 바꿨다.

이제 마지막 문장이다. 'Adobe Bridge는 정말 **귀**에 거슬린다.' 이 문장에서는 전립선을 띤 답이 여러 개 있다.

아이고, '전문성을 띤 답'이다. 더 이상 못 참겠다. 자동 보정 기능을 꺼벙이겠다. 아니, 꺼 버리겠다.

[Basic] 패널에 어떤 슬라이더가 있는지 둘러보자(여기에 설명한 슬라이더 용도는 공식적인 것이 아닌 필자의 생각을 적은 것이다). 어도비에서는 이 패널에 [Basic]이라는 이름을 붙였지만, 필자는 라이트룸에서 사진을 보정할 때 이 패널에서 가장 많은 작업 시간을 보내기 때문에 '기본'보다 '필수'가 더 어울린다고 생각한다.
슬라이더는 오른쪽으로 드래그하면 더 밝게 만들거나 효과가 증가하고, 왼쪽으로 드래그하면 더 어둡게 만들거나 효과가 감소한다는 점을 알아 두면 편리하다.

[Basic] 패널 둘러보기

RAW 프로필 적용

Profile에서 RAW 형식 사진 전체에 적용할 기본 설정을 선택한다. 어떤 설정도 적용하지 않아도 되고, 색상과 대비를 적용할 수도 있다.

자동 톤 적용

어디부터 시작할지 잘 모르겠다면 [Auto] 버튼을 클릭하여 자동으로 톤 균형을 맞춰 보자. 위험 부담도 적고, 결과가 마음에 들지 않는다면 Ctrl +Z(Mac: Command+Z)를 눌러 적용을 취소할 수 있다.

밝기 조절

필자는 Exposure, Whites, Blacks의 세 개의 슬라이더를 함께 사용한다.
가장 먼저 사진의 계조 범위를 확장하기 위해 Whites와 Blacks를 조절하고(164쪽 자동 보정 기능 참고). 사진이 너무 밝거나 어두우면 Exposure 슬라이더를 왼쪽으로 드래그해서 어둡게 보정하거나, 오른쪽으로 드래그해서 밝게 보정한다.

문제점 보정

사진 노출에 문제(주로 카메라 센서의 한계에 의해 생기는 문제)가 있다면 일반적으로 여기에 있는 설정을 조절해 해결할 수 있다.
필자는 사진에서 가장 밝은 영역이 과도하게 밝은 경우(또는 하늘이 과도하게 밝은 경우) Highlights를 조절한다. Shadows를 조절하면 어둠 속에 숨겨진 영역을 밝게 보정할 수 있고, 역광 사진 보정에도 효과적이다(171쪽 참고).

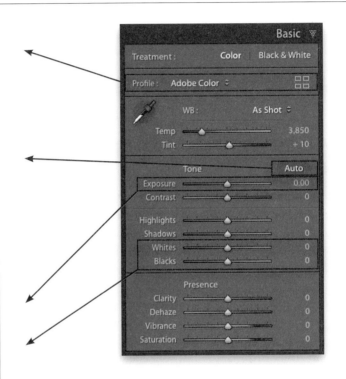

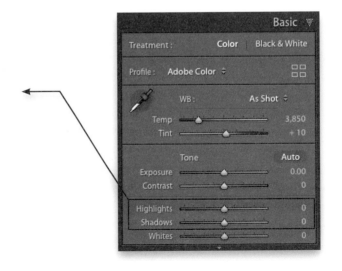

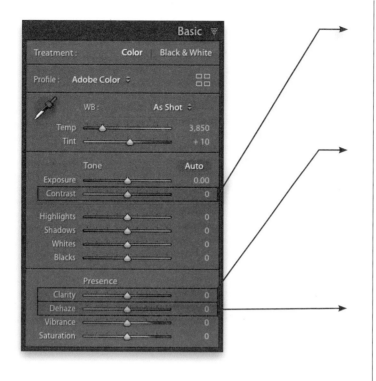

밋밋한 사진 보정

사진 대비가 밋밋한 경우, Contrast 슬라이더를 오른쪽으로 드래그해서 가장 밝은 영역을 더 밝게 보정하고 가장 어두운 영역을 더 어둡게 보정해서, 대비 효과를 높이고 색상을 더 쨍하게 만든다.

세부 영역을 선명하게 보정

기술적으로 말해서 Clarity 슬라이더는 중간 톤 대비를 조절하지만, 슬라이더를 오른쪽으로 드래그하면 질감과 세부 영역을 선명하게 만들 수 있다. 그러나 Clarity를 높게 설정하면 사진을 어둡게 만드는 경향이 있기 때문에 Exposure 슬라이더를 오른쪽으로 드래그해서 밝기를 추가 보정해야 할 것이다.

안개와 아지랑이 보정

Dehaze는 안개와 아지랑이의 감소나 제거에 탁월한 기능이다. 슬라이더를 오른쪽으로 드래그하면 안개나 아지랑이가 제거되는데, 대비를 조절할 수 있어서 흐릿한 사진에 강한 대비 효과를 주기도 한다. 반대로 슬라이더를 왼쪽으로 드래그하면 안개 효과가 추가된다.

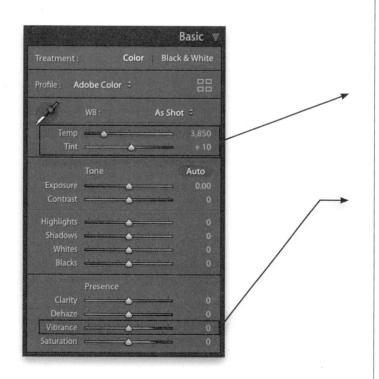

색상 보정

두 개의 White Balance 슬라이더는 화이트 밸런스를 보정한다. 즉, Temp 슬라이더를 오른쪽으로 드래그하면 파란색 색조가 제거되고, 왼쪽으로 드래그하면 노란색 색조가 제거된다. 혹은 창의력을 발휘해 약간의 노란색을 추가해 일몰의 느낌을 만들거나, 하늘에 푸른색을 추가하는 등의 목적으로 활용해도 좋다.

더 풍부한 색상 만들기

필자는 사진에 더 풍부한 색상이 필요할 때 Vibrance 슬라이더를 오른쪽으로 드래그한다 (173쪽 참고). 여기에서 Saturation 슬라이더를 언급하지 않는 이유는 몇 년 전에 Vibrance 슬라이더가 생긴 이후 더 이상 사용하지 않기 때문이다. 현재는 사진 색상을 완전히 제거하는 경우에만 Saturation 슬라이더를 왼쪽으로 드래그하며, 오른쪽으로는 드래그하지 않는다.

RAW 사진을 위한 라이트룸 설정하기

2018년 봄, 어도비는 RAW 형식 사진 처리 방식을 변경했다. 개선된 방식과 이유를 이해하고 여러분의 RAW 사진 작업 과정에 적용하는 것은 중요하다. 앞 두 페이지 에서는 라이트룸 시스템의 이해를 돕기 위한 설명을 하였다. 기능을 사용하기 위해 서는 여러분이 사용하는 카메라에서부터 시작해야 한다. 만약 JPEG 형식으로만 촬영한다면 다섯 페이지를 건너뛰어 155쪽부터 시작해도 된다(JPEG 형식이 나쁘다는 것은 아니며, 여기의 내용은 JPEG 사진에 해당되지 않기 때문에 여러분의 시간을 허비하거나 혼돈을 주고 싶지 않다).

STEP 01

Note

다시 강조하지만, 이번 레슨은 RAW 형식 사진에만 적용되는 내용이므로 JPEG 형식으로 촬영한다면 다음 155쪽으로 넘어가자.

JPEG 형식으로 촬영하면 카메라에서 대비, 밝기, 샤픈, 노이즈 감소 등의 기본 보정을 자동 적용하기 때문에 사진에 보정 작업을 따로 하지 않아도 좋아 보인다. 그 때문에 아무 설정도 적용하지 않은 RAW 사진에 비해 JPEG 사진이 훨씬 나아 보이는 것이다.

STEP 02

기본적으로 JPEG 사진이 훨씬 나아 보인다는 점 외에도 카메라 대부분에는 카메라 프로필을 JPEG 파일에 바로 적용하는 기능이 있기 때문에 더 나은 사진을 만들 수 있다. 프로필 이름은 촬영하는 사진의 종류를 반영한다.

풍경 사진을 촬영한다면 'Landscape' 카메라 프로필을 선택해서 높은 채도와 강한 샤프닝, 대비 효과를 적용한다. 'Vivid'를 선택하면 그보다 한 단계 더 나아가 강렬한 색상을 적용한다. 인물 사진을 촬영한다면 'Portrait'을 선택해 피부에 적합한 부드러운 질감과 낮은 대비 효과를 적용한다.

STEP 03

카메라를 RAW 형식 촬영 모드로 설정하면, 나중에 라이트룸(혹은 포토샵이나 타 사진 보정 프로그램)에서 직접 샤프닝, 대비 등을 적용할 수 있도록 카메라에서 적용하는 샤프닝, 밝기, 대비, 노이즈 감소 등의 자동 기능을 해제하라고 명령하는 것과 같다.

이것은 앞에서 배운 카메라 프로필도 마찬가지이다. 촬영할 때 'Landscape'나 'Portrait' 카메라 프로필을 RAW 파일에 적용해도 라이트룸이 무시한다(즉, 카메라 프로필은 JPEG 사진에만 적용할 수 있다). 다행히 라이트룸에 있는 카메라 프로필은 RAW 사진에도 적용할 수 있다. 더 좋은 점이 있는데, 그 내용은 **STEP 05**에서 설명할 것이다.

STEP 04

RAW 사진을 라이트룸으로 불러오면 처리 속도 때문에 JPEG 버전이 먼저 화면에 나타난다(RAW 파일에 작은 크기의 JPEG 파일이 기록되어 있는데, 바로 촬영할 때 카메라 후면의 LCD에서 본 JPEG 형식 미리 보기 이미지이다. 그러므로 RAW 형식으로 촬영해도 카메라에서 본 사진은 풍부한 색상과 강한 대비를 가진 선명한 JPEG 버전이다). 즉, 라이트룸이 실제의 RAW 형식 사진을 배경에서 처리하는 동안 JPEG 형식의 미리 보기 이미지가 먼저 화면에 나타난다(이때 화면에 예제 사진과 같이 'Loading'이라는 메시지가 표시된다).

이전에는 어도비 기술자들이 11여 년 전에 사진을 정확하게 분석한다고 생각하며 만들었던 프로필을 이용해 RAW 파일을 처리했다. 그 프로필이 바로 [Camera Calibration] 패널에 있는 'Adobe Standard'이다. 이 프로필을 적용한 결과는 사진을 매우 밋밋하게 만들지만, 카메라가 포착한 사진을 거의 정확하게 분석한 것은 맞다.

11여 년 동안 필자는 사진가들에게 'Adobe Standard'보다는 [Camera Calibration] 패널에 숨겨진 어도비 카메라 프로필 중 하나를 적용하라고 조언했다(이전 버전에는 그 프로필들이 패널에 있었다). 사용하는 카메라 기종에 따라 'Camera Landscape'나 'Camera Vivid' 프로필을 선택하면 더 강한 대비와 색상을 적용해 RAW 사진이 JPEG 미리 보기 이미지와 유사하게 보이고, RAW 사진 보정 작업에 더 나은 시작점을 제공하기 때문이었다.

어도비는 2018년 봄에 라이트룸의 RAW 사진 기본 프로필 설정을 'Adobe Standard'에서 'Adobe Color'로 대체했다.

'Adobe Color' 프로필은 RAW 사진 전체 색상에 따뜻한 색감, 대비 효과, 밝기를 추가해 전보다 훨씬 더 만족스러운 시작점을 제공한다. 게다가 어도비는 Profile 선택 항목의 위치를 예제 사진에서 보는 바와 같이 [Basic] 패널 윗부분으로 이동했다. 'Adobe Color' 프로필은 자동 적용되므로 별도의 설정을 하지 않아도 된다. 더 좋은 소식은 시작점으로 고려할 만한 선택 항목들이 더 많아졌다는 점이다.

예를 들면 'Adobe Landscape' 프로필은 대부분의 풍경 사진에 적합하며(카메라의 프로필보다 낫다고 생각한다), 어떤 사진은 'Adobe Vivid'를 적용하면 훨씬 더 나은 결과를 얻을 수 있지만, 직접 시험해 보기 전에는 결과를 예측할 수 없다.

어도비가 RAW 프로필을 Profile의 Favorite 영역에 추가하기는 했지만, 'Browse'를 클릭하거나, Profile 메뉴 오른쪽에 있는 사각형 네 개 아이콘을 클릭하면 다른 프로필도 볼 수 있다. 둘 중 한 가지 방법으로 [Profile Browser] 패널을 표시한다.

STEP 07

[Profile Browser] 패널의 Adobe Raw 영역에는 새로운 RAW 프로필이 있다. 예제 사진 섬네일은 프로필을 적용한 결과의 미리 보기이다. 또한 마우스 포인터를 섬네일에 놓으면 프로필을 적용한 사진의 미리 보기가 크게 확대된다.

그림에서는 'Adobe Vivid'를 선택했는데 사진 보정의 시작점으로 삼기 좋다.

Tip

[Develop] 모듈에서 언제든지 Y를 누르면 예제 사진과 같이 원본 사진과 프로필을 적용한 사진을 나란히 배치해 사진을 비교하기 쉽다(161쪽 참고).

STEP 08

어도비의 새롭게 개선된 RAW 카메라 프로필 외에도 이전 버전의 프로필들도 여전히 사용할 수 있다. 이전의 프로필들은 Camera Matching 항목에 속해 있는데, 그 이유는 JPEG 형식으로 촬영할 때 카메라에서 적용하는 프로필과 동일한 프로필이기 때문이다(카메라 기종에 따라 목록에 약간의 차이가 있을 수 있다).

이전의 카메라 프로필들을 남긴 이유는 과거 버전의 라이트룸에서 보정한 RAW 사진을 불러와 보정 작업을 할 때 새 프로필로 자동 변경하지 않고 유지하고 싶은 경우를 위해서이다. 그러나 새로 불러온 사진에 새 프로필보다 효과가 떨어지는 Camera Matching 프로필을 적용하는 것은 추천하지 않는다.

STEP 09

[Profile Browser] 패널에서는 섬네일 형식을 변경할 수 있다. 가장 왼쪽의 그림이 기본 형식인 'Grid'이다. 'Large'를 선택하면 가운데 예제 사진과 같이 더 큰 섬네일로 사진을 볼 수 있다. 'List'를 선택하면 오른쪽 예제 사진과 같이 텍스트 목록만 보여 준다.

섬네일을 더 크게 확대하고 싶다면 오른쪽 패널 영역의 왼쪽 경계선을 클릭하고 드래그해서 패널 영역을 확장한다(드래그하다 보면 더 이상 확장되지 않고 멈추는 지점이 패널의 최대 크기이다).

Grid(기본 보기 모드)   Large(큰 섬네일 보기 모드)   List(프로필 목록 보기 모드)

STEP 10

자주 사용하는 프로필을 Profile 메뉴 윗부분 Favorite 영역에 배치하려면(윗부분에 배치하면 프로필을 찾으려고 아랫부분까지 스크롤하지 않아도 된다), 마우스 포인터를 저장하고 싶은 프로필 섬네일에 놓고 그림과 같이 오른쪽 윗부분 모서리에 표시되는 별 아이콘을 클릭한다. 그러면 그림과 같이 [Profile Browser] 패널을 숨긴 상태로 Profile 메뉴의 Favorite 영역에서 선택할 수 있다(별 아이콘을 다시 클릭하면 Favorite 설정을 취소한다).

Adobe RAW와 Camera Matching 영역에는 각각 Monochrome 프로필이 포함되어 있는데, 222쪽에서 흑백 변환을 배울 때 알아볼 것이다.

마지막으로, Camera Matching 영역에는 더 많은 프로필들이 있는데, 특정 효과를 사진에 추가하는 프로필로 프리셋에 더 가깝다. 이 프로필은 CHAPTER 07에서 더 다룰 것이다.

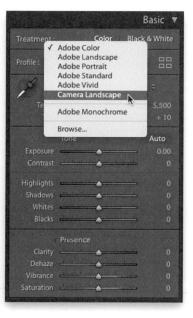

필자는 사진을 보정할 때 화이트 밸런스를 가장 먼저 설정하는데, 다음 두 가지 이유 때문이다.

(1) 화이트 밸런스만 변경해도 사진 전체 노출에 큰 영향을 미친다(히스토그램을 주시하면서 Temp 슬라이더를 양쪽으로 드래그해 보면 화이트 밸런스가 노출에 미치는 영향을 확인할 수 있다).

(2) 사진 색상이 맞지 않은 경우 노출에 대한 판단을 내리기 어렵다. 필자는 색상이 맞아야 노출에 대한 정확한 판단을 할 수 있다. 하지만 여러분은 필자와 다를 수 있다.

화이트 밸런스 설정하기

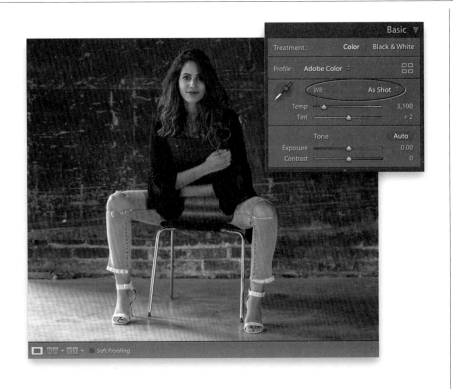

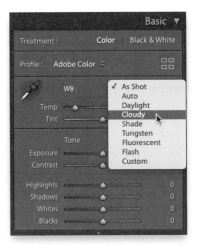

RAW 형식으로 촬영하는 경우 WB 프리셋

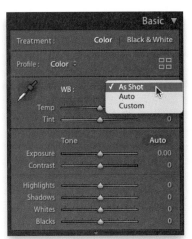

JPEG 형식으로 촬영하는 경우 WB 프리셋

STEP 01

White Balance 조절 기능들은 [Develop] 모듈의 [Basic] 패널 윗부분에 있다. 촬영할 때 카메라에서 설정한 화이트 밸런스 설정이 반영되기 때문에 WB 메뉴는 기본적으로 'As Shot'으로 지정되어 있다. 예제 사진의 경우, 사진 전체가 푸른색을 띠고 있다(예제 사진 촬영 직전 형광등 아래에서 촬영하다가 자연광에서 촬영했는데, 화이트 밸런스 설정을 변경하지 않았다). 라이트룸에서는 세 가지 방법으로 화이트 밸런스를 조절할 수 있다.

세 가지 방법 모두 설명하겠지만, 필자는 가장 쉽고 빠른 세 번째 방법을 사용한다. 그러나 세 방법을 모두 알아 두면 작업 방식에 적합한 방법을 선택하는 데 도움이 될 것이다.

STEP 02

가장 먼저, 라이트룸에 내장된 화이트 밸런스 프리셋을 적용해 보자. RAW 형식으로 촬영하는 경우 'As Shot'으로 지정하고 클릭하고 있으면 화이트 밸런스 프리셋이 표시된다. 프리셋에서 카메라 화이트 밸런스 프리셋과 동일한 프리셋을 선택할 수 있다. JPEG 모드로 촬영한다면 카메라에서 이미 화이트 밸런스 설정을 파일에 기록했기 때문에 'Auto' 프리셋 한 가지밖에 없다(오른쪽 그림). JPEG 형식 사진의 화이트 밸런스 설정도 변경할 수 있지만, 다음 두 가지 방법을 사용해야 한다.

Note

여러분의 프리셋 목록이 이 책의 예제 사진과 다르다면, 그것은 다른 카메라 기종을 사용하기 때문이다. WB는 사진을 촬영할 때 사용한 카메라 기종에 기반을 둔다.

STEP 01 예제 사진의 경우, 사진 전체에 푸른색이 강하기 때문에 화이트 밸런스 보정이 필요하다 (예제와 똑같은 사진으로 과정을 따라 하고 싶다면, 이 책 서문에서 알려 준 웹 페이지에서 다운로드해서 사용하면 된다).

필자는 처음에는 WB를 'Auto'로 지정해 본다. 예제 사진은 보는 바와 같이 사진이 전체적으로 따뜻한 색감이 되었지만, 'Auto' 프리셋을 적용한 결과는 노란색이 조금 강하므로 다음 세 개의 프리셋을 적용해 보자. 'Daylight' 프리셋은 더 따뜻한 색감을 추가하고, 'Cloudy'나 'Shade'는 사진을 그보다 더 따뜻한 색감으로 만들 것이다. 'Tungsten'이나 'Fluorescent'는 푸른색이 강해서 사용할 수 없다. 메뉴의 마지막 항목은 사실 프리셋이 아니다. 'Custom'은 프리셋을 사용하지 않고 화이트 밸런스를 직접 설정한다는 의미이다.

두 번째 방법은 원하는 색감에 가장 근접한 WB 프리셋을 적용한 다음(예제 사진의 경우, 'Auto'가 가장 근접하다) 아랫부분에 있는 Temp와 Tint 슬라이더로 추가 설정을 적용하는 것이다.

두 개의 슬라이더를 살펴보자. 필자가 설명하지 않아도 사진에 파란색을 추가하고 싶은 경우 Temp 슬라이더를 어느 방향으로 드래그해야 하는지 색상 바를 보면 알 수 있다. 예제 사진의 경우에는 피부색이 노랗기 때문에 Temp 슬라이더를 노란색 반대 방향인 파란색 쪽으로 약간만 드래그하자. 사진 전체가 훨씬 나아 보인다.

STEP 05

세 번째 방법은 필자가 선호하면서 가장 많이 사용하는 방법으로, 프리셋이나 슬라이더 대신 White Balance Selector 도구를 사용하는 방법이다(WB 영역에서 스포이트 아이콘을 클릭하거나 W를 누른다).

사용법도 매우 간단하다. 도구를 선택한 다음 사진에서 밝은 회색이어야 하는 영역을 클릭한다. 비디오카메라는 흰색에 적정 화이트 밸런스를 맞추지만, 디지털카메라는 밝은 회색에 화이트 밸런스를 맞춘다.

사진에 회색이 없는 경우에는 황갈색, 상아색, 짙은 회갈색 등과 같은 중간색을 선택한다. 이 방법은 선택 영역의 화이트 밸런스 설정이 마음에 들지 않는 경우, 다른 영역을 선택해서 적정 화이트 밸런스 설정을 찾을 수 있다는 장점이 있다. 이제 직접 시도해 보자.

WB를 'As Shot'으로 지정하여 푸른색이 강한 원본 상태로 복구한 다음 White Balance Selector 도구를 선택해서 회색이나 중간색 영역을 클릭한다. 예제 사진에서는 바닥이나 배경의 밝은 영역을 클릭하면 된다.

STEP 06

적합하지 않은 영역을 선택해도 바로 알 수 있으므로 걱정하지 말자(예제 사진의 경우, 녹색이 되었다). 잘못된 영역을 선택하면 바로 다른 영역을 선택하면 된다. 예상하지 못했던 영역에서 적정 화이트 밸런스를 찾을 수도 있으므로 다양한 영역을 클릭해 보는 것이 좋다.

White Balance Selector 도구를 사용하면 화면에 스포이트를 쫓아다니는 그리드가 있다. 원래는 중간색을 찾기 쉽도록 돕기 위해 마우스 포인터가 있는 영역의 픽셀과 RGB 값을 보여 주는 기능으로, 세 개의 수치가 일치하면 정확한 중간색이라는 의미이지만 실제로는 큰 도움이 되지 않는다. 'Show Loupe'의 체크 표시를 해제하면 이 기능을 비활성화할 수 있다.

STEP 07

이번 단계는 보정 과정이라기보다는 팁이지만 도움이 될 것이다.

White Balance Selector 도구를 사용할 때 왼쪽을 보면 [Navigator] 패널이 있다. 이 패널에서 White Balance Selector 도구를 놓은 영역을 기반으로 설정한 결과를 실시간으로 미리 볼 수 있다(그림의 경우, 다리 부분에 도구를 놓으니 노란색이 강해졌다).

[Navigator] 패널을 활용하면 시간과 클릭 횟수를 줄이고, 적정 화이트 밸런스를 찾는 데 도움이 될 것이다. 미리 보기 이미지가 마음에 든다면 그 영역을 클릭한다. 그리고 아랫부분 도구바에서 [Done] 버튼을 클릭하거나 [Basic] 패널에서 도구를 클릭한다.

Tip

White Balance Selector 도구 해제하기

도구바에서 'Auto Dismiss'에 체크 표시하고 White Balance Selector 도구를 클릭해서 한 번 사용하면 자동으로 [Basic] 패널의 원래 위치로 돌아간다.

STEP 08

예제 사진은 White Balance Selector 도구를 사용해서 화이트 밸런스를 보정하기 전과 후이다.

Tip

Temp, Tint 슬라이더를 활용한 창의적인 화이트 밸런스 설정하기

지금까지 인물의 피부색이 정상적으로 나타나야 하는 사진을 예로 정확한 화이트 밸런스 설정 방법을 알아보았다. 그러나 간혹 풍경 사진과 같이 정확한 화이트 밸런스보다는 창의적인 화이트 밸런스 설정으로 사진을 더 멋있게 만드는 경우도 있다. 그러한 경우, 필자는 마음에 드는 설정을 발견할 때까지 Temp와 Tint 슬라이더를 드래그해 본다.

카메라와 라이트룸을 직접 연결해서 촬영하는 테더링 기능은 필자가 라이트룸에서 가장 좋아하는 기능 중 하나이다. 게다가 라이트룸으로 보내는 방금 촬영한 사진에 적정 화이트 밸런스 설정을 자동 적용할 수도 있다.

테더링 촬영 중 실시간으로 화이트 밸런스 설정하기

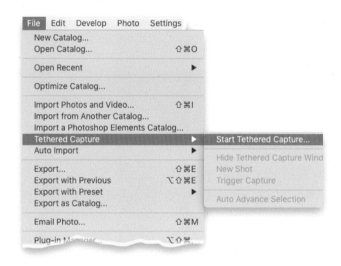

STEP 01

USB 케이블을 사용해 카메라와 컴퓨터 혹은 랩톱을 연결한 다음 [File]-[Tethered Capture]-[Start Tethered Capture]를 실행한다.
[Tethered Capture Settings] 창에서 라이트룸으로 불러오는 사진의 처리 방식을 설정한다(98쪽 참고).

STEP 02

조명을 설치하고(자연광을 사용하는 촬영도 마찬가지이다), 피사체를 앞에 세운 다음 그레이 카드(노출과 화이트밸런스를 맞출 때 사용하며, 한쪽 면은 18%의 광선을 반사하는 회색으로, 다른 한쪽 면은 90%의 광선을 반사하는 흰색으로 된 카드)를 들도록 지시하거나, 제품 촬영을 하는 경우에는 제품 앞에 카드를 놓고 테스트 샷을 촬영한다. 이때 예제 사진과 같이 사진에 그레이 카드가 잘 보이도록 촬영한다.

STEP
03

라이트룸에 그레이 카드가 있는 사진이 나타나면 [Develop] 모듈 [Basic] 패널 윗부분에 있는 White Balance Selector 도구(W)를 선택한 다음 사진의 그레이 카드를 클릭해서 적정 화이트 밸런스를 설정한다. 이제 적정 화이트 밸런스 설정을 이후에 촬영하는 나머지 사진들에도 자동 적용되도록 설정해 보자.

STEP
04

[Tethered Capture] 창 오른쪽에서 Develop Settings를 'Same as Previous'로 지정한다. 이제 그레이 카드를 치우고 촬영을 시작하며 새로 촬영한 사진을 라이트룸으로 보낼 때마다 앞에서 설정한 화이트 밸런스가 자동으로 적용된다.
촬영한 사진들은 적정 화이트 밸런스를 적용하기 때문에 보정 작업을 할 때 별도의 화이트 밸런스 보정이 필요 없다.

Tip

[Tethered Capture] 창이 보이지 않으면 Ctrl + T (Mac: Command + T)를 눌러 표시할 수 있다.

앞의 화이트 밸런스 설정 예제에서 보정 전과 후의 사진을 비교하는 예제를 보여 주었는데, 두 개의 사진을 비교하는 방법은 설명하지 않았다. 라이트룸은 보정 전과 후의 사진을 원하는 방식으로 비교할 수 있는 탁월한 기능을 가지고 있다. 그 방법을 알아보자.

보정 전과 후의 사진 비교하기

 STEP 01

[Develop] 모듈에서 작업 중 보정을 시작하기 전의 사진을 확인하고 싶을 때 ⓦ를 누르면 예제 사진과 같이 오른쪽 윗부분 모퉁이에 'Before'라는 문구가 있는 보정 전 사진이 나타난다.
필자가 작업 과정 중 보정 전 사진을 보기 위해 가장 많이 사용하는 방법이다. ⓦ를 다시 누르면 보정 후 사진으로 돌아 온다.

 STEP 02

예제 사진과 같이 보정 전과 후의 사진을 나란히 배치해서 비교하려면 ⓨ를 누른다. ⓨ를 다시 누르면 원래의 화면으로 돌아간다.
다른 전후 사진 비교 방식들도 있는데, 미리 보기 영역 아랫부분의 도구바가 활성화되어 있어야 하므로 보이지 않는다면, ⓣ를 눌러 활성화한다.

 STEP 03

하나의 화면에서 화면 왼쪽에는 보정 전 사진, 화면 오른쪽에는 보정 후 사진으로 분할해서 보고 싶다면, 도구바에서 [Before and After] 아이콘을 클릭한다. 아이콘을 한 번 더 클릭하면 전후 사진의 배치를 상하로 전환한다.
[Before and After] 아이콘 옆의 세 개의 아이콘은 다음과 같은 기능을 가지고 있다.

❶ 보정 전 사진 설정을 복사해서 보정 후 사진에 적용한다.
❷ 보정 후 사진 설정을 보정 전 사진에 적용한다.
❸ 전후 사진 설정을 맞바꾼다. 전후 사진 비교를 완료한 다음 ⓓ를 누르면 Loupe 보기 모드로 전환된다.

Preference 보기 모드 활용하기

과거 작업한 사진에 적용한 효과를 현재 작업 중인 사진에 그대로 적용하고 싶다면 Preference 보기 모드를 활용해 보자. Preference 보기 모드에서는 두 개의 사진을 나란히 화면에 배치한 다음 견본 사진을 보면서 현재 작업 중인 사진을 보정할 수 있다.

또한 온라인에서 본 마음에 드는 사진을 보고 보정하기에도 적합하다. 온라인에서 사진을 다운로드해서 Preference 보기 모드에서 견본으로 사용할 수 있다.

예제 사진의 경우, 일몰 시간에 베니스 대운하를 촬영한 사진을 견본으로 하여, 같은 날 촬영한 운하 건너편에 있는 성당 사진에 똑같은 분위기를 적용하고 싶다. 두 사진이 동일한 일몰의 느낌을 가지기 원하지만, 대운하 사진은 포토샵에서 보정한 다음 레이어를 병합한 JPEG 사진이기 때문에 설정을 복사해서 성당 사진에 적용하는 것은 불가능하다. 그러나 대운하 사진을 견본 사진으로 배치하고 보면서 오른쪽에 배치한 성당 사진을 보정하는 것은 가능하다. Preference 보기 모드로 전환하려면, [Develop] 모듈 도구바에서 왼쪽에서 두 번째 있는 [Preference] 아이콘을 클릭하거나, Shift+R을 누른다. 견본 사진은 화면 왼쪽에 배치하며('Reference' 사진), 현재 보정 중인 'Active' 사진은 오른쪽에 배치한다.

이제 견본 사진을 옆에 놓고 사진을 보정할 수 있다. 예제의 경우, Temp와 Tint 슬라이더를 오른쪽으로 드래그해서 'Active' 사진에 훨씬 더 따뜻한 색감을 추가했다. Exposure를 '−075', Highlights를 '−100'으로 설정하고, Contrast 슬라이더로 대비 효과를 약간 추가했다. 그 결과, 견본 사진과 완벽히 같지는 않지만 비슷해졌다. 대조할 수 있는 견본 사진이 있는 것은 큰 도움이 된다.

Note -

예제에서는 직접 촬영한 사진을 견본 사진으로 사용했지만, 인터넷에서 다운로드한 사진에 적용한 효과를 파악할 때도 Preference 보기 모드를 활용한다.

- -

어도비가 Auto Tone 기능을 사용할 수 있을 정도로 개선했다. Auto Tone 기능은 과거에 '2스톱 과다 노출'이라고 부를 정도로 쓸모가 없었다. 그러나 Auto Tone 기능은 대폭 개선되어 이제 보정에 사용하기 충분하다.

개선된 Auto Tone 기능 사용하기

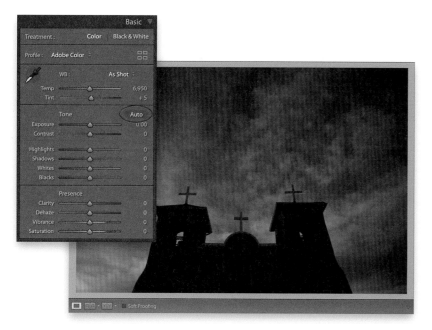

Auto Tone 기능은 원 클릭 해결사이며 좋은 시작점을 제공한다. 그리고 원본 사진 상태가 나쁠수록 탁월한 효과를 얻을 수 있다. 이 기능은 새로운 인공지능과 기계 학습을 사용하는 어도비 센세이 플랫폼을 사용하는데 꽤 괜찮다. 예제 사진은 노출 부족으로 촬영된 밋밋한 RAW 파일이다. [Basic] 패널의 Tone 영역에서 [Auto] 버튼을 한 번 클릭하면, 라이트룸이 재빠르게 사진을 분석해 사진에 적절한 보정 설정을 적용한다. Auto Tone 기능은 사진 보정에 필요하다고 판단한 슬라이더들만 조절한다(Exposure, Contrast, Shadows와 같이 [Basic] 패널 Tone 영역에 있는 슬라이더들을 조절하며, Vibrance와 Saturation 슬라이더 역시 자동으로 조절한다. 그러나 현재는 Clarity는 조절하지 않는다).

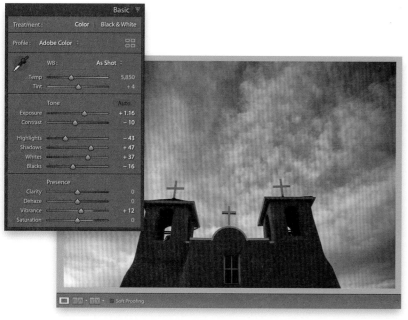

그림을 보면 클릭 한 번으로 얼마나 큰 차이가 나는지 알 수 있다. **STEP 01**과 **STEP 02** 슬라이더 설정을 비교해 보자. 필자는 Auto Tone을 적용한 결과가 이상해 보일 때, 간혹 이 기능이 Shadows를 과도하게 높이고, Contrast를 과도하게 낮추기 때문이라는 점을 발견했다. 그러므로 Shadows를 약간 낮추고, Contrast를 약간 높이면 훨씬 나아 보일 수 있다. Auto Tone을 적용한 결과 마음에 들지 않는다면, Ctrl + Z (Mac: Command + Z)를 눌러 자동 적용을 취소한다.

Whites와 Blacks로 계조 범위 확장하기

라이트룸 이전에는 사진 톤 보정에 포토샵을 사용했으며, 그 과정의 첫 단계는 Levels를 실행하고 하이라이트 영역에 클리핑 현상이 나타나지 않는 범위 안에서 화이트 영역을 최대한 드래그해서 확장한 다음 완전한 검은색이 되지 않는 범위 안에서 블랙 영역을 최대한 확장하는 것이었다. '화이트와 블랙 포인트를 설정한다'고 표현하는 이 과정은 사실 사진의 계조 범위를 확장하기 위한 것이다. 이제 라이트룸에서도 동일한 설정을 할 수 있을 뿐만 아니라 자동 기능을 사용할 수 있다.

STEP 01

예제 사진의 경우, 원본 사진이 상당히 밋밋하다. 필자는 거의 모든 사진에 이번에 배울 기법을 적용해 사진의 계조 범위를 확장하며, 이 기법은 원본 상태가 나쁠수록 더 극적인 결과를 얻을 수 있다. 계조 범위를 확장하는 방법은 다음 두 가지이다. 라이트룸이 자동으로 하이라이트 영역 손상 없이 화이트 영역을 최대한 확장하고 어두운 영역이 모든 디테일을 잃지 않는 범위 안에서 블랙 영역을 최대한 확장하도록 하는 것과 직접 설정하는 것이다(그러나 필자는 항상 자동 설정 기능을 사용한다).

STEP 02

사진 보정 초기 단계에서 라이트룸의 화이트와 블랙 포인트 자동 설정 기능을 사용해 보자. 방법은 매우 간단하다. [Shift]를 누른 채 [Basic] 패널의 Whites 슬라이더 노브나 'Whites'라는 글자를 더블클릭하면 화이트 포인트가 자동 설정된다. 그리고 동일한 방법으로 'Blacks' 슬라이더 노브나 'Blacks'를 더블클릭해서 블랙 포인트를 설정한다. 그것이 전부이며, 필자도 작업에 동일한 방식을 사용한다(그러나 한 가지 기법을 더 추가했으며, 다음 페이지에서 설명할 것이다).

[Shift]를 누른 채 더블클릭해서 화이트나 블랙 포인트를 설정해도 슬라이더가 거의 혹은 전혀 움직이지 않는 경우에는 원본 사진의 계조 범위가 이미 최대한 확장된 상태라는 의미이다.

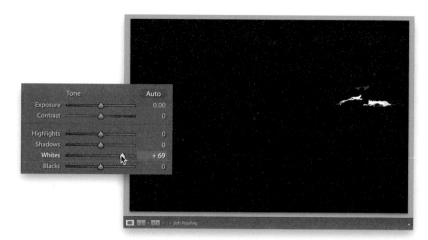

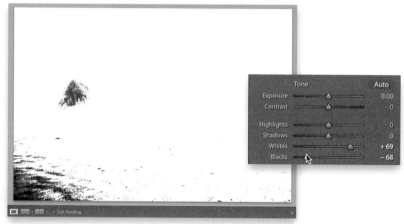

STEP 03

자동 설정을 사용하는 대신 직접 설정하고 싶다면, 하이라이트 영역에 클리핑 현상(가장 밝은 영역이 과도하게 밝거나, 가장 어두운 영역이 과도하게 어두워 데이터가 손실되어 디테일이 보이지 않는 현상)이 나타나지 않도록 주의해야 한다. 다행히 클리핑 경고 기능을 사용해 클리핑 현상을 방지할 수 있다. 그 방법은 다음과 같다.

Whites 슬라이더를 드래그하기 전에 Alt (Mac: Option)를 누르고 있으면 그림과 같이 사진이 검은색으로 변한다. 슬라이더를 오른쪽 드래그할수록 클리핑 현상이 생기는 영역이 보이기 시작한다. 빨간색, 파란색 혹은 노란색으로 나타나는 것은 해당 채널에 클리핑 현상이 있다는 의미이지만 걱정할 필요는 없다. 문제는 클리핑 영역이 흰색인 경우인데, 세 개의 채널에 모두 클리핑 현상이 생겼다는 의미이므로 슬라이더를 약간 왼쪽으로 드래그해서 제거한다.

다음은 동일한 방법으로 블랙 포인트를 설정하는데, 화이트 포인트와 반대로 사진이 흰색으로 변환된다. Blacks 슬라이더를 검은색 클리핑 현상이 나타날 때까지 왼쪽으로 드래그한 다음, 다시 오른쪽으로 약간 드래그해서 제거한다.

아랫부분 예제 사진에는 파란색 색상 채널에만 클리핑 현상이 남아 있는데, 필자는 개별 색상 채널에 나타나는 약간의 클리핑 현상은 개의치 않는다.

STEP 04

예제 사진은 Shift 를 누른 채 Whites 슬라이더를 더블클릭하고, Shift 를 누른 채 Blacks 슬라이더를 더블클릭하여 사진의 계조 범위를 확장하기 전과 후의 모습이다. 아직 사진 전체 노출 보정이 필요하므로 완벽하지 않지만 두어 번의 클릭으로 얻은 결과치고는 훌륭하다.

Exposure로 전체 노출 보정하기

Exposure 슬라이더는 사진 전체 밝기를 조절한다. Exposure 슬라이더를 드래그 하면서 오른쪽 패널 영역 윗부분 히스토그램을 살펴보면(또는 마우스 포인터를 Exposure 슬라이더에 놓고 히스토그램을 살펴보자), 가운데 1/3을 차지하고 있는 밝은 회색 영역이 보일 것이다. 이 영역이 중간 톤을 조절할 뿐 아니라 아랫부분 하이라이트와 윗부분 섀도우 영역까지 조절한다. 슬라이더를 왼쪽 끝까지 드래그하면 사진 전체가 거의 검은색이 되고, 오른쪽 끝까지 드래그하면 거의 흰색이 된다.

STEP 01

스페인 발렌시아에 있는 예술 과학 도시 단지에서 촬영한 사진으로, 엘리베이터 안의 등과 위에서 들어오는 자연광 외의 다른 광원이 없었는데, 과다 노출되어 보정이 필요하다.

사진 전체 밝기를 낮추려면 [Basic] 패널의 Exposure 슬라이더를 사용한다. 이 강력한 슬라이더는 위에서 설명했듯이 넓은 중간 톤과 하부 하이라이트, 상부 섀도우 영역을 조절하기 때문에 사진 전체 밝기를 보정할 때 사용한다.

Tip

넓은 작업 공간 확보하기

사진 보정에 사용하는 기능은 오른쪽 패널 영역에 있기 때문에 왼쪽 패널 영역을 숨겨 사진을 더 크게 확대해서 볼 수 있다. F7 을 누르거나, 가장 왼쪽 패널 경계선 가운데에 있는 화살표를 클릭해서 패널 영역을 접는다.

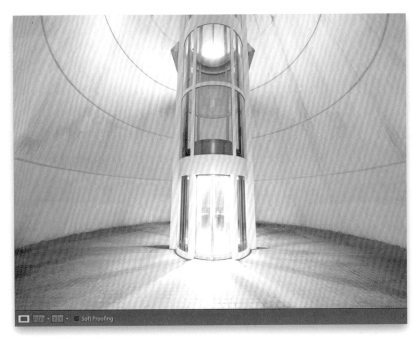

STEP 02

Exposure 슬라이더를 적정 노출이 될 때까지 왼쪽으로 드래그한다. 예제 사진은 Exposure 슬라이더를 '−1.35'까지 드래그했는데, 사진이 거의 1스톱 반 정도 노출 과다였다는 의미이다.

Exposure 슬라이더로 사진 전체 밝기를 밝거나 어둡게 보정할 때, 화이트와 블랙 포인트 설정 기능을 함께 사용하면 더 나은 결과를 얻을 수 있다 (167쪽 참고).

필자는 전체 노출을 보정할 때 Whites, Blacks, Exposure를 함께 사용하는데, 훨씬 탁월한 결과를 얻을 수 있다.

우선 화이트와 블랙 포인트를 설정해서 계조 범위를 확장한다(164쪽 참고). 그래도 사진이 여전히 너무 밝거나 어둡다면 Exposure 슬라이더를 약간 드래그해서 추가 보정을 한다.

강력한 노출 보정 삼총사, Whites+ Blacks+Exposure 함께 사용하기

STEP 01

앞 페이지에서 사용한 예제 사진을 그대로 사용해 Exposure 슬라이더로 과다 노출인 사진을 보정했다.

이제 기본 노출은 정상이지만 Exposure 슬라이더만 사용하는 대신 필자와 같이 앞에서 배운 라이트룸의 화이트와 블랙 포인트 자동 설정 기능을 먼저 적용한 다음(164쪽 참고) Exposure 슬라이더로 추가 보정을 적용해 보자.

사진의 계조 범위를 먼저 확장한 다음 Exposure 슬라이더로 약간의 최종 노출 보정만 추가로 적용해도 한 개의 슬라이더만 사용하는 방법보다 나은 결과를 얻을 수 있다.

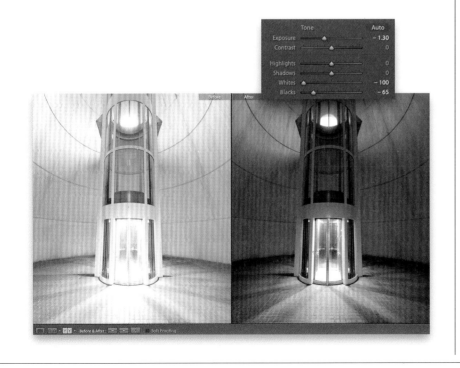

STEP 02

예제에서는 Shift를 누른 채 Whites 슬라이더를 더블클릭하고, Shift를 누른 채 Blacks 슬라이더를 더블클릭한 다음 사진 전체가 약간 더 어두워야 한다고 판단했다. 그래서 Exposure 슬라이더를 왼쪽으로 살짝 드래그해서 추가 보정했다.

이 책에 인쇄된 사진에서는 큰 차이를 느끼지 못할 것이다. 그러나 직접 시도해 보면 차이를 확실하게 알 수 있을 것이다. 예제 사진을 다운로드하여 직접 실습해 보길 바란다.

Contrast로 대비 효과 추가하기

필자는 'The Grid'라는 주간 사진 프로그램을 7년째 진행하고 있는데, 한 달에 한 번 시청자들이 보낸 사진들을 평론하는 코너가 있다(촬영자의 이름은 익명으로 진행한다). 그중 가장 많이 거론되는 후 작업 이슈는 바로 밋밋한 사진이다. 그 문제는 라이트룸에서 단 하나의 슬라이더로 쉽게 해결할 수 있다.

STEP 01

예제 사진은 밋밋하고 활력이 없다. 가장 밝은 영역을 더 밝게 만들고, 가장 어두운 영역을 더 어둡게 만드는 대비 효과를 실제로 적용하기 전에 왜 대비 효과가 중요한지 알아보자. 대비 효과를 사진에 추가하면, ❶ 색상을 더 강렬하게 만들고, ❷ 계조 범위가 확장되고, ❸ 사진이 더 선명해진다. 이처럼 하나의 슬라이더로 다양한 효과를 얻을 수 있는 Contrast 슬라이더는 라이트룸에서 가장 과소평가된 슬라이더라고 생각한다.

과거 버전의 라이트룸을 사용한 경험이 있다면 Contrast 슬라이더는 효과가 거의 없어 사용하지 않고 Tone Curve 기능을 사용해서 대비 효과를 추가했을 것이다. 그러나 라이트룸 4부터 Contrast 슬라이더 기능이 개선되어 만족스러운 효과를 얻을 수 있다.

STEP 02

그림은 Contrast 슬라이더를 오른쪽으로 드래그해서 대비 효과를 적용한 결과이다. 위에서 설명한 대로 사진은 색상이 더 진해지고, 계조 범위가 확장되었으며, 사진 전체가 더 선명해졌다. 특히, 카메라에서 대비 효과를 자동 적용하는 기능을 비활성화한 RAW 형식으로 촬영하는 사용자에게 Contrast 슬라이더는 중요한 보정 도구이다.

대비가 약한 사진에 대비 효과를 추가하는 보정 단계는 중요하며, 라이트룸에서는 단 한 개의 슬라이더로 만족스러운 결과를 얻을 수 있다. 필자는 Contrast 슬라이더를 왼쪽으로 드래그해서 대비 효과를 감소시키는 경우가 없다. 항상 오른쪽으로 드래그해서 대비를 더 강하게 만든다.

촬영 중 가장 우려하는 것 중 하나는 하이라이트 영역 디테일이 손실되는 것이다. 바로 그것 때문에 카메라 대부분에는 하이라이트 경고 기능이 내장되어 있다. 가장 밝은 하이라이트 영역이 과도하게 밝으면 픽셀과 디테일이 없어지는 클리핑 현상이 나타나 사진을 출력해도 그 영역은 완전히 흰색으로 나타난다. 클리핑 현상을 카메라에서 방지하지 못했다면 라이트룸에서 보정이 가능하다.

Highlights로 클리핑 현상 보정하기

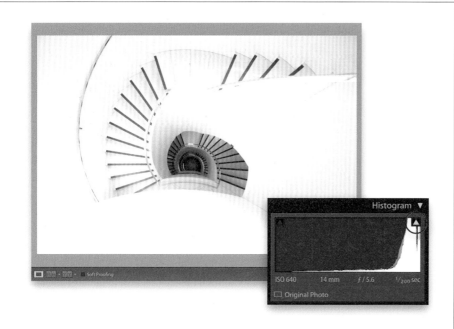

STEP 01

예제 사진은 런던 테이트 박물관 나선형 계단을 촬영한 것이다. 계단 자체도 흰색이긴 하지만 노출 과다로 촬영했다. 모든 사진에 클리핑 현상이 나타나는 것은 아니지만, 클리핑 현상이 나타나는 경우에는 라이트룸 하이라이트 경고 기능이 알려준다.

히스토그램 오른쪽 윗부분 모퉁이에 있는 삼각형 아이콘이 회색이면 클리핑 현상이 없다는 의미이다. 삼각형이 빨간색이나 노란색 혹은 파란색이라면 해당 색상 채널의 하이라이트 영역에 클리핑 현상이 있다는 의미이지만 크게 걱정할 필요는 없다. 그러나 흰색인 경우, 모든 색상 채널에 하이라이트 클리핑 현상이 나타난다는 의미이며, 디테일이 보여야 하는 영역이라면 보정이 필요하다.

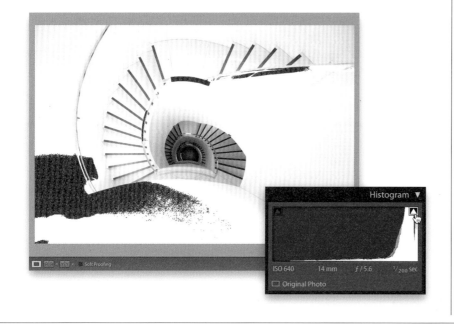

STEP 02

예제 사진 어딘가에 하이라이트 클리핑 현상이 있다는 사실은 파악했지만, 정확한 영역을 알 수 없다. 클리핑 현상이 있는 영역을 찾으려면 히스토그램 흰색 삼각형 아이콘을 클릭하거나 J를 누른다. 그러면 클리핑 현상이 있는 하이라이트 영역이 빨간색으로 표시된다.

예제 사진에서는 계단 일부와 난간에 클리핑 현상이 나타난다. 보정하지 않으면 픽셀이나 디테일이 없는 빈 공간으로 남을 것이다.

STEP
03

원칙적으로는 Exposure 슬라이더를 빨간색 클리핑 경고 영역이 사라질 때까지 왼쪽으로 드래그하면 되지만, 이 방법은 사진 전체 노출에 영향을 미치기 때문에 사진을 노출 부족으로 만들 수 있다. 그것은 한 가지 문제점을 해결하면서 다른 문제점을 만드는 것과 같으므로, 클리핑 현상은 Highlights 슬라이더로 제거한다. 그러면 노출은 그대로 유지해 전체 노출에는 영향을 미치지 않고 가장 밝은 하이라이트 영역에 나타나는 클리핑 현상만 제거한다.

STEP
04

Highlights 슬라이더로 클리핑 현상을 제거해 보자. Highlights 슬라이더를 빨간색 클리핑 경고가 사진에서 사라질 때까지 왼쪽으로 드래그한다. 경고 기능은 여전히 활성화되어 있는 상태지만 Highlights 슬라이더를 왼쪽으로 드래그해서 제거하자 보이지 않던 디테일이 복구된다.
이제 클리핑 현상이 있는 영역은 없을 것이다.

> **Tip**
>
> **Highlights 슬라이더로 멋진 풍경 사진 만들기**
>
> 하늘이 밋밋한 풍경 사진이나 여행 사진이 있다면, Highlights 슬라이더를 왼쪽 끝까지 드래그해서 '-100'으로 설정해 보자. 그러면 보통 하늘과 구름의 디테일을 선명하게 만든다.

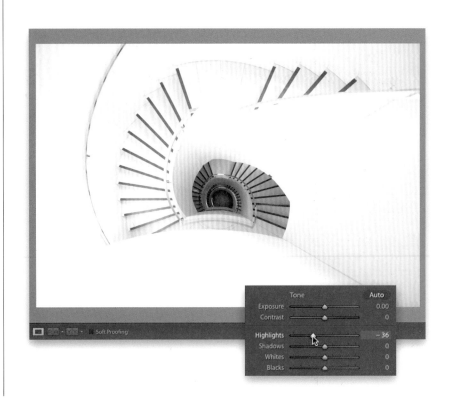

우리가 역광 사진을 많이 찍는 이유는 사람이 계조 범위의 큰 차이에도 자동으로 적응하는 눈을 가졌기 때문이다. 그러므로 역광을 받는 피사체도 시각이 자동으로 적응해서 일반 피사체를 볼 때와의 큰 차이를 느끼지 못한다.

문제는 아무리 뛰어난 기능의 카메라 센서도 인간의 시각을 따라올 수 없다는 것이다. 그래서 뷰파인더를 통해 우리 눈에는 정상으로 보이는 피사체를 촬영해도 인간의 눈만큼 넓은 계조 범위를 감지할 수 없는 센서로 인해 역광 사진이 되는 것이다. 다행히 라이트룸에서는 슬라이더 한 개로 역광 사진 보정이 가능하다.

Shadows로 역광 사진이나 어두운 영역 보정하기

STEP 01

예제 사진은 역광으로 촬영했다. 사람의 시각은 역광인 환경에서도 적응이 빨라 광범위한 계조를 바로 인지할 수 있기 때문에 우리의 눈에는 적정 노출로 보이는 피사체도 예제 사진과 같은 결과가 나온다.

카메라가 아무리 발전했어도 아직까지는 사람의 시각이 인지하는 계조 범위와 겨룰 수 없다. 그러므로 예제 사진과 같은 역광 사진을 찍어도 너무 실망하지 말자.

역광 사진은 라이트룸에서 쉽게 보정할 수 있다.

STEP 02

Shadows 슬라이더를 오른쪽으로 드래그하면, 사진의 음영 영역에만 설정을 적용한다.

그림을 통해서 Shadows가 역광으로 어두워진 피사체를 밝게 보정하고, 그림자에 묻힌 디테일을 살리는 데 탁월한 기능이라는 것을 알 수 있다.

Note

간혹 Shadows를 과도하게 드래그하면 사진이 밋밋해질 가능성이 있다. 그러한 경우에는 Contrast 슬라이더를 오른쪽으로 드래그해서 대비를 높인다. 자주 있는 경우는 아니지만 알아 두면 좋은 해결책이다.

Clarity로 디테일 살리기

Clarity 슬라이더는 중간 톤 대비를 조절할 수 있지만 그다지 큰 효과는 없다. 그 대신 필자는 질감과 디테일을 더 부각시키고 싶을 때 사용한다.

높은 Clarity 설정을 적용하면 사진에 샤프닝을 적용한 것 같은 효과를 얻을 수 있다. 그러나 과도하게 높은 설정을 적용하는 것은 피사체 경계선에 후광 효과가 나타나거나, 그림자가 나타날 수 있으므로 주의해야 한다.

Clarity 슬라이더 사용에 적합한 사진은 성당이나 헛간과 같은 나무 재질의 피사체나 많은 디테일이 있는 풍경 사진 또는 건물이 있는 도시 사진(유리와 금속 재질도 적합하다) 등 기본적으로 복잡한 사진이다(주름이 많은 노인의 얼굴도 약간의 Clarity 효과를 적용하면 좋다).

예제 사진 역시 의자의 나뭇결부터 예배당 전체의 장식물이 Clarity 슬라이더를 사용해서 질감과 디테일을 강조하기 적합하다.

Note

필자는 여성과 아기 사진 등 질감과 디테일 강조가 어울리지 않는 사진에는 Clarity를 사용하지 않는다.

질감과 디테일을 강조해서 쨍한 사진을 만들기 위해 Clarity를 '74'로 설정해서 확실한 효과를 볼 수 있었다.

그림에서 나무 의자와 제단 디테일이 훨씬 선명해진 것을 확인할 수 있다. 어떤 경우 슬라이더를 과도하게 드래그하면 경계선 둘레에 검은색 띠가 나타나는데, 그러한 경우에는 띠가 사라질 때까지 슬라이더를 반대 방향으로 드래그한다.

Note

Clarity 슬라이더는 한 가지 부작용이 있는데, 사진 밝기에 영향을 미쳐서 어둡게 만들거나 일부 영역을 너무 밝게 만든다는 것이다. 그러한 경우 Exposure 슬라이더로 사진 밝기를 재조절한다.

선명하고 풍부한 색상은 매력적이다. 그래서 풍경 사진가들이 과거 후지 벨비아 필름의 트레이드마크인 강렬한 색상에 매료되었다. 라이트룸에는 채도를 조절하는 Saturation이 있지만, 모든 색상의 채도를 높인다는 단점이 있다. 그것이 바로 필자가 Vibrance를 선호하는 이유이다. 이 기능은 사진을 망치지 않고 색상을 선명하고 풍부하게 만든다('똑똑한 채도 슬라이더'라고 부르고 싶다).

Vibrance로 색상 선명하게 하기

STEP 01

[Basic] 패널 아랫부분 Presence 영역에 있는 두 개의 슬라이더로 색상 채도를 조절한다. Saturation은 사진 전체의 채도를 동일한 강도로 조절하기 때문에 되도록 사용하지 않고, 채도를 낮추는 경우에만 사용한다. 그래서 필자는 Vibrance를 대신 사용한다.

Vibrance는 밋밋한 색상들에만 효과를 적용한다. 이미 채도가 높은 색상이 있다면 채도를 더 이상 높이지 않도록 통제하며, 사진에 인물이 있다면 특별한 수학적 알고리즘을 사용해 피부색에는 영향을 미치지 않는다.

STEP 02

예제 사진은 적절한 Vibrance 사용 예를 보여 주는 사진이다. **STEP 01**의 예제 사진 속 인물은 선명한 빨간색 모자와 테니스복을 착용하고 있지만, 직사광을 받은 파란색과 녹색 테니스장 바닥 색상은 밋밋하다.

Vibrance를 '67'로 설정한 그림을 보면 테니스장 바닥은 훨씬 선명해졌지만 모자와 테니스복은 이미 어느 정도 채도를 가지고 있었으므로 변화가 크지 않다. 무엇보다도 효과를 적용하기 전과 후의 피부색을 비교해 보면 자동으로 피부색이 보호되었기 때문에 거의 차이가 없음을 알 수 있다. 과연 '똑똑한 채도 슬라이더'답다.

Dehaze로 흐릿한 사진 보정하기

Dehaze는 아지랑이, 안개 등을 제거하는 데 탁월해서 많은 사용자들에게 사랑을 받고 있다. 일종의 대비 조절 기능이지만, 특히 안개로 흐릿한 사진을 보정하는 데 탁월하다.

반대로, 슬라이더를 왼쪽으로 드래그하면 사진에 안개나 아지랑이 효과를 추가할 수 있다.

STEP 01

예제 사진은 안개 낀 아침에 운하에서 촬영했다. 이러한 사진은 Dehaze로 보정하기 적합하다.

STEP 02

[Basic] 패널의 Presence 영역에 있는 Dehaze 슬라이더를 오른쪽으로 드래그하여 사진을 흐릿하게 만드는 안개를 제거한다.

> **Tip**
>
> Dehaze는 과거 [Effects] 패널에 있었지만 [Basic] 패널로 이동했다.

STEP 02에서 알아챘는지 모르겠지만 Dehaze 슬라이더를 오른쪽으로 드래그했을 때 안개는 제거되었지만 사진이 어두워졌다. 그 이유는 Dehaze 기능이 일종의 대비 조절 기능이라서 어두운 영역을 더 어둡게 만들기 때문이다. 그래서 일반적으로 높은 Dehaze 설정을 적용한 다음에는 Exposure 설정을 약간 높여 주는 것이 좋다. 또한 어떤 경우에는 Shadows도 추가 조절해야 한다.

한 가지 더 기억해 두어야 할 점이 있다. 가장자리에 어두운 비네트 현상이 있는 경우 Dehaze를 사용하면 비네트 현상이 더 짙어지므로 비네트 현상을 먼저 보정하는 것이 좋다는 것이다(279쪽 참고).

STEP
04

보정 전후 예제 사진을 비교해 보면 큰 차이를 볼 수 있다(예제에서는 Dehaze를 설정한 다음 Exposure와 Shadows도 약간 높였다. 또한 Dehaze를 높였을 경우 사진에 엷은 푸른색이 나타날 수 있다. 그러한 경우에는 Vibrance 슬라이더를 약간 왼쪽으로 드래그해서 보정한다.

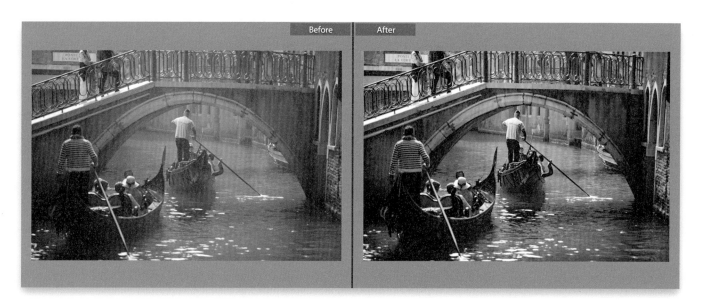

우리가 마주칠 수 있는 또 다른 문제점을 가진 사
진을 예로 들어보자.

예제 사진은 기본 보정(Exposure, Contrast,
Clarity)을 한 다음 Dahaze를 높게 설정했다. 그
결과, 전경과 중경의 안개는 거의 다 제거되었지
만, 뒤의 다리가 있는 영역은 여전히 흐릿하다. 이
시점에서 Dehaze를 더 높이면 사진 전체에 푸른
색이 강해지고 모서리가 어두워져 사진을 망치게
될 것이다.

이때 Adjustment Brush 도구를 사용해 Dehaze
를 적용하면 다른 영역은 그대로 유지하면서 뒤쪽
필요한 영역에만 추가 보정을 적용할 수 있다.

Adjustment Brush 도구(K)를 선택하고 Dehaze
를 높인다(브러시로 드래그해서 원하는 영역을
선택한 다음 정확한 Dehaze 설정을 할 것이므
로 이 시점에서 슬라이더 설정값은 크게 중요하
지 않다). 또한 Dehaze 기능을 적용하면 사진
을 어둡게 만드는 경향이 있으므로 Exposure나
Shadows 혹은 두 개의 슬라이더 설정을 모두 높
이는 것도 좋은 방법이다.

브러시로 다리와 주변의 건물들을 드래그하면 예
제 사진과 같이 선명해져 원본이 흐릿했다는 사실
을 상상하지 못할 것이다.

예제 사진의 경우, Dehaze를 설정하고 푸른색이
강해지지 않도록 Vibrance를 낮추었으며, Temp
도 노란색 방향으로 약간 드래그했다.

Before  After

자동 노출 매칭하기

라이트룸에는 사진의 노출이나 전체적인 톤이 일치하지 않는 경우, 자동으로 노출을 매칭하는 기능이 있다. 이 기능은 풍경 사진을 찍을 때 빛이 바뀌거나, 인물 사진을 찍을 때 노출이 변하는 경우, 혹은 일련의 사진들에 일관적인 톤과 노출이 필요한 경우 유용하다.

STEP 01

오른쪽 사진들은 자연광으로 촬영한 것으로 첫 번째 사진은 너무 밝고, 두 번째 사진은 너무 어두우며, 세 번째 사진이 적정 노출로 보인다. 그리고 네 번째와 다섯 번째 사진은 노출 부족이다.

즉, 한 장소에서 촬영했지만 사진마다 밝기가 다르다.

모든 사진의 노출을 일관적으로 맞추기 위해 적정 노출로 보이는 사진을 클릭한 다음 Ctrl (Mac: Command)을 누른 채 나머지 사진들을 선택한다. 그리고 D를 눌러 [Develop] 모듈로 전환한다.

STEP 02

[Settings]−[Match Total Exposure]를 실행한다. 이것이 전부이다. 그 외의 설정은 필요하지 않다. 별도의 창도 없으며, 나머지 과정은 자동으로 처리된다. G를 눌러 Grid 보기 모드로 전환해 결과를 확인해 보자.

STEP 01 사진들과 비교해 보면, STEP 02의 사진들은 일관적인 노출을 가지고 있음을 알 수 있다. 자동 노출 매칭 기능은 대부분의 경우 만족스러운 결과를 얻을 수 있다.

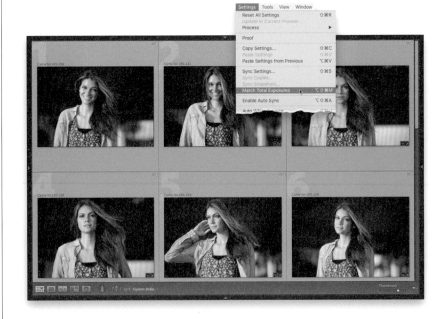

지금까지 기본 보정 기능들을 배웠으므로, 이번에는 필자가 [Basic] 패널의 슬라이더들을 사용하는 순서를 소개하겠다(거의 매번 동일한 기능을 동일한 순서로 사용한다). 부분 보정과 특수 효과 등 배워야 할 다른 기능이 있지만, 여기에 정리한 것은 필자가 실행하는 기본 보정 순서이며, 사진에 따라 기본 보정만 사용하는 경우도 많다. 그 외의 효과들(특수 효과 포함)은 기본 보정을 먼저 설정한 다음 추가한다.

필자의 기본 보정 순서 살펴보기

❶ RAW 프로필 선택하기

'Adobe Color'로도 만족스러운 결과를 얻을 수 있지만, 더 쨍한 사진을 원하는 경우에는 'Landscape'나 'Vivid' 프로필로 시작한다.

❷ 화이트 밸런스 설정하기

필자는 대부분의 경우 White Balance Selector 도구를 사용한다.

❸ 화이트와 블랙 포인트 자동 설정하기

Whites와 Blacks를 각각 [Shift]를 누른 채 더블 클릭하여 사진의 계조 범위를 자동으로 확장한다.

❹ 전체 밝기 조절하기

Whites와 Blacks를 설정하고 사진이 너무 어둡거나 밝다고 느끼면 Exposure 슬라이더를 드래그 해서 밝기를 보정한다.

❺ 대비와 선명도 높이기

필자는 항상 Contrast를 설정한다. Clarity는 디테일을 강조하고 싶은 경우에만 사용한다.

❻ 클리핑 현상과 디테일 손실 보정하기

이 시점에서 Highlights와 Shadows를 이용해 클리핑 현상이나 디테일 손실을 보정한다(어둠에 묻힌 디테일이 보이도록 Shadows 슬라이더를 오른쪽으로 드래그하고 Dehaze로 안개나 아지랑이를 제거한다.

❼ 색상 보정하기

화이트와 블랙 포인트 설정과 대비 효과를 추가하면 대부분의 경우 사진 색상이 선명해진다. 그러나 무슨 이유에서인지 더 선명한 색상이 필요하다면 Vibrance 설정을 높인다.

[Library] 모듈의 [Quick Develop] 패널 사용하기

[Library] 모듈에는 간소화된 [Develop] 모듈의 [Basic] 패널인 [Quick Develop] 패널이 있다. [Quick Develop] 패널은 [Library] 모듈에서 [Develop] 모듈로 전환하지 않은 채 간단한 보정 설정을 할 수 있도록 추가되었으나, 슬라이더 대신 버튼을 사용하기 때문에 세밀한 설정이 어렵다. 물론 간단한 보정 설정에 사용하기에는 충분하다.

STEP 01

[Quick Develop] 패널은 [Library] 모듈 오른쪽 패널 영역에서 [Histogram] 패널 아랫부분에 있다. White Balance Selector 도구는 없지만 나머지 조절 기능들은 [Develop] 모듈의 [Basic] 패널과 거의 같다. 일부 조절 기능들이 보이지 않는다면, 오른쪽에 있는 삼각형 아이콘을 클릭한다. 또한 Alt(Mac:Option)를 누르고 있으면 Clarity와 Vibrance 버튼이 Sharpening과 Saturation 버튼으로 전환된다.

화살표 한 개가 있는 버튼은 조절 폭이 좁고, 화살표 두 개가 있는 버튼은 조절 폭이 크다.

예를 들어, 화살표 한 개의 Exposure 버튼을 클릭하면 1/3스톱 단위로 노출이 조절되고, 화살표 두 개의 버튼을 클릭하면 1스톱 단위로 조절된다.

Note

그림에서도 알 수 있듯이 [Quick Develop] 패널에는 Dehaze가 없다. 이 기능도 추가되길 바란다.

STEP 02

필자는 [Develop] 모듈에서 실제로 보정을 실행하기 전에 보정할 만한 사진인지 평가하기 위해 [Quick Develop] 패널을 활용한다.

일몰을 촬영한 예제 사진의 경우, 노란색이 강한 것처럼 보인다. 그래서 사진에 파란색을 추가하면 어떻게 보일지 미리 보기 위해 사진들을 선택하고, 왼쪽 화살표 한 개의 Temperature 버튼을 한 번 클릭했다. 더 강한 파란색을 적용하려면 왼쪽 화살표 두 개 버튼을 클릭한다.

왼쪽 윗부분 이미지 기존 Contrast : 15

오른쪽 윗부분 이미지 기존 Contrast : 27

[Quick Develop] 패널에서 Contrast를 '30' 추가한 모습

STEP 03

필자의 또 다른 [Quick Develop] 패널 활용법은
보정을 유사한 사진에 적용하는 경우 비교할 때
사용하는 것이다. 예를 들어, 예제 사진에서 왼쪽
윗부분 사진을 제외하고 나머지 사진을 선택 해제
한 다음 오른쪽 화살표 두 개의 Temperature 버
튼을 클릭해서 하나의 사진에만 적용하고 나머지
사진들과 비교해 본다.

Tip

작은 단위 설정

화살표 한 개 버튼으로 작은 단위를 설정할 수 있
다. Shift 를 누른 채 화살표 한 개 버튼을 클릭
하면, 1/3스톱 대신 1/6스톱 단위로 보정된다(즉,
'33' 대신 '17'로 설정된다).

STEP 04

[Quick Develop] 패널을 활용하는 또 다른 방법
은 상대적 변환을 사용하는 것이다. [Develop]
모듈에서 여러 개의 사진을 보정을 했다고 가
정하자. 결과는 만족스럽지만 대비 효과가 약간
더 강했으면 좋겠다고 판단했다. 첫 번째 사진은
Contrast를 '15'로 설정했고, 두 번째 사진은 '27',
세 번째 사진은 '12', 네 번째 사진은 '20'으로 설
정했다. 만약 첫 번째 사진의 Contrast를 '30'으
로 변경하고 Sync나 Auto Sync 기능을 사용하
면, 네 개의 사진 모두 Contrast가 '30'이 된다. 그
러나 필자가 원하는 것은 다른 사진의 Contrast를
그대로 유지한 채 '+30'의 대비 효과를 주는 것
이다(첫 번째 사진의 Contrast를 '45', 두 번째 사
진을 '57'……). 즉, 모든 사진에 똑같은 설정을 하
는 것이 아닌, 현재의 Contrast에서 상대적 변환
을 하고 싶은 것이다.
[Quick Develop] 패널에서는 상대적 변환이 가
능하다. 예제에서는 윗부분 두 개의 사진만 선택
한 다음 Contrast의 오른쪽 화살표 두 개 버튼
을 클릭해서 대비 효과를 '20' 추가한 다음, 오른
쪽 화살표 한 개 버튼을 두 번 클릭해서 '10'을 추
가하여 총 '30'을 더하였다. 그 결과 두 개 사진의
Contrast가 '30'이 된 것이 아니라, 각 사진의 현
재 Contrast 설정에 '30'이 추가되었다.

PAINTING WITH LIGHT
보정 브러시와 보정 도구 익히기

이번 챕터에서는 라이트룸의 보정 브러시와 보정 도구를 알아볼 것이다. 그러나 사실 우리가 정말 알아보고 싶은 것은 드론이 아닌가? 드론으로 사진을 찍는다면, 이번 챕터는 빛으로 그리는 멋진 드론 사진에 대한 내용이 될 것이다. 하지만 필자는 더 포괄적인 개념을 드론에 비유해 설명하려고 한다. 그러므로 드론에 연연하지 말자.

잠깐, 필자는 DJI 매빅에어 드론을 가지고 있다. 꽤 멋지고, 프로펠러를 접으면 캔 콜라 크기밖에 되지 않는다. 어쨌든, 필자가 드론에 대한 얘기를 꺼낸 이유가 있다.

모든 국가에는 드론 관련법이 존재하며, 각 국가마다 차이점들이 있다. 예를 들어서, 친구 데이빗과 중동에 여행을 간 적이 있는데, 공항 세관에서 그 나라는 드론 반입을 금지한다는 사실을 발견했다. 결국 데이빗은 드론 매빅프로를 압수당했다.

다행히 데이빗은 출국할 때 보관비를 물고 드론을 되돌려 받을 수 있었다. 바로 그것이 이 책이 다른 것과 다른 점이다. 5달러를 내고 드론을 등록해야 하는 미국 연방 항공국과 달리 필자는 어떤 수수료도 요청하지 않고 여러분이 자유롭게 챕터 사이를 이동할 수 있도록 내버려 둔다. 그래서 필자는 이 챕터를 읽기 전에 여러분에게 등록비를 청구하면 어떨지 생각해 봤다. 3달러 정도? 그러면 필자는 3달러 가치보다 훨씬 큰 정보들이 들어 있는 이번 챕터를 읽을 수 있도록 여러분을 등록해 줄 것이다.

여러분이 지금 무슨 생각을 하고 있는지 알고 있다. "하지만 저는 이 책을 돈 주고 구입했는데요?" 그러나 필자도 드론을 돈을 지불하고 구입했는데도 비행시키기 위해 수수료를 내야 했다. 책(혹은 드론)을 구입하면 소유권은 인정되지만, 사용권은 보장되지 않는다. 그러므로 법에 의하면 등록비가 부과되어야 한다. 그 때문에 필자는 플로리다의 열네 번째 하원 의원 선거구를 대표하는 신진 상원 의원이 되었다. #나에게등록비를보내시오

닷징 & 버닝으로 부분 보정하기

지금까지 우리가 배운 것은 전부 사진 전체에 효과를 적용하는 기능이다. Exposure 슬라이더를 드래그하면 사진 전체의 밝기가 변한다(전체 보정).

그러나 사진 일부 영역만 보정하고 싶다면, 선택 영역에만 설정을 적용하는 Adjustment Brush 도구를 사용해서 닷징과 버닝(사진의 일부 영역만 밝거나 어둡게 만드는 효과)을 실행할 수 있다. Adjustment Brush는 중요한 기능이며, 이 브러시로 단순한 밝기 조절뿐만 아니라 훨씬 많은 것들을 할 수 있다.

STEP 01

예제 사진은 모로코 마라케시에서 촬영한 것이다. 사진 중앙 윗부분과 등은 너무 밝고, 양옆 방들과 가운데 분수는 너무 어둡다. 이러한 경우가 바로 '빛으로 그리는' Adjustment Brush 사용에 적합한 사진이다.

필자는 보통 사진 전체 노출을 먼저 보정하고, 보정 브러시로 과도하게 밝거나 어두운 영역을 보정한다. 이 기능에 대한 여러분의 이해를 돕기 위해 과정을 간단하게 세 단계로 설명하겠다.

❶ 슬라이더를 무작위로 밝거나 어둡게 설정한다.
❷ 브러시로 보정할 영역을 드래그해서 선택한다.
❸ 슬라이더를 재조절해서 정확한 설정값을 찾는다.

STEP 02

[Basic] 패널에서 Adjustment Brush 도구를 클릭하거나 ⓚ를 눌러 슬라이더를 불러온다([Basic] 패널 슬라이더와 기능이나 순서가 거의 차이가 없다). 가장 먼저 'Effect'를 더블클릭해서 모든 슬라이더를 '0'으로 초기화한 다음 사진 왼쪽 영역을 밝게 보정해 보자.

목표는 사진 속 빛의 균형을 맞추는 것이므로 Exposure 슬라이더를 오른쪽으로 드래그한다(보정 영역을 선택한 다음 정확히 적절한 설정을 찾을 것이므로 이 시점에서는 대충 설정해도 된다). 브러시로 방과 아치를 드래그하는데, 이때 아치 윗부분은 드래그하지 않는다. 보정 영역 선택을 마치고 Exposure 슬라이더를 적절한 밝기가 될 때까지 드래그한다(예제에서는 '1.49'로 설정했다). STEP 01의 원본 그림과 STEP 02의 보정한 그림을 비교해 보자.

STEP 03

다음은 왼쪽 타일 위 아치를 밝게 보정한다. 오른쪽 아치 밝기와 균형을 맞춰야 하기 때문에 앞 단계 브러시 설정인 '1.49'를 그대로 사용하면 너무 밝다.

새로운 선택 영역에 낮은 노출 설정을 적용하려면, 라이트룸에 새 영역을 드래그하고 싶다고 알려 줘야 한다. 패널 윗부분의 'New'를 클릭한다. Exposure를 설정(이번에는 '0.72'로 설정)하고 아치 윗부분을 드래그해서 영역을 선택한 다음 Exposure 슬라이더를 조절한다.

사진을 보면 새 선택 영역에 검은색 점이 있는 원이 보인다. 이 '보정 핀'은 방금 드래그한 선택 영역을 표시하는데, 앞에서 보정한 선택 영역에 흰색 보정 핀이 보일 것이다. 그래서 현재 예제 사진에는 보정 핀이 두 개 있다. 이전 선택 영역으로 돌아가 보정을 추가하고 싶다면 해당 영역의 보정 핀을 클릭한다. 활성화된 보정 핀은 검은색으로 바뀐다.

Tip

브러시 크기 조절하기

[[를 누르면 브러시 크기가 작아지고,] 를 누르면 커진다.

STEP 04

특정 보정 핀이 담당하는 영역을 확인하고 싶은 경우 핀 위에 마우스 포인터를 놓으면 예제 사진과 같이 빨간색 마스크 오버레이가 표시된다.

Tip

마스크 오버레이 켜 두기

마스크 오버레이를 계속 켜 두려면 미리 보기 영역 아랫부분에서 'Show Selected Mask Overlay'에 체크 표시하거나 O 를 누른다.

STEP 05

선택 영역을 이탈하지 않고 다른 영역을 침범하지 않았는지 확인하려면 Auto Mask를 사용한다. 'Auto Mask'에 체크 표시하면 경계선을 자동으로 감지해서 실수로 원하지 않는 영역을 드래그하는 것을 방지한다.

이 기능을 제대로 사용하려면 어떻게 작용하는지 알아야 한다. 브러시 가운데 작은 + 기호가 드래그하는 영역을 결정하기 때문에 + 기호가 지나가는 영역을 선택한다.

따라서 + 기호가 아치 경계선을 넘어가지 않도록 드래그하면 된다.

Tip

브러시 속도 높이기

Auto Mask 기능을 활성화하면 드래그할 때 계산 과정이 실행되기 때문에 브러시 속도가 상당히 느려진다. 그래서 필자는 경계선 근처를 드래그하는 경우에만 Auto Mask 기능을 사용한다(Ⓐ를 누르면 기능을 쉽게 활성화/비활성화할 수 있다).

STEP 06

창이 있는 가운데 천장 영역을 어둡게 보정해 보자. 새 영역을 선택해야 하므로 'New'를 클릭하고 'Effect'를 더블클릭해서 모든 슬라이더를 '0'으로 초기화한 다음 Exposure 슬라이더를 왼쪽 끝까지 드래그한다. 브러시로 가운데 천장 영역 전체를 드래그한다. 영역 선택을 완료한 다음 다시 Exposure 슬라이더를 드래그해서 적정 밝기를 설정한다(예제에서는 '-0.67'로 설정).

이제 브러시 기능의 힘을 느껴 볼 차례이다. 바로 동시에 여러 개의 슬라이더를 사용하는 것이다. 방금 설정한 선택 영역에 있는 창들은 하이라이트 설징을 낮춰야 하며, 선택 엉억 전체에는 더 강한 대비가 필요하므로 Highlights 슬라이더를 왼쪽으로 드래그하고, Contrast 슬라이더를 오른쪽으로 드래그한다. 그리고 더 강한 대비 효과를 추가하기 위해 Whites 설정을 높이고, Blacks 슬라이더를 왼쪽으로 드래그해서 설정을 낮춘다. 결과가 꽤 만족스럽다.

 STEP 07

지금까지는 Adjustment Brush 도구로 노출과 대비 효과를 적용했다. 이 도구로 화이트 밸런스도 적용할 수 있으므로 브러시로 양쪽 방과 가운데 복도, 그리고 꼭대기 천장까지 따뜻한 색상을 입혀 보자(가운데의 분수까지 드래그하지 않도록 'Auto Mask' 기능을 활성화하는 것도 잊지 말자). 먼저 'New'를 클릭하고 'Effect'를 더블클릭해서 모든 슬라이더 설정을 '0'으로 초기화한다.

화이트 밸런스를 설정하는 Temp 슬라이더를 오른쪽 끝까지 드래그한다. 이제 브러시로 드래그해서 영역을 선택한다(예제 사진에서 필자는 가운데 복도를 드래그하고 있는데, 분수에 근접한 영역을 드래그할 때는 'Auto Mask' 기능을 활성화한다). 'New'를 다시 클릭하고 Contrast와 Clarity, 그리고 Exposure 설정을 높인 다음 디테일과 입체감을 살리기 위해 문들을 드래그한다.

 STEP 08

여전히 어두워 보이는 가운데 분수를 밝게 보정해 보자. 지금쯤 보정 과정이 꽤 익숙해졌을 것이다. 'New'를 클릭하고, 'Effect'를 더블클릭해서 모든 슬라이더 설정을 초기화한 다음 Exposure 설정을 높인 후, 브러시로 드래그해서 영역을 선택하고, 다시 Exposure로 적절한 밝기를 설정한다. 'Auto Mask' 기능을 활성화하고, 선택 영역을 드래그해도 항상 정확하지는 않다. 간혹 색상과 경계선의 선명도에 따라 근접한 영역(분수 왼쪽 윗부분)에 브러시가 침범할 수 있다. 이러한 경우 Alt (Mac: Option)를 눌러 브러시를 Erase 브러시로 임시 변환한 다음 침범한 영역을 지운다(Erase 브러시로 변환되면 브러시 가운데 + 기호가 − 기호로 바뀐다).

Tip

보정 핀 삭제하기

삭제하고 싶은 보정 핀을 클릭하고 Backspace (Mac: Delete)를 눌러 삭제한다.

STEP 09

칙칙해 보이는 바닥을 약간 밝게 보정해 보자. 이제 그 정도는 여러분 혼자서도 충분히 할 수 있을 것이다. 바닥을 보정하니 훨씬 나아 보인다.

조금 전에 선택했던 문 영역의 보정 핀을 클릭한다. 선택 영역에 적용한 설정이 자동으로 패널에 다시 나타난다(어느 보정 핀인지 잘 모르겠다면, 마우스 포인터를 각 보정 핀에 놓으면 빨간색 마스크가 해당 핀에 속한 영역을 알려 준다). 동일한 설정으로 가운데에 있는 문 윗부분 타일 패턴을 드래그해서 디테일을 선명하게 보정한다.

Tip

놓친 영역이 보인다면

보정 핀을 클릭하고 $\boxed{O}$를 눌러 빨간색 마스크를 활성화한다. 드래그하다가 놓친 영역에는 빨간색 마스크가 나타나지 않는다. 브러시로 드래그해서 보정을 적용하면 빨간색으로 변해 보정이 적용된 것을 알 수 있다.

STEP 10

마지막 단계는 필수가 아닌 선택 사항이다. 사진 하이라이트 영역에 빛을 추가하는 것인데, 자연적인 하이라이트가 없는 영역에도 추가해 빛이 어딘가를 통해 들어와 비추는 것 같은 효과를 얻을 수 있다.

'New'를 클릭하여 모든 슬라이더를 '0'으로 초기화하고, Exposure 슬라이더를 '1.00'으로 설정한다. 브러시는 매우 큰 크기로 설정하고 'Auto Mask' 기능은 체크 해제한다. 그리고 하이라이트 영역을 한 번 클릭한다(또는 빛이 닿은 것 같은 효과를 추가하고 싶은 영역을 클릭한다).

예제 사진에서 필자가 큰 브러시로 클릭한 영역을 살펴보자. 이 기법은 특수 효과에 속하지만 제대로 활용하면 훌륭한 마무리 작업이 될 수 있다.

STEP
11

앞 단계에서 효과를 적용한 사진과 **STEP 09** 예제 사진을 비교해 보자. 보정 작업을 마무리하기 전에 알려 주고 싶은 두 가지 사항이 있다.

❶ [Adjustment Brush] 패널 아랫부분에는 Erase 브러시 외에도 편리한 기능들이 더 있다. 슬라이더를 사용해 브러시 크기를 설정할 수 있으며(Brush 영역의 Size), 브러시 경계의 부드러운 정도도 설정할 수 있고(필자는 Feather를 보통 '50'으로 설정한다), 브러시의 강도도 설정할 수 있다(Flow를 '100'으로 설정하거나, 낮은 투명도로 설정해 여러 번 드래그해서 효과를 추가하는 방식을 사용할 수 있다. 필자는 보통 '100'으로 설정한다).

❷ Adjustment Brush에는 두 종류의 브러시가 있다. 메인인 'A' 브러시와 대체용인 'B' 브러시가 있는데, 각각 다른 설정을 선택할 수 있다. 필자는 보통 'A' 브러시는 높은 Feather 설정으로 부드러운 경계를 선택하고, 'B' 브러시는 '0'과 같은 낮은 Feather 설정으로 선명한 경계를 선택한다.
벽이나 부드러운 경계가 어울리지 않는 영역을 드래그할 때 ⓦ를 눌러 'B' 브러시로 교체한다.

Tip

보정 핀 이동하기
보정 핀을 클릭하고 원하는 영역으로 드래그한다.

Adjustment Brush 알아보기

Adjustment Brush 도구에 익숙해지려면 알아야 할 점들이 몇 가지 더 있는데, 이 챕터의 나머지 예제와 함께 숙지하면 포토샵에서 작업하는 횟수를 줄일 수 있다.

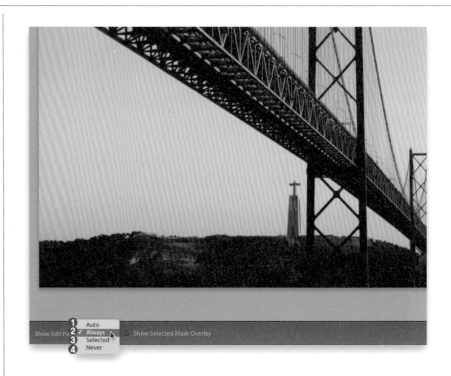

01

미리 보기 영역 아랫부분 도구바에 있는 Show Edit Pins 메뉴에서 보정 핀 보기 모드를 선택할 수 있다.

❶ **Auto** : 마우스 포인터를 사진 밖 영역으로 이동하면 핀을 숨긴다.
❷ **Always** : 핀이 항상 보인다.
❸ **Selected** : 현재 선택한 핀만 보인다.
❹ **Never** : 핀을 항상 숨긴다.

02

Adjustment Brush 도구의 편집 설정이 없는 사진을 보려면 패널 왼쪽 아랫부분 작은 스위치를 클릭한다.

03

를 누르면 빨간색 마스크 오버레이를 화면에 고정해서 놓친 선택 영역을 쉽게 확인하고 수정할 수 있다.

04

Effect 영역 오른쪽 화살표를 클릭하면 Effect 슬라이더를 숨기고 Amount 슬라이더로 대체한다. Amount 슬라이더는 선택한 보정 핀의 해당 영역에 적용한 모든 Adjustment Brush 설정을 일괄 조절한다.

05

'Auto Mask' 체크 상자 아랫부분 Density 슬라이더는 포토샵 Airbrush 기능과 유사하지만 효과가 미약해서 마스크에 적용할 때 기본 설정인 '100' 이하로 낮추지 않는다.

Adjustment Brush는 일부 영역만 선택해서 효과를 적용할 수 있기 때문에 사진 일부에만 나타난 문제점 보정에 반드시 필요한 기능이다. 예를 들어, 피사체 일부는 태양광이 비추고, 일부는 그늘 속에 있는 사진의 화이트 밸런스 보정이나, 섀도우 영역에 나타나는 노이즈 보정에 효과적이다.

화이트 밸런스, 섀도우, 노이즈 보정하기

STEP 01

가장 먼저 일부 영역만 선택해서 화이트 밸런스를 보정해 보자. 원본을 보면 인물에는 충분한 빛이 닿았지만, 배경은 그늘 속에 있어 어둡다.
필자가 카메라의 자동 화이트 밸런스 기능으로 촬영했기 때문에 배경은 푸른색이 강하다(사진의 일부가 그늘에 있는 경우 자주 접하는 문제점이다. 특히 스포츠 사진을 촬영할 때, 늦은 오후에 열리는 경기는 경기장 일부는 태양광에, 일부는 그늘에 있는 경우가 많다). 이때 일부 영역만 화이트 밸런스를 조절할 수 있는 기능은 매우 유용하다.
K를 눌러 Adjustment Brush 도구를 선택한다.

STEP 02

'Effect'를 더블클릭해서 모든 슬라이더를 '0'으로 초기화한다. Temp 슬라이더를 오른쪽으로 드래그한 다음 배경을 드래그해서 보정 영역을 선택하면, 따뜻한 색감의 화이트 밸런스 설정이 푸른색 배경을 보정한다.
슬라이더를 '31'로 드래그했더니 아직 푸른색이 강해서 다시 드래그하여 '73'으로 설정하자 훨씬 개선되었다.
동일한 방법으로 노이즈를 제거해 보자.

STEP 03

예제 사진은 창을 통해 들어오는 역광을 촬영했다. 왼쪽 원본을 보면 창가 디테일이 전혀 보이지 않는다.

Shadows와 Exposure 슬라이더를 드래그해서 적정 노출로 보정하고 창밖의 풍경이 과도하게 밝지 않도록 Highlights 설정을 낮춰 보정하니 노이즈 현상이 나타난다.

노이즈는 주로 섀도우 영역이나 예제 사진과 같이 노출을 큰 폭으로 밝게 보정하는 경우에 나타나기 때문에 사진에 있던 노이즈가 더 부각되어 보인다. 그래서 창은 괜찮아 보이지만, 창틀과 셔터 그리고 창 아래의 영역에 보이는 빨간색, 녹색, 파란색 노이즈는 보정이 필요하다.

STEP 04

예제에서 [Detail] 패널에 있는 Noise Reduction 기능을 사용하지 않는 이유는 사진 전체에 영향을 미치기 때문이다. 노이즈가 감소하면 사진 전체가 부드러워진다. 그러므로 밝아서 노이즈가 거의 나타나지 않는 나머지 영역은 그대로 두고, Adjustment Brush 도구를 사용해서 위에서 설명한 영역의 노이즈만 제거해 보자. 그러면 사진 전체가 아닌 선택 영역만 부드러워진다.

Adjustment Brush 도구를 선택한 다음 'Effect'를 더블클릭해서 모든 슬라이더를 '0'으로 초기화한다. Noise 슬라이더를 오른쪽 끝까지 드래그한 다음 노이즈를 제거할 영역을 드래그한다.

여기에서 목표는 노이즈를 어느 정도 제거하면서도 과도하게 흐릿하지 않은 설정을 찾는 것이다. 또한 다른 슬라이더 기능도 사용할 수 있으므로 노이즈 제거 기능을 적용하면서 약간 어둡게 보정해서 노이즈를 숨기는 것도 좋은 방법이다. 예제에서는 Sharpness를 '26'으로 설정하였다.

세밀한 보정 작업은 주로 포토샵을 사용하지만, 간단한 보정은 라이트룸에서도 충분히 가능하다. Adjustment Brush와 Spot Removal 도구 두 개만으로도 라이트룸에서 많은 보정 작업을 할 수 있다.

인물 사진 보정하기

STEP 01

예제는 다음과 같이 보정할 것이다.

❶ 확연히 보이는 주름과 잡티들을 제거
❷ 피부를 부드럽게 보정
❸ 흰자위를 밝게 보정
❹ 눈의 대비를 높여 선명하게 함
❺ 머리카락에 하이라이트를 추가

정확한 보정을 위해서 보정할 때는 사진을 확대해서 보는 것이 좋으므로 다음 단계로 넘어가기 위해 사진을 확대한다. 일단 모델의 피부가 약간 밝아 보이므로 Highlights를 '−15'로 설정했다.

STEP 02

보정 과정을 잘 볼 수 있도록 왼쪽 Navigator 패널 오른쪽 윗부분 메뉴에서 '1:2' 비율 보기 모드를 선택해서 사진을 확대한다.
오른쪽 패널 영역 윗부분의 도구바에서 Spot Removal 도구(ⓠ)를 선택한다. 이 도구는 클릭 한 번으로 효과를 적용하지만, 과도한 사용은 자제하는 것이 좋다.
Size 슬라이더를 드래그해서 도구의 브러시 크기를 제거하려는 잡티보다 약간 크게 설정한 다음 잡티를 클릭한다. 그러면 두 번째 원이 근처 샘플 영역에 표시된다. 물론 100% 효과적이지는 않기 때문에 잘못된 샘플 영역을 선택한 경우 두 번째 원을 클릭하고 드래그해서 다른 샘플 영역을 선택한다. 같은 방법으로 다른 잡티들을 제거한다.

다음은 눈 밑의 주름을 제거해 보자. 사진을 더 줌 인해서 '1:1' 보기 모드로 확대한다.

Spot Removal 도구로(이때 'Heal'로 설정하는 것을 잊지 말자) 눈 밑의 주름이 있는 영역을 드래그한다. 드래그하는 영역은 잘 보이도록 흰색으로 표시된다.

라이트룸은 선택 영역을 분석해서 대체할 영역을 선택한다. 대부분의 경우 근접한 영역을 선택하는데, 예제 사진에서는 콧마루가 있는 영역을 선택해서 피부결이 일치하지 않는다.

라이트룸이 선택한 샘플 영역이 마음에 들지 않는 경우, 샘플 영역을 클릭해서 다른 영역으로 드래그할 수 있다. 예제에서는 선택 영역 바로 아래쪽으로 드래그해서 샘플 영역을 이동했다. 그리고 같은 방법으로 다른 쪽 눈 아래 주름을 제거하는 것도 잊지 말자(의외로 잊기 쉽다).

Note -------------------------------

인물이 주름이 없으면 부자연스러워 보이는 연령대라면, 주름을 완전히 제거하는 대신 Opacity 슬라이더 설정을 낮추어 주름이 덜 보이게 만든다.

잡티와 주름을 제거한 다음 피부를 부드럽게 보정한다. Adjustment Brush 도구(K)로 전환한 다음 Effect를 'Soften Skin'으로 지정한다.

얼굴을 드래그하는데 눈썹, 속눈썹, 입술, 콧구멍, 머리카락, 얼굴의 경계선 등과 같이 선명해야 하는 영역을 드래그하지 않도록 주의한다.

피부를 부드럽게 만드는 비법은 바로 Clarity를 '-100'으로 설정하는 것이다. 여기서는 원본과 비교하기 위해 오른쪽 얼굴만 드래그했고 피부의 질감이 조금 보이도록 Clarity를 '-55'로 낮추었다.

다음은 눈을 보정해 보자. 먼저 흰자위를 더 밝게 보정한다. 패널 윗부분에서 'New'를 클릭하고 'Effect'를 더블클릭해서 모든 슬라이더를 '0'으로 초기화한다.

Exposure 슬라이더를 오른쪽으로 약간 드래그하고(예제에서는 '0.50'으로 설정) 흰자위를 드래그한다. 실수로 흰자위 밖의 영역을 드래그했다면 Alt (Mac: Option)를 눌러 Erase 도구로 전환한 다음 실수로 드래그한 영역을 선택 해제한다.

다른 쪽 눈도 같은 방법으로 영역을 선택하고, 필요하다면 Exposure 슬라이더를 다시 드래그해서 밝기를 조절한다.

다음은 홍채를 밝게 보정하기 위해 'New'를 클릭하고 'Effect'를 더블클릭해서 슬라이더를 초기화한다. Exposure를 '1.36'으로 설정하고 양쪽 홍채를 드래그한 다음 Contrast를 '33'으로 설정해서 대비를 강하게 적용한다.

마지막으로 Sharpness를 '22'로 설정해서 홍채를 더 밝게 하고 대비가 높으면서 선명하게 보정했다.

STEP 07

'New'를 다시 클릭한 다음 머리카락 하이라이트를 밝게 보정해 보자. 모든 슬라이더를 '0'으로 초기화한 다음 Exposure 슬라이더를 오른쪽으로 약간 드래그하고(예제에서는 '0.35'로 설정) 하이라이트 영역을 드래그한다.

마지막으로 필자가 대부분의 인물에게 받는 요청사항이 약간 날씬하게 만들어달라는 것이다. 필자의 의견으로는 예제 사진의 경우 그럴 필요가 없지만, 필요한 경우에는 오른쪽 패널 영역에 있는 [Transform] 패널의 Transform 영역에서 Aspect 슬라이더를 오른쪽으로 드래그한다. 슬라이더를 드래그하면 사진을 좁게 압축해서 날씬하게 만드는 효과가 있다. 오른쪽으로 드래그할수록 효과가 크다. 여기서는 '25'까지 드래그했다. 보정 전과 후의 이미지를 비교해 보자.

Tip

보정 핀이 너무 많은 경우

보정 핀이 많아서 방해가 되는 경우 아랫부분 Show Edit Pins를 'Selected'로 지정해서 현재 선택한 핀만 보이도록 설정한다.

보정 후 사진이 더 깨끗하고 부드러운 피부를 가지고 있다(또한 하이라이트도 약간 감소했다). 눈은 더 밝으며, 대비가 강하다. 머리카락 하이라이트를 강하게 보정했으며, 얼굴도 약간 갸름하게 보정했다.

Graduated Filter 도구는 ND 점진 필터 효과를 만드는 기능이다. 주로 풍경 사진가들이 사용하는 이 필터는 전경과 하늘의 노출이 다른 경우 두 영역을 모두 적정 노출로 맞추기 위한 촬영용 필터이다. 그러나 라이트룸 버전의 필터는 일반적인 ND 점진 필터 효과 외에도 다양한 기능을 제시한다.

Gradient Filter 기능으로 하늘 보정하기

STEP 01

패널 영역 윗부분의 도구바에서 Adjustment Brush 왼쪽에 있는 Graduated Filter 도구(M)를 클릭한다. 아이콘을 클릭하면 Adjustment Brush 도구 패널과 유사한 효과 선택 항목이 나타난다. Graduated Filter 도구로 전통적인 ND 점진 필터 효과를 만들자.
Effect를 'Exposure'로 지정한 다음 Exposure를 '−1.65'까지 드래그한다. Adjustment Brush와 마찬가지로 이 시점에는 슬라이더 값을 대략 설정하고 영역 선택 후 세밀하게 설정한다.

STEP 02

Shift를 누른 채 사진 윗부분 가운데를 클릭한 다음 중간 수평선까지 드래그한다. 도구를 드래그하면 하늘을 어둡게 보정해서 사진의 균형을 맞춘다. 효과가 적정 노출인 전경까지 어둡게 만든다면 수평선에 닿기 전에 멈춘다.
예제 사진의 경우, 수평선보다 더 아래까지 드래그할 수 있었으며, 노출 설정을 낮추는 것만으로는 하늘에 큰 영향을 미치지 않는다. 이러한 경우 라이트룸의 Graduated Filter가 단순히 노출을 어둡게 만드는 필터보다 더 낫다는 사실을 알 수 있다. 그보다 더 많은 기능을 가지고 있기 때문이다.

**STEP
03**

Exposure 설정을 낮추는 것만으로는 만족스러운 결과를 얻지 못했으므로, 이번에는 Temp 슬라이더를 왼쪽으로 드래그해서 파란색을 추가했다. 훨씬 탁월한 효과를 볼 수 있다. 또한 대비 효과를 더 강하게 설정하고, Whites 설정을 높여 구름을 더 선명하게 보정했다. 실제 필터로는 이러한 효과를 얻을 수 없다.

예제 사진에서 보정 영역을 선택할 때 수평선 아래까지 드래그해서 산이 약간 어두워졌다. 점진 효과 가운데에는 보정 핀이 나타나는데 이 핀을 이용하여 효과 위치를 재조절할 수 있다. 다음 페이지에서 이와 같은 상황을 해결하는 방법을 알아볼 것이다(그리고 더 나은 비법도 알려 줄 것이다).

보정 핀을 클릭하고 Backspace (Mac: Delete)를 누르면 점진 효과를 삭제할 수 있으며, 필터를 드래그하는 동안 Shift 를 누르지 않으면 점진 효과의 기울기를 조절할 수 있다.

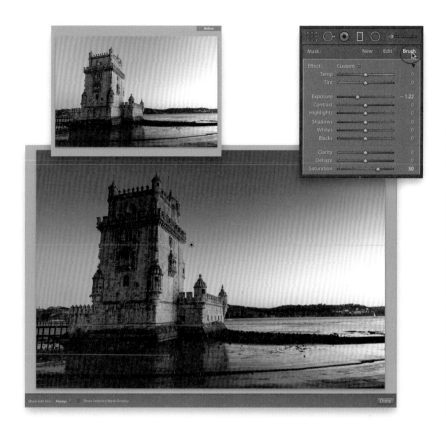

STEP
04

Graduated Filter를 사용할 때 원하지 않는 영역까지 효과가 적용되는 경우가 생긴다. 예제 사진의 경우 하늘만 어둡고 채도를 높게 만들고 싶은데, Graduate Filter를 적용하면 건물에도 효과를 적용한다. 다행히 Graduate Filter에도 일부 영역 필터 효과만 제거하는 기능이 있다. Graduate Filter 핀을 선택한 채 도구바 아랫부분 Mask에서 'Brush'를 클릭한다.

STEP
05

패널 아랫부분에서 'Erase'를 클릭한 다음 탑을 드래그하면 앞에서 적용한 필터 설정을 제거한다. 앞에서 배운 Adjustment Brush 도구와 마찬가지로 드래그해서 선택한 영역의 효과를 지우는 기능이다.

이때 ⓞ를 누르면 드래그하면서 마스크를 확인할 수 있으며, 브러시 경계 설정도 가능하다. 또한 예제처럼 효과를 적용하는 대신 'Erase'를 클릭하지 않고 브러시를 드래그해서 마스크를 추가할 수도 있다. 브러시를 사용하는 것보다 더 쉬운 방법을 원한다면 다음 기법에 주목하자.

Color와 Luminance 마스킹으로 까다로운 보정 쉽게 하기

앞에서 점진 효과를 추가해 하늘을 어둡게 만들어 더 진하고 푸른 하늘로 보정하는 기법을 배웠다. 또한 마스크 사용으로 인해 원하지 않은 영역이 어두워지거나 파란 색이 적용된 경우 효과를 제거하는 방법도 배웠다.

선택이 까다로운 영역을 드래그하면서 "더 쉬운 방법이 있지 않을까?"라는 의문을 품었을 수 있다. 그렇다. 더 쉬운 방법이 있을 뿐 아니라 두 가지나 있다.

Color 또는 Luminance Range Mask 기능을 사용하면 선택이 까다로운 영역을 훨씬 쉽게 보정할 수 있다.

예제 사진은 모로코 마라케시에 있는 쿠투비아 모스크를 촬영한 것으로 하늘이 밋밋한 느낌이다. 이런 사진의 경우 Graduated Filter 도구(M)로 사진 아랫부분으로 내려갈수록 점진적으로 투명해지는 필터를 적용해 진하고 푸른 하늘로 보정하기에 적합하다(설명이 이해되지 않는다면 앞 페이지에 설명한 기법을 참고하기 바란다).

STEP 02

그림에서는 Graduated Filter를 사진 윗부분부터 아랫부분까지 적용하여 윗부분부터 내려오면서 점진적으로 투명해지는 점진 필터 효과로 푸른 하늘을 만들었다. 물론 Exposure 설정을 낮추고, Temp 슬라이더를 왼쪽으로 드래그해서 푸른색을 추가하고, Whites와 Blacks 슬라이더도 조절하고, Contrast와 Saturation 슬라이더도 높게 설정해서 하늘을 보정했다.

문제는 위의 설정들이 하늘에는 적합하지만, 구름과 탑도 함께 어둡게 만들었다는 점이다. 위에서 언급했듯이 이 시점에서 브러시 도구를 사용해 이 영역들을 드래그해도 되지만, 다행히 더 빠르고 쉬운 방법을 사용해 해결할 수 있다.

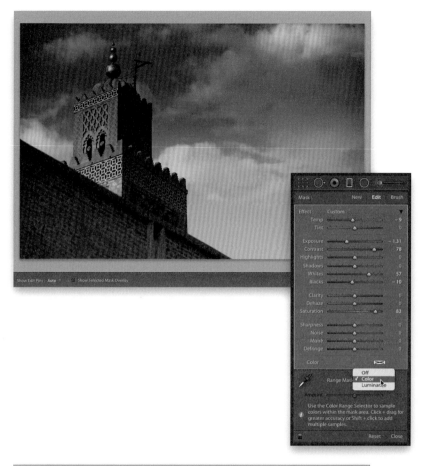

STEP 03

Graduated Filter 기능이 활성화되어 있는 상태에서 패널 아랫부분으로 스크롤하면 Range Mask 영역이 있다. Range Mask에는 두 종류가 있는데, 'Color'와(Graduated Filter에 적용하는 색상을 선택할 수 있다) 'Luminance'이다(슬라이더를 드래그해서 사진의 어두운 영역이나 밝은 영역에서 Graduated Filter 효과를 제거할 수 있다).
예제에서는 먼저 색상 영역 마스크를 사용할 것이므로 'Off'를 클릭하고 'Color'로 지정한다.

STEP 04

'Color' 영역 마스크 기능을 선택하면 Color Range Selector 도구를 불러오고, 아랫부분에 Amount 슬라이더가 나타난다(**STEP 03** 그림 참고). 사용법은 매우 간단하다. 스포이트로 Graduated Filter를 적용할 색상을 클릭해서 선택하면(예제 사진의 경우에는 파란색을 적용해야 하므로 하늘의 푸른 영역을 클릭한다), 즉시 탑이 있는 영역에 마스크를 적용한다.
한 번의 클릭으로 효과가 만족스럽지 않다면(사진에는 다양한 톤의 파란색이 있다), [Shift]를 누른 채 사진의 다른 영역들을 클릭해서 스포이트를 추가하면 해당 영역의 Graduated Filter 설정에 맞춰 마스크를 추가한다. 스포이트는 예제 사진과 같이 네 개까지 추가할 수 있다.

Tip

스포이트 이동하기

스포이트를 클릭하고 드래그해서 원하는 영역으로 이동하면 이동한 영역 색상에 자동으로 설정을 맞춘다.

Color Range Mask 기능으로 만든 마스크를 사진에서 확인하고 싶다면, Alt (Mac: Option)를 누른 채 Amount 슬라이더를 클릭하면 마스크를 미리볼 수 있다.

Amount 슬라이더를 왼쪽으로 드래그하면 색상 적용을 방지하는 마스크 영역을 확장하고, 오른쪽으로 드래그하면 영역을 축소한다(Alt (Mac: Option)를 누른 채 슬라이더를 드래그하면 효과를 바로 볼 수 있다).

아랫부분 그림에서 색상 영역 마스크를 추가하기 전과 후의 사진을 비교해 볼 수 있다. 색상 영역 마스크를 추가하기 전에는 단순한 점진 효과 마스크였다. 흰색 영역에는 모든 슬라이더 설정 효과가 적용되며, 사진 아랫부분으로 내려갈수록 적용되는 효과의 양이 점진적으로 감소해 검은색이 되면 효과가 전혀 적용되지 않는다.

색상 영역 마스크를 적용하면 완전히 검은색으로 나타나는 영역은 점진 필터 효과를 전혀 적용하지 않는다(그러므로 탑이 있는 영역은 어두워지거나 푸른색이 나타나지 않는다). 구름과 같은 회색 영역은 설정 일부만 적용된다. 그리고 흰색 영역(푸른색 하늘)에는 설정 전체를 적용한다. 놀랍지 않은가?

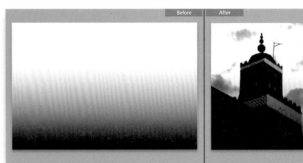

Before: Graduated Filter를 적용했을 때 일반적인 마스크의 모습으로, 왼쪽부터 오른쪽까지 설정을 균등하게 적용

After: 하늘을 클릭한 다음, 파란색이 나타나지 않는 탑과 구름에 마스크를 적용한 사진

Graduated Filter만 적용한 사진과 Color Range Mask까지 적용한 사진을 비교해 보자. 왼쪽 예제 사진은 윗부분에서 아랫부분까지 드래그해서 점진 필터를 적용한 모습이다. 오른쪽 예제 사진은 하늘의 푸른 영역을 스포이트로 클릭해서 탑과 구름에 마스크를 적용한 다음의 모습으로 훨씬 자연스러워 보인다.

Before: Graduated Filter를 적용한 직후의 사진

After: 하늘을 클릭해서 Color Range Mask를 추가한 다음, 탑과 구름에 마스크를 추가해 효과가 적용되는 것을 방지한 사진

STEP
07

Range Mask 기능은 Graduated Filter뿐만 아니라 Adjustment Brush와 Radial Filter 기능과도 함께 사용할 수 있다.

이번에는 다른 예제 사진으로 Luminance Lange Mask 기능을 Adjustment Brush 기능과 함께 사용해 보자. 예제 사진의 밋밋한 하늘을 보정하려면 야자수 잎 때문에 보정 영역 선택이 까다롭고 긴 시간이 소요될 것이다.

Adjustment Brush 도구(K)를 선택한 다음 Exposure 슬라이더를 드래그해서 노출을 어둡게 설정하고, Temp 슬라이더를 파란색 방향으로 드래그한다(-36). 그리고 야자나무를 포함해 하늘 전체를 브러시로 드래그한다. 실수로 아랫부분 건축물이나 지평선을 드래그해도 괜찮다. 'Auto Mask'를 사용하지 않아도 된다.

STEP
08

패널에서 Range Mask를 'Luminance'로 지정한다. 이 마스크는 색상이 아닌 밝기 차이에 따라 적용한다.

Range 슬라이더에는 두 개의 조절 버튼이 있다. 왼쪽 버튼을 오른쪽으로 드래그하면, 어두운 영역 (야자나무와 건물들)에 마스크를 적용해 브러시로 선택한 영역에서 제외된다.

Alt (Mac: Option)를 누른 채 Range 슬라이더를 클릭하면 예제 사진과 같이 마스크를 적용한 영역을 확인할 수 있다. 오른쪽 버튼을 왼쪽으로 드래그하면, 밝은 영역을 마스크 영역에서 제외하지만 예제 사진에는 그에 해당하는 영역이 없다.

Smoothness는 마스크 영역과 효과를 적용하는 영역 사이 전환 부분에 부드러운 정도를 조절한다. 오른쪽으로 드래그하면 부드럽게 전환되고, 왼쪽으로 드래그하면 자연스럽지 않게 전환된다. 보정 전후의 사진을 비교해 보자.

Before: Adjustment Brush로 하늘을 드래그하기 전

After: Adjustment Brush로 하늘을 드래그하고
Luminance Mask를 추가한 후

이 기능은 원래 피사체에는 영향을 미치지 않으면서 사진 가장자리를 어둡게 만드는 비네트 효과를 만들기 위해 디자인되었다. [Effects] 패널의 Post-Crop Vignetting 효과를 사용하면, 경계선 외부 영역에 비네트 효과를 균등하게 적용한다. 그러나 필자는 이 필터를 부드러운 스포트라이트 효과를 만드는 데 사용한다. 이 필터를 이용하면 원하는 영역에 10초 만에 스포트라이트를 만들 수 있다.

Radial Filter로 비네트와 스포트라이트 효과 만들기

STEP 01

인간의 시각은 사진에서 밝은 영역을 먼저 본다. 그러나 예제 사진은 사진 전체의 밝기가 균등한 편이기 때문에 인물이 배경과 어우러져 시선을 유도하지 못한다.

Radial Filter 도구를 사용해서 미세한 스포트라이트 효과를 추가해 인물로 시선을 유도해 보자. Radial Filter 도구(Shift+M)를 선택한다. 이 도구는 타원형이나 원 형태의 선택 영역을 만들며, 사용자가 선택 영역의 내부나 외부에 적용할 효과를 설정한다.

다음 방법으로 스포트라이트 효과를 만든다.

❶ Exposure 슬라이더를 상당량 낮춘다(예제에서는 '-1.34'로 설정).
❷ 'Invert'의 체크 표시를 해제하여 타원형 외부에 효과를 적용한다.

STEP 02

스포트라이트 효과를 추가하려는 영역을 클릭하고 드래그한다. 예제 사진에서는 인물에 스포트라이트 효과를 적용해야 한다. 드래그해서 설정한 영역의 위치가 정확하지 않다면 타원형을 내부를 클릭하고 드래그해서 위치를 조절한다.

Note ----------------------

Radial Filter 도구를 사용해서 완전한 원을 만들고 싶다면 Shift를 누른 채 드래그한다. 또한 Ctrl(Mac: Command)을 누른 채 사진에서 원하는 영역을 클릭하면 최대한 큰 타원형을 자동으로 만든다. 이 방법은 전체 비네트 효과와 같이 효과를 거의 사진 전체에 적용하고 싶은 경우에 유용하다.

STEP 03

스포트라이트 효과를 적용한 후에도 실행할 수 있는 보정 작업들이 많다. 예를 들어, 스포트라이트 효과를 약간 늘려 인물 전체를 감싸게 만들고 싶다면, 경계선에 있는 네 개의 조절점 중 하나를 클릭하고 드래그해서 타원형 크기를 조절한다.

예제 사진과 같이 스포트라이트를 회전하고 싶다면, 타원형 외부에 마우스 포인터를 놓아 양방향 화살표로 변환한 다음 클릭하고 원하는 방향으로 드래그해서 돌린다. 또한 밝은 영역과 어두운 영역의 전환도 자연스러운데 그 이유는 Feather 슬라이더 기본 설정이 '50'이기 때문이다. 더 선명한 경계선을 원한다면 Feather 슬라이더를 왼쪽으로 드래그한다. 여기서는 더 부드러운 전환을 위해 '100'으로 설정했다.

Tip

타원형 제거하기

타원형을 클릭하고 [Backspace] (Mac: [Delete])를 눌러 제거한다.

STEP 04

인물의 얼굴에 작은 스포트라이트 효과를 적용하고 싶다고 가정하자. 가장 먼저 동일한 설정의 스포트라이트를 하나 더 추가하기 위해 먼저 만든 타원형 내부를 마우스 오른쪽 버튼으로 클릭한 다음 **Duplicate**를 실행한다.

그 결과, 현재 선택한 타원형 위에 또 하나의 하이라이트 효과가 추가되어 타원형 내부가 매우 어두워졌다. 이제 다음 두 가지 설정을 실행할 것이다.

❶ 복제한 타원형 크기를 인물 얼굴보다 약간 큰 크기로 축소하고 가운데 핀을 클릭한 다음 드래그해서 얼굴이 있는 위치로 드래그한다. 그러면 얼굴만 밝고 나머지 영역은 여전히 어둡다.

❷ 패널 아랫부분에서 'Invert'에 체크 표시하면 얼굴이 어두워진다. 이제 Exposure 슬라이더를 오른쪽으로 드래그해서 밝게 보정하면(예제에서는 '0.42'로 설정) 모든 요소가 정상적으로 나타난다.

STEP 05

STEP 04와 동일한 방법으로 작은 스포트라이트 효과를 하나 더 추가해 보자. 타원형 내부에 설정한 효과를 적용하는 'Invert' 기능을 사용해 인물 뒤에 있는 벽화에 작은 스포트라이트를 추가하고 싶다고 가정하자.

Ctrl + Alt (Mac: Command + Option)를 누른 채 얼굴에 있는 타원형을 클릭하고 드래그하면 세 번째 타원형(두 번째 타원형의 복제본)이 나타난다.

복제한 세 번째 타원형을 드래그해서 벽화에 놓고 크기를 조절한 다음 Exposure를 설정한다. 이때 인물보다 더 밝게 설정하지 않도록 주의한다. 예제에서는 '0.76'으로 설정했다.

보정 전과 후의 사진을 비교해 보자. 필자가 예제 사진에 적용한 설정은 눈대중으로 설정했다. 모든 사진이 다르므로 판단은 여러분에게 달렸다.

Tip

효과 적용 영역 바꾸기

'를 누르면 'Invert Mask' 체크 상자를 활성화/비활성화해서 효과를 내부/외부로 바꿀 수 있다.

CHAPTER 07

SPECIAL EFFECTS
라이트룸으로 특수 효과 만들기

잘 알려지지 않은 사실이 있다. 미국의 영화 예술 과학 아카데미(매년 아카데미 시상식을 주최하는 바로 그 협회)에서 원래 라이트룸의 [Effects] 패널을 사용해 작품을 만드는 사진가들에게 수여하는 스페셜 효과 오스카 부문을 만들었다는 사실을 알고 있는가?

흠, 사실 100% 진실은 아니다. 사실은 거짓말이다. 하지만 라이트룸의 [Effects] 패널에 단 두 개의 효과만 있는 것을 보고(Grain과 Post-Crop Vignetting) 의아하다는 생각이 든 적이 없는가? 과연 그 두 기능이 정말 효과가 있는가라는 의문이 들 수밖에 없다.

그 패널에 배치하는 기능에 대한 평가 기준이 얼마나 낮으면 단순히 사진에 노이즈를 추가하는 기능이 [Effects] 패널의 지분을 50%나 차지하는 것인가? [Effects] 패널에는 그 이름에 걸맞은 멋진 효과가 있어야 하는 것이 아닌가? 그래서 필자는 어도비 기술자들이 매우 우수한 반면, 기능을 적합한 위치에 배치하는 재능은 없는 것 같다는 생각이 들었다. 아마도 좌뇌/우뇌, 뭐 그런 것과 관련이 있을 것이라고 추측했다. 그런데 라이트룸 팀과 긴밀하게 일하는 어도비에 있는 친구가 진실을 말해 줬다. 바로 로비스트들 때문이다. 상상하기 어렵지만, 어도비 본사가 있는 산호세에서는 잘 알려진 사실이라고 한다. 다음과 같은 과정을 거쳐 라이트룸 기능의 패널 배치가 결정된다고 한다. 라이트룸 팀 기술자들이 아침에 출근할 때, 어도비 본사 로비에서 로비스트들이 특정 기능을 자신들이 원하는 위치에 배치해 달라고 소리를 지르면서 공짜 샘플을 높이 들어 보여 준다. 그 샘플은 Monster 에너지 음료부터 스타워즈 캐릭터 피규어까지 다양하다. 분명히 작은 미사일을 발사하는 보바 펫과 색이 바랜 12인치 왐파 피규어가 Dehaze 기능을 [Basic] 패널에 배치하도록 한 기술자를 설득했을 것이다. 만약 필자가 거기에 있었다면, 천 망토를 두른 오리지널 자와 피규어 정도라면 Exposure 슬라이더를 [Split Toning] 패널에 넣었을 것이다. 농담이다.

창의적인 프로필로 필터 효과 적용하기

150쪽에서 카메라 프로필을 RAW 형식 사진에 적용해 보았다. 어도비가 RAW 프로필을 넣은 메뉴에는 특수 필터 효과를 적용하는 창의적인 프로필도 있는데, RAW 사진뿐 아니라 JPEG과 TIFF 등 다른 형식 사진에도 적용할 수 있다. [Profile Browser] 패널의 프로필들은 프리셋은 없는 장점을 가지고 있다. 프리셋은 [Develop] 모듈의 슬라이더들을 미리 정해진 위치로 설정해서 사진에 적용한다. 그러나 프로필은 슬라이더를 사용하지 않는 별도의 특수 효과 필터와 같기 때문에 프로필을 적용한 후에도 사진을 마음대로 편집할 수 있다.

예제 사진에 창의적인 프로필을 적용해 보자(이 필터는 RAW 형식뿐만 아니라 JPEG, TIFF, PSD 등 모든 형식에 사용할 수 있다). [Develop] 모듈의 [Basic] 패널 윗부분에서 Profile을 'Browse'로 지정하거나, 오른쪽에 있는 작은 박스 네 개 형태의 아이콘을 클릭한다.

불러온 [Profile Browser] 패널에는 효과를 적용한 결과를 보여주는 섬네일이 배치되어 있다 (**STEP 02** 그림 오른쪽 참고).

[Profile Browser] 패널에는 다음 네 가지 창의적인 프로필이 있다.

❶ Artistic
❷ B&W(252쪽 참고)
❸ Modern
❹ Vintage

[Profile Browser]에 대해 알아야 할 두 가지 사항이 있다.

❶ 각 섬네일이 효과를 적용한 이미지를 미리 표시한다.

❷ 단순히 마우스 포인터를 섬네일 위에 올리면 실물 이미지에 바로 적용된 모습을 볼 수 있다. 마음에 들지 않으면 Ctrl + Z (Mac: Command + Z)를 눌러 취소하면 된다. 예제에서는 'Artistic 08' 프로필을 적용했다.

STEP 03

Modern 영역으로 스크롤하고 마음에 드는 프로필을 클릭한다(예제에서는 낮은 채도 효과를 만드는 'Modern 05'를 선택했다). 필자는 이 프로필이 꽤 마음에 든다. 또한 흑백 섬네일 중 하나를 브라우저 윗부분에서 볼 수 있다(섬네일 목록은 상하로 스크롤해서 선택하지만, 프로필을 적용한 다음효과를 유지하기 위해 클릭하는 [Close] 버튼을포함한 조절 기능은 윗부분에 있다).

마우스 포인터를 섬네일에 놓으면 표시되는 오른쪽 윗부분 별 아이콘을 클릭하여 [Favorite]에 추가할 수 있다.

STEP 04

STEP 03에서 적용한 프로필보다 채도가 약간 높았으면 좋겠다. 다행히 [Profile Browser]패널에는 적용한 창의적인 프로필의 강도를 조절하는 Amount 슬라이더가 있다. 슬라이더를 왼쪽으로 드래그하면 효과의 강도를 낮출 수 있다. 예제의 경우 Amount를 '59'로 낮추었다. STEP 03 그림과 비교해 보자. RAW 프로필에는 Amount가 없지만, 창의적 프로필은 Amount로 효과 강도를 낮추거나 높일 수 있다.

실험을 위한 가상 복제 파일 만들기

사진에 비네트 효과를 추가했다고 가정해 보자. 그리고 흑백으로 변환한 버전과 엷은 색조를 적용한 버전, 고대비를 적용한 버전, 혹은 다른 크로핑 설정을 적용한 모습을 보고 싶다. 그러나 막상 주저하게 된다. 다양한 아이디어를 실험하기 위해 매번 고해상도 복제 파일을 만들면, 하드디스크 공간과 RAM을 너무 많이 소비하게 되기 때문이다.

하지만 공간을 차지하지 않는 가상 파일을 만들면 아이디어를 마음껏 적용해 볼 수 있다.

사진을 마우스 오른쪽 버튼으로 클릭하고 **Create Virtual Copy**(Ctrl + ' (Mac: Command + '))를 실행하면 가상 복제 파일을 만들 수 있다.

가상 복제 파일은 원본과 똑같아 보이며 편집도 할 수 있지만, 실제 파일이 아니기 때문에 파일 크기가 늘지 않으므로 하드디스크 공간 걱정 없이 마음껏 실험할 수 있다.

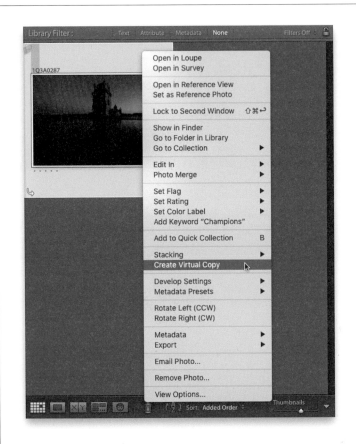

원본 사진과 가상 복제 사진을 구분하는 방법은 쉽다. 가상 복제 사진은 Grid와 Filmstrip 영역 모두 섬네일 왼쪽 모퉁이에 접힌 페이지 형태가 있기 때문이다.

이제 [Develop] 모듈에서 원하는 효과를 설정한다. 예제 사진에서는 Exposure, Contrast, Shadows, Clarity, Vibrance 설정을 모두 높였다. 그리고 Grid 보기 모드로 전환하면, 원본과 가상 복제 파일이 나란히 보인다.

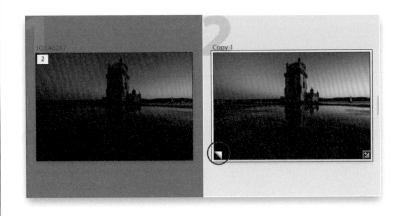

STEP 03

하드디스크 공간을 사용하지 않고 원본을 훼손할 위험이 없는 가상 복제 파일은 제한이 없으므로 다양한 실험이 가능하다.

이번에는 첫 번째 가상 복제 파일을 클릭한 다음 [Ctrl]+[`](Mac: [Command]+[`])을 눌러 또 하나의 가상 복제 사진을 만든다. 그리고 [Develop] 모듈에서 편집한다. 예제에서는 White Balance를 조절해서 파란색과 자주색을 추가했다. 또한, Exposure, Contrast, Shadows, Clarity, Vibrance 설정도 높였다. 그리고 가상 복제 파일을 여러 개 더 만들어 다양한 설정을 적용해 보았다.

Note

가상 복제 사진을 추가로 만들 때, 오른쪽 패널 영역 아랫부분 [Reset] 버튼을 클릭하면 편집 설정 적용 전 원본 상태로 복구된다. 또한 가상 복제 파일을 만들 때 매번 Grid 보기 모드로 전환하지 않아도 된다. [Develop] 모듈에서도 [Ctrl]+[`] (Mac: [Command]+[`])을 눌러 가상 복제 파일을 만들 수 있다.

STEP 04

실험한 사진들을 함께 모아서 비교해 보고 싶다면, Grid 보기 모드로 전환해서 원본과 가상 복제 사진을 선택한 다음 [N]을 눌러 Survey 보기 모드로 전환한다. 마음에 드는 사진은 그대로 두고, 나머지 가상 복제 사진은 삭제한다.

Note

가상 복제 파일을 선택한 다음 [Backspace](Mac: [Delete])를 누르고 메시지 창에서 [Remove] 버튼을 클릭하면 삭제할 수 있다.

가상 복제 파일을 포토샵으로 보내거나, JPEG나 TIFF 형식으로 내보내면, 지금까지 가상 복제 파일에 적용한 설정을 그대로 반영한 실제 복제 파일이 만들어진다.

개별 색상 변경하기

사진에서 한 가지 색상만 변경하고 싶은 경우(예를 들어, 사진에 있는 모든 빨간색을 더 빨갛게 하고 싶거나, 하늘을 더 파랗게 만들고 싶거나, 혹은 한 가지 색상을 아예 다른 색상으로 변경하고 싶은 경우) [HSL] 패널을 사용한다. HSL은 Hue(색조), Saturation(채도), Luminance(휘도)를 의미한다. 이 패널은 매우 유용해 필자도 자주 사용하며, TAT(Target Adjustment Tool)가 있어서 사용하기 쉽다.

STEP 01

사진의 특정 색상을 조절하려면 오른쪽 패널 영역에 있는 [HSL] 패널을 사용한다. [HSL/Color/B&W]는 단순히 패널 이름이 아니라 세 개의 버튼이다. 한 개를 클릭하면 선택한 패널에 속한 조절 기능들이 나타난다. [HSL]을 클릭하면 패널에 'Hue', 'Saturation', 'Luminance', 'All', 네 개가 표시된다. 'Hue' 작업창에서 슬라이더를 사용해 특정 색성을 다른 색상으로 바꿀 수 있다. 슬라이더를 드래그해서 색상이 어떻게 변하는지 살펴보자. 예제에서는 Red 슬라이더를 왼쪽 끝까지 드래그하고, Orange를 '−71'로 설정하여 지붕의 빨간색을 자주색으로 바꾸었다.

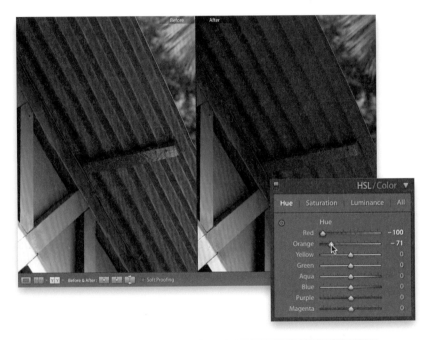

STEP 02

Red 슬라이더를 오른쪽 끝까지 드래그하고, Orange를 '−71'로 설정하면 빨간색 지붕은 주황색에 가까운 색이 된다. 색상 변경은 Hue의 주요 기능이다.

다음은 주황색을 더 선명하게 만들고 싶다. 하지만 Orange 슬라이더를 거의 끝까지 드래그했기 때문에 더 이상 설정을 추가할 수 없다. 이때 패널 윗부분에서 'Saturation'을 클릭한다.

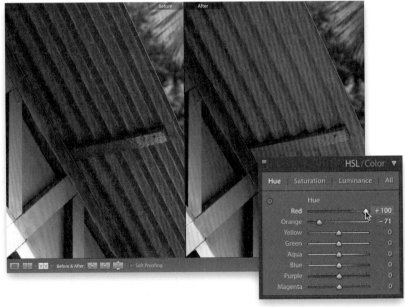

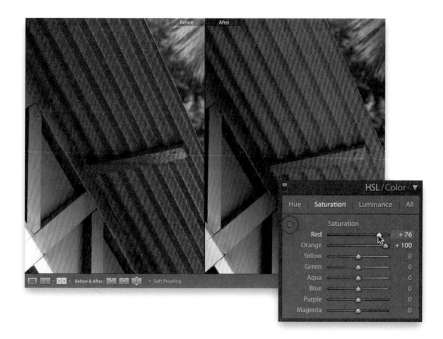

STEP 03

Saturation 화면에서는 여덟 개의 슬라이더를 이용해 채도를 조절할 수 있다. Orange 슬라이더를 오른쪽 끝까지 드래그하고, Red 슬라이더는 거의 끝까지 드래그하면 지붕의 주황색이 훨씬 선명해진다.

조절할 색상을 정확히 안다면 해당 색상의 슬라이더를 조절하면 되지만, 조절하려는 영역의 색상 배합을 정확히 모른다면 패널 왼쪽 윗부분에 있는 TAT 도구를 사용한다.

만약 하늘을 더 선명한 색상으로 만들고 싶다면 TAT 도구로 하늘을 클릭한 다음 위로 드래그한다 (아래로 드래그하면 색상이 흐려진다). 이때 Blue 뿐만 아니라 Aqua도 같이 조절될 것이다. 하늘이 있는 영역에 녹청색도 포함되어 있는지 알기는 거의 불가능하기 때문에 TAT 도구가 필요하다. 필자는 TAT 도구 없이 [HSL] 패널을 사용하지 않는다.

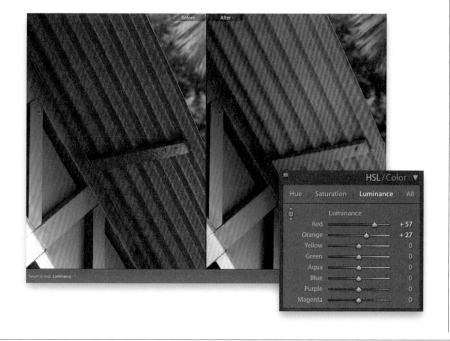

STEP 04

색상 밝기를 조절하려면 패널 윗부분에서 'Luminance'를 클릭한다. 지붕의 주황색을 밝게 보정하기 위해 TAT 도구로 클릭하고 위로 드래그하자 색상이 더 밝아졌다. 이때 Red와 Orange 슬라이더 설정이 증가한 것을 볼 수 있다.

마지막으로 다음 두 가지를 시도해 보자. 'All'을 클릭하면 세 개의 패널이 하나의 스크롤 목록으로 만들어진다. [Color] 패널은 각 색상별로 세 개씩 세트를 만들어 분리한다. 하지만 어느 레이아웃을 선택하든지 기능은 같다.

그림은 지붕 색상과 밝기를 보정하기 전후의 모습이다.

비네트 효과
만들기

사진 가장자리를 어둡게 만들어 사진 중앙으로 시선을 집중시키는 비네트 효과는 호불호가 갈린다. 그러나 필자의 경우 매우 좋아하는 효과이다.
이번에는 간단한 비네트 효과를 사진에 추가하는 방법과 사진을 크롭한 후에도 비네트 효과를 유지하는 방법(Post-Crop Vignetting)에 대해 알아보고 다른 비네트 효과 선택 항목도 알아보자.

STEP 01

사진 가장자리에 비네트 효과를 추가하려면 일반적으로 [Lens Corrections] 패널을 사용한다. 그 이유는 일부 렌즈가 사진의 네 모서리를 어둡게 만드는 특성이 있는데, 이러한 문제를 [Lens Corrections] 패널에서 보정하기 때문이다. 사진 모서리에 나타나는 비네트 현상은 반갑지 않지만, 사진 가장자리를 감싸는 비네트 효과는 사진을 더 멋있게 만들어 주는 요소가 된다.
그림은 비네트 효과를 적용하지 않은 사진 원본이다. '나쁜' 비네트 현상을 보정하는 방법은 279쪽에서 알아볼 것이다.

STEP 02

비네트 효과를 만들기 위해 [Lens Corrections] 패널 윗부분에서 'Manual'을 클릭하고 Vignetting 영역의 Amount 슬라이더를 왼쪽 끝까지 드래그한다. 이 슬라이더는 비네트 효과의 밝기를 조절하며, 왼쪽으로 드래그할수록 어두워진다.
Midpoint는 비네트 효과의 범위를 조절하는 것으로, 그림과 같이 왼쪽으로 상당량 드래그하면, 부드러운 스포트라이트 효과를 만들어 시선을 피사체로 유도한다.

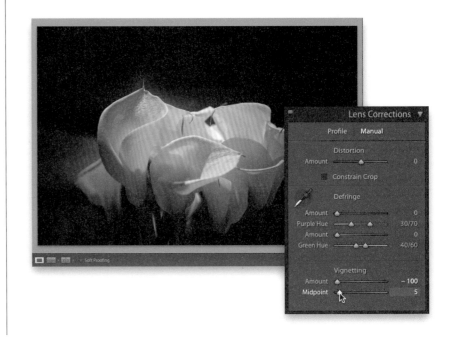

STEP 03

비네트 효과 적용은 간단하지만, 적용 후 사진을
자르는 경우 비네트 효과까지 잘라지기 때문에 문
제가 생긴다. 이때 Post-Crop Vignetting 기능
을 사용해서 사진을 자른 후에도 비네트 효과를
그대로 유지하도록 설정해 보자.
Post-Crop Vignetting 영역은 [Effect] 패널에
있다.
먼저 앞에서 적용한 비네트 효과에 새로 적용할
비네트 효과가 겹치지 않도록 [Lens Corrections]
패널에서 이전에 적용한 Vignetting 영역의 Amount
를 '0'으로 설정한다.

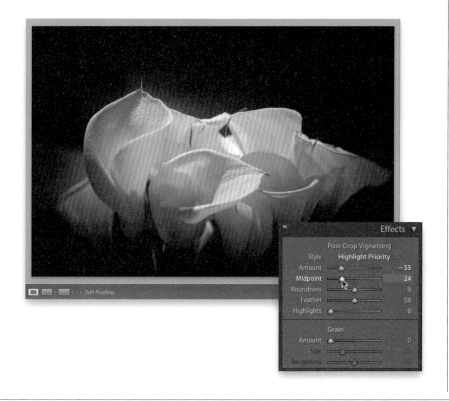

STEP 04

[Effects] 패널의 슬라이더를 조절하기 전에 Style
을 살펴보자.

- **Highlight Priority :** 일반 비네트 효과와 유사
하지만 색상의 채도가 달라질 수 있다. 사진 둘
레에 밝은 영역이 있다면 하이라이트 영역을 최
대한 보존한다. 예제 사진 비네트 효과는 필자
가 일반적으로 적용하는 정도보다 훨씬 어둡지
만, 자른 다음 효과를 확실하게 보여주면서 최
상의 결과를 얻을 수 있기 때문에 필자는 이 기
능만 사용한다.

- **Color Priority :** 효과를 적용하는 영역의 색
상을 최대한 유지한다. 사진의 가장자리는
'Highlight Priority'에 비해 덜 어둡지만 채도는
변하지 않는다.

- **Paint Overlay :** 라이트룸 2에 있던, 사진 둘
레를 어두운 회색으로 칠하는 Post-Crop
Vignetting 효과와 동일하다.

다음 두 슬라이더는 비네트 효과를 더 자연스럽게
만들기 위해 추가된 조절 기능이다.

예를 들어, Roundness는 비네트 형태의 둥글
기 정도를 조절한다. Roundness를 '0'으로 두고
Feather 슬라이더를 왼쪽 끝까지 드래그하면 타
원형이 되고, 효과의 경계선이 선명해진다. 물론
이 형태를 사용하지는 않겠지만 슬라이더 기능을
이해하기 쉽다.

Roundness는 타원형의 둥글기 정도를 조절한다.
슬라이더를 양방향으로 몇 번 드래그해 보면 금방
사용법에 익숙해진다. 이제 설정을 다시 '0'으로
되돌리고 다음 슬라이더에 대해 알아보자.

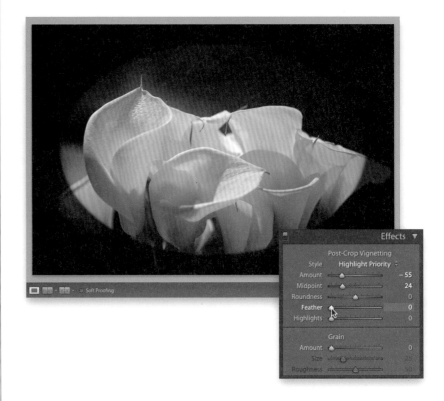

Feather는 타원형 경계의 부드러운 정도를 조절
한다. 슬라이더를 오른쪽으로 드래그할수록 경계
선이 부드럽고 자연스럽다. 예제에서는 슬라이더
를 '57'까지 드래그했다. **STEP 05**의 타원형과 비
교하면 그 차이를 확실히 볼 수 있다.

아랫부분 Highlights는 비네트 효과를 적용하는
영역의 하이라이트를 유지하도록 돕는다. 슬라이
더를 오른쪽으로 드래그할수록 하이라이트를 더
보호한다.

Highlights는 Style을 'Highlight Priority'나 'Color
Priority'로 지정한 경우에만 사용할 수 있다.

지금까지 사진에 비네트 효과를 넣는 방법에 대해
알아보았다. 사진 가장자리에 비네트 효과를 넣으
면 가운데로 시선을 집중시킬 수 있다.

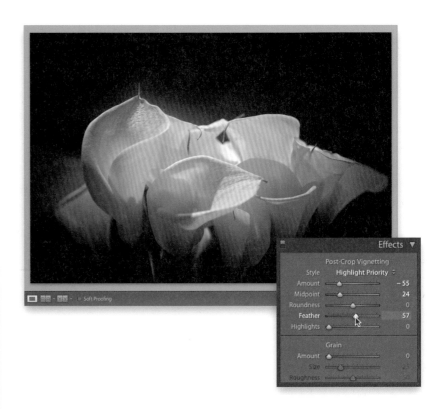

최근에 유행하는 고대비 포토샵 효과는 잡지 표지에서부터 웹 사이트, 유명인사 사진, 앨범 표지 등 어디에서든지 눈에 띈다. 하지만 포토샵을 사용하지 않고서도 라이트룸에서 고대비 효과를 만들 수 있다. 고대비 효과에 대해 배우기 전에 호불호가 분명한 효과라는 점을 미리 경고한다.

고대비 사진 만들기

STEP 01

고대비 효과를 만들기 전 한 가지 유의할 사항은 이 효과가 모든 사진에 적합한 것은 아니라는 점이다. 고대비 효과는 디테일과 질감이 풍부한 사진에 어울리며, 풍경 사진, 상품 사진, 인물 사진 중 남성이 피사체인 사진 등 거칠고 질감을 강조하고 싶은 사진에 어울린다. 부드럽거나 우아해 보여야 하는 사진에는 어울리지 않는다.
예제 사진은 디테일이 많고 질감이 풍부해서 고대비 효과에 적합하다.

STEP 02

고대비 효과는 [Develop] 모듈의 [Basic] 패널에서 설정하며, 일반적인 사진에 비해 훨씬 과도한 설정을 적용한다.
고대비 효과는 Contrast를 '100', Highlights를 '-100', Shadows를 '100', Clarity를 '100'으로 설정한다. 사진에서 벌써 고대비 효과를 볼 수 있지만, 아직 끝이 아니다.

STEP 03

사진에 따라 차이는 있지만 고대비 설정을 적용한 다음 사진이 약간 어둡다면(Contrast를 '100'으로 설정하면 흔히 나타나는 현상이다) Exposure 슬라이더를 오른쪽으로 드래그한다.

Shadows를 '100'으로 설정해서 약간 흐릿해진 사진의 경우 Blacks 슬라이더를 왼쪽으로 드래그 해서 색상 채도를 높여 균형을 맞춘다.

그림의 경우 Exposure를 '−0.20', Blacks를 '−23'으로 설정했다. 다음 단계는 Vibrance 슬라이더를 왼쪽으로 약간 드래그해서 채도를 약간 낮춘다. 예제에서는 '−25'로 설정했다. 채도를 낮추는 이유는 여러 개의 사진을 합성하지 않고도 HDR 사진의 느낌을 주기 위해서이다.

STEP 04

마지막 단계에서는 시선을 피사체에 집중시키기 위해 약간의 비네트 효과를 추가한다. [Lens Corrections] 패널에서 'Manual'을 클릭하고 Vignetting 영역의 Amount 슬라이더를 왼쪽으로 드래그하여 가장자리를 어둡게 만든다.

Midpoint 슬라이더 역시 왼쪽으로 드래그해서 비네트 효과 영역을 설정한다(Midpoint는 비네트 효과가 사진에 영향을 미치는 범위를 설정한다. 왼쪽으로 드래그할수록 범위가 넓어진다). 그 결과 사진이 어두워지기 때문에 [Basic] 패널로 돌아가 Exposure를 '0.10'으로 설정했다.

옆 페이지에 고대비 효과를 적용한 다른 사진들의 전후 모습을 실었다. 고대비 효과가 사진 종류에 따라 미치는 영향의 차이를 비교해 보자. 그리고 고대비 설정을 매번 직접 할 필요 없도록 프리셋으로 저장하는 것도 잊지 말자(228쪽 참고).

흑백 사진으로 변환하기

컬러 사진을 흑백으로 변환하는 방법은 두 가지이며, 라이트룸이 처음 생겼을 때부터 있던 방법부터 알아볼 것이다.

그러나 필자가 선호하는 새로운 방법이 더 많은 선택 사항들과 실시간 프리뷰 그리고 훨씬 탁월한 결과를 제공한다. 게다가 흑백으로 변환한 다음 CHAPTER 05와 06에서 배운 기법들을 사용해 세밀한 추가 보정을 할 수 있다.

STEP 01

필자는 캐나다 밴프에서 촬영한 예제 사진이 흑백 변환에 적합하다고 판단했다(흑백 변환 기술에 상관없이 모든 컬러 사진이 좋은 흑백 사진을 만드는 것은 아니다). 흑백 변환을 시작하기 전에 오른쪽 패널 영역에 [HSL/Color] 패널이 있는데, 이 패널을 주시하자.

이제 [Basic] 패널 윗부분 Treatment 영역에서 'Black & White'를 클릭한다.

STEP 02

다시 [HSL/Color] 패널이 있던 곳을 보면 [B&W] 패널로 바뀌어 있고 라이트룸이 'Adobe Monochrome' 프로필을 적용했다. 패널 아랫부분에서 [Auto] 버튼을 클릭하면 그림과 같이 자동 흑백 변환을 적용한다. 그러나 결과는 보다시피 만족스럽지 못하기 때문에 필자는 수동으로 변환한다.

이 패널의 각 색상 슬라이더는 사진을 이루는 색상을 조절한다. 예를 들어, Blue 슬라이더를 양쪽으로 드래그하면 하늘에 영향을 미친다. 이 슬라이더들은 사진의 일부 영역을 밝거나 어둡게 조절하는 역할을 한다. 흑백 사진에서는 각 슬라이더를 드래그해 보고 어느 영역에 어떤 영향을 미치는지 파악해야 한다.

STEP 03

바로 그것이 필자가 사용한 방법이다. 패널 윗부분에서 'Black & White Mix'를 더블클릭하여 흑백 변환 적용을 취소하고, 각 슬라이더를 몇 번 드래그해서 사진에 미치는 영향을 파악했다.

예제 사진의 경우, Red와 Magenta 슬라이더는 변화가 거의 없지만 대부분의 슬라이더는 변화가 있었으므로 각 슬라이더를 드래그해서 어떤 효과가 있는지 파악했다. 그리고 특별히 마음에 드는 슬라이더 효과는 설정을 그대로 두었다.

이것만으로는 훌륭한 흑백 사진을 만들지 못하지만, 나중에 특정 영역 보정이 필요할 때 사용할 수 있으므로 파악해 두면 좋다. 즉, 현재 단계에서는 이 기능을 사용하지 않겠지만 나중에(더 나은 방법을 사용해서 변환할 경우) 사진 일부를 밝게 보정할 때 이 패널을 사용하는 것이 가장 쉽고 빠른 방법이다.

STEP 04

패널 아랫부분 [Reset] 버튼을 클릭해서 흑백 변환을 취소하고, 다른 흑백 변환 방법을 사용해 보자. [Basic] 패널 윗부분에서 Profile을 'Browse'로 지정한다. 프로필을 사용해서 흑백 사진으로 변환할 것이다. 그러면 다양한 변환 방식 설정들과 효과 중 선택해서 적용할 수 있다.

[Profile Browser] 패널에서 B&W 프로필 영역으로 스크롤한다. 흑백 프로필들은 슬라이더로 설정하는 프리셋이 아니기 때문에 프로필을 적용한 다음 필요한 추가 보정을 자유롭게 할 수 있다.

각 프로필을 적용한 결과를 보여주는 섬네일이 있다. 섬네일에 마우스 포인터를 놓으면 적용한 결과를 사진에서 미리 볼 수도 있다.

그림에서는 각 섬네일에 마우스 포인터를 놓아 미리 보기를 확인하고 사진에 가장 어울리는 'B&W 07'을 선택했다.

Tip

흑백 사진에 적합한 사진 찾기

사진을 보다가 특정 사진이 흑백 변환에 적합할지 궁금할 때 V 를 누르면 사진을 흑백으로 임시 변환하기 때문에 멋진 흑백 사진이 될지 판단하는 데 도움이 된다. 확인한 다음 다시 V 를 누르면 원래의 컬러 사진으로 돌아간다.

흑백 프로필의 최대 장점은 효과 강도를 조절할 수 있다는 것이다. 프로필을 적용하고 효과가 너무 강하면, Amount 값을 설정하여 강도를 조절한다. 효과가 만족스럽다면 더 강하게 조절할 수도 있다. 예제에서는 Amount 슬라이더를 오른쪽으로 드래그해서 '152'로 설정했다.

STEP
07

흑백 프로필은 슬라이더를 사용하지 않기 때문에 사진을 마음껏 추가 보정할 수 있다.

그래서 필자는 Contrast로 약간의 대비 효과를 적용하고, Highlights와 Shadows를 낮추고, Whites는 높였다. 보정한 다음에도 산 윗부분이 여전히 약간 어두워 보여서 Adjustment Brush 도구([K])를 선택한 다음 Exposure를 '0.71'로 설정했다. 혹은 Adjustment Brush를 사용하는 대신 **STEP 03**에서 배운 대로 [B&W] 패널 슬라이더를 사용해 보정해도 된다. 마지막으로 [Detail] 패널에서 Amount를 '90', Radius를 '1.1'로 설정해서 상당한 양의 샤프닝 효과를 적용했다(필자는 흑백 사진에 항상 높은 샤프닝 효과를 적용한다).

Tip

노이즈 추가하기

필름으로 촬영한 흑백 사진처럼 만들고 싶다면 [Effects] 패널의 Grain 영역에서 Amount를 높여 필름 입자와 같은 효과를 추가한다. 오른쪽으로 드래그할수록 입자가 굵어진다.

자동 변환한 흑백 사진

흑백 프로필을 적용한 다음 Amount를 높이고 [Basic] 패널과 Adjustment Brush, [Detail] 패널을 사용해 추가 보정을 적용한 흑백 사진

멋진 듀오톤 사진 만들기

듀오톤 사진을 만드는 기법은 간단하지만 매우 효과적이다. 필자는 이 기법을 세계적인 라이트룸 전도자인 친구 테리 화이트에게 전수받았는데, 그 역시 어도비를 위해 일하는 사진가에게 배운 것이라고 한다. 이제 기법을 여러분에게 전수할 것이다. 필자가 수년 동안 사용한 모든 듀오톤 기법 중 여기에서 소개하는 이 기법이 가장 쉬울 뿐 아니라 최고의 효과를 얻을 수 있다.

듀오톤 효과는 [Split Toning] 패널에서 설정하지만, 그 전에 사진을 흑백으로 변환하는 것이 좋다 (듀오톤 효과를 적용한 컬러 사진은 그다지 보기 좋지 않다). 그러므로 [Basic] 패널 윗부분에 있는 사각형 네 개 아이콘을 클릭한 다음 [Profile Browser] 패널의 B&W 영역에서 듀오톤 효과를 적용할 사진에 적합한 흑백 변환 프로필을 선택한다(흑백 변환 프로필에 대한 자세한 내용은 222쪽 참고).

예제 사진에는 'B&W 01'을 적용했다. 프로필을 적용하고 브라우저 오른쪽 윗부분에서 [Close] 버튼을 클릭해 흑백 변환을 완료한다.

듀오톤 효과를 만드는 비법은 매우 간단하다. 하이라이트 영역을 제외한 섀도우 영역에만 색조를 추가하는 것이다. [Split Toning] 패널에서 Shadows 영역의 Saturation을 '25'로 설정하면 사진에 약간의 색조가 나타난다. 슬라이더를 드래그하자마자 색조가 나타나는데, 기본적으로 불그스름한 색상을 추가하도록 설정되어 있다. Hue 슬라이더를 '35'까지 드래그하면 전통적인 듀오톤 효과가 된다(필자는 일반적으로 Hue를 32에서 41 정도로 설정한다). Saturation을 '20'으로 설정하고 마무리한다.

Tip

설정 초기화하기

처음으로 돌아가 설정을 다시 하고 싶다면, Alt (Mac: Option)를 누른다. [Split Toning] 패널의 Shadows가 Reset Shadows로 바뀌면 클릭한다.

최근에 큰 인기를 얻고 있는 무광 효과는 Curves를 사용해서 간단하고 쉽게 만들 수 있다(Curves 기능을 사용해 본 경험이 없어도 효과를 만들 수 있다).

무광 효과 만들기

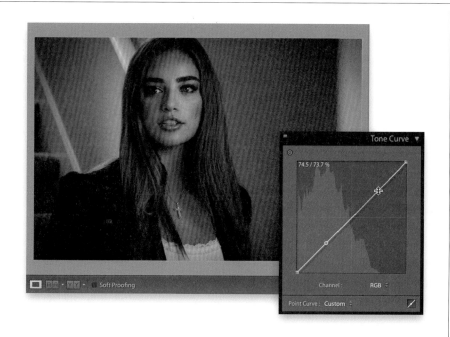

STEP 01

[Develop] 모듈의 [Tone Curve] 패널로 스크롤한다. 만약 여러분이 보고 있는 [Tone Curve] 패널이 예제 사진과 달리 슬라이더만 있다면, 패널 오른쪽 아랫부분에 있는 작은 커브 아이콘을 클릭해서 전환한다.

먼저 대각선을 클릭해 조절점 두 개를 추가해 보자. 하나는 아랫부분 1/4 지점을 클릭해서 추가하고, 다른 하나는 윗부분 1/4 지점에 추가한다. 실수로 원하지 않는 지점에 조절점을 추가했다면, 조절점을 마우스 오른쪽 버튼으로 클릭한 다음 **Delete Control Point**를 실행해 제거한다.

추가한 두 개의 조절점이 커브를 고정하는 역할을 하기 때문에 사진에서 나머지 영역의 톤은 유지하면서 깊은 새도우 영역과 하이라이트 영역을 조절할 수 있다. 어려운 과정은 여기까지이다. 나머지 과정은 쉽다.

STEP 02

왼쪽 아랫부분 모서리에 있는 조절점을 클릭하고 경계선을 따라 위로 드래그한 다음 오른쪽 윗부분 모서리 조절점도 동일한 방법으로 아래로 드래그한다. 이것으로 무광 효과가 완성된다.

원 클릭 프리셋 만들어 사용하기

라이트룸에는 한 번의 클릭으로 적용할 수 있는 다양한 [Develop] 모듈 프리셋이 내장되어 있다. 왼쪽의 [Presets] 패널에는 15개의 프리셋 컬렉션이 있는데 14개는 어도비가 만든 프리셋이며, 나머지 한 개는 사용자가 직접 만든 프리셋을 저장하는 [User Presets] 컬렉션이다. 몇 분만 투자해서 프리셋 컬렉션 사용법을 배우면 작업 시간을 절약할 수 있다(프리셋을 직접 만드는 방법도 배울 것이다).

STEP 01

먼저 라이트룸의 프리셋 사용법을 알아본 다음 직접 프리셋을 만들어서 두 곳에 적용해 보자. [Presets] 패널에는 열네 개의 프리셋 컬렉션과 하나의 사용자 프리셋 컬렉션이 있다. 그리고 필자처럼 프리셋을 다운로드해서 불러와 사용한다면, 'Imported Presets' 컬렉션도 추가된다. 각 컬렉션 프리셋의 이름을 보면 기능을 쉽게 알 수 있다. 예를 들어, 'Classic–Effects' 컬렉션에서 질감을 조절하는 프리셋은 'Grain'이며, 질감의 정도에 따라 'Heavy', 'Light', 'Medium'으로 나뉜다.

> **Tip**
>
> **프리셋 이름 바꾸기**
>
> 직접 만든 프리셋의 이름을 바꾸려면 프리셋을 마우스 오른쪽 버튼으로 클릭한 다음 **Rename**을 실행한다.

STEP 02

마우스 포인터를 [Presets] 패널의 프리셋 이름에 놓으면, [Navigator] 패널에 있는 미리 보기 영역에서 프리셋을 적용한 결과를 미리 볼 수 있다. 예제에서는 'Classic–Color' 프리셋 컬렉션에 있는 'Cross Process 3' 위에 마우스 포인터를 놓으니 [Navigator] 패널 미리 보기 영역에 프리셋을 적용한 미리 보기가 나타났다.

STEP
03

프리셋을 실제로 적용하려면 이름을 클릭하면 된다. 예제에서는 'Classic-B&W Filter' 프리셋 컬렉션에서 'Green Filter'를 적용해서 흑백으로 변환했다.

내장 프리셋은 한 번의 클릭으로 효과를 적용할 수 있다는 점 외에 적용한 다음 [Basic] 패널의 슬라이더로 추가 보정이 가능한 장점이 있다.

STEP
04

프리셋을 적용하고 Contrast를 '44', Highlights를 '-98'로 낮춰서 프리셋보다 약간 어둡게 보정했다. 또한 머리카락 어두운 영역의 디테일이 보이도록 Shadows를 '10'으로 설정했다. 또한 질감이 너무 거칠게 나타나지 않도록 Clarity를 '16'으로 설정했다.

프리셋을 적용한 다음 다른 프리셋을 추가로 적용할 수 있다. 단 겹치는 설정이 없어야 한다. 그러므로 Exposure, White Balance, Highlights 설정을 포함한 프리셋을 적용한 다음 비네트 효과가 필요하다면, 비네트 효과 프리셋을 선택해서 적용해도 된다. 하지만 두 번째 프리셋 설정에 Exposure나 White Balance, Highlights 설정이 포함되어 있다면 먼저 적용한 설정을 취소하고 두 번째 선택한 프리셋의 설정을 적용한다.

예를 들어 'Green Filter' 프리셋을 적용하고 위 세 개의 슬라이더로 추가 보정을 한 다음 'Effect Presets' 컬렉션에서 'Vignette 1' 프리셋으로 비네트 효과를 추가했다. 'Green Filter'에는 비네트 효과 설정이 없으므로 프리셋을 추가할 수 있다.

STEP 05

내장 프리셋을 나만의 프리셋을 만드는 시작점으로 사용해도 되지만, 처음부터 직접 만드는 방법을 알아보자.

패널 아랫부분에 있는 [Reset] 버튼을 클릭해서 원본 사진으로 되돌린다. 요즘 인기가 높은 인스타그램의 Clarendon 필터 효과를 만들어 보자.

Profile을 'Adobe Portrait'로 지정하고 Exposure를 '0.62'로 설정해서 밝게 보정한다. Highlights를 '−37'로 설정해 하이라이트를 낮추고, Shadows를 '11'로 설정해 섀도우 영역을 약간 밝게 보정했다. Whites를 '69', Blacks를 '−58', Vibrance를 '7'로 설정해서 쨍한 느낌을 약간 추가했다. 이것으로 [Basic] 패널에서의 보정을 완료했다.

STEP 06

[Split Toning] 패널의 Highlights 영역에서 Hue를 '59', Saturation을 '11'로 설정해서 황색을 약간 추가하고, Shadows 영역에서는 Hue를 '177', Saturation을 '10'으로 설정해서 푸르스름한 색을 추가한다.

가운데 Balance 슬라이더로 하이라이트와 섀도우 영역 색상 사이의 균형을 조절한다. Balance 슬라이더를 '−83'까지 드래그해서 섀도우 영역의 녹색에 더 비중을 준다. 인스타그램의 Clarendon 필터 효과를 완성했으니 이제 다른 사진에도 클릭 한 번으로 같은 효과를 줄 수 있는 프리셋으로 지장해 보자.

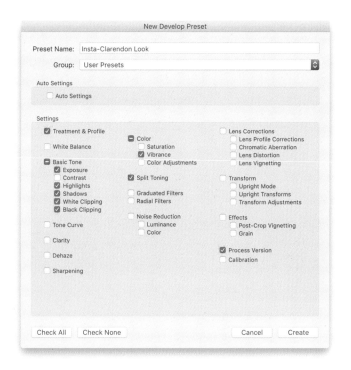

STEP 07

[Presets] 패널 윗부분에 있는 [+] 아이콘을 클릭하고 **Create Preset**을 실행한다.

[New Develop Preset] 창에서 Preset Name을 입력하고(예제에서는 'Insta-Clarendon Look'으로 지정했다), [Check None] 버튼을 클릭하여 모든 체크 표시를 해제한 다음 사용한 항목만 체크 표시한다.

[Create] 버튼을 클릭해서 프리셋을 만든다. 새로 만든 프리셋은 [Presets] 패널의 'User Presets' 컬렉션에 저장된다.

Note

사용자 프리셋을 삭제하려면 프리셋을 클릭한 다음 [Presets] 패널 헤더의 [+] 아이콘 왼쪽에 표시되는 [−] 아이콘을 클릭한다.

STEP 08

Filmstrip 영역에서 다른 사진을 선택한 다음 마우스 포인터를 새로 만든 프리셋 이름에 놓으면 [Navigator] 패널 윗부분에 프리셋을 적용한 결과의 미리 보기가 나타난다.

이와 같은 실시간 미리 보기 기능은 프리셋을 실제로 적용하지 않고 결과를 미리 볼 수 있기 때문에 작업 시간을 절약할 수 있다. 미리 보기로 확인하고 마음에 든다면 클릭해서 효과를 적용한다.

Tip

'User Presets' 업데이트하기

'User Presets'에 있는 프리셋 설정을 변경한 다음 새로운 설정으로 업데이트하려면 프리셋을 마우스 오른쪽 버튼으로 클릭한 다음 **Update with Current Settings**를 실행한다.

사진을 불러올 때 내장된 프리셋이나 직접 만든
프리셋 중 특정 프리셋을 적용하고 싶다면 불러오
는 동시에 자동 적용하도록 설정할 수 있다.

[Import] 창의 [Apply During Import] 패널에
서 Develop Settings을 지정하면 사진을 불러올
때 자동 적용한다(예제에서는 'Insta-Clarendon
Look'을 선택했다).

또한 [Library] 모듈 [Quick Develop] 패널의
Saved Preset에서도 프리셋을 선택해서 적용할
수 있다([Quick Develop] 패널에 대한 자세한 설
명은 180쪽 참고).

Tip

프리셋 불러오기

[Develop] 모듈 프리셋은 다양한 웹 사이트나 블
로그 등에서도 다운로드할 수 있다. 그리고 필자
의 LightroomKillerTips.com 사이트에서도 프리
셋을 찾을 수 있다. 프리셋을 다운로드한 다음
[Presets] 패널 오른쪽 윗부분에서 [+] 아이콘을
클릭하고 **ImportPreset(s)**를 실행한 다음 다운로
드한 프리셋을 찾아 선택한다. 또한 'User Presets'
를 마우스 오른쪽 버튼으로 클릭한 다음 **Import**
를 실행한다.

다운로드한 프리셋을 찾아 선택하고 [Import] 버튼
을 클릭해서 불러오면 'User Presets'에 저장된다.

태양광 플레어 효과는 인기 있으면서도 만들기 쉽다. 태양광 플레어를 만드는 방법은 두 가지가 있는데, 필자가 선호하는 방법을 알아보자. 두 번째 방법은 다른 도구를 사용할 뿐 과정은 동일하기 때문에 팁으로 추가했다.

태양광 플레어 효과 만들기

STEP 01

예제 사진에서 인물 머리카락과 역광을 보면 태양광 플레어를 넣을 위치를 알 수 있다.

STEP 02

Radial Filter 도구(Shift + M)를 선택한다.
효과를 적용할 영역을 클릭하고 드래그하기 전에 Temp를 노란색 방향으로 드래그한다(예제에서는 '78'로 설정했다). 다음은 태양광 역할을 하는 Exposure를 설정한다(예제에서는 '1.51'로 설정했는데, 1스톱 반의 노출을 추가한 것과 같다).
사진 왼쪽 윗부분을 드래그한다. 필자는 효과 일부가 얼굴 반쪽까지 닿도록 영역을 선택했다.

STEP 03

태양광을 부드럽게 만들기 위해 Clarity 슬라이더를 왼쪽으로 드래그한다(예제에서는 '−78'로 설정했다).
사진이 약간 어두우므로 Exposure를 '2.93'으로 설정하고, 검은색 작은 보정 핀을 클릭한 다음 왼쪽으로 약간 드래그해서 플레어 효과 위치를 이동했다.

STEP 04

실제 빛처럼 보이면서 사진 색상과 조화를 이루도록 플레어 효과의 색상을 조절한다.
예제 사진은 따뜻한 색감이 강하므로 [Basic] 패널에서 Temp 슬라이더를 오른쪽으로 약간 드래그한다. 그리고 Contrast 슬라이더를 약간 왼쪽으로 드래그한다(필자가 Contrast 설정을 낮추는 경우는 거의 없지만, 이번 경우에는 태양광 플레어가 사진에서 자연스럽게 보이도록 만드는 데 도움이 된다). 플레어 효과 적용 전후 사진을 비교해보자.

Tip

두 번째 방법

태양광 플레어 효과를 만드는 다른 한 가지 방법은 Adjustment Brush 도구(K)를 사용하는 것이다. 브러시 크기를 크게 조절한 다음 영역을 선택한다. 나머지 설정은 Radial Filter를 사용할 때와 동일하다. 브러시로 효과를 추가하고 싶은 영역을 한두 번 클릭하면 된다.

현재 패션 사진 업계에서 유행하고 있는 크로스 프로세스 효과는 두어 가지 방법으로 만들 수 있다. 쉬운 방법을 먼저 알아보고, Curves 기능을 사용하는 어려운 방법에 대해서도 조금 알아볼 것이다.

크로스 프로세스 패션 사진 효과 만들기

STEP 01

크로스 프로세스 효과는 일반적으로 듀오톤을 만들 때 같이(226쪽 참고) [Split Toning] 패널을 사용해서 컬러 사진에 적용한다. 그러나 듀오톤과는 다르게 하이라이트 영역과 섀도우 영역에 각각 색상을 적용한다.

> **Tip**
>
> **선택한 색조 미리 보기**
>
> 선택한 색조를 쉽게 판단하기 위해 Alt (Mac: Option)를 누른 채 Hue 슬라이더를 드래그하면, Saturation을 '100%'로 설정한 해당 색상을 미리 볼 수 있다.

STEP 02

예제에서는 Highlights 영역의 Hue를 '57', Saturation을 '51', Shadows 영역의 Hue를 '232', Saturation을 '56'으로 설정하여 색상을 추가하기 위한 일반적인 경우보다 약간 높게 설정했다. 크로스 프로세스 효과를 만드는 방법은 이것이 전부이다. Highlights와 Shadows 영역 사이에 있는 Balance 슬라이더는 색상 혼합비를 조절하는 기능이다. 오른쪽으로 드래그할수록 Highlights 색상 비율이 더 높아지고, 왼쪽으로 드래그하면 Shadows 색상 비율이 더 높아진다. 또한 Highlights와 Shadows 옆에 있는 색상 상자를 클릭해서 색상표를 불러와 다른 색상으로 변경할 수 있는데, 윗부분에 흔히 사용하는 분할 톤 하이라이트 색상이 있다. 색상표는 왼쪽 윗부분에서 [×]를 클릭하여 종료한다.

STEP 03

크로스 프로세스 효과를 만드는 또 다른 방법은 [Tone Curve] 패널에서 색상 채널을 각각 설정하는 것이다.

편집할 채널은 Channel에서 지정한다. 커브를 사용해 원하는 어떤 색상 조합이든지 만들 수 있다. 예제에서는 'Red' 채널을 선택했다. 예제의 경우, 특정 크로스 프로세스 효과를 만들기 위해 'Red' 채널을 그대로 두었다.

Channel을 'Green'으로 지정하고 대각선 아랫부분 1/4 지점을 클릭하여 조절점을 추가한 다음 가운데 그림과 같이 조절점을 위쪽 대각선 방향으로 약간 드래그해서 섀도우 영역의 녹색 설정을 높인다. 대각선 윗부분 1/4 지점도 클릭하고 약간 아래로 드래그한다.

Channel을 'Blue'로 지정하고 오른쪽 예제 사진과 같이 왼쪽 아랫부분 모서리 조절점을 경계선을 따라 위로 조금 드래그해서 낮은 중간 톤에 파란색을 추가한다. 오른쪽 윗부분 모서리 조절점을 경계선을 따라 아래로 드래그하여 하이라이트 영역에 노란색을 추가한다. 마지막으로 윗부분과 아랫부분에 그림과 같이 조절점을 추가하고 조금 드래그한다.

STEP 04

사진에 파란색, 녹색, 노란색을 추가하고 사진 대비가 과도하게 강하거나 약하다고 느낀다면, [Basic] 패널에서 Contrast 슬라이더를 드래그하여 보정한다.

라이트룸은 여러 개의 사진을 이어서 너비나 높이가 긴 파노라마 사진을 만드는 파노라마 기능이 탁월하다. 이 기능은 빠르게 사용할 수 있고 다양한 선택 기능이 있으며, 최종 사진까지 RAW 형식을 그대로 유지하는 장점이 있다.

파노라마 사진 만들기

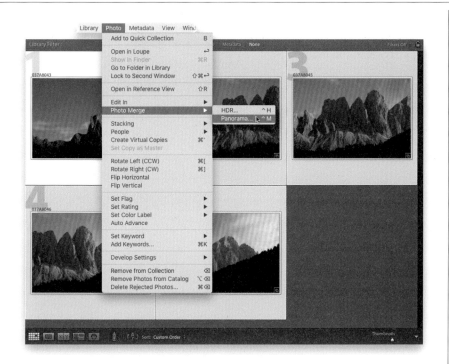

STEP 01

[Library] 모듈에서 파노라마 사진을 만들 사진들을 선택한다.

[Photo]-[Photo Merge]-[Panorama]를 실행한 다음 [Alt]+[M](Mac:[Control]+[M])을 누른다.

Tip

사진의 20%가 겹치도록 촬영하자

파노라마 사진을 성공적으로 만드는 비법은 각 프레임이 최소한 20%가 겹치도록 촬영하는 것이다. 그래야 라이트룸에서 어느 프레임이 연결되어야 하는지 분석하기 쉽고, 프레임 사이에 빈 공간이 생기는 것을 방지할 수 있기 때문이다.

STEP 02

[Panorama Merge Preview] 창에는 파노라마 사진을 만드는 세 종류의 Projection 선택 항목이 있는데, 기본적으로 라이트룸이 가장 적합하다고 분석한 처리 방식을 자동으로 선택한다.

필자는 개인적으로 [Spherical]만 사용하는데, 어도비에 따르면 [Spherical]는 가로 파노라마 사진에 가장 적합하다고 한다. 직선이 중요한 건축 사진을 파노라마 사진으로 만드는 경우, 일반적으로 라이트룸은 [Perspective]를 추천한다.

[Cylindrical]는 두 가지 방식을 절충한 처리 방식으로 가로로 긴 구도이지만 수직선을 유지해야 하는 요소가 있는 사진에 적합하다. 효과를 적용할 때 파노라마 미리 보기를 만드는 중이라는 알림 메시지가 표시될 것이다. 창은 그림과 같이 폭이 넓지 않다. 필자는 파노라마 이미지를 더 쉽게 볼 수 있게 드래그해서 폭을 넓게 조절했다. 작업에 맞춰 경계선을 드래그해서 창 크기를 조절해 보자.

STEP 03

Step 02의 예제 사진을 보면 사진 둘레에 잘라야 하는 흰 공간이 있다. 나중에 잘라 내도 되지만 창에서 두 가지 방식으로 크로핑을 실행할 수 있다. 첫 번째는 'Auto Crop'에 체크 표시하여 자동 크로핑 기능을 활성화하는 것이다. 'Auto Crop'에 체크 표시하면 사진 둘레 흰 공간을 자동으로 자른다. 그러나 자동 기능으로 사진을 잘라 내면 사진 너비와 높이가 줄어드는 단점이 있다. 사진에 따라 문제가 되지 않지만, 산꼭대기나 건축물의 윗부분을 자를 수도 있다. 'Auto Crop' 기능으로 사진을 자른 결과가 마음에 들지 않으면 이전의 상태로 복구할 수도 있지만, 그보다 더 나은 방법이 있다.

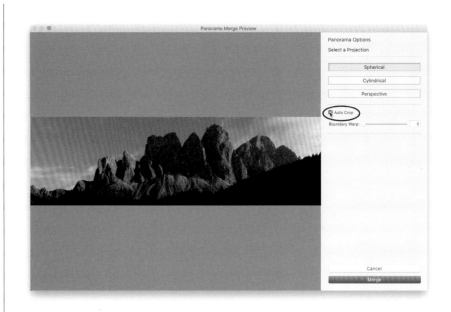

Tip

[Panorama Merge Preview] 창 크기 조절하기

창의 경계선을 클릭하고 드래그해서 원하는 크기로 조절할 수 있다. 파노라마 사진은 보통 너비가 넓기 때문에 필자는 최대한 옆으로 길게 조절한다.

STEP 04

Boundary Warp를 사용해 보자. 필자는 파노라마 사진을 만들 때 항상 이 기능을 사용한다. 이 기능은 자동으로 흰색 빈 공간을 채우는데, 자연스러운 결과를 볼 수 있다.

필자는 파노라마 사진을 많이 만들어 본 경험에 의해 값을 항상 '100%'로 설정한다('90%'나 '80%'로 설정해 보면 그 이유를 알 것이다).

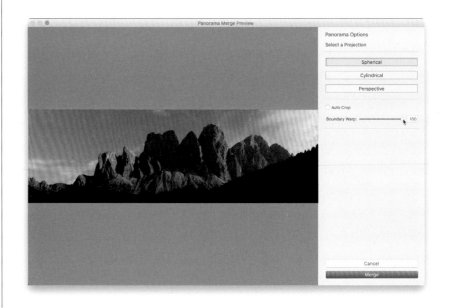

만들어진 파노라마 이미지는 DNG 형식이다.

STEP 05

차이를 알기 위해 배치한 세 개의 예제 사진을 살펴보자. 첫 번째 사진은 크로핑을 하지 않은 사진이다.

두 번째 사진은 'Auto Crop'에 체크 표시하여 자동 크로핑을 적용해 흰 공간을 제거한 사진이다.

세 번째 사진은 Boundary Warp를 '100%'으로 설정한 사진이다.

어떤 기능을 사용하면 되는지에 대한 정답은 없다. 원하는 방식을 선택하면 된다. 심지어 자르지 않고 빈 부분에 효과를 적용하거나 포토샵의 Content-Aware Fill 기능으로 공간을 채워도 된다.

> **Tip**
>
> ### 렌즈 프로필을 찾을 수 없는 경우
>
> 경고 아이콘이 보이고 렌즈 프로필을 자동으로 맞출 수 없다는 경고 메시지가 나타나도 파노라마 사진을 만들 수 있지만, 만족스러운 결과를 얻을 수는 없다. 이 문제를 해결하려면 [Cancel] 버튼을 클릭하고 파노라마 사진에 사용한 사진이 선택된 상태로, [Develop] 모듈의 [Lens Corrections] 패널에 있는 'Profile' 설정 화면에서 'Enable Profile Corrections'에 체크 표시한다. 그리고 메뉴에서 렌즈 기종을 찾아 선택한 다음 다시 [Panorama Merge Preview] 창으로 돌아가 파노라마 사진을 만든다.

STEP 06

[Merge] 버튼을 클릭해서 고화질의 최종 파노라마 사진을 렌더링한다(라이트룸 창 왼쪽 윗부분 모퉁이에 진행 바에서 진행 상태를 알 수 있다).

완성된 DNG 형식 파노라마 사진은 사용한 사진이 있는 컬렉션에서 찾을 수 있다(물론 컬렉션에 있는 사진들을 사용한 경우이다. 폴더에 있는 사진들을 사용했다면 동일한 폴더에 파노라마 사진이 있으며, 보통 가장 아랫부분에 있다) 파노라마 사진을 완성한 다음에는 다른 사진과 마찬가지로 추가 보정을 할 수 있다.

빛살 효과 추가하기

빛살 효과는 두 종류의 라이트룸 브러시를 사용해서 만들며 브러시 크기를 각각 다르게 설정해서 번갈아 사용한다. 크기 변화를 응용하면서, 부드러운 브러시 경계 설정으로 변화를 매끄럽게 만든다. 만드는 방법이 쉬울 뿐 아니라 적합한 사진에 사용하면 탁월한 결과를 얻을 수 있다.

STEP 01

RAW 형식의 예제 사진 원본에 빛살 효과를 넣어보자. 예제 사진이 별로라고 생각할 수 있다. 이 부분은 필자도 동의한다. 하지만 태양광이 나무 사이로 비친다는 점에 이 사진의 가능성이 있다. 빛살 효과를 사용해 사진을 좀 더 나아 보이게 보정할 것이다.

STEP 02

사진에 따뜻한 색감을 추가하기 위해 [Basic] 패널에서 Temp 슬라이더를 노란색 방향으로 드래그하고, Exposure를 '0.25'로 설정해 1/4스톱 정도 밝게 보정한 다음, Contrast 슬라이더를 '56'까지 드래그한다. Highlights를 '-60'으로 낮춰 태양광 밝기를 약간 어둡게 보정한다(빛살을 추가하면 더 밝아질 것이다).

다음은 어두운 숲을 보정하기 위해 Shadows 슬라이더를 오른쪽 끝까지 드래그했다. 또한 태양이 새어 들어오는 영역이 매우 밝기 때문에 Whites를 '-100'으로 설정했다. 마지막으로 Clarity를 '24'로 설정해서 디테일을 살리고, Dehaze를 '27'로 설정했다. 이것만으로 멋진 사진은 되지 않았지만 원본보다 훨씬 좋아 보인다.

STEP 03

빛살 효과를 만들기 위해 Adjustment Brush 도구(K)를 선택하고 Temp를 '77'로 설정한 다음(짙은 노란색의 빛살을 만들기 위해서이다), Exposure를 '2.00' 정도로 설정한다. 패널 아랫부분에는 'A'와 'B', 두 개의 브러시가 있다.

먼저 'A' 브러시를 클릭해서 선택하고 Feather를 '100'으로 설정하여 브러시 경계를 만든다. 일관된 양의 효과를 적용하기 위해 Flow를 '100'으로 설정한다. 이제 브러시 Size를 매우 작은 크기인 '0.1'로 설정한 다음 사진에서 태양을 한 번 클릭한다.

브러시 크기가 너무 작아서 현재는 아무것도 보이지 않고 클릭한 위치에 검은색 작은 보정 핀만 나타난다(사진에서 빨간색 원으로 표시한 곳).

STEP 04

'B' 브러시를 클릭하고 Feather와 Flow를 '100'으로 설정한다. 그러나 이번에는 브러시 Size를 훨씬 큰 크기로 설정한다(예제에서는 '18.0'으로 설정했다).

Shift를 누른 채 사진 아랫부분을 큰 브러시로 클릭한다(Shift를 누른 채 처음 클릭한 지점인 태양부터 사진 아랫부분까지 직선을 만든다). 그러면 두 지점 사이에 직선이 그려지는데, 작은 크기 시작점에서 화면 아랫부분으로 갈수록 점점 커진다. 이것이 빛살을 만드는 방법이다. 다음 페이지에서 좀 더 빠르게 빛살을 추가하는 과정을 알아볼 것이다.

STEP 05

사진에 빛살을 더 추가해 보자. ⌿를 이용해 브러시를 교체할 수 있다. 'A' 브러시를 선택해 태양을 클릭하고 ⌿를 눌러 'B' 브러시로 교체한 다음 Shift 를 누른 채 사진 아랫부분을 클릭한다. 그러나 이번에는 앞에서 만든 빛살 옆을 클릭한다. 이와 같이 단축키를 눌러 브러시를 교체하면서 예제 사진처럼 빛살을 계속 추가한다.

STEP 06

사진에 추가한 여러 개의 빛살은 처음에 태양을 클릭한 지점에 있는 보정 핀에 속해 있기 때문에 사진과 조화를 이루도록 빛살 강도를 낮추기 편리하다. 빛살 강도를 낮추려면 [Adjustment Brush] 패널에서 Exposure 설정을 조금 낮추면 된다. 원래 설정은 '2.00(2스톱)'이었는데, 예제에서는 '1.04(1스톱 정도)'로 낮춰 사진에서 빛살이 자연스럽게 보이도록 보정했다.

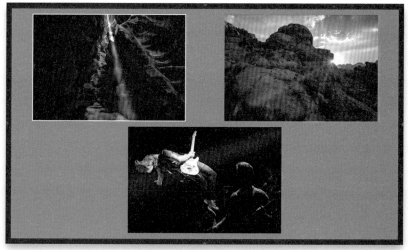

STEP 07

이번 단계는 선택 사항이지만, 사진에 따라 빛살 주위에 안개를 추가하면 더 실제 빛살처럼 보인다. 가장 먼저 패널 오른쪽 윗부분 'New'를 클릭하고, 'Effects'를 더블클릭해서 모든 슬라이더 설정을 '0'으로 초기화한다.

Dehaze 슬라이더를 왼쪽으로 약간 드래그한 다음(−5) 큰 브러시로 빛살이 있는 영역을 드래그해서 안개 효과를 추가한다.

Tip

더 부드러운 빛살 만들기

[Adjustment Brush] 패널의 Clarity 슬라이더를 왼쪽으로 약간 드래그하면 빛살이 더 부드러워진다.

STEP 08

동일한 방법으로 빛살 효과를 추가한 사진들이다. 하지만 빛살의 색상은 다르다(화이트 밸런스를 다르게 설정해서 색상을 조절한다).

왼쪽 윗부분 사진은 화이트 밸런스의 Temp를 파란색 방향으로 드래그해서 빛살을 흰색으로 만들었다.

불의 계곡을 촬영한 오른쪽 윗부분 사진은 Temp 슬라이더를 왼쪽으로 드래그해서 노란색을 약간 제거하고, Exposure 설정을 상당량 낮췄다.

아랫부분 공연 사진에서는 브러시를 약간 더 크게 설정하고('A' 브러시는 '20', 'B' 브러시는 '35'), 빛살의 화이트 밸런스도 설정을 변경했다.

HDR 사진 만들기

노출 단계별로 촬영한 사진을 합성해서 하나의 자연스러운 32비트 HDR 사진을 만들 수 있다.

라이트룸에서 합성한 HDR 사진은 계조 범위를 확장해서 노이즈 없이 섀도우 영역을 연 사진처럼 보인다. DNG 형식이기 때문에 다른 RAW 형식 사진과 마찬가지로 추가 보정도 가능하다.

STEP 01

[Library] 모듈에서 노출을 다르게 촬영한(브라케팅) 사진을 선택한다. 예제의 경우, 적정 노출, 2스톱 부족 노출, 2스톱 과다 노출로 촬영한 사진 세 장이 있다. 어도비에 따르면 HDR 사진을 만들 때 2스톱 부족 노출, 2스톱 과다 노출 사진 두 장만 있으면 된다고 한다. 그래서 사진 두 장만 선택했다. [Photo]-[Photo Merge]-[HDR(Ctrl+H)]을 실행한다.

STEP 02

[HDR Merge Preview] 창을 불러오고 기다리면 HDR 이미지로 합성한 미리 보기 이미지가 표시된다. 기본적으로 'Auto Settings'가 활성화되어 있다([Basic] 패널 'Auto Tone'과 동일한 기능이다. 일반 사진에는 적용하지 않지만, HDR 사진에서는 효과가 좋다). 사진에 따라 디테일이 더 선명해지거나 섀도우 영역이 밝아지지만 큰 차이는 보이지 않는다(라이트룸의 HDR 사진은 [Develop] 모듈에서 편집하기 전에는 효과가 크지 않다). 'Auto Align'는 다음 페이지에서 설명할 것이므로 건너뛰고 [Merge] 버튼을 클릭한다.

Note -
창 경계선을 드래그해서 크기를 조절할 수 있다.
- -

Tip

더 빠른 HDR 처리 속도

창을 건너뛰고 마지막으로 사용한 설정대로 HDR 사진을 합성하도록 설정하려면, Shift 를 누른채 **[Photo]-[Photo Merge]-[HDR(Ctrl+H)]**을 실행한다.

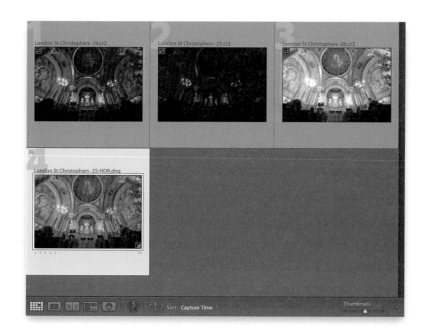

STEP 03

HDR 사진이 그림과 같이 컬렉션에 추가된다. HDR 사진 섬네일을 보면 합성에 사용한 사진 두 개의 장점만 모아서 더 깊이 있는 사진을 만든 것처럼 보인다.

STEP 04

완성한 HDR 사진은 일반 RAW 사진들과 마찬가지로 추가 보정 설정을 적용할 수 있다. 예제에서는 자동 보정 기능을 이미 적용했지만(그러므로 일부 슬라이더가 이미 설정되어 있어도 놀라지 말자), 필자는 Contrast와 Clarity 설정을 추가로 높이고, 사진 전체의 색상이 너무 짙어서 Vibrance 설정을 약간 낮춰 내부가 노란색보다는 금색을 띄도록 보정했다.

다음 페이지에서는 HDR 사진을 만들면 좋은 점 중 한 가지를 배울 것이다.

STEP
05

라이트룸에서 만든 HDR은 사진을 합성하면서 확장된 넓은 계조 범위로 인해 노이즈 없이 음영 영역을 밝게 만들 수 있다는 장점이 있다.

예를 들어, 왼쪽 예제 사진은 일반적인 한 장의 사진인데, 음영 영역을 밝게 보정하면 보는 바와 같이 노이즈 현상이 심화된다. 하지만 오른쪽의 HDR 사진은 음영 영역을 밝게 보정해도 노이즈가 보이지 않는다. 바로 계조 범위 확장이 HDR 사진을 만드는 이유이다.

STEP
06

다른 예제 사진으로 [Merge HDR Preview] 창의 'Auto Align'에 대해 알아보자.

이 자동 기능은 삼각대를 사용하지 않고 카메라를 손에 들고 브라케팅 촬영한 사진(완벽하게 일치하지 않는 사진)을 HDR 사진으로 합성할 때 사용한다. 예를 들어, 카메라를 손에 들고 브라케팅 촬영해서 합성한 왼쪽의 낙타 사진에는 낙타 윤곽이 보인다. 'Auto Align'에 체크해서 자동 정렬한 오른쪽 예제 사진에는 윤곽이 더 이상 보이지 않는다.

일반적으로 'Auto Align' 기능으로 만족스러운 결과를 얻을 수 있다. 물론 삼각대를 사용해서 브라케팅 촬영을 했다면 자동 정렬할 필요가 없으므로 'Auto Align'의 체크 표시를 해제한다. 이 기능을 비활성화하면 처리 속도가 더 빨라진다.

Deghost Amount 기능은 사진에 움직이는 피사체가 있는 경우 사용한다(예를 들어, 프레임을 지나가는 인물이 투명하거나 반투명한 유령처럼 보이는 고스팅 현상은 멋있어 보이지 않고 실수로 촬영한 것처럼 보인다).

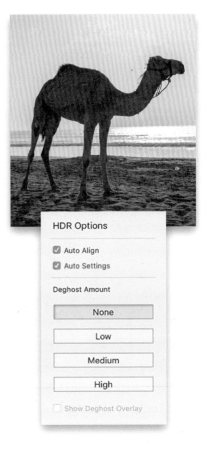

 STEP 07

Deghost Amount 기능은 기본적으로 비활성화되어 있다. 이 기능은 고스팅 현상이 나타나는 경우에만 사용한다.

고스팅 현상이 미약한 경우에는 [Low] 버튼을 클릭하고, 그보다 심하면 [Medium] 버튼을, 사진에 고스팅 현상이 심하다면 [High] 버튼을 클릭한다. 이 기능은 고스팅 현상이 나타나는 영역을 브라케팅 촬영한 사진 중 움직이는 피사체가 없는 영역으로 대체하는 데 탁월한 결과를 얻을 수 있다.

필자는 항상 [Low]를 먼저 적용해 보고 고스팅 현상이 여전히 남아 있는 경우 [Medium]이나 [High]를 적용한다.

사진에서 고스팅 현상이 제거될 영역을 보고 싶은 경우 'Show Deghost Overlay'에 체크 표시하면 몇 초 후(새 미리 보기 이미지를 만들기 때문에) 고스팅 현상을 제거하는 영역이 예제 사진과 같이 빨간색으로 나타난다(예세 사진에는 [Medium] 버튼을 클릭했다).

 STEP 08

HDR 사진을 만들기 전 단일 사진 아랫부분 HDR 사진과 비교해 보자. 윗부분 사진에 있는 신도석은 완전히 어둡지만, HDR 사진은 확장된 계조 범위 덕분에 노이즈 없이 신도석을 밝게 보정할 수 있었다.

Tip

확장된 계조 범위 보기

HDR 사진에서 계조 범위가 얼마나 넓어졌는지 직접 확인해 보고 싶다면, Exposure 슬라이더를 오른쪽 끝까지 드래그해 보자. '5.00'에서 멈추지 않는 것이 보일 것이다. HDR 사진은 Exposure 설정 범위가 '10.00'에서 '-10.00'까지로 확장되어 완전한 검은색과 완전환 흰색으로 조절할 수 있다.

비에 젖은 거리 만들기

필자가 여행 사진을 보정할 때 거리가 비에 젖은 것 같은 효과를 만들기 위해 사용하는 이 비법은 단 두 개의 슬라이더만 사용하며, 매우 간단하면서도 효과적이다. 특히 이 효과는 자갈길에 어울리며, 젖은 아스팔트 거리를 만들 때도 효과적이다.

STEP 01

[Develop] 모듈의 [Basic] 패널에서 필요한 보정 설정을 적용한다. 여기서는 Shift 를 누른 채 Whites와 Blacks 슬라이더를 더블클릭해서 화이트와 블랙 포인트를 자동 설정했다.

또한 Shadows 설정을 약간 낮춰서 다리 디테일이 보이게 보정했다.

이번 단계의 보정은 앞으로 적용할 효과와 관계가 없지만, 효과를 적용하기 전에 기본적인 보정을 하는 것이 좋다.

STEP 02

Adjustment Brush 도구(K)를 선택한 다음 'Effect'를 더블클릭해서 모든 슬라이더 설정을 '0'으로 초기화한다.

Contrast와 Clarity를 '100'으로 설정하고 효과를 적용할 영역을 브러시로 드래그한다. 예제 사진에는 전경 거리를 드래그했다. 브러시로 드래그한 영역은 젖은 것처럼 보이고 실제로 젖은 거리처럼 반영까지 추가된 것처럼 보인다.

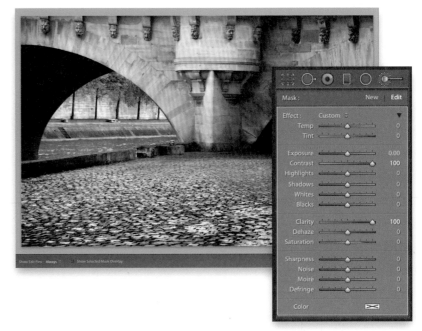

STEP 03

선택 영역에 나타나는 효과가 약하다면 [Adjust ment Brush] 패널 왼쪽 윗부분에서 'New'를 클릭하고 같은 영역을 드래그한다. 이때 먼저 적용한 효과 위에 추가 효과를 적용하기 위해 거리의 다른 영역을 드래그한다. 만약 과도한 Clarity 설정으로 거리가 너무 밝게 나타난다면, 각 영역의 Exposure나 Highlights 설정을 약간 낮춘다. 여기서는 Highlights를 '−16'으로 설정했다. Exposure도 낮춰 보았지만 Highlights만 조절하는 것이 더 나아 보였다.

STEP 04

이 효과는 특히 자갈길에 적용할 때 탁월한 결과를 얻을 수 있지만 예제 사진과 같이 일반적인 거리나 도로에 적용해도 괜찮다.

Photo by Scott Kelby | Exposure: 1/25 sec | Focal Length: 70mm | Aperture Value: ƒ/2.8

CHAPTER 08

PROBLEM PHOTOS
일반적인 문제점 해결하기

우리 모두 문제가 있는 사진을 만나게 된다. 많은 경우 우리 자신이 만든 문제점들이지만, 사용하는 카메라에 의해 생긴 경우도 많은데, 결국 뒤처리는 우리의 몫이다.

필자가 여러분에게 건네는 조언을 정확히 따른다면 그러한 문제 해결에 도움이 될 뿐 아니라 그것을 바라보는 관점까지 바뀌게 될 것이다. 그러나 약간의 독창적인 사고를 요구하므로 열린 마음으로 받아들여야 한다. 그러므로 성급하게 결론을 내리지 말고 끝까지 들어 주기를 바란다.

이러한 문제를 해결하기 위해서는 여러분이 사진 정신의학자가 되어야 한다. 그만 웃기 바란다. 이것은 매우 중요한 일이다. 여러분은 각 사진을 깊이 분석하고, 대화를 나누고, 이 문제점들의 근원을 찾아야 한다.

첫 번째로 가장 중요한 단계는 온라인에서 메모리 카드 크기에 맞는 소형 소파를 찾아야 한다. 이베이 같은 사이트에서 찾을 수 있으며, 간혹 아마존에서도 찾을 수 있다. 그러나 모두 일본에서 배송하기 때문에 받는데 시간이 좀 걸리는데, 간혹 4~6주까지 걸리는 경우도 있다.

여러분이 처음에 무슨 생각을 했는지 안다. "오, 어렵지 않네. 그냥 아마존에서 3층짜리 바비 인형 집을 사면 되겠네." 필자가 이미 시도해 보았는데, 그것은 사용할 수 없다. 메모리 카드가 플라스틱으로 만든 소파에서 자꾸 미끄러져 떨어지는 바람에 대화를 나눌 수 없다. 최소한 키드크래프트의 맨션 돌 하우스 정도가 필요하다. 장난감 회사인 마텔에서 소파라고 우기는 플라스틱 조각과는 달리 목재를 사용하기 때문이다. 소파를 구입한 후에 메모리 카드를 앉히고 물어야 하는 첫 번째 질문은 "당신의 센서에 대해 얘기해 주세요."이다.

역광 사진
보정하기

우리가 수많은 역광 사진을 촬영하는 이유는 우리의 시각은 놀라울 정도로 넓은 계조 범위를 인지할 수 있어서 역광에도 즉시 적응해서 피사체가 전혀 어둡게 보이지 않기 때문이다. 그러나 카메라 센서는 인간 시각에 비해 극히 좁은 계조 범위밖에 감지할 수 없다. 다행히 171쪽에서 배운 Shadows를 이용해 역광 사진을 보정할 수 있지만, 만족스러운 결과를 얻기 위해서 알아야 할 추가 단계가 있다.

STEP 01

예제 사진은 역광으로 촬영한 인물 사진이다(태양이 인물 뒤 왼쪽에 있다는 것을 알 수 있다). 필자가 현장에서 촬영할 때, 역광이라는 것은 알았지만 적정 노출로 보였다. DSLR의 뷰파인더로 보았을 때도 똑같았다. 그러나 카메라의 센서 때문에 사진에는 인물이 실루엣으로 나타난다.
이러한 문제는 보정이 가능하다.

Tip

노이즈를 주시하자

노이즈는 주로 음영 영역에 나타나기 때문에 음영 영역을 밝게 보정하면 노이즈가 증폭된다. 그러므로 Shadows 슬라이더를 드래그할 때 노이즈를 주시해야 한다. 음영 영역 노이즈가 너무 두드러지면 Adjustment Brush 도구(K)를 선택하고 Noise 슬라이더를 오른쪽으로 드래그하여 음영 영역을 보정한다.

STEP 02

[Develop] 모듈의 [Basic] 패널에서 Shadows 슬라이더를 오른쪽으로 드래그해서 인물의 얼굴과 주변광의 균형을 맞춘다. 예제에서는 80까지 드래그했다. 이때 과도하게 밝게 보정하면 부자연스러워 보이므로 주의한다.
역광 사진을 보정할 때 주의할 또 다른 점은 그림과 같이 Shadows 슬라이더를 오른쪽으로 과도하게 드래그하면 색상이 흐릿해지는 현상이다. 하지만 이 문제는 쉽게 보정할 수 있다.

STEP 03

Contrast 슬라이더를 오른쪽으로 드래그해서 흐릿해진 색상을 보정한다. 예제에서는 '46'으로 설정했다. Contrast를 설정한 결과가 마음에 들지 않는다면(보통 Contrast 조절만으로도 쉽게 보정이 되지만, 사진에 따라 이상해 보이는 경우가 있다), Contrast를 '0'으로 초기화하고 Blacks 슬라이더를 왼쪽으로 약간 드래그해서 흐릿한 색상을 보정한다.

둘 중 한 가지 방법으로 음영 영역 보정 후 흐릿해 보이는 색상을 보정할 수 있을 것이다.

STEP 04

라이트룸의 Before/After 보기 모드(Y)로 보정 전과 후의 사진을 비교한 모습이다. Shadows와 Contrast, 슬라이더 두 개를 사용하는 간단한 기법으로 역광 사진을 쉽게 보정할 수 있다.

노이즈 보정하기

높은 ISO 설정이나 어두운 광원으로 촬영하면 사진 전체에 휘도 노이즈(눈에 띄는 입자들이 나타나는 현상으로, 음영 영역에서는 더 심화된다)나 색상 노이즈(빨간색, 녹색, 파란색의 점)가 나타날 가능성이 높다. 라이트룸에서 두 종류의 노이즈를 제거할 수 있을 뿐 아니라 노이즈 감소 기능을 16비트 RAW 형식 사진에도 적용할 수 있다(대부분의 플러그인들은 일반 8비트로 변환한 사진에만 적용이 가능하다).

STEP 01

800 ISO 설정에 노출 부족으로 촬영해 음영 영역을 밝게 보정한 예제 사진에서 노이즈를 보정하기 위해 [Develop] 모듈의 [Detail] 패널에 있는 Noise Reduction 영역에서 패널 왼쪽 윗부분을 보면 경고 아이콘이 있다. 이 패널의 슬라이더들을 사용한 결과를 확인하기 위해 사진을 '1:1'로 줌인한다.
STEP 02의 예제 사진은 '3:1'로 확대해서 바닥과 벽 노이즈가 잘 보인다.

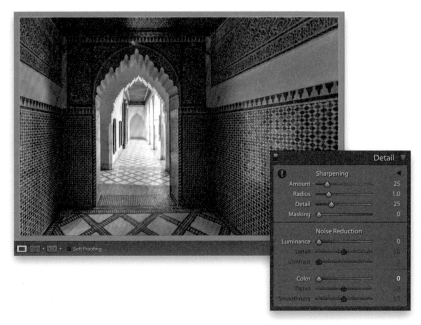

STEP 02

필자는 대부분의 경우 눈에 거슬리는 색상 노이즈를 먼저 제거한다. RAW 형식으로 촬영한 사진은 라이트룸에서 약간의 노이즈 감소 설정이 자동 적용된다.
예제에서는 보정 과정을 분명히 보기 위해 Color를 '0'으로 설정한 다음 오른쪽으로 천천히 드래그하다가 색상 노이즈가 사라지면 멈추었다. 슬라이더를 계속 드래그해도 결과는 마찬가지이기 때문에 더 이상 드래그할 필요가 없다.
예제의 경우 '24'까지 드래그했다. 보정 과정 중 디테일이 손실되었다고 느낀다면 Detail 슬라이더를 오른쪽으로 드래그해서 경계선 영역의 색상 디테일 손실을 방지한다. Detail 설정이 낮으면 색상 반점은 피할 수 있지만 색상이 번진다.
Smoothness 슬라이더를 오른쪽으로 드래그하면 색상 반점을 부드럽게 만드는데, 초점이 맞지 않은 사진처럼 보이게 만들기 때문에 필자는 사용하지 않는다.

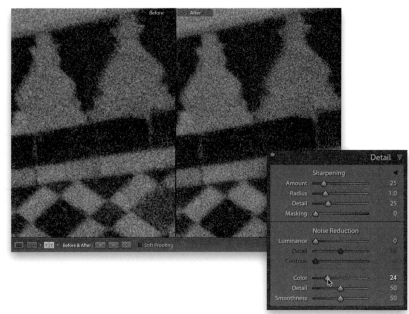

색상 노이즈를 제거한 다음에도 휘도 노이즈는 여전히 남아 있으므로 Luminance 슬라이더를 오른쪽으로 드래그해서 노이즈를 감소시킨다(예제에서는 '38'로 설정). Luminance 설정만으로도 좋은 결과를 얻을 수 있지만, 아랫부분에 두 개의 슬라이더가 더 있다.

여기서 주목할 점은 사진을 깔끔하거나 디테일을 선명하게 만들 수 있지만 두 가지를 모두 얻기는 어렵다는 것이다. Detail은 흐릿한 이미지를 보정하는 데 도움이 된다. 그러므로 이미지가 흐릿해 보인다면 Detail 슬라이더를 오른쪽으로 드래그하는데 노이즈가 증가할 수 있다. 깔끔한 사진을 원한다면 왼쪽으로 드래그한다. 그러나 매끄럽고 깔끔한 이미지를 얻기 위해서는 디테일을 희생해야 한다. 노이즈 보정으로 인해 대비가 약해졌다면, Contrast 슬라이더를 오른쪽으로 드래그해서 대비를 높인다. 그러나 사진의 일부 영역에 얼룩이 나타날 수 있다. 무엇을 희생할지 선택하는 것은 여러분에게 달렸다.

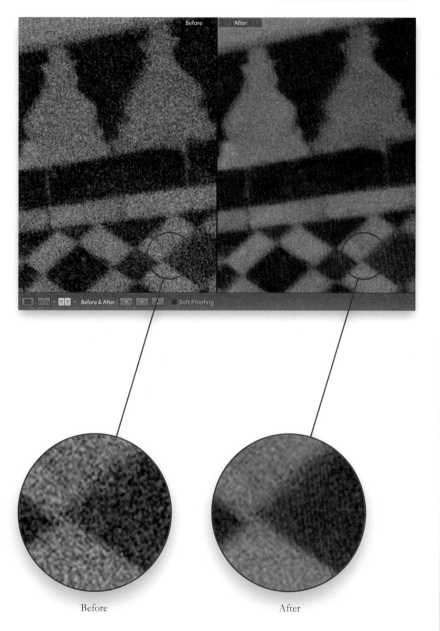

Before

After

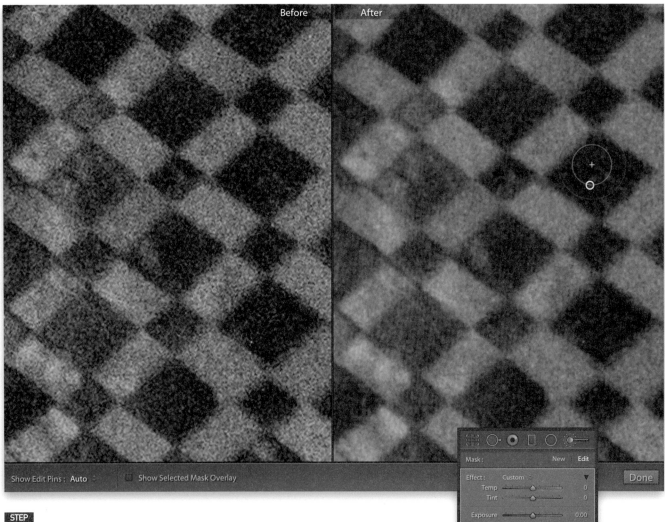

하늘이나 어두운 영역을 보정한 다음 나타나는 노이즈와 같이 일부 영역에만 노이즈가 보이는 경우에는 Adjustment Brush(K)를 사용해서 제거하는 방법도 있다.

[Adjustment Brush] 패널에 있는 Noise 슬라이더를 오른쪽으로 드래그한 다음 노이즈가 있는 영역을 브러시로 드래그한다. 노이즈를 숨기기 위해 브러시로 드래그한 선택 영역이 흐릿해진다는 단점이 있지만, 일부 특정 사진에서 사용하기에 적합하다.

사진 전체에 영향을 미치는 [Detail] 패널의 Noise Reduction 기능과 달리 브러시로 드래그해서 선택하는 영역에만 적용하기 때문에, Noise Reduction 기능으로 사진 전체의 노이즈를 보정한 다음 노이즈가 심한 일부 영역만 브러시로 추가 보정하는 것도 하나의 활용법이다.

라이트룸은 사진의 보정 설정을 모두 기억하고, 적용한 순서대로 [Develop] 모듈의 [History] 패널에 목록을 기록한다. 그러므로 보정 중 한 번의 클릭으로 이전의 설정 단계로 돌아갈 수 있다. 아쉽게도 한 단계의 설정만 선택 삭제할 수는 없지만, 실수한 단계로 돌아가서 수정하고 그 시점부터 보정을 재시작할 수 있다.

보정 설정 취소하기

STEP 01

[History] 패널을 살펴보기 전에 Ctrl+Z (Command+Z)를 누르면 어떤 설정이든 취소할 수 있다는 점을 알아 두자. 단축키를 추가로 누를 때마다 한 단계씩 취소된다. 첫 번째 보정 설정 단계로 돌아갈 때까지 계속 취소할 수 있기 때문에 [History] 패널이 필요하지 않을 수도 있다.

특정 사진의 보정 설정 목록은 사진을 클릭한 다음 왼쪽의 [History] 패널에서 볼 수 있다. 가장 최근의 보정 설정이 맨 위에 있다. 각 사진마다 히스토리 목록이 있다.

STEP 02

목록에서 하나의 설정에 마우스 포인터를 놓으면 [Navigator] 패널 미리 보기 영역에 해당 보정 단계의 사진이 나타난다.

그림에서는 사진을 흑백으로 변환한 설정 단계에 마우스 포인터를 놓자 미리 보기 영역에 흑백 버전 사진이 나타났다. 그 이후에 마음이 바뀌어 컬러 사진으로 다시 복구했다.

특정 설정 단계로 돌아가려면 원하는 단계를 클릭한다. [History] 패널을 사용하는 대신 설정 취소 단축키를 누르면 화면에 큰 글씨로 취소하는 설정이 알림 메시지로 나타난다.

알림 메시지로 취소하는 설정을 알 수 있기 때문에 [History] 패널을 항상 열어 둘 필요가 없어서 편리하다.

보정 중 적용한 설정 단계가 마음에 들어서 언제든지 그 단계로 돌아갈 수 있도록 설정하고 싶다면 [Snapshot] 패널 오른쪽 윗부분에서 [+] 아이콘을 클릭한다.

[New Snapshot] 창에서 Snapshot Name을 입력하고 [Create] 버튼을 클릭하여 스냅샷을 패널에 저장한다.

[History] 패널에서 이전 단계를 클릭하는 대신 아무 단계나 마우스 오른쪽 버튼으로 클릭하고 **Create Snapshot**을 실행하면 훨씬 편리하고 빠르게 원하는 단계의 스냅샷을 만들어 저장할 수 있다.

필자는 과거 버전의 포토샵 자르기 도구에 익숙했기 때문에 라이트룸의 크롭 기능을 처음 사용할 때 불편했다. 그러나 사용에 익숙해진 다음에는 최고의 크롭 기능이라고 생각한다. 처음 사용할 때 필자와 마찬가지로 당황스럽겠지만 곧 좋아하게 될 것이다. 사용해 본 다음에 마음에 들지 않는다면, **STEP 06**에서 포토샵 자르기 도구처럼 사진을 자르는 방법을 찾을 수 있다.

사진 자르기

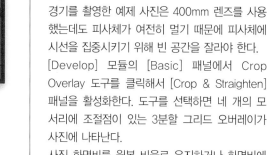

STEP 01

경기를 촬영한 예제 사진은 400mm 렌즈를 사용했는데도 피사체가 여전히 멀기 때문에 피사체에 시선을 집중시키기 위해 빈 공간을 잘라야 한다. [Develop] 모듈의 [Basic] 패널에서 Crop Overlay 도구를 클릭해서 [Crop & Straighten] 패널을 활성화한다. 도구를 선택하면 네 개의 모서리에 조절점이 있는 3분할 그리드 오버레이가 사진에 나타난다.

사진 화면비를 원본 비율로 유지하거나 화면비에 구애받지 않고 마음대로 자르고 싶다면 패널 오른쪽 윗부분의 잠금 아이콘을 클릭한다.

STEP 02

사진을 자르려면 한 모서리의 조절점을 잡고 안쪽으로 드래그해서 그리드 오버레이의 크기를 조절한다. 여기서는 왼쪽 아랫부분 모서리 조절점을 대각선 방향으로 드래그했지만, 아직도 충분히 잘라지지 않았다.

**STEP
03**

이제 선수가 사진의 중심이 되도록 프레임을 잘라
보자(예제 사진을 다운로드해서 그대로 따라하고
있으리라 믿는다. URL은 이 책의 앞부분에서 찾
을 수 있다).
왼쪽 윗부분 모서리 조절점을 대각선 방향으로 드
래그해서 예제와 같이 자를 영역을 선택한다. 자
를 영역 안의 사진 위치를 조절하려면 경계선 안
쪽을 클릭하고 마우스 포인터 모양이 바뀌면 원하
는 위치로 드래그한다.

Tip

그리드 숨기기

Crop Overlay 경계선에 나타나는 삼분할 그리
드는 Ctrl + Shift + H (Mac: Command + Shift
+ H)를 눌러 숨긴다. 혹은 미리 보기 영역 아랫
부분에서 Tool Overlay를 'Auto'로 지정하면 경계
선 위치를 조절할 때만 나타난다.
O를 반복해서 누르면 다른 종류의 그리드를 선
택할 수 있다.

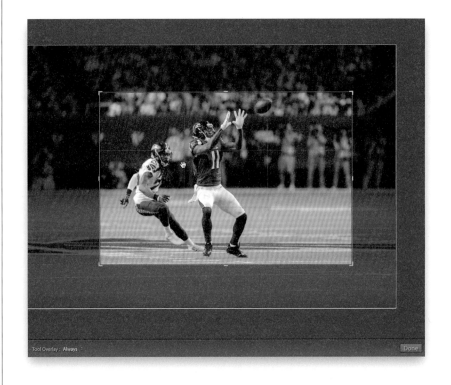

**STEP
04**

자르는 구도가 마음에 들면 R을 눌러 구도를 고
정하고 Crop Overlay 경계선을 제거한다. 그러면
예제 사진과 같은 결과가 나타난다. 다음은 다른
두 가지 크롭 선택 항목에 대해 알아보자.

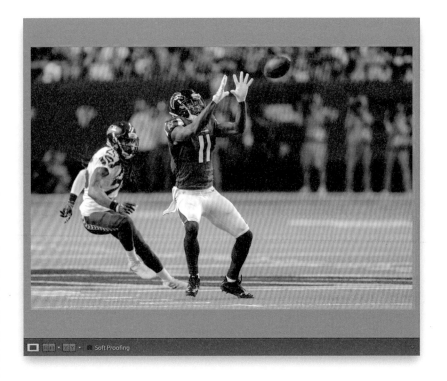

특정 크기의 화면비를 원하는 경우 Crop & Straighten 영역의 Aspect에서 선택할 수 있다. 'Reset'을 클릭해서 원본으로 복구한 다음 Crop Overlay 도구를 다시 선택한다.

Aspect에는 다양한 프리셋 크기 목록이 있다. '8.5×11'을 선택하면 사진에 8.5×11인치 비율의 크로핑 오버레이가 나타난다. 조절점을 드래그해서 크기를 조절해도 화면비는 그대로 유지된다.

다음은 포토샵의 자르기 도구와 유사한 크롭 방법이다. Crop Overlay 도구를 클릭하고 Crop Frame 도구를 클릭한 다음(예제 사진에 빨간색 원으로 표시한 곳), Crop & Straighten 영역 왼쪽 윗부분에 근접한 곳에 놓는다.

이제 영역 경계선을 클릭하고 드래그해서 자를 수 있다. 이때 원래 있던 경계선은 사라지지 않고 그대로 있지만 무시하고 자른다. 설정 방법은 동일하므로 자신에게 편리한 방법을 선택해서 자른다.

Tip

자르기 설정 취소하기

[Crop & Straighten] 패널 오른쪽 아랫부분에서 'Reset'을 클릭해서 자르기 설정을 취소한다.

Lights Out 자르기

[Develop] 모듈에서 Crop Overlay 도구로 사진을 자를 때 잘려 나가는 영역은 자동으로 어둡게 나타나서 자르기를 적용한 결과를 미리 볼 수 있다. 그러나 조금 더 확실하게 결과를 미리 보고 결정하고 싶다면 Lights Out 모드로 전환한다.

STEP 01

Lights Out 모드를 실행하기 전에 일반적인 자르기 화면 인터페이스를 살펴보자. 여러 개의 패널 때문에 산만하고, 사진에서 잘려 나가는 영역이 어두워지긴 하지만 여전히 보인다.

이제 Lights Out 자르기 기능을 사용해 보자. 가장 먼저 Crop Overlay 도구를 클릭한 다음 Shift + Tab 을 눌러 모든 패널을 숨긴다.

STEP 02

L 을 두 번 눌러 Lights Out 모드로 전환하면 사진과 자르기 영역 경계선만 검은색 배경 가운데에 남기고 시각을 방해하는 모든 요소를 숨긴다.

한 모서리의 조절점을 클릭하고 안쪽으로 드래그한 다음, 경계선 바깥 영역을 클릭하고 드래그해서 회전해 자르면 결과를 분명하게 볼 수 있다.

Lights Out 자르기 기능은 가장 효과적인 자르기 방법으로 한 번 경험해 보면 다시는 다른 방법을 사용하지 않을 것이다.

라이트룸에는 비뚤어진 사진을 바로잡는 방법이 네 가지 있다. 하나는 꽤 정확하고, 다른 두 종류는 자동 기능이며, 나머지는 사진에 따라 차선책으로 사용한다.

비뚤어진 사진 바로잡기

STEP 01

심하게 기울어진 예제 사진을 보정해 보자.

첫 번째 보정 방법은 사진을 바로잡기 위해 [Develop] 모듈의 오른쪽 패널 영역에서 Crop Overlay 도구(R)를 사용하는 것이다.

Crop & Straighten 선택 항목에서 레벨 같이 생긴 Angle 도구를 선택한 다음 사진에서 수평이 되어야 하는 요소를 따라 왼쪽에서 오른쪽으로 클릭하고 드래그한다.

예제에서는 운하의 둑을 따라 왼쪽에서 오른쪽으로 드래그했다. 이 도구는 수평을 맞추는 데 효과적이며, 세로로 드래그해서 수평을 맞출 수도 있다. 단, 사진에 수평선, 벽, 창틀과 같이 수평이 되어야 하는 피사체가 있는 경우에만 사용이 가능하다.

STEP 02

두 번째 방법은 필자가 자주 사용하는 방법으로, 한 번의 클릭으로 자동으로 수평을 맞출 수 있다. Angle 슬라이더 위에 있는 [Auto] 버튼을 클릭하면 자동으로 수평을 맞춘다. 먼저 'Reset'을 클릭해서 앞에서 적용한 설정을 취소한 다음 [Auto] 버튼을 클릭하면 자동 기능을 적용하는데, 확실한 직선이 있는 사진의 경우 탁월한 결과를 얻을 수 있다.

자동 수평 보정 기능을 적용하면 자르기 영역 경계선을 조절할 뿐 그 이상은 실행하지 않는다. 자동 보정 기능의 설정이 마음에 들면 미리 보기 영역에서 [Done] 버튼을 클릭해 자른다.

STEP
03

세 번째 방법은 두 번째 방법과 유사하다. [Trans form] 패널 윗부분 Upright 영역에서 [Level] 버튼을 클릭하면, 자동으로 수평이 맞춰진다.

Crop Overlay 도구 패널에 있는 [Auto] 버튼이 Upright Level 기능의 단축 기능이다. 하지만 [Transform] 패널에서 작업을 하는 경우를 위해 알아 두면 Crop Overlay 도구 패널로 전환하지 않고 사진 수평을 맞출 수 있으므로 편리하다.

STEP
04

다시 [Reset] 버튼을 클릭해서 기울어진 원본으로 초기화하고 네 번째 방법으로 사진의 수평을 맞춰 보자.

Crop Overlay 도구를 선택하고 마우스 포인터를 자르기 영역 경계선 외부 회색 배경에 놓으면, 양방향 화살표로 전환된다.

클릭하고 위아래로 드래그해서 사진을 회전해 수평을 맞춘다. 그러나 필자는 [Transform] 패널의 Rotate를 설정하는 것을 선호한다.

예제에서는 Rotate 슬라이더를 왼쪽으로 드래그하고 시계 반대 방향으로 회전해서 수평을 맞추었다. 슬라이더를 드래그하다가 수평이 맞았을 때 멈춘다. 이 방법을 사용하면 사진 둘레에 흰색의 빈 공간이 생기지만, 'Constrain Crop'에 체크 표시하면 라이트룸이 빈 공간을 자동으로 잘라 낸다.

Spot Removal 도구로 방해 요소 제거하기

Spot Removal 도구는 이름대로 먼지나 잡티 또는 전깃줄이나 배경인 해변에 있는 음료수 병과 같은 시각적 방해 요소들을 제거하는 데 효과적이다. 그러나 포토샵의 힐링 브러시 도구와 혼동하지 말기 바란다. Spot Removal 도구가 힐링 브러시 도구는 아니지만 라이트룸에는 이것 밖에 없으므로 최소한 사용법은 배워 두자.

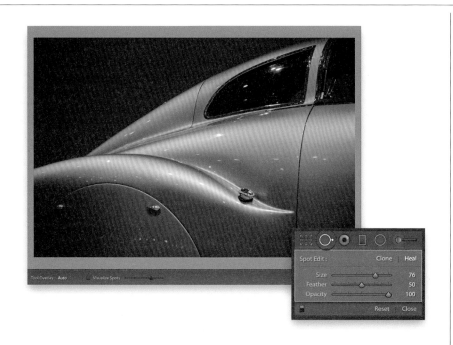

 STEP 01

박물관에서 촬영한 멋진 예제 사진을 보정해 보자. 실내에서 촬영했기 때문에 박물관 천장 조명들의 반영이 자동차 표면에 나타난다.
자동차 표면에 있는 흰색 점들을 제거해 보겠다. Spot Removal 도구(Q)를 선택하고(빨간색 원으로 표시한 도구) 브러시를 제거하려는 점보다 약간 크게 설정한다(Ⅰ, Ⅰ를 사용해 브러시 크기를 조절할 수 있다).

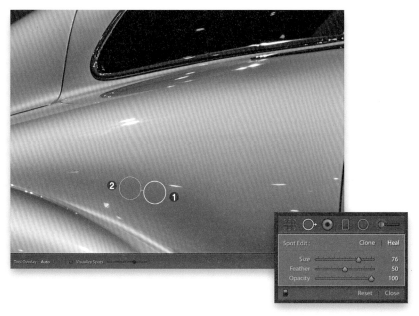

 STEP 02

제거하려는 요소를 더 잘 보기 위해 사진을 줌인해서 확대한 다음 흰 점을 한 번 클릭하면 사라진다. Spot Removal 도구로 영역 선택을 마치면 윤곽선이 있는 두 개의 영역이 나타난다. ❶ 약간 굵은 윤곽선을 가진 선택 영역과 ❷ 선택 영역을 제거하기 위해 Spot Removal 도구가 선택한 것보다 가는 윤곽선을 가진 샘플 영역이다. 일반적으로 샘플 영역은 선택 영역에 근접한 영역을 선택하는데, 간혹 이상한 영역을 선택해서 선택 영역과 질감이나 색상이 일치하지 않는 경우가 있다. 그러한 경우에는 다음 두 가지 방법으로 해결할 수 있다.

Note

실수를 하면 Backspace (Mac: Delete)를 눌러 적용을 취소한다.

STEP
03

첫 번째 방법은 ⁄를 누르는 것이다. ⁄를 한 번씩 누를 때마다 라이트룸이 다른 샘플 영역을 선택하는데 일반적으로 두 번째나 세 번째에 만족스러운 샘플 영역을 선택한다. 그것이 새로운 샘플 영역을 자동 선택하는 방법이다.

두 번째 방법은 수동 방식이다. 샘플 영역 내부를 클릭하고 다른 영역으로 드래그해서 새 샘플 영역을 선택한다. 예제 사진에서는 약간 떨어진 영역으로 드래그해서 선택했다. 새 영역을 샘플 영역으로 선택한 다음 마우스 버튼을 놓으면 보정이 적용된다.

Note

보정 효과의 일부가 투과되어 보인다면 [Spot Removal] 패널에서 Feather 슬라이더를 왼쪽으로 드래그해서 브러시 경계를 더 선명하게 설정한다.

STEP
04

보정 속도를 높이기 위해 더 넓은 영역을 Spot Removal 도구로 드래그해서 선택할 수 있다. 도구로 드래그해서 선택하는 영역은 잘 보이도록 그림과 같이 흰색으로 나타난다. 영역 선택을 마친 후 마우스 버튼을 놓으면 1∼2초 후 샘플 엉역을 선택해서 보정한다.

샘플 영역이 마음에 들지 않는다면, **STEP 03**에서 배운 방법으로 다른 샘플 영역을 설정한다.

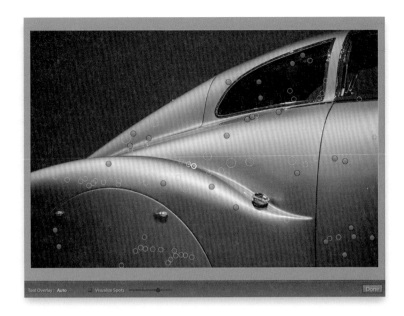

STEP 05

이와 같은 방법으로 사진을 이동하면서 제거하려는 점보다 약간 더 큰 브러시를 사용해 클릭해서 적용하거나 점 여러 개가 모여 있다면 도구로 클릭하고 드래그해서 영역을 선택하고 제거한다.

얼마 지나지 않아 그림과 같이 사진 전체에 원들과 붓놀림으로 가득 찰 것이다. 도구가 활성화된 상태에서 각 보정 영역에 있는 보정 핀을 클릭해 드래그하거나 삭제 혹은 재보정할 수 있다.

STEP 06

보정 전과 후의 사진을 비교해 보자.

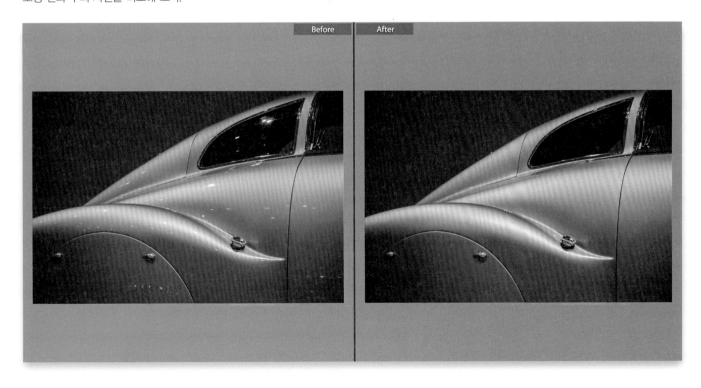

얼룩과 먼지
쉽게 찾기

큰 사이즈 사진을 출력했는데 센서 먼지, 얼룩 등을 발견하는 것만큼 실망스러운 경우는 없다. 풍경 사진이나 여행 사진을 촬영한다면 푸른색이나 회색 하늘에서 얼룩이나 먼지를 찾기가 쉽지 않다. 배경지를 사용한 스튜디오 촬영 사진도 마찬가지이다(더 심할 수도 있다). 그러나 이제는 라이트룸 5에서 추가된 기능으로 얼룩과 먼지를 쉽고 빠르게 찾을 수 있다.

예제 사진은 네바다주의 타호 호수를 촬영한 것으로 하늘에 여덟 개 정도의 점과 센서 먼지가 보인다. 밋밋한 하늘에서 쉽게 볼 수 없는 먼지나 얼룩은 문제가 된다. 물론 결국 발견하게 되겠지만 고가의 출력지에 출력한 다음이나 의뢰인에게 건넨 다음 발견한다면 곤란하다.

얼룩이나 먼지를 찾기 위해 Spot Removal 도구(Q)를 선택한다. 가운데 미리 보기 영역 아랫부분에서 'Visualize Spots'에 체크 표시하여 반전된 사진으로 전환하면 먼지가 더 나타난다.

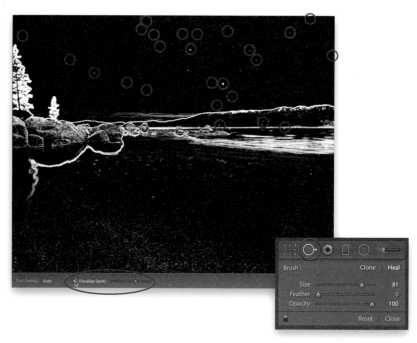

STEP 03

여기서는 먼지를 더 잘 볼 수 있게 사진을 줌인했다. Visualize Spots 슬라이더를 오른쪽으로 드래그해서 한계 레벨을 높여 먼지를 더 부각하면 숨어 있던 먼지, 얼룩 등이 더 보인다. 슬라이더를 과도하게 드래그하면 눈송이나 노이즈처럼 보이므로 주의하자.

Tip

클릭 & 드래그로 브러시 크기 조절하기

Spot Removal 도구를 사용할 때, Ctrl + Alt (Mac: Command + Option)를 누른 채 클릭하고 드래그해서 보정 영역을 선택할 수 있다. 지워야 할 영역 왼쪽 윗부분을 클릭한 다음 45도 각도로 아랫부분으로 드래그해서 선택한다.

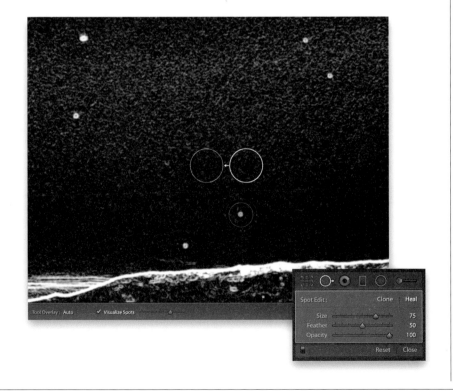

STEP 04

이제 Spot Removal 도구로 각 먼지를 클릭해서 제거한다. 이때 Size 슬라이더나 [,]로 도구를 제거하려는 먼지보다 약간 크게 조절한다.
작업을 마치면 'Visualize Spots'의 체크 표시를 해제하고 Spot Removal 도구가 샘플 영역을 제대로 선택했는지 확인한다. 잘못 선택된 샘플 영역은 선택 영역을 클릭한 다음 샘플 영역을 드래그해서 위치를 재조절한다.

STEP 05

사진의 먼지는 카메라 센서 때문에 나타나는 경우가 많은데, 모든 사진에서 같은 위치에 먼지가 보이면 센서의 먼지 때문에 생긴 것이다. 그러한 경우 사진 한 장의 먼지를 모두 제거하고 사진을 선택한 상태로 Filmstrip 영역에서 유사한 사진들을 모두 선택한 다음 오른쪽 패널 영역 아랫부분에서 [Sync] 버튼을 클릭한다.

[Synchronize Settings] 창에서 [Check None] 버튼을 클릭해서 모든 선택 항목을 해제하고 'Process Version'과 'Spot Removal'만 체크한 다음 [Synchronize] 버튼을 클릭하여 일괄 보정한다.

STEP 06

일괄 보정하는 사진들에도 첫 번째 사진과 동일한 영역에 Spot Removal 설정을 적용한다. 다른 사진에서 적용한 결과를 확인하려면 Spot Removal 도구를 다시 선택한다. 또한 사진의 상태에 따라 적용한 설정이 과도한 경우가 있으므로 일괄 적용 후에는 각 사진을 확인해 보는 것이 좋다. 문제를 발견하면 해당 영역을 클릭하고 (Backspace) (Mac:(Delete))를 눌러 삭제한 다음 Spot Removal 도구를 사용해서 직접 보정한다.

Tip

Clone 기능을 사용해야 하는 경우

사진의 얼룩이나 먼지를 제거할 때 Spot Removal 도구에는 Clone이나 Heal 두 가지 기능 중 하나를 사용한다. Clone 기능을 사용하는 경우는 피사체의 경계선이나 사진의 가장자리에 근접한 영역을 보정할 때이다. Heal 기능을 사용하면 간혹 사진이 뭉개지기 때문이다.

사진에 적목 현상(플래시가 렌즈와 근접한 전자동 카메라에서 흔히 나타나는 현상)이 나타나면 포토샵으로 전환할 필요 없이 라이트룸에서 바로 보정할 수 있다.

적목 현상 제거하기

STEP 01

[Develop] 모듈의 [Histogram] 패널에 있는 도구 상자에서 Red Eye Correction 도구(눈처럼 생긴 아이콘)를 클릭한다. 사진에서 적목 현상 가운데를 클릭하고 가장자리까지 드래그한 다음 마우스 버튼을 놓으면 적목 현상이 보정된다. 적목 현상이 완전히 제거되지 않으면, 마우스 버튼을 놓자마자 패널에 나타나는 Red Eye Correction 선택 항목 중 Pupil Size 슬라이더를 오른쪽으로 드래그해서 선택 영역을 조절한다. 또는 선택 영역 경계선을 클릭하고 드래그해서 조절한다.
선택 영역 내부를 클릭하고 드래그하면 위치를 조절할 수 있다.

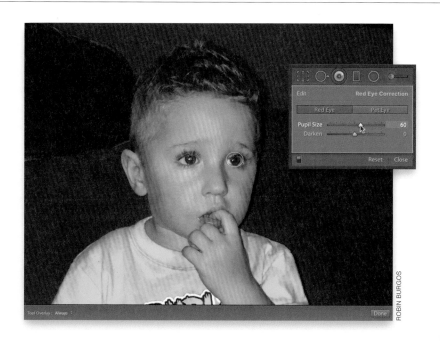

ROBIN BURGOS

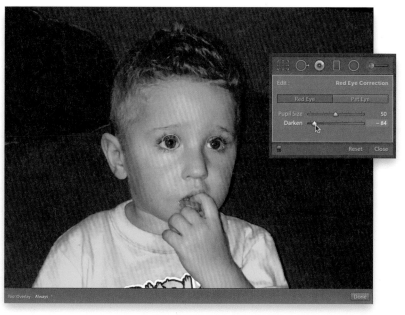

STEP 02

반대쪽 눈 적목 현상도 동일한 방법으로 보정한다. 보정 후 눈이 너무 회색으로 나타나면 Darken 슬라이더를 왼쪽으로 드래그해서 어둡게 보정한다.
Pupil Size 슬라이더와 Darken 슬라이더는 드래그하면서 효과를 바로 볼 수 있기 때문에 슬라이더를 드래그한 다음 결과를 확인하고 도구를 다시 적용할 필요가 없어서 편리하다.
만약 실수를 했다면 도구 선택 항목 영역 아랫부분에서 'Reset'을 클릭하면 설정을 취소하고 다시 시작할 수 있다.

렌즈 왜곡 현상 자동 보정하기

건물을 촬영했는데 뒤로 누운 것처럼 보이거나, 윗부분이 아랫부분보다 더 넓게 보이는 사진을 얻은 경험이 있을 것이다. 혹은 문이나 사진 전체가 볼록하게 휘어 보이는 것을 본 적이 있을 것이다. 이러한 렌즈 왜곡 현상은 흔히 나타나지만(특히 광각 렌즈로 촬영하는 경우) 라이트룸에서 몇 번의 클릭으로 쉽게 보정이 가능하다.

렌즈 왜곡 현상이 있는 사진을 불러온다. 예제 사진에는 여러 곳에서 렌즈 왜곡 현상이 보인다. 벽이 볼록하게 휘어 있고 건물 오른쪽이 눌려 있다. 이러한 렌즈 왜곡 현상은 [Lens Corrections] 패널의 'Enable Profile Corrections'에 체크 표시하고 렌즈 프로필 보정 기능을 활성화하는 한 번의 클릭만으로도 보정할 수 있다. 그러면 라이트룸이 EXIF 데이터에서 촬영에 사용한 렌즈 프로필을 탐색해서 적합한 보정 설정을 자동 적용해 사진 모서리의 비네팅 현상을 포함해 휜 피사체를 보정한다.

렌즈 프로필을 찾지 못하면, Lens Profile 영역에서 렌즈 기종을 선택하면 나머지는 자동 적용된다. 팝업 메뉴에 사용한 렌즈 기종이 없는 경우에는 가장 유사한 렌즈를 찾아 선택한다.

[Develop] 모듈의 [Lens Corrections] 패널에서 'Enable Profile Corrections'에 체크 표시하여 렌즈 프로필을 적용한다. 건물 오른쪽이 약간 눌린 것처럼 보이지만, 더 이상 휘어 있지 않다(기둥들이 더 이상 휘어 있지 않고 일직선이다). 렌즈 프로필 적용이 현재 단계에서 아무것도 보정하지 않았다고 해도 다음 단계의 보정을 위해 활성화하는 것이 좋다.

또한 패널에는 프로필을 보정한 다음 미세한 추가 보정을 적용할 수 있는 두 개의 슬라이더가 있다. 효과는 미세하지만, 분명히 차이점은 있다. 슬라이더를 좌우로 드래그해 보면 사진에 미치는 효과를 금방 알 수 있다.

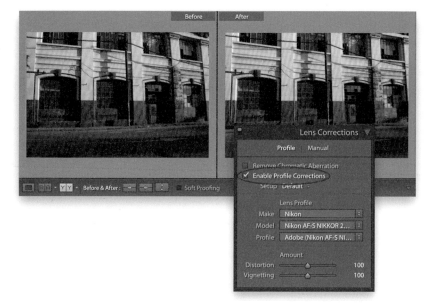

STEP
03

앞에서 렌즈 프로필을 적용했기 때문에 이번 단계의 보정 결과는 더 효과가 좋을 것이다.

Upright라고 부르는 보정 기능은 건물이 뒤로 쓰러지는 것처럼 보이는 왜곡 현상을 보정한다. 이 기능은 [Transform] 패널 윗부분에 있다. 이 패널에는 여섯 개의 버튼이 있는데, 필자는 거의 모든 경우에 [Auto] 버튼만 사용한다. 가장 자연스럽고 균형을 이루는 보정 결과를 보여주기 때문이다(일부 기능은 너무 과도한 보정을 적용해 오히려 부자연스럽고 사진 전체의 균형을 깨트린다).

[Auto] 버튼을 클릭하면 대부분의 경우 예제와 같이 만족스러운 결과를 얻을 수 있다(건물 오른쪽이 눌려 있지는 않지만 아직도 약간 일그러져 있다).

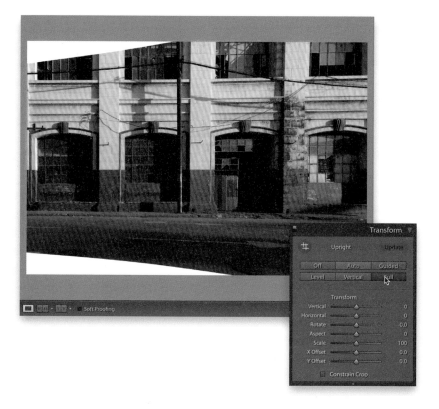

STEP
04

[Full] 버튼을 클릭하면 예제의 경우 건물 왼쪽부터 오른쪽까지 정면에서 바라보는 것처럼 높이를 맞추는데 결과가 매우 만족스럽다. 그러나 그 때문에 사진 왼쪽 윗부분과 아랫부분에 빈 공간이 생겼다.

패널 아랫부분에 있는 'Constrain Crop'에 체크 표시하면, 자동으로 사진을 잘라서 빈 공간을 제거한다. 예제 사진의 경우, 빈 공간이 있는 영역을 잘라 내면 긴 파노라마 사진처럼 되기 때문에 다른 방법을 고려하는 편이 나을 수도 있다.

STEP 05

빈 공간을 보정하는 다른 방법은 Crop Overlay 도구(ⓡ)로 예제와 같이 일부만 자르는 것이다(자르기 영역 경계선 외부가 잘려 나가는 영역이다). 다음 단계에서 잘라낼 영역을 줄일 수도 있지만 우선은 설정한 대로 사진을 자른다.

아직 설명하지 않는 Upright 기능 버튼이 더 있다 ([Guided] 버튼의 기능에 대해서는 다음에 알아볼 것이다).

[Vertical] 버튼은 사진에 있는 수직선을 바로잡는 기능이지만 간혹 예제 사진보다 더 심한 빈 공간을 남긴다. 사진에서 한 가지 요소에만 집중해서 보정하는 기능이기 때문에 사진 전체의 조화는 고려하지 않는다. 그 때문에 필자는 잘 사용하지 않는다.

[Level] 버튼은 간단한 수평 왜곡 현상 보정에 사용하기 적합하다.

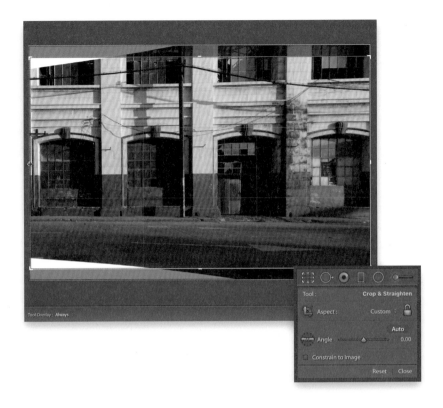

STEP 06

예제 사진의 건물은 아직도 완벽한 평면이 아니다(이제는 건물 왼쪽이 약간 눌려 보인다), 이것은 [Transform] 패널의 Horizontal 슬라이더를 건물이 평면이 될 때까지 왼쪽으로 약간 드래그해서 보정한다. 그로 인해 흰색의 빈 공간이 줄어든다. Horizontal은 사진의 좌우각을 조절한다. Vertical은 뒤로 기울어진 건물을 보정한다. 이 두 개의 슬라이더 중 하나로 보정을 적용한 후 사진이 가늘거나 넓어졌다면 Aspect 슬라이더를 드래그해서 정상적인 너비로 보정한다.

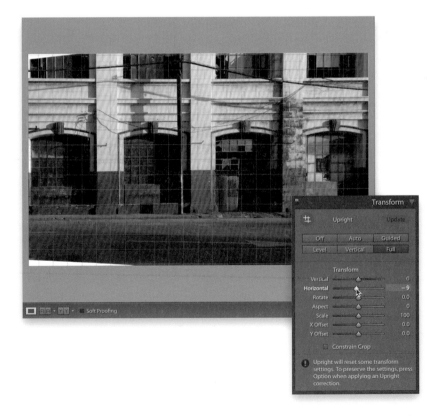

STEP 07

아직 남아 있는 흰색의 빈 공간을 채우기 위해 Scale 슬라이더를 오른쪽으로 드래그해서 사진 크기를 약간 확대한다. 이때 사진을 과도하게 확대하면 픽셀이 나타나 화질이 떨어지고, 부드러워지므로 주의한다.

STEP 08

보정 전과 후의 사진을 비교해 보자. 처리 과정 대부분은 라이트룸이 실행했다. 우리가 한 일은 ❶ 렌즈 프로필을 활성화하고, ❷ Upright 기능의 [Full] 버튼을 클릭하고(일반적으로 [Auto] 버튼을 사용하므로 드문 경우이다), ❸ Horizontal 슬라이더를 드래그해서 건물을 평면으로 보정하고, ❹ Scale 슬라이더를 사용해 사진을 약간 줌인해서 흰색의 빈 공간을 제거했다.

Guided Upright로 렌즈 왜곡 현상 보정하기

필자는 건물이나 벽이 뒤로 기울어진 사진에 자동 Upright 기능을 적용한 결과가 만족스럽지 않은 경우, Guided Upright 기능을 사용해서 수동으로 보정한다. 직선이어야 하는 영역을 따라 선을 드래그하면 나머지는 Guided Upright 기능이 처리한다. 선은 네 개까지 드래그할 수 있으며 위치 재조절이 가능하고, 사진은 실시간으로 업데이트된다.

STEP 01

초광각 렌즈로 촬영한 예제 사진은 기울어짐이 심하다. 앞에서 배운 자동 Upright 기능으로 보정이 되지 않았다면, Guided Upright 기능을 사용해서 라이트룸에게 똑바로 세울 영역을 알려 줄 차례이다. [Transform] 패널에서 [Guided] 버튼을 클릭한다. 마우스 포인터를 사진에 놓으면 십자선으로 바뀐다. 십자선을 수직선이 되어야 하는 선을 따라 드래그한다(예제 사진에서는 기둥을 따라 드래그했다).

이 시점에서는 한 개의 가이드만으로는 사진에 변화가 없다. 가이드는 클릭하고 드래그해서 위치를 재조절할 수 있다.

STEP 02

수직선이 되어야 하는 다른 영역에 가이드를 드래그해서 추가한다. 예제 사진에서는 왼쪽 끝에 있는 기둥을 따라 가이드를 드래그하자 기울어진 벽이 보정되었다. 그 결과 사진 아랫부분 양옆에 빈 공간이 생겼다(이 문제점은 나중에 보정할 것이다). 천장과 지붕은 아직 보정이 더 필요하다. 다행히 아직도 사진에 두 개의 수평 가이드를 더 사용할 수 있다.

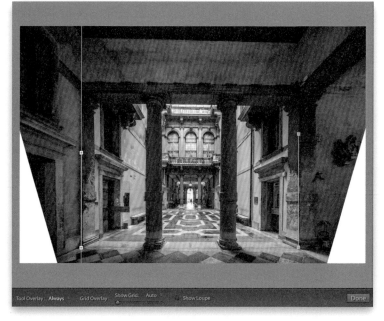

STEP 03

천장이나 바닥을 따라 수평 가이드를 드래그한다. 예제 사진에서는 기둥 바로 위의 천장과 기둥 아래의 바닥을 드래그했다.

가이드를 추가할 때마다 사진에 바로 보정이 적용된다. 보정이 실시간으로 업데이트되기 때문에 바로 확인하고 마음에 들지 않으면 Ctrl + Z (Mac: Command + Z)를 눌러 추가한 가이드를 삭제하고 새 영역을 드래그할 수 있어 편리하다.

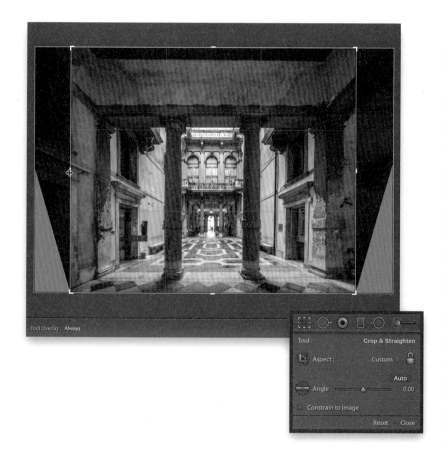

STEP 04

사진 보정은 완료했지만 흰색 빈 공간이 아직 남아 있는데, 다음 두 가지 방법으로 제거할 수 있다.

❶ 포토샵으로 전환해서(317쪽 참고) 마술봉 도구를 선택하고 Shift 를 누른 채 양옆 빈 공간을 선택한 다음 [Select]-[Modify]-[Expand]를 실행한다. 4픽셀 확장하고 [OK] 버튼을 클릭한 다음, [Edit]-[Fill]을 실행하고 Contents를 'Content-Aware'로 지정해 빈 공간을 채운다.

❷ 라이트룸의 Crop Overlay 도구(R)를 사용해서 그림과 같이 자른다. 이때, 사진 옆 부분을 자를 수 있도록 Crop & Straighten 영역 자물쇠 아이콘을 해제하는 것을 잊지 말자. 자르기 영역을 선택하고 Enter 를 눌러 자른다. 다음 페이지에서 보정 전후 사진을 비교하면 확연한 차이를 볼 수 있다.

비네트는 렌즈에 의해 사진의 모서리가 다른 영역보다 어둡게 나타나는 현상이다. 주로 광각 렌즈로 촬영한 사진들에서 주로 나타나지만, 렌즈의 다른 문제에 의해 나타나기도 한다.

사진의 모서리만 어두운 비네트를 사진 둘레에 추가하는 비네트 효과와 혼동하지 않기 바란다. 후자는 필자를 포함한 많은 사진가들이 사진의 중심으로 시선을 집중시키기 위해 의도적으로 사진에 추가하는 효과이다(216쪽 참고).

비네트 현상 보정하기

STEP 01

예제 사진의 모서리 영역에 다른 영역보다 어두운 비네트 현상이 보인다. 이것이 바로 위에서 설명한 나쁜 비네트이며, 주로 촬영한 렌즈에 의해 만들어진다.

렌즈 가격에 상관없이 사진에 비네트 현상이 나타날 수 있다(저가 렌즈에 의해 나타날 가능성이 더 높기는 하다).

STEP 02

비네트 현상을 보정할 때 사용하는 첫 번째 방법은 [Develop] 모듈의 [Lens Corrections] 패널에서 'Profile'을 클릭한 다음 'Enable Profile Corrections'에 체크하는 것이다.

Enable Profile Corrections는 사진에 기록된 EXIF 데이터를 기반으로 촬영에 사용한 렌즈 기종에 부합하는 라이트룸에 내장된 렌즈 보정 데이터베이스를 적용하는 자동 보정 기능이다.

예제의 경우, 비네트 현상 대부분이 제거되었지만 아직도 약간 남아 있다. 사진에 사용한 렌즈 기종 프로필을 찾지 못한 경우에는 Lens Profile 영역 팝업 메뉴에서 기종을 직접 선택한다.

STEP 03

Lens Profile 보정으로 비네트 현상을 완전히 제거하지 못했다면, 패널 아랫부분 Amount 영역의 Vignetting을 조절하여 추가 보정을 할 수 있다. 예제에서는 비네트 현상이 사라질 때까지 슬라이더를 드래그하여 '200'으로 설정했다. 아직도 약간의 비네트 현상이 남아 있는데, 눈에 거슬린다면 수동으로 제거할 수 있다.

STEP 04

패널 윗부분에서 'Manual'을 클릭하면 슬라이더 두 개가 있는 Vignetting 영역이 표시된다.
첫 번째 슬라이더는 사진 가장자리의 밝기를 조절하고, 두 번째 슬라이더는 사진의 중앙을 향해 미치는 효과의 범위를 설정한다.
예제 사진은 모서리의 비네팅 현상은 거의 제거되었고, 가운데를 향해 멀리 퍼지지 않았다. 그러므로 사진 모서리를 주시하면서 Amount 슬라이더를 천천히 오른쪽으로 드래그하다가 모서리 밝기가 사진 나머지 영역과 일치할 때 멈춘다.
예제의 경우에는 비네트 현상이 모서리 끝에만 남아 있는데, Amount 슬라이더를 드래그한 결과 모서리보다 더 넓은 영역에 영향을 미치기 시작했다. 그래서 Amount 설정을 모서리 끝부분에만 적용하기 위해 Midpoint 슬라이더를 오른쪽으로 드래그했다. 다음 페이지에서 보정 전후 사진을 비교해 보자.

샤프닝 적용하기

[Detail] 패널은 사진의 파일 형식에 따라 다른 기본 설정을 보여준다. 카메라에서 이미 샤프닝을 적용한 JPEG 사진은 Sharpening 영역의 Amount 기본 설정이 '0'이다. 카메라의 샤프닝 기능을 비활성화하고 촬영한 RAW 형식 사진은 라이트룸으로 불러올 때 약간의 캡처 샤프닝이 적용되지만 거의 차이를 느끼지 못할 정도이므로 추가로 샤프닝 효과를 적용해야 한다.

사진에 샤프닝을 적용하기 위해 [Develop] 모듈의 [Detail] 패널로 가면 네 종류의 Sharpening 슬라이더가 있다. RAW 형식으로 촬영한 사진이라면 라이트룸이 적용한 기본 샤프닝 때문에 Amount가 이미 '25'로 설정되어 있다. 그러나 효과는 미미하다.

JPEG 형식 사진의 경우, 카메라에서 기본 샤프닝을 이미 적용했으므로 Amount가 '0'으로 되어 있다.

패널 윗부분에는 작은 미리 보기 영역이 있는데, 사진을 줌인해서 특정 영역을 확대해서 볼 수 있다. 미리 보기 창이 안 보이면 패널 윗부분 오른쪽에 있는 검은색 삼각형 아이콘을 클릭한다.

창 내부를 클릭하고 드래그해서 다른 영역을 볼수 있다 왼쪽 윗부분 모서리에 작은 아이콘을 클릭하고 마우스 포인터를 사진에 놓으면 미리 보기 창에 확대된 영역이 나타난다. 아이콘을 다시 클릭하면 원래의 상태로 복구된다.

더 큰 배율로 사진을 확대하고 싶다면 미리 보기 창 안쪽을 마우스 오른쪽 버튼으로 클릭하고 **2:1**을 실행한다.

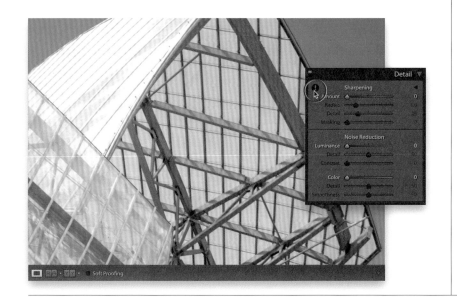

STEP 03

필자는 미리 보기 창을 더 이상 사용하지 않는다. 그다지 도움이 되지 않기 때문이다. 그래서 미리 보기 창 오른쪽에 있는 검은색 삼각형 아이콘을 클릭해서 창을 숨긴다. 그러면 Sharpening 영역 왼쪽 윗부분에 경고 표시가 나타나는데(예제 사진에서 빨간색 원으로 표시한 곳), 결과를 제대로 보려면 사진을 최소한 100% 크기로 확대해야 한다는 의미이다. 경고 표시는 단순한 표시가 아니라 클릭하면 사진을 1:1 크기로 확대한다.

STEP 04

Amount는 사진에 적용하는 샤프닝의 정도를 조절하는 옵션이다. 예제 사진은 여러분이 효과를 잘 볼 수 있기 위해 필자가 적용하는 일반적인 설정에 비해 높은 '130'으로 설정했다(보통 '50'에서 '70'으로 설정한다).
Radius는 샤프닝 설정이 영향을 미치는 경계선의 픽셀 수를 조절한다. 필자는 대부분의 경우 '1.0'으로 설정하지만 강력한 샤프닝 효과가 필요한 경우에는 '1.1'이나 '1.2'까지 높인다. Radius 슬라이더를 너무 높게 설정하면 피사체 경계에 흰색 선이나 선명한 헤일로 현상이 나타나기 때문에 주의해야 한다. 그래서 필자는 일반적으로 Radius를 높이는 대신 Amount를 더 높인다. 또한 필자는 Detail을 절대 변경하지 않는다. 이 기능은 헤일로 현상을 방지하도록 만들어졌지만, 설정을 높이는 경우 헤일로 방지 기능이 사라지고 더 거칠고 헤일로 현상을 부각시키는 샤프닝 효과를 만들기 때문에 그대로 두는 게 좋다.

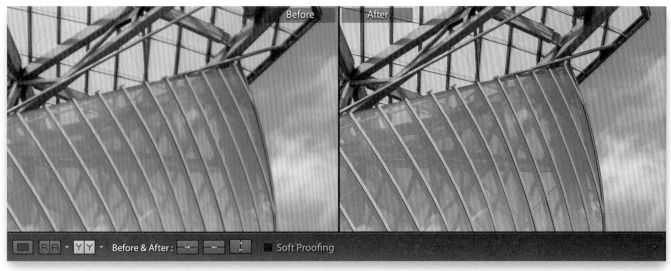

STEP 05

마지막 샤프닝 슬라이더 Masking은 샤프닝 적용
영역을 선택할 수 있다. 예를 들어, 어린이나 여성
의 피부와 같이 부드러운 질감을 유지해야 하는
사진들은 샤프닝 적용이 까다롭다. 샤프닝은 질감
을 거칠게 만들기 때문이다. 그러나 눈, 머리카락,
눈썹, 입술, 의상 등은 샤프닝을 적용해야 한다.
이때 Masking을 사용하면 선명해야 하는 영역에
만 샤프닝을 적용하고 피부는 그대로 둔다.
Masking의 효과를 알아보기 위해 예제 사진을
인물 사진으로 바꾸었다.

Tip

적용한 샤프닝 임시 해제하기

[Detail] 패널에서 설정한 샤프닝을 임시로 해제하
고 싶다면, 패널 헤더에서 가장 왼쪽에 있는 스위
치를 클릭한다.

STEP 06

Alt (Mac: Option)를 누른 채 Masking을 클릭하면
사진이 흰색으로 나타나는데 모든 영역에 샤프닝
설정을 균등하게 적용한다는 의미이다.

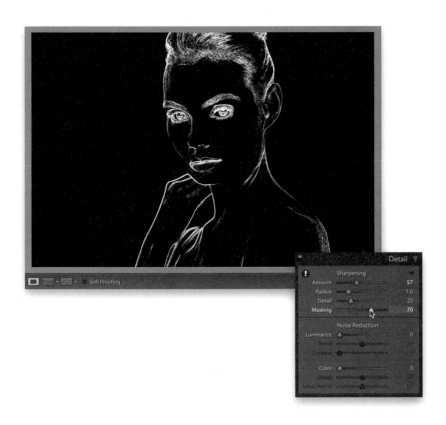

STEP 07

Masking 슬라이더를 오른쪽으로 드래그하면 사진 일부가 검은색으로 변하기 시작하는데 검은색으로 나타나는 영역에는 샤프닝 설정을 적용하지 않는다.

슬라이더를 드래그하기 시작하면 일부 영역만 검은색으로 나타난다. 오른쪽으로 드래그할수록 영역이 확장되며 경계선이 없는 영역이 검은색이 된다. 예제 사진은 '70'까지 드래그한 결과로, 피부가 있는 영역은 모두 마스킹으로 가리고 눈, 입술, 머리카락, 콧구멍과 경계선에 샤프닝을 적용한다.

STEP 08

Alt (Mac: Option)를 놓으면 샤프닝을 적용한 결과를 볼 수 있다. 디테일 영역은 선명해졌지만, 피부는 그대로이다. 필자는 피사체가 부드러운 질감을 유지해야 하는 사진에만 Masking을 사용한다.

Tip

스마트 프리뷰에 적용한 샤프닝

저해상도의 스마트 프리뷰에 적용한 샤프닝이나 노이즈 감소 설정은 하드 드라이브를 재연결해서 고해상도의 원본 파일과 연결하면 효과가 부족해 보인다. 그러므로 샤프닝이나 노이즈 감소 설정은 원본 파일을 편집할 때만 적용한다.

색수차 보정하기

피사체 경계선에 보라색이나 녹색 헤일로 현상이 나타난 것을 본 적이 있는가? 본 경험이 없다면 그것은 자세히 관찰하지 않았기 때문이다. 색수차 현상이라고 부르는 색상 경계는 사진에 흔하게 나타나며(렌즈에 의해 생긴다), 높은 Contrast나 Clarity 설정에 의해 심화되기도 한다. 그러나 라이트룸에는 색수차 현상을 보정할 수 있는 기능이 있다.

예제 사진에서 원본 사진을 전체 화면 크기로 확대했는데도 색수차 현상이 있는지 알 수 없다. 그러나 사진을 줌인하면 즉시 볼 수 있다.
'1:1'로 확대해도 쉽게 볼 수 있지만, 다음 단계에서는 왼쪽 빌딩에 있는 색수차 현상이 더 잘 보이도록 사진을 '8:1'로 줌인한다.

줌인한 예제 사진을 보면 창들 사이 검은색 공간 경계선을 따라 노란색과 초록색 마커로, 오른쪽 경계는 옅은 보라색 마커로, 창의 반영을 따라서는 파란색 마커로 그린 것처럼 보인다.

STEP 03

색수차를 제거하기 위해 [Develop] 모듈의 [Lens Corrections] 패널에서 'Profile'을 클릭한 다음 'Remove Chromatic Aberration'에 체크 표시한다. 많은 경우 자동 보정만 적용해도 충분히 해결된다. 예제 사진에 적용한 결과, 옆의 사진과 아래의 보정 전과 후의 사진을 보면 노란색과 녹색, 보라색, 파란색의 경계가 사라졌다. 다음은 자동 보정으로 색수차를 제거하지 못한 경우에 수동으로 제거하는 방법을 알아보자.

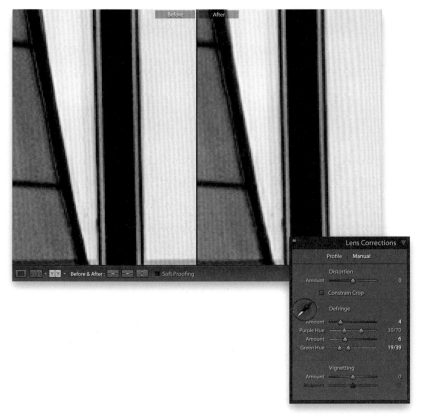

STEP 04

패널 윗부분에서 'Manual'을 클릭하고, Defringe 영역의 보라색 Amount 슬라이더를 오른쪽으로 약간 드래그해서 보라색 색수차를 제거한다. 그것만으로 완전히 제거되지 않는다면, Purple Hue 슬라이더를 조절해서 남아 있는 보라색 색수차를 제거한다.

같은 방법으로 녹색 Amount와 Green Hue를 조절하여 녹색 색수차를 제거한다. 어느 슬라이더를 조절해야 할지 모르거나 슬라이더를 드래그해도 변화가 보이지 않는 경우에는 자동 보정 기능을 사용해 보자.

슬라이더 윗부분에 있는 스포이트 형태의 Fringe Color Selector 도구를 선택한 다음 색수차 현상이 나타난 영역을 클릭하면 슬라이더가 자동으로 조절되며 보정된다.

기본 카메라 캘리브레이션 설정하기

카메라 기종에 따라 사진이 특정한 색채를 띠는 경우가 있다. 그래서 그 기종으로 촬영한 모든 사진이 붉은색을 띠거나 섀도우 영역에 녹색이 약간 나타나기도 한다. 그러나 카메라가 정확한 색상을 재현해도 라이트룸의 RAW 사진 색상 분석 방식을 설정하는 것이 좋다.

정확한 카메라 캘리브레이션 설정 과정은 복잡하기 때문에 이 책에서 다루기에는 부적합하지만 [Camera Calibration] 패널 사용법을 간단히 알아보자.

STEP 01

카메라 캘리브레이션을 시작하기 전에 이 설정은 모든 사용자에게 필요한 것이 아니라는 점을 알아 두자. 사실 사용자 대부분은 걱정할 정도로 색상에 문제가 있다고 느끼지 못한다. 그러나 만약의 경우를 위해 [Camera Calibration] 패널의 기본 기능을 알아 두는 것이 좋다.

가장 먼저 사진을 불러온 다음 [Develop] 모듈의 오른쪽 패널 영역 아랫부분에서 [Calibration] 패널을 선택한다.

STEP 02

가장 윗부분에 있는 Tint 슬라이더는 카메라에서 생기는 섀도우 영역의 특정 색상 캐스트를 제거하는 데 사용한다. 일반적으로 녹색이나 마젠타 캐스트가 나타난다. 슬라이드 바는 색상으로 표시되어 있기 때문에 설정하는 색상을 알기 쉽다.

예제에서는 녹색 방향으로 드래그해서 섀도우 영역의 빨간색을 띤 색상 캐스트를 제거했다. 사진에 따라 결과는 매우 미약할 수 있다.

STEP
03

색상 문제가 섀도우 영역에 있지 않다면 Red Primary, Green Primary, Blue Primary 영역의 Hue와 Saturation을 사용해서 설정한다.

예를 들어, 카메라가 사진에 약간의 빨간색 캐스트를 추가했다고 가정하자. 이때 Red Primary 영역의 Hue 슬라이더를 빨간색 반대 방향으로 드래그한다. 사진 전체의 빨간색 채도를 낮추려면 Saturation 슬라이더를 왼쪽으로 드래그해서 중간 색으로 맞춘다.

STEP
04

캘리브레이션을 설정한 다음에는 새로운 색상을 동일한 카메라로 촬영한 다른 사진들에도 적용해 보고 만족스럽다면 해당 카메라로 촬영한 사진들을 불러올 때 적용하는 기본 설정으로 저장한다. [Calibration] 패널 외의 다른 기능들을 설정하지 않은 상태인지 확인한다(다른 기능을 설정하면, 그것도 기본 설정이 된다).

[Develop]-[Set Default Settings]를 실행하면, 해당 카메라로 촬영한 사진들에 적용하는 기본 설정으로 업데이트하겠냐고 묻는 창을 불러온다. [Update to Current Settings] 버튼을 클릭해서 업데이트를 실행한다(기본 설정 메뉴이므로 나중에 마음이 바뀌면 여기에서 설정을 변경할 수 있다).

EXPORTING
JPEG, TIFF 파일 저장하기와 내보내기

'정말 JPEG 파일 저장하기와 내보내기에 대한 내용이 하나의 챕터로 구성되어야 할까?' 개인적으로는 챕터 하나를 할당할 필요가 없다고 할 수 있겠지만, 출판사는 '우리가 이 페이지들에 대해 이미 지불했다'면서 분명히 원할 것이다. 지금부터 그다지 알고 싶지 않거나, 알아도 평생 쓸모 없을 출판업계의 위험한 비밀을 밝힐 것이므로 마음의 준비를 단단히 하기 바란다.

아무튼, 현재 지류 가격이 터무니없이 높기 때문에 출판사는 계약한 시점과 책이 실제로 출판되는 시점 사이에 상승하는 종이 가격에 대한 위험 부담을 끌어안아야 한다. 그러므로 가격 상승에 대비하기 위해 출판사는 새로 계약한 작가들을 사무실로 초대한다(필자의 경우, 출판사 사무실이 샌프란시스코에 있다). 출판사는 가벼운 간식과 커피를 대접한 후에 필자를 유니온 스퀘어에 있는 니만 마커스 백화점으로 데려갔다.

그 명품 백화점을 둘러보다가 그들이 필자에게 작은 아이템들을 훔치라고 시켰다. 물론 필자는 거부했지만, 그들은 "괜찮아요. 여기선 다 그래요."라며 계속 종용했다. 그래서 필자는 처음에는 벨트, 그 다음에는 작은 향수병을 훔쳤다. 그들은 성공적인 작가가 되려면 더 과감해져야 한다고 말하며 중압감을 느끼게 만들었다. 그리고 필자는 어느새 마우리지오 브라시 흑담비 코트를 셔츠 속에 쑤셔 넣고 출구를 향해 우사인 볼트처럼 달리고 있었다.

출판사 직원들은 모든 과정을 영상으로 촬영했으며, 만약 필자가 책을 마치기 전에 종이 가격이 오르면 그 영상을 경찰에 넘길 것이라고 했다. 다행히 책이 출간되었을 때, 종이 가격은 1.4% 하락했다. 필자는 내보내기 기능에 대한 챕터를 브루스 스프링스틴 노래 가사들로 채웠고, 코트를 이베이에서 팔아 버스표 값을 겨우 마련해서 집으로 돌아 올 수 있었다. 여행은 전반적으로 나쁘지 않았다. 새 벨트가 생겼다는 이야기를 했던가? 그리고 여기의 이야기는 순전히 필자가 만들어 낸 허구라는 것도?

JPEG 형식으로 사진 저장하기

포토샵과 달리 라이트룸에는 저장 명령어가 없기 때문에 사진을 JPEG 형식으로 저장하는 방법에 대해 질문을 많이 받는다. 라이트룸에서는 JPEG 파일로 저장하지 않고 JPEG 형식(혹은 TIFF, DNG, PSD 형식)으로 내보내는 간단한 과정을 사용한다. 또한 내보내기하는 사진에 실행하는 자동 기능들도 추가되었다.

STEP 01

JPEG(혹은 TIFF, PSD, DNG) 형식으로 내보낼 사진을 선택한다.
사진은 [Library] 모듈의 Grid 보기 모드나 Filmstrip 영역에서 Ctrl +클릭(Mac: Command +클릭)을 이용해 선택한다.

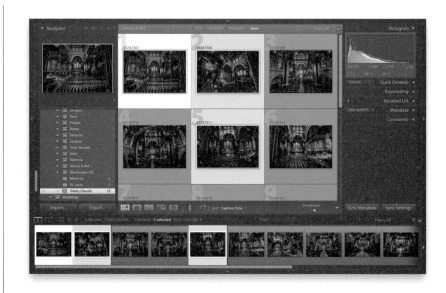

STEP 02

[Library] 모듈의 왼쪽 패널 영역 아랫부분에서 [Export] 버튼을 클릭한다. 다른 모듈이나 Filmstrip 영역에서 선택한 사진들은 Ctrl + Shift + E (Mac: Command + Shift + E)를 눌러 내보낸다. 어떤 방법이든 [Export] 창이 표시된다.

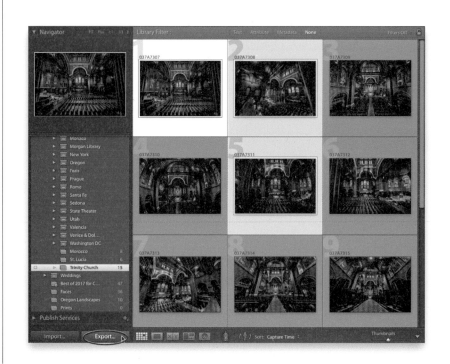

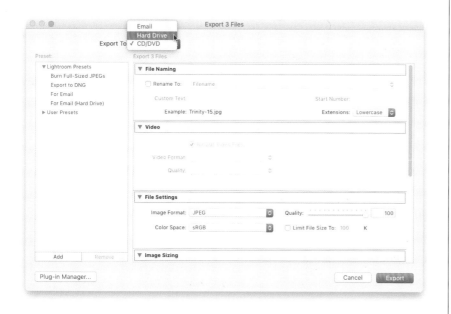

STEP 03

[Export] 창 왼쪽에 내보내기 프리셋이 있는데, 기본적으로 사진을 내보낼 때마다 일일이 설정할 필요가 없도록 추가된 것이다. 그러나 프리셋 기능은 직접 설정한 프리셋을 추가한 다음에 그 위력을 발휘한다(직접 만든 프리셋은 'User Presets' 영역에 저장된다).

내장된 어도비 프리셋은 나만의 프리셋을 만드는 시작점이 된다. 'Burn Full-Sized JPEGs'를 클릭하면 일반적인 JPEG 사진 설정이 자동 입력된다. 이제 처리 방식, 저장 위치 등을 직접 설정해서 매번 설정할 필요 없도록 프리셋으로 저장해 보자. 만약 사진을 디스크에 굽는다면, 컴퓨터 폴더에 저장해야 하므로 그림과 같이 Export To를 'Hard Drive'로 지정한다.

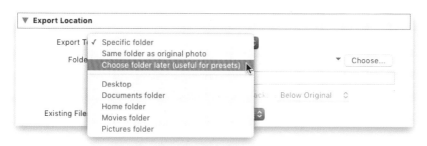

내보낼 사진의 저장 위치를 선택하는 Export To

STEP 04

창 윗부분부터 설정해 보자. Export Location 영역의 Export To에는 파일을 저장할 만한 위치 목록이 나타나는데, 프리셋을 만드는 경우 나중에 폴더를 선택하는 'Choose folder later'로 지정한다. 목록에 없는 폴더에 저장하려면 'Specific folder'로 지정하고 [Choose] 버튼을 클릭해서 저장할 폴더를 찾는다.

'Put in Subfolder'에 체크 표시하면 하위 폴더를 만들어 저장할 수 있다. 예제에서는 사진을 데스크톱의 [Trinity Church] 폴더에 저장하도록 설정했다.

RAW 파일을 JPEG 형식으로 내보낼 때 JPEG 파일을 라이트룸에도 추가하고 싶다면 'Add to This Catalog'에 체크 표시한다.

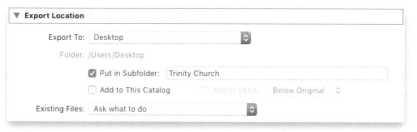

사진을 별도의 하위 폴더에 저장하는 Put in Subfolder

STEP 05

File Naming 영역은 사진 불러오기에 대한 챕터에서 배운 파일명 설정 기능과 같다. 내보내는 파일명을 재설정하지 않고 현재의 파일명을 유지하고 싶다면 'Rename To'의 체크 표시를 해제하거나 'File-name'으로 지정한다.

파일명을 재설정하려면 'Rename To'에 체크 표시하고 프리셋 중 하나를 선택하거나, 파일명 템플릿을 직접 만들었다면(106쪽 참고) 프리셋 목록에서 선택할 수 있다.

예제에서는 'Custom Name-Sequence'로 지정하고 Custom Text를 'Trinity Church'로 지정하여 파일명이 'Trinity Church-1', 'Trinity Church-2'와 같은 형식이 되도록 설정했다. 또한 Extensions에서 파일 확장자를 대문자(JPG)나 소문자(jpg)로 표기하도록 선택한다.

STEP 06

컬렉션 전체를 내보내는 데 DSLR로 촬영한 영상이 포함되어 있다고 가정하자. 영상도 포함해서 내보내려면, Video 영역에서 'Include Video Files'에 체크 표시한다.

체크 상자 아랫부분의 Video Format에서 영상형식을 선택하는데 'H.264'는 주로 모바일 기기를 위해 압축된 형식이며, 'DPX'는 일반적으로 시각효과 영상을 위한 형식이다.

Quality에서는 영상 화질을 선택한다. 'Max'는 최대한 원본 화실을 유시하고, 'High' 역시 고화질이지만 약간 느리다. 웹이나 고성능 태블릿을 위한 영상에는 'Medium'이 적합하다. 모바일 기기에 사용할 영상은 'Low'를 선택한다.

오른쪽의 Target을 통해 선택하는 형식에 따른 차이를 알 수 있다. 물론 영상이 없다면 Video 영역이 회색으로 비활성화된다.

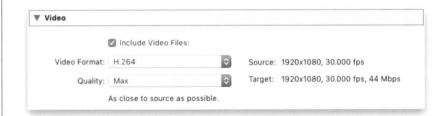

File Settings 영역의 Image Format에서 저장 파일 형식을 선택한다. 여기서는 'Burn Full-Sized JPEGs'를 선택했기 때문에 'JPEG'가 이미 선택되어 있지만 대신 'TIFF', 'PSD', 'DNG' 또는 원본이 RAW 형식이라면 'Original'로 지정하여 원본 형식을 내보낼 수 있다.

오른쪽의 Quality 슬라이더에서 화질을 설정하는데, 높은 설정일수록 파일의 크기가 커진다. 필자는 주로 '80'으로 설정하는데 화질과 파일 크기 사이의 균형이 적절하다.

필자는 포토샵을 사용하지 않는 사람에게 사진을 보내는 경우 Color Space를 'sRGB'로 지정한다. 'PSD', 'TIFF' 혹은 'DNG' 형식을 선택한 경우에는 색 공간, 비트, 압축 등을 설정할 수 있는 선택 항목들이 나타난다.

원본보다 작은 파일 크기로 사진을 저장하는 경우가 아니라면 Image Sizing 영역을 건너뛰어도 된다.

내보낼 사진은 원본 크기를 유지하도록 기본 설정되어 있다. 파일 크기를 변경하려면 Image Sizing 영역에서 'Resize to Fit'에 체크 표시한 다음 'Width & Height'를 선택해서 크기를 입력하고 Resolution을 설정한다. 혹은 목록에서 픽셀 단위로 크기를 설정할 수 있다.

또한 다른 응용 프로그램으로 사진을 출력하거나 웹에 올리는 경우 Output Sharpening 영역의 'Sharpen For'에 체크 표시하고 용도에 따라 적합한 샤프닝을 적용한다.

예제의 경우, 화면에서만 보는 용도인 'Screen'으로 지정했다. 또는 출력을 선택하는 경우에는 광택과 무광택 출력 인화지 중에서 선택한다. 필자는 보통 잉크젯 출력용은 Amount를 'High'로 지정하는데, 화면에서는 샤프닝이 과해 보이지만 출력에는 적합한 설정이다. 웹에서 사용할 파일을 내보내려면 'Standard'로 지정한다.

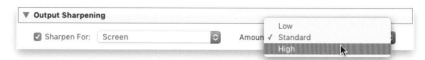

사진 용도에 따라 Output Sharpening 영역에서 샤프닝을 추가할 수 있다.

Metadata 영역에서 사진에 포함할 메타데이터를 다음 세 가지 중 선택한다.

❶ **All Except Camera Raw Info :** Camera Raw 데이터를 제외한 모든 메타데이터를 포함한다.

❷ **All Except Camera & Camera Raw Info :** 카메라와 Camera Raw 데이터를 제외한 모든 데이터(노출, 카메라의 제조 번호 등 의뢰인은 알 필요 없는 정보들을 숨긴다), 저작권과 연락처 정보만 포함한 데이터를 포함한다.

❸ **All Metadata :** 모든 메타데이터를 포함한다.

'All Metadata'나 'All Except Camera & Camera Raw Info'로 지정하면 'Remove Person Info'에 체크 표시하여 개인 정보를 제거하거나, 'Remove Location Info'에 체크 표시하여 GPS 데이터를 제거할 수 있다.

내보낼 사진에 워터마크를 추가하려면 'Watermark'에 체크 표시하고 간단한 저작권이나 저장한 워터마크를 선택한다.

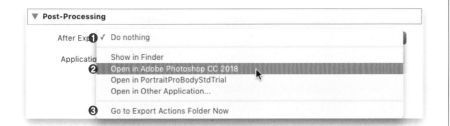

STEP 11

Post-Processing 영역의 After Export에서는 사진을 라이트룸에서 내보낸 다음의 처리 방식을 지정한다.

❶ **Do nothing :** 앞에서 설정한 폴더에 저장한다.
❷ **Open in Adobe Photoshop :** 내보낸 사진을 자동으로 포토샵에서 열거나 라이트룸 플러그인 또는 다른 응용 프로그램에서 열리게 할 수 있다.
❸ **Go to Export Actions Folder Now :** 라이트룸이 보내기 액션을 저장한 폴더를 불러온다. 그러므로 포토샵으로부터 특정 액션을 실행하고 싶다면, 드롭렛을 만들어 폴더에 만들어서 저장한다. After Export에서 드롭렛을 선택하면, 해당 액션은 포토샵에서 실행되고 라이트룸에서 보내기한 모든 사진에 적용된다(액션 설정 방법은 324쪽 참고).

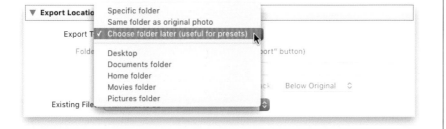

STEP 12

내보내기 설정을 마친 다음 프리셋으로 저장하면 다음에 JPEG 파일을 내보낼 때 일일이 모든 항목을 설정하지 않아도 된다.
더 효과적인 프리셋을 만들기 위해 몇 가지 설정이 필요하다. 예를 들어, 예제대로 설정하고 바로 프리셋으로 저장하면, 앞으로 내보낼 사진들도 모두 [Trinity Church] 폴더에 저장할 것이다. 대신 **STEP 04**에서 설명한 것처럼 Export Location 영역의 Export To에서 'Choose folder later'를 선택한다.

만약 내보낼 JPEG 파일들을 항상 특정 폴더에 저장하고 싶다면 [Choose] 버튼을 클릭하고 원하는 폴더를 선택한다. 항상 동일한 폴더로 사진을 내보낼 때 폴더에 동일한 파일명이 있는 경우를 위해 Existing Files에서 라이트룸이 자동으로 새 파일로 대체할지 다른 파일명으로 저장할지 선택한다. 여기서는 'Choose a new name for the exported file'로 지정하여 실수로 파일을 삭제하지 않도록 설정했다. 'Skip'으로 지정하면 동일한 파일명이 있는 경우 해당 JPEG 사진을 건너뛰고 보내지 않는다.

> **Tip**
>
> **프리셋을 사용할 때 파일명 재설정하기**
>
> 사진을 보내기 전에 새로운 파일명을 설정하지 않으면, 축구 경기 사진의 파일명이 'Trinity Church-1.jpg', 'Trinity Church-2.jpg' 등이 될 것이다.

보내기 설정을 프리셋으로 저장해 보자. 창 왼쪽 아랫부분에서 [Add] 버튼을 클릭한 다음 Preset Name을 입력한다. 여기서는 내보낼 파일의 형식과 저장 위치를 금방 알 수 있도록 'Hi-Res JPEGs/Save to Hard Drive'로 지정했다.

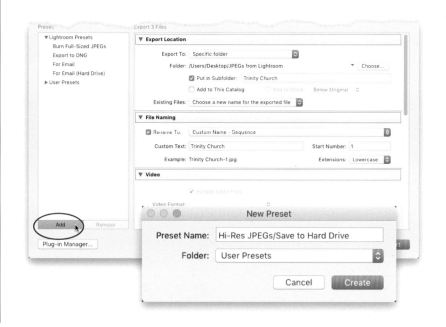

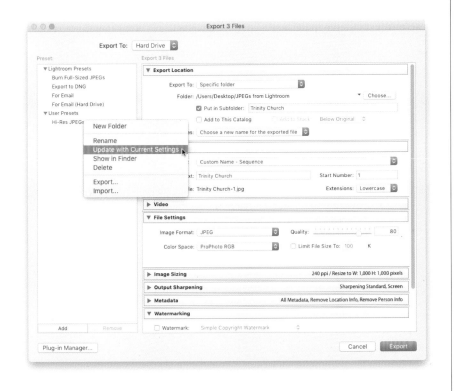

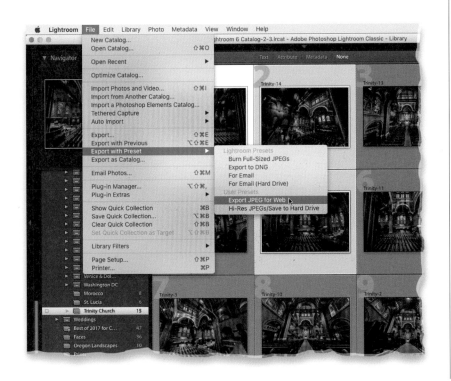

[Create] 버튼을 클릭하면 새 프리셋을 왼쪽 Preset 영역의 'User Presets'에 추가한다. 이제 한 번의 클릭으로 JPEG 파일을 내보낼 수 있다.

예제에서 Color Space를 'ProPhoto RGB'로 지정하고 'Watermark'의 체크 표시를 해제한 다음 프리셋 설정을 변경하려면, 프리셋을 마우스 오른쪽 버튼으로 클릭한 다음 **Update with Current Settings**를 실행하여 설정을 업데이트한다.

온라인을 위한 JPEG 파일 내보내기 프리셋을 설정해 보자.

웹을 위한 사진은 크기를 줄여야 하므로 Image Sizing 영역에서 Resolution을 '72ppi'로 설정하고, Output Sharpening 영역의 Sharpen For를 'Screen', Amount를 'Standard'로 지정한다. 또한 저작권 보호를 위해 'Watermark'에 체크 표시한다.

[Add] 버튼을 클릭해서 두 번째 프리셋을 저장한다. 알아보기 쉽도록 'Export JPEG for Web'과 같은 이름을 입력하면 좋을 것이다.

나만의 프리셋을 만든 다음에는 창을 거치지 않고 내보낼 사진을 선택한 다음 **[File]-[Export with Preset]**을 실행하여 프리셋을 적용할 수 있다.

이 방법으로 프리셋을 선택하면 추가 설정 단계 없이 사진을 내보낸다(예제의 경우 [Export JPEG for Web] 프리셋을 선택했다).

사진에 워터마크 추가하기

인터넷에 사진을 올릴 때 타인이 사진을 허가 없이 사용하는 것을 방지할 수 있는 방법은 거의 없다(유감스럽게도 항상 일어나는 일이다). 사진의 불법 사용을 막는 방법 중 하나는 타인의 작품을 훔쳤다고 모두가 알아볼 수 있도록 워터마크를 추가하는 것이다. 또한 많은 사진가가 사진 보호의 목적 외에도 스튜디오의 브랜딩과 마케팅을 위해 워터마크를 활용한다.

워터마크를 만들기 위해 Ctrl + Shift + E (Mac: Command + Shift + E)를 눌러 [Export] 창을 표시하고 Watermarking 영역에서 'Watermark'에 체크 표시한 다음 'Edit Watermarks'로 지정한다.

Note

워터마크에 대한 내용을 이번 챕터에 넣은 이유는 사진을 내보낼 때 추가할 수 있기 때문이다. 워터마크는 [Print] 모듈에서 출력하거나 [Web] 모듈에서도 추가할 수 있다.

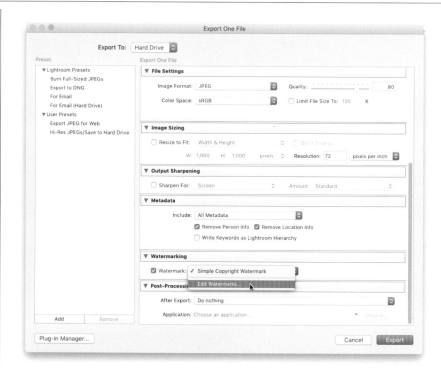

[Watermark Editor] 창에서 간단한 텍스트 워터마크를 만들거나, 스튜디오 로고나 포토샵에서 만든 그래픽 이미지를 불러와서 사용할 수 있다.
창 윗부분에서 Watermark Style을 지정한다. 기본적으로 창 왼쪽 아랫부분 입력란에 컴퓨터 사용자 프로필에 있는 이름을 표시한다. 워터마크 기본 위치는 사진 왼쪽 아랫부분이지만 원하는 위치로 옮길 수 있다.

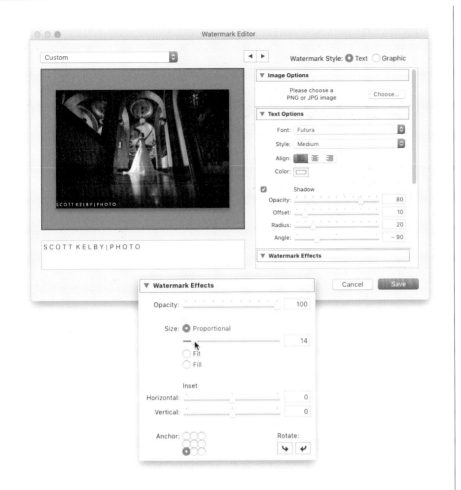

워터마크 텍스트를 설정해 보자. 입력란에 스튜디오 이름을 입력한 다음 오른쪽 Text Options 영역에서 Font와 Style을 선택한다. 예제에서는 'Futura', 'Medium'으로 지정했다(그림의 'SCOTT KELBY'와 'PHOTO' 사이에 있는 선을 파이프라고 부르는데 Shift + W를 눌러 만든다).

글자 사이에 간격을 두기 위해 각 글자 사이에 Space Bar를 눌렀다. Align에서 정렬 방식을 선택하고 Color에서 글꼴의 색상을 선택한다.

글꼴 크기는 Watermark Effects 영역의 Size 슬라이더로 조절하거나, 'Fit'을 선택해서 가로로 사진에 꽉 차게 설정하거나, 'Fill'을 선택해서 사진 전체에 채울 수 있다. 또한 미리 보기 모드 창에서 워터마크를 클릭하고 드래그해서 크기를 조절할 수 있다.

워터마크 위치는 Watermark Effects 영역 아랫부분 Anchor 그리드에서 선택한다. 오른쪽 아랫부분 핀을 클릭하면 워터마크를 사진 오른쪽 아랫부분에 놓는다. 가운데 핀을 클릭하면 워터마크를 사진 가운데에 놓는다.

오른쪽에 있는 두 개의 Rotate 아이콘으로 워터마크를 수직으로 회전할 수 있다. 또한, **STEP 02**에서 워터마크를 사진 측면으로부터 분리할 수 있다고 언급했는데, Inset 영역의 Horizontal과 Vertical 슬라이더로 워터마크를 원하는 위치로 옮길 수 있다. 슬라이더를 드래그하면 미리 보기 모드 창에 가이드 포인트가 나타난다.

마지막으로 윗부분 Opacity 슬라이더로 워터마크의 불투명도를 조절한다.

워터마크를 밝은 배경 앞에 놓는 경우 Text
Options 영역 Shadow를 조절하여 섀도우 밝기
를 조절하고, Offset 슬라이더로 워터마크와 섀도
우의 거리를 조절한다(오른쪽으로 드래그할수록
섀도우가 멀어진다).

Radius로 부드러운 정도를 조절한다. Angle로 섀
도우 위치를 조절하는데 기본 설정은 '−90'으로,
오른쪽 아랫부분에 섀도우가 표시된다. '145'로 설
정하면 섀도우가 왼쪽 윗부분에 표시된다.

'Shadow'를 체크/해제하여 비교한 다음 적합한
섀도우 설정을 찾는다.

다음은 스튜디오 로고와 같은 그래픽 워터마크를
추가해 보자.

[Watermark Editor] 창은 JPEG와 PNG 그래픽
이미지를 사용하므로 두 가지 중 하나의 형식으
로 로고를 만든다. 윗부분 Image Options 영역의
Please choose a PNG or JPEG image라고 쓰
인 곳에서 [Choose] 버튼을 클릭한 후 그래픽 워
터마크를 찾아 선택한다. 흰색 배경이 그대로 있
지만 다음 단계에서 수정할 것이다.

그래픽 워터마크 역시 텍스트와 같은 방법으로 설
정한다. Watermark Effects 영역에서 Opacity 슬
라이더를 왼쪽으로 드래그해서 투명하게 설정하
고, Size 슬라이더를 드래그하여 로고 크기를 조
절한다. Inset의 슬라이더들은 로고를 사진 가장
자리에서 분리한다. Anchor 그리드에서 워터마크
위치를 선택한다. 그래픽 워터마크를 사용하기 때
문에 Text Options와 Shadow 영역은 비활성화
된다.

포토샵에서 흰색 배경 레이어가 있어서
라이트룸 [Watermark Editor] 창에서 불러왔을 때
워터마크와 흰색 배경이 함께 나타나는 모습

'Background' 레이어를 휴지통 아이콘으로 드래그해서
삭제하고 PNG 파일로 저장해서 투명한 배경의
워터마크를 만든 모습

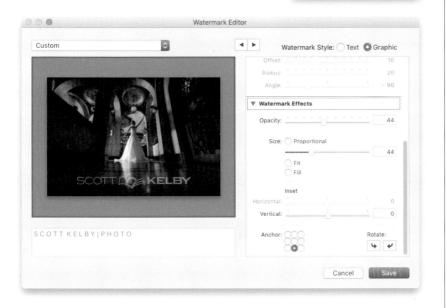

STEP 07

흰색 배경을 투명하게 만들려면 로고 파일을 포
토샵으로 불러온 다음 'Background' 레이어를
[Layers] 패널 아랫부분 'Delete Layer' 아이콘으
로 드래그해서 삭제해 그래픽 워터마크만 남긴다.
PNG 형식으로 저장하면 레이어를 압축해서 별도
의 파일로 저장하고 배경은 투명하게 나타난다.

STEP 08

[Watermark Editor] 창의 Image Options 영역에
서 새 PNG 워터마크 파일을 불러오면 흰색 배경
이 없는 워터마크가 사진에 나타난다.
이제 Watermark Effects 영역에서 크기, 위치, 불
투명도 등을 설정할 수 있다. 설정을 마친 후 워터
마크 프리셋으로 저장하면, 다시 사용이 가능하고
[Print]와 [Web] 모듈에서도 적용할 수 있다.
[Save] 버튼을 클릭하거나, 창 왼쪽 윗부분 팝업
메뉴에서 프리셋을 'Save Current Settings as
New Preset'으로 지정한다. 이제 한 번의 클릭으
로 워터마크를 적용할 수 있다.

라이트룸에서 메일로 사진 보내기

라이트룸 3와 이전 버전에서는 라이트룸에서 사진을 메일로 바로 보낼 수 없었기 때문에 에일리어스와 이메일 프로그램 단축키를 만들어 라이트룸 폴더에 넣는 복잡한 과정을 거쳤다. 이제는 간단한 과정으로 쉽게 사진을 이메일로 보낼 수 있다.

STEP 01

Grid 보기 모드에서 Ctrl +클릭(Mac: Command +클릭)으로 이메일로 보낼 사진을 선택한다. [File]−[Email Photos]를 실행하여 라이트룸의 이메일 창을 표시한다.

STEP 02

To에 사진을 보낼 이메일 주소를 입력하고 Subject에 이메일 제목을 입력하면 기본 이메일 응용 프로그램을 자동 선택하며, From에서 다른 응용 프로그램을 선택할 수 있다. Attached Files 영역에는 선택한 사진의 섬네일이 있다.

Tip

이메일 응용 프로그램이 메뉴에 없는 경우

From에서 'Go to Email Account Manager'를 선택한 다음 [Add] 버튼을 클릭해서 [New Account] 창을 불러온다. Service Provider에서 원하는 이메일 제공자를 선택한다. 만약 목록에 없다면 'Other'로 지정하고 서버 설정을 직접 입력해야 한다. Credential Settings 영역에서 이메일 주소와 패스워드를 추가하고 인증을 마치면 From이 추가된다.

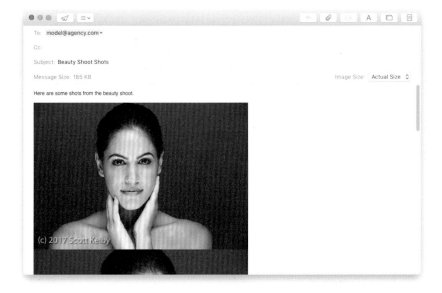

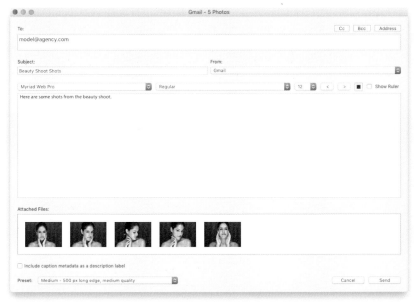

STEP 03

창 왼쪽 아랫부분에서 메일로 보내는 사진 크기를 설정할 수 있다.

사진을 원본 해상도 그대로 보내면 크기가 너무 커서 메일이 되돌아올 수 있기 때문에 크기를 재설정하는 것이 좋다.

네 개의 프리셋 중 적합한 크기와 화질을 선택한다. 이메일을 위해 만든 프리셋도 이 팝업 목록에 있으며, 새 프리셋을 만들고 싶다면 'Create new preset'으로 지정한다. [Export] 창이 표시되면 원하는 설정을 입력하고, 왼쪽 아랫부분에서 [+] 아이콘을 클릭하여 추가하면 이메일의 Preset 목록에 표시된다.

STEP 04

이메일 앱을 사용한다면, [Send] 버튼을 클릭했을 때 이메일 프로그램을 시작한 다음 이메일 창에서 설정한 모든 정보(주소, 제목 등)를 입력하고 사진을 선택한 크기와 화질의 파일로 추가한다.

이제 메시지를 입력하고 [Send] 버튼을 클릭해서 보낸다.

웹 메일을 사용하면 From에서 계정을 선택하고 대화창에 메시지를 입력할 수 있다. 메시지를 입력하고 [Send] 버튼을 클릭해서 이메일을 보낸다.

Tip

두 개의 이메일 프리셋 사용하기

어도비는 라이트룸의 [Export] 대화창에 두 개의 이메일 프리셋을 추가했다. 하나는 이번 레슨에서 배운 프리셋으로 'For Email'이라고 부른다. 또 하나는 나중에 이메일을 보내기 위해 사진을 하드 드라이브에 수동으로 저장하는 프리셋이다.

사진을 임시 저장하려면 **[File]—[Export with Preset]—[For Email (Hard Drive)]**을 실행한다. 저장 폴더를 선택하면 작은 크기(640×640픽셀, 화질 설정 50)의 JPEG 파일을 저장한다.

RAW 사진 원본 보내기

이번 챕터에서 지금까지 배운 것은 라이트룸에서 사진을 보정하고 JPEG이나 TIFF 형식의 파일로 내보내는 방법이었다. 이번 레슨에서는 원본인 RAW 파일을 내보내는 방법을 알아보자. 그리고 라이트룸에서 사진에 추가한 키워드와 메타데이터의 포함 여부도 설정할 수 있다.

라이트룸에서 내보낼 RAW 형식 사진을 클릭한다. RAW 파일을 내보내는 경우 라이트룸에서 적용한 설정(키워드, 메타데이터와 [Develop] 모듈에서 적용한 모든 설정)을 RAW 파일에 직접 기록할 수 없기 때문에 RAW 파일과 데이터를 저장한 XMP 보조 파일을 하나의 세트로 다루어야 한다.

Ctrl + Shift + E (Mac: Command + Shift + E)를 눌러 [Export] 창을 불러온 다음 왼쪽 'Lightroom Presets'에서 'Burn Full-Sized JPEGs'로 지정해 기본 설정을 입력한다. Export To을 'Hard Drive'로 지정하고, Export Location 영역에서 RAW 파일의 저장 위치를 지정한다(여기서는 데스크톱을 선택했다).

File Settings 영역에서 Image Format을 'Original'로 지정하면 타영역 대부분을 비활성화 한다.

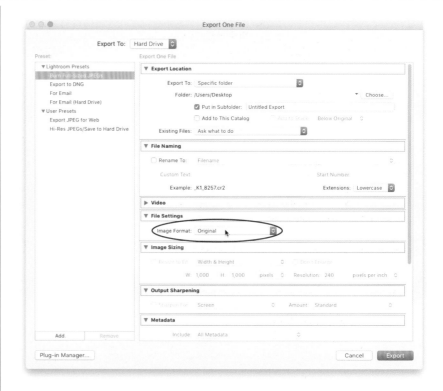

Tip

RAW 파일을 DNG 파일로 저장하기

Image Format을 'DNG'로 지정하고 'Embed Fast Load Data'에 체크 표시하면 파일에 미리 보기 이미지를 포함한다. 'Use Lossy Compression'에 체크 표시하면 JPEG 파일을 압축할 때처럼 원본의 75% 크기로 만든다. 의뢰인의 선택은 받지 못했지만 삭제하고 싶지 않은 사진들을 저장할 때 유용한 설정이다.

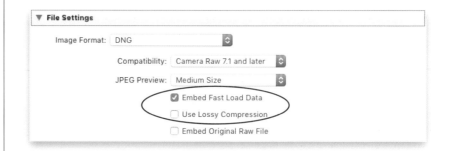

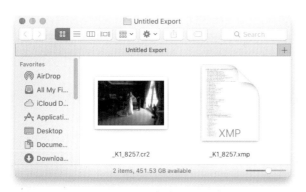

[Export] 버튼을 클릭하면 별도의 처리 과정이 필요 없기 때문에 사진이 몇 초 만에 저장 위치에 나타나며, 원본 파일과 XMP 보조 파일이 함께 저장 폴더에 있다. 두 개의 파일이 함께 있는 이상 XMP 파일과 호환되는 타 프로그램(예를 들어, 어도비의 Bridge와 Camera Raw 등의 프로그램)이 메타데이터를 사용해서 라이트룸에서 적용한 모든 설정을 그대로 유지한다.

파일을 외부인에게 보내거나 디스크에 저장할 때도 두 개의 파일을 함께 보내는 것을 잊지 말자. 편집 설정을 포함하지 않기로 결정했다면 XMP 파일을 보내지 않으면 된다.

XMP 파일을 첨부한 RAW 파일을 열었을 때 대비, 하이라이트, 섀도우, 선명도,
화이트 밸런스 보정과 분할 톤 효과 추가와 같은 편집 설정을 적용한 후의 사진이 나타나는 모습

XMP 파일을 첨부하지 않고 보낸 사진을 열었을 때 위에 편집 설정을 적용하지 않은
원본 사진이 나타나는 모습

포토샵을 사용하는 타인에게 RAW 원본 파일을 보낸 경우, 파일을 클릭하면 사진은 Camera Raw에서 열리며, XMP 파일까지 첨부했다면 상단의 예제 사진과 같이 라이트룸의 편집 설정을 적용한 사진이 나타난다.

아랫부분 예제 사진은 XMP 파일을 첨부하지 않은 RAW 파일의 모습으로 편집을 하지 않은 원본 사진이다.

클릭 두 번으로 사진 업로드하기

Flickr나 Facebook과 같은 사이트에 사진을 정기적으로 업로드하거나, 다른 하드 드라이브에 저장하거나, 혹은 아이폰에 사진을 저장하는 경우 드래그해서 드롭하는 자동 처리 과정을 사용할 수 있다. 그 외에도 최신 버전의 사진을 업로드하는 Publish Service라는 관리 기능도 있다. 몇 분만 시간을 투자해 기능을 설정해 두면 사진을 업로드하거나 컴퓨터 하드 드라이브나 외장 하드 드라이브에 저장할 때 시간을 절약할 수 있다.

STEP 01

[Publish Services] 패널은 [Library] 모듈의 왼쪽 패널 영역에 있다. 기본적으로 [Hard Drive], [Adobe Stock], [Facebook], [Flickr], 네 개의 템플릿을 설정할 수 있다. 각 템플릿 오른쪽의 'Set Up'을 클릭해서 템플릿을 설정한다.

과정이 가장 복잡한 [Flickr]부터 설정해 보자. 그리고 가장 간단한 하드 드라이브 템플릿 설정은 마지막에 알아볼 것이다.

[Adobe Stock]와 [Facebook] 템플릿은 [Flickr]와 유사하다. 'Set Up'을 클릭해서 계정 승인만 하면 된다.

[Flickr] 오른쪽 'Set Up'을 클릭한다.

STEP 02

[Lightroom Publishing Manager] 창은 두 가지 설정 기능을 제외하면 [Export] 대화상의 구성과 유사하다. 다른 점은 윗부분 Publish Service와 Flickr Account, 그리고 Flickr Title 영역과 아랫부분 Flickr의 Privacy and Safety 선택 기능이다.

[Authorize] 버튼을 클릭하면, 왼쪽 아랫부분 그림과 같이 Flickr 웹 사이트로 연결해서 로그인하고 라이트룸과의 연동을 승인하는 창을 불러온다. 아랫부분 [Authorize] 버튼을 클릭하면 Flickr.com의 설정을 마치고 라이트룸으로 돌아와 나머지 설정을 완료해야 한다고 알리는 창이 나타난다.

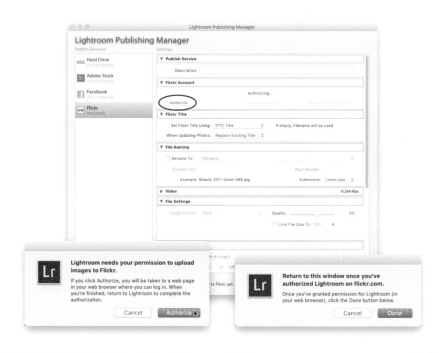

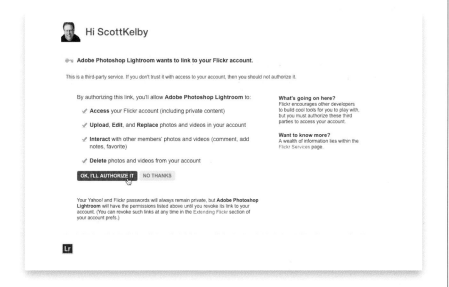

STEP 03

Yahoo 계정으로 로그인한 다음 Flickr.com으로 접속한다(Flickr 계정이 없다면 Yahoo 계정으로 가입한다). 예제와 같이 라이트룸과 연동하도록 설정하는 페이지를 찾아 승인 버튼을 클릭한다. 그리고 라이트룸으로 돌아가 나머지 설정을 완료한다.

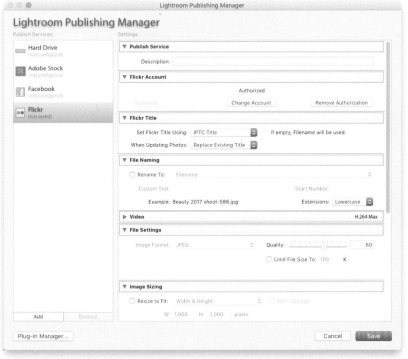

STEP 04

STEP 02에서 보았던 대화창에서 [Done] 버튼을 클릭하면 나머지 설정은 앞의 레슨에서 배운 보내기 설정과 유사하다. 창 아랫부분 Privacy and Safety 영역에서 업로드할 사진의 보안 설정을 한다.
마지막으로 [Save] 버튼을 클릭해서 Flickr 계정 설정을 마친다.

> **Tip**
>
> **어도비의 플러그인 다운로드하기**
>
> [Publish Services] 패널 아랫부분 [Find More Services Online] 버튼을 클릭하면 Adobe Add-Ons 사이트에 접속해서 Publish Service와 Export 플러그인을 추가할 수 있다. 추가 플러그인을 다운로드해서 설치하면 기본 템플릿 아랫부분에 추가한 플러그인이 나타난다. Export 플러그인을 설치하려면 [Lightroom Plug-In Manager]에서 목록 왼쪽 아랫부분의 [Add] 버튼을 클릭하고, 다운로드한 플러그인을 찾아 [Add Plug-In] 버튼을 클릭한다. 추가한 플러그인은 [Export] 창의 Export To에서 사용할 수 있다.

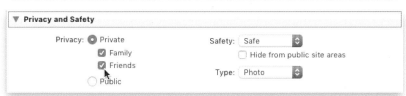

STEP
05

Flickr에 업로드할 사진들을 선택한 다음 드래그해서 [Publish Services] 패널의 [Flickr]로 드롭하면 'Photostream' 컬렉션이 나타난다. 'Photostream'을 클릭하면 그림과 같이 업로드할 사진들이 미리 보기 영역에 나타난다.

[Publish] 버튼을 클릭하기 전에는 실제로 Flickr에 사진을 업로드하지 않는다. 이 기능은 서로 다른 컬렉션에서 사진을 추가해서 한 번의 클릭으로 업로드할 수 있다는 장점이 있다.

STEP
06

패널 왼쪽 아랫부분의 [Publish] 버튼을 클릭하면, Preview 화면을 두 개의 영역으로 분할하고 각 사진의 업로드가 완료되면 아랫부분의 [Published Photos] 영역으로 이동한다. 모든 업로드를 완료하면 상단의 [New Photos to Publish] 영역이 사라진다.

사진을 업로드하는 동안 왼쪽 모퉁이에 작은 상태 표시줄이 나타나 진행 상황을 알려 준다.

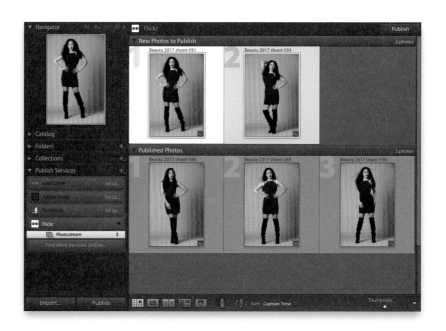

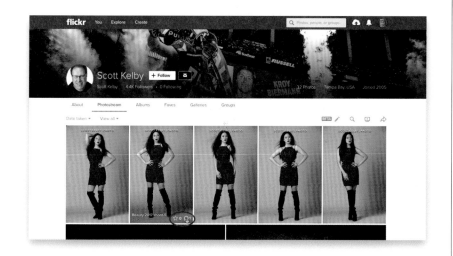

STEP
07

Flickr의 [Photostream] 웹 페이지에서 업로드한 사진들에 남긴 의견들을 라이트룸과 연동하도록 설정하면, 라이트룸의 오른쪽 [Comments] 패널에서 볼 수 있다. 예를 들어, Flickr 웹 사이트에서 두 번째 사진을 클릭하고, 아랫부분 입력란에 'The watermark needs to be moved to the bottom.'이라고 썼다.

STEP
08

STEP 07에서 쓴 코멘트를 라이트룸에서 보려면, [Publish Services] 패널에서 [Flickr]-[Photostream]을 실행하면 업로드한 사진들이 나타난다.

'Photostream'을 마우스 오른쪽 버튼으로 클릭한 다음 **Publish Now**를 실행하여 Flickr 계정에 새로 추가된 코멘트들을 확인하고 라이트룸으로 다운로드해서 [Comments] 패널에 추가한다. 또한 사진의 좋아요 태그의 개수도 표시한다.

STEP
09

라이트룸에서 업로드한 사진을 재보정하는 경우
Publish Service 기능을 사용해서 Flickr에 올
린 사진을 업데이트할 수 있다. 먼저 [Flickr]의
'Photostream' 컬렉션을 클릭한 다음 재보정할
사진을 클릭한다. 그리고 D를 눌러 [Develop]
모듈로 전환해서 보정한다.

예제에서는 [Basic] 패널에서 보정을 적용했
다. 재보정을 마친 다음에는 사진을 [Flickr]의
'Photostream'에 다시 업로드해야 한다.

STEP
10

[Library] 모듈의 [Publish Services] 패널로 돌아
가 [Photostream] 컬렉션을 클릭하면 사진을 업
로드할 때처럼 분할된 화면이 나타나고, 상단 영
역에 재보정한 사진이 있다. [Publish] 버튼을 클
릭하면 Flickr에 있는 사진을 입데이트한다. 물
론 실행을 완료하면 상단의 [Modified Photos to
Re-Publish] 영역이 사라진다.

다음은 [Publish Services] 패널의 [Hard Drive]
템플릿을 설정해 보자.

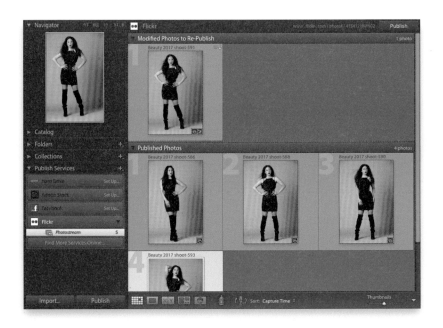

STEP 11

[Publish Services] 패널의 [Hard Drive] 컬렉션 오른쪽에서 'Set Up'을 클릭한다. 여기서는 복잡한 [Export] 창을 거치지 않고 고해상도 JPEG 파일을 드래그한 다음 하드 드라이브로 드롭해서 저장하도록 설정해 보자(이 방법을 [Export] 대화창에서 복잡한 단계를 거치지 않고 JPEG 파일을 하드 드라이브에 저장하는 간소화된 방법으로 활용해도 좋다).

템플릿 이름을 'Save as JPEG'로 지정하고 나머지는 고해상도 JPEG 파일을 하드 드라이브로 보내는 설정과 같다(292쪽 참고).

[Save] 버튼을 클릭하면 'Set Up' 대신 새로 설정한 템플릿 이름으로 대체해서 'Hard Drive: Save as JPEG'가 표시된다.

[Hard Drive]를 마우스 오른쪽 버튼으로 클릭하고 **Create Another Publish Service via "Hard Drive"**를 실행하여 템플릿을 추가할 수 있기 때문에 예제와 같이 다양한 저장 설정 템플릿을 만들면 편리하다.

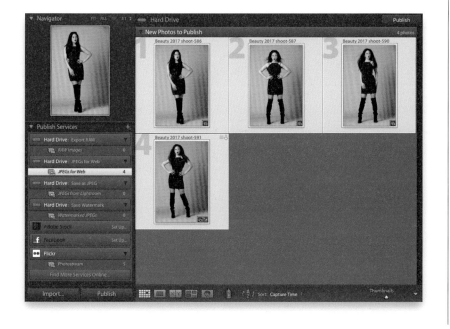

STEP 12

[Publish Services] 기능을 사용해서 사진을 하드 드라이브에 저장해 보자. [Library] 모듈에서 JPEG 형식으로 저장할 RAW 형식 사진을 선택한다(JPEG 파일을 선택해도 상관없다).

사진을 드래그해서 'Hard Drive: Save as JPEG' 템플릿에 드롭한다. 이후의 과정은 사진을 Flickr에 업로드하는 방법과 차이가 없다. 사진이 [New Photos to Publish] 영역에 나타나고 [Publish] 버튼을 클릭하면 선택한 저장 위치에 사진이 JPEG 형식으로 저장된다.

Photo by Scott Kelby   Exposure: 1/250 sec | Focal Length: 28mm | Aperture Value: ƒ/7.1

CHAPTER 10

LR WITH PHOTOSHOP
포토샵으로 전환하기

라이트룸 클래식이 아무리 강력해졌다고 해도 필요한 특정 효과를 만들기 위해서 포토샵의 힘을 빌려야 하는 경우가 있다는 사실을 아는 것이 중요하다. 약간의 역사적 관점을 알면 어떤 경우에 포토샵으로 전환해야 하는지 이해하는 데 도움이 될 것이다.

라이트룸 1.0은 11여 년 전에 출시되었다. 이렇게 얘기하면 그 역사가 길지 않은 것처럼 보이겠지만, 사실 아이폰보다 전에 탄생했다. 그 시절 휴대전화기는 1960년대 소련 소유스 우주선에서 나온 것처럼 생긴 작은 흑백 화면이 있는 모토로라나 노키아 플립 폰이었다. 휴대전화기로 앱이나 게임도 사용할 수 없었고, 심지어 트위터도 없었다(그 당시에 누군가에게 '트위터'를 언급하면 새가 지저귀는 소리를 떠올렸을 것이다). 그래서 병원이나 면허시험장 혹은 모든 형태의 대기실에서 요즘처럼 휴대전화기를 꺼내 영상을 보거나 SNS에 포스팅을 하지 않았다. 그저 벽을 보고 울면

서 고통스러운 지루함을 거두어 달라고 신께 기도하고 앉아 있었다.

잠시 샛길로 빠졌다. 어디까지 얘기했더라? 아, 맞다. 포토샵. 어쨌든 그때의 라이트룸은 기능도 몇 개밖에 없었고, 슬라이더 대다수는 제대로 기능들과 연동되지도 않았다. 어도비도 물론 그 점을 알고 있었으므로 산호세 본사 지하에 있는 광대한 지하 묘지에서 비밀 회의를 열었다. 이 회의에는 국제 부흥 개발 은행과 동방 성전 기사단(역주: 캘리포니아의 흑마술 종교 광신도 집단) 대표들도 참여했는데, 사용자들이 중요한 요소들이 없어진 사실을 알아채지 못하도록 라이트룸과 포토샵이 매끄럽게 연동되도록 만들기로 결정했다. 그들의 계획은 성공적이었다. 사실 그 놈의 쓸데없이 참견이 심한 아이들과 일루미나티만 아니었다면 아마 지금까지도 발각되지 않았을 것이다.

포토샵으로 파일 보내기 설정하기

사진을 라이트룸에서 포토샵으로 가져가서 편집할 때, 기본적으로 ProPhoto RGB 색상, 16비트, 240ppi로 설정한 TIFF 형식 복제 파일을 만든다. 그러나 PSD나 TIFF 형식으로 보내거나 비트 깊이(8비트나 16비트), 색상 프로필 등 다른 파일 설정을 원하는 경우 직접 설정할 수 있다.

STEP 01

Ctrl + ,(Mac: Command + ,)를 눌러 라이트룸 [Preferences] 창을 표시한 다음 [External Editing] 탭을 선택한다.

컴퓨터에 포토샵을 설치했다면 컴퓨터를 기본 외부 편집 프로그램으로 자동 선택한다.

❶ **File Format** : 포토샵으로 보낼 파일의 형식을 지정한다. 필자는 'TIFF' 형식보다 크기가 훨씬 작은 'PSD' 형식을 지정한다.
❷ **Color Space** : 색 공간을 지정한다. 어도비는 'ProPhoto RGB'를 추천하는데, 어느 색 공간을 선택하든 포토샵의 색 공간 설정도 동일하게 지정한다.
❸ **Bit Depth** : 비트 깊이를 설정한다. 어도비는 최상의 결과를 위해 '16bits'로 설정하도록 추천하는데, 필자는 대부분의 경우 '8bits'를 선택한다.
❹ **Resolution** : 해상도이다. 기본 설정인 '240ppi'를 유지한다.

두 번째 사진 편집 프로그램을 추가하려면 Additional External Editor 영역에서 지정한다.

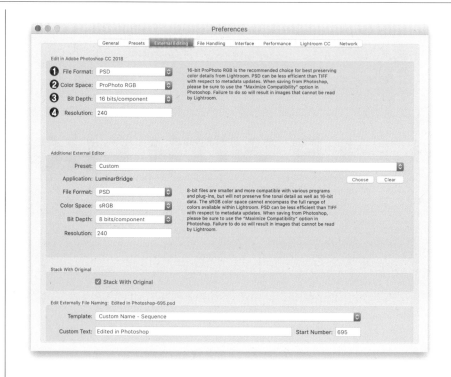

STEP 02

다음은 라이트룸으로 다시 전환한 다음 사진을 찾기 쉽도록 편집한 복제 파일을 원본과 함께 저장하는 'Stack With Original'을 항상 체크한 상태로 유지한다(이 기능에 대해서는 다음 레슨에서 더 알아볼 것이다).

마지막으로, 포토샵으로 보내는 파일의 이름을 선택할 수 있다. 창 아랫부분 Edit Externally File Naming 영역에서 [Import] 창과 유사한 파일명 선택 항목 중 선택한다.

라이트룸은 간단한 기본 편집 기능은 탁월하지만, 특수 효과나 고급 보정 기능은 없다. 포토샵처럼 레이어나 필터 기능 등도 없으며, 보정 범위도 한계가 있다. 그러므로 작업 중 포토샵으로 전환해서 편집한 다음 다시 라이트룸으로 돌아와서 출력이나 프레젠테이션을 마무리해야 하는 경우가 생긴다. 다행히 두 프로그램은 처음 만들 때부터 서로 호환되도록 디자인되었다.

포토샵으로 전환과 돌아오기

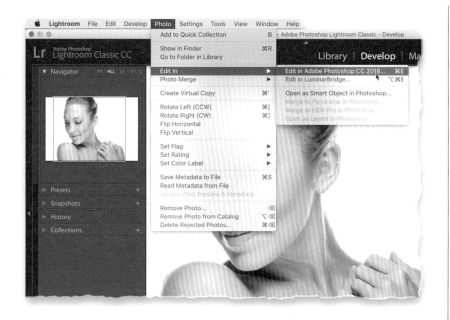

20초 레슨

작업하던 사진을 포토샵으로 가져가려면, [Photo]-[Edit in]-[Edit in Adobe Photoshop] ([Ctrl]+[E](Mac: [Command]+[E]))을 실행하여 복제 파일을 포토샵으로 보낸다. 포토샵에서 필요한 편집 설정을 적용한 다음 파일을 저장하고 창을 종료하면 라이트룸으로 다시 전환된다.

이제 본격적으로 프로젝트를 시작해 보자. 게다가 이번 레슨에서는 덤으로 몇 가지 포토샵 기법들도 배울 수 있다.

STEP 01

[Ctrl]+[E](Mac: [Command]+[E])를 눌러 포토샵에서 사진을 연다. 원본이 RAW 형식이라면 복제 파일을 포토샵으로 보내지만, JPEG나 TIFF 모드로 촬영한 사진이면 [Edit Photo with Adobe Photoshop] 창이 표시된다.

창에서 ❶ 라이트룸 보정 설정을 적용한 복제 파일을 보내거나, ❷ 보정 설정을 적용하지 않은 원본 사진 복제 파일을 보내거나, ❸ 라이트룸 보정 설정을 적용하지 않은 JPEG나 TIFF 원본 파일을 보내도록 선택한다. 예제에서는 JPEG 파일을 가지고 작업하기 때문에 첫 번째 항목을 선택했다. 라이트룸 편집 설정을 적용한 복제 파일을 가지고 작업할 것이다.

STEP 02

예제 사진은 포토샵으로 가져온 복제 파일이다. 포토샵에서 사진 두 개를 합성해서 다중 노출 효과를 만들어 보자(웹 광고, 사이트 배너 등에 사용되며 최근에 꽤 인기가 높다).

빠른 선택 도구(W)를 선택하고 윗부분 옵션바에서 [Select Subject] 아이콘을 클릭한 다음 자동 영역 선택 기능을 사용하거나 직접 선택한다. 어느 방법을 사용하든 피사체 경계를 따라 영역 선택 경계선을 만든다. 직접 영역 선택 경계선을 드래그하려면 피사체 경계선을 잘 볼 수 있도록 Ctrl + + (Mac: Command + +)를 눌러 사진을 확대하고, 작은 영역을 드래그하는 데 도움이 되도록 브러시 크기를 작게 설정한다(①를 누르면 브러시가 작아지고 ①를 누르면 커진다).

이 도구는 영역 선택에 탁월하기 때문에 과정이 오래 걸리지 않을 것이다. 손 도구를 더블클릭하면 확대한 사진을 줌아웃한다.

STEP 03

영역 선택이 완료되면 Ctrl + J (Mac: Command + J)를 눌러 피사체만 복사하여 별도의 레이어로 만든다. 예제 사진에서는 여러분이 새로 만든 레이어를 볼 수 있도록 [Layers] 패널에서 흰색 배경이 있는 'Background' 레이어 섬네일 왼쪽에 있는 눈 아이콘을 클릭해서 숨겼다.

피사체 뒤 회색과 흰색의 격자무늬 배경은 해당 영역이 투명하다는 표시이다. 이와 같이 투명한 배경 레이어를 별도로 만드는 것이 이번 기법의 핵심이다.

STEP 04

앞의 사진과 다른 사진을 포토샵에서 합성해 보자. 예제에서는 뉴욕의 스카이라인 사진을 사용하려고 한다.

사진을 클릭하고 Ctrl + E (Mac: Command + E)를 눌러 사진을 포토샵에서 연다. 창 윗부분에 'nyc skyline.jpg'라고 표시된 탭이 보이는가? 이와 같은 포토샵 탭 기능을 활성화하면, 각 사진의 탭을 클릭해서 다른 사진을 선택해 작업할 수 있다.

스카이라인 사진을 선택하고 Ctrl + A (Mac: Command + A)를 눌러 사진 전체를 선택한다. 다음은 사진을 복사해서 헤드샷 사진에 붙일 것이다.

Ctrl + C (Mac: Command + C)를 눌러 사진을 복사하고 [BeautyHeadshot1.jpg] 탭을 클릭하여 헤드샷 사진으로 전환한 다음 Ctrl + V (Mac: Command + V)를 눌러 붙인다. 붙인 사진은 별도의 레이어로 만들어진다.

이제 레이어가 세 개일 것이다.

❶ Background : 원본 피사체 사진
❷ Layer 1 : 투명한 배경의 피사체 사진
❸ Layer 2 : 스카이라인 사진

STEP 05

다시 피사체 윤곽을 따라 영역을 선택해야 하는데, 단축키를 사용하면 쉽다. Ctrl (Mac: Command)을 누른 채 [Layers] 패널의 'Layer 1' 섬네일을 클릭하면 자동으로 영역이 표시된다. 이때, 가장 윗부분 'Layer 2'가 활성화되어 있는지 확인하자. [Layers] 패널 아랫부분에서 [Add a mask] 아이콘을 클릭하면, 그림과 같이 스카이라인 사진이 앞에서 선택한 피사체 형태로 만들어진다.

선택은 자동으로 해제되므로 신경 쓰지 말자.

STEP 06

스카이라인과 아래 레이어에 있는 피사체 이미지를 합성하기 위해 스카이라인 레이어의 블렌드 모드를 'Overlay'로 지정한다.

블렌드 모드는 현재 선택한 레이어와 아래 레이어의 상호 작용 방식을 결정하는데, 기본 설정인 'Normal'은 단순히 아랫부분 레이어를 덮는 설정이다.

포토샵에는 스물일곱 가지 블렌드 모드가 있는데 사진에 따라 다른 결과가 나타난다. Ctrl+[+] (Mac: Command+[+])를 누를 때마다 다른 블렌드 모드가 적용되므로, 계속 단축키를 누르다가 마음에 드는 블렌드 모드에서 멈춰도 좋다.

필자는 'Soft Light', 'Hard Light', 'Pin Light', 'Subtract' 블렌드 모드도 마음에 든다.

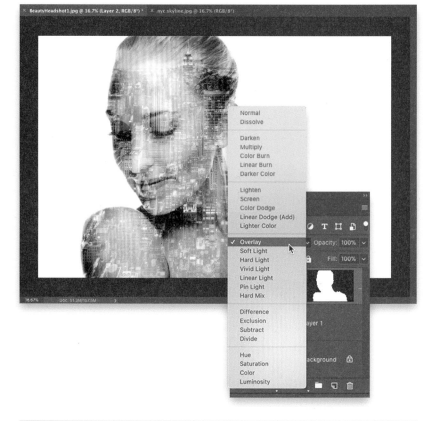

STEP 07

이번에는 원본 사진 일부도 함께 보이도록 만들 것이다. 그러나 스카이라인 레이어와 혼합할 이미지도 있어야 하기 때문에 아랫부분 레이어도 여전히 필요하다. 이제 할 일은 투명한 배경이 있는 피사체 레이어를 복제해서 가장 위로 드래그하는 것이다.

[Layers] 패널에서 투명 배경이 있는 'Layer 1'을 클릭하고 Ctrl+[J] (Mac: Command+[J])를 눌러 복제 레이어를 만들면 스카이라인 레이어 아랫부분에 표시되기 때문에 아무 변화도 볼 수 없다.

복제 레이어를 윗부분으로 드래그하여 이동하면, 그림과 같이 처음 시작할 때와 동일한 모습이 나타난다.

STEP 08

이제 복제 레이어를 검은색 레이어 마스크 뒤에 숨겨서 원하는 영역만 보이도록 설정할 것이다. Alt (Mac: Option)를 누른 채 [Add a mask] 아이콘을 클릭한다. 복제 레이어가 검은색 마스크 뒤에 숨는다.

브러시 도구(B)를 선택하고, 옵션바에서 크고 경계가 부드러운 브러시를 선택한 다음, Size를 '1800px', Opacity를 '50%'로 설정해 불투명도를 낮춘다.

STEP 09

도구상자 아랫부분 전경색이 흰색인지 확인한다 (흰색이 아니면 흰색이 될 때까지 X 를 누른다). 원본 사진에서 보이기 원하는 영역을 드래그한다. 예제에서는 얼굴 왼쪽을 드래그했다. 경계가 부드러운 브러시를 사용하기 때문에 다른 레이어 이미지와 자연스럽게 혼합된다. 얼굴에 여전히 스카이라인이 보이는데, 얼굴이 더 많이 보이기를 원한다면 브러시로 얼굴을 한 번 더 드래그한다. 불투명도를 '50%'로 설정한 브러시로 드래그하기 때문에 한 번 더 드래그해서 효과를 추가 적용할 수 있다.

STEP 10

작업을 완료한 후에는 모든 레이어를 제거해 한 개의 사진으로 병합하거나([Layers] 패널 메뉴에서 **Flatten Image** 실행), 모든 레이어를 그대로 유지한 채 라이트룸으로 가져가도록 선택한다(자세한 방법은 다음 레슨 참고). 그러나 어느 방법을 선택하든지 다음 단계는 동일하다.

Ctrl + S (Mac: Command + S)를 눌러 설정을 저장하고, Ctrl + W (Mac: Command + W)를 눌러 이미지 창을 닫는다. 이제 라이트룸으로 돌아가 헤드샷 사진 컬렉션에서 포토샵에서 편집한 사진을 원본 사진 옆에서 찾을 수 있다. 컬렉션 대신 폴더를 사용한다면, 포토샵에서 편집한 사진은 폴더 안 끝에서 찾을 수 있다.

STEP 11

포토샵에서 편집한 사진은 이제 라이트룸에서 다른 사진과 마찬가지로 작업을 실행할 수 있다. 이번에는 편집한 사진을 흑백으로 변환하고 약간의 필름 입자 효과를 추가해 마무리해 보자(필자는 자주 흑백 변환 사진이 전통적인 흑백 필름으로 촬영한 사진처럼 보이도록 필름 입자 효과를 추가한다). 물론 [Develop] 모듈에 있는 슬라이더나 프로필을 사용해도 되지만, 우선 왼쪽 패널 영역에 있는 [Presets] 패널의 'B&W' 프리셋 컬렉션에서 'B&W High Contrast' 프리셋을 클릭해서 적용한다. 그리고 같은 패널에 있는 'Grain'에서 'Medium'을 선택해서 필름 입자 효과를 적용한다. 다시 정리하면, Ctrl + E (Mac: Command + E)를 눌러 선택한 사진을 포토샵에서 열고 편집 설정을 적용한 다음 설정을 저장하고 종료하면 편집한 사진이 라이트룸에 표시된다. 포토샵에서 만든 레이어를 그대로 유지한 채 파일을 저장하는 방법에 대한 다음 레슨도 도움이 될 것이므로 읽기 바란다.

사진을 포토샵으로 가져가서 다수의 레이어를 추가하고 저장한 다음 종료하면, 레이어들은 그대로 유지된다. 그러나 라이트룸에서는 그 사진이 마치 레이어를 병합한 사진처럼 단일 이미지만 보인다. 이번에 알아볼 것은 레이어가 있는 사진을 포토샵에서 다시 열어도 레이어를 그대로 유지하는 비법이다.

포토샵 레이어 유지하기

STEP 01

앞 레슨에서 작업한 것처럼 레이어 여러 개를 가진 사진을 병합하지 않은 채 저장하고 포토샵을 종료해도 라이트룸에서는 병합된 버전의 사진만 볼 수 있다. 라이트룸에는 레이어 기능이 없어서 보이지 않을 뿐 레이어는 그대로 있다. 레이어가 보고 싶거나 작업해야 할 때는 포토샵으로 돌아가야 한다. 그러기 위해서는 라이트룸에서 레이어가 있는 사진을 Ctrl+E (Mac: Command+E)를 눌러 포토샵에서 열어야 한다.
이때 라이트룸에서 실행한 편집 설정을 적용한 복제 파일을 편집하겠냐고 묻는 창이 표시되면 그림과 같이 'Edit Original'을 선택해야 한다.

STEP 02

'Edit Original'을 선택하면([Edit Photo with Adobe Photoshop] 창에서 'Edit Original'을 선택하는 경우는 이번뿐이다), 포토샵에서 모든 레이어들이 그대로 있는 것을 확인할 수 있다.
창에서 'Edit Original'을 선택하지 않으면, 병합한 버전의 사진을 내보낸다. 그러므로 레이어가 있는 사진을 열었는데 포토샵에서 레이어가 보이지 않는다면, 'Edit Original'을 선택하지 않았다는 것을 알 수 있다.

라이트룸 작업 과정에 포토샵 액션 추가하기

라이트룸에서 보정을 마치고 포토샵에서 적용하고 싶은 마무리 작업이 있는 경우, 사진을 내보내서 포토샵을 시작하고 설정을 적용한 다음 파일을 닫는다. 그 과정을 포토샵에서 액션으로 기록하면 간편하게 적용할 수 있다.
액션을 만들어 라이트룸과 연동하는 방법을 알아보자.

포토샵에서 [Ctrl]+[E](Mac: [Command]+[E])를 눌러 사진을 불러온다.

예제에서는 사진에 깔끔한 매트 테두리를 추가하고, 외부에 검은색 프레임을 추가한 다음 사진 아랫부분에 명판을 넣는 포토샵 액션을 만들어 보자. 액션을 만든 다음에는 라이트룸에서 최종 사진을 보낼 때 사진에 매트를 두른 프레임을 자동으로 적용할 수 있다.

액션을 만들기 위해 **[Windows]–[Actions]**를 실행한다. [Actions] 패널에서 [Create new action] 아이콘을 클릭한다([Layers] 패널의 [Create a new layer] 아이콘과 똑같이 생겼다).

[New Action] 창에서 액션 이름을 지정하고 [Record] 버튼을 클릭하면, 지금부터 적용하는 설정이 기록된다. 예제에서는 액션 이름을 'Add Frame'으로 지정했다.

사진을 'Background' 레이어와 분리해서 별도의
레이어로 만들어야 한다.

Ctrl + A (Mac: Command + A)를 눌러 사진 전체를
선택하고, Ctrl + Shift + J (Mac: Command + Shift
+ J)를 눌러 사진을 'Background' 레이어와 분
리해 별도의 레이어로 만든다. 분리한 사진은 이
제 'Layer 1'이 되고 'Background' 레이어는 비
어 있다.

흰색 테두리를 만들어 보자. [Image]-[Canvas
Size](Ctrl + Alt + C (Mac: Command + Option + C))
를 실행한다. [Canvas Size] 창 아랫부분에서
Canvas extension color를 'White'로 지정한 다
음 'Relative'에 체크 표시하여 활성화한다(복잡한
계산 과정 없이 원하는 크기의 공간을 현재 치수에
추가하는 방식).

Width를 '4Inches', Height를 '6Inches'로 설정해
서 사진 옆면보다는 아랫부분에 더 넓은 공간을
추가하도록 설정하고 [OK] 버튼을 클릭했다.

이동 도구(V)를 선택하고 캔버스에 있는 사진을
위로 1인치 정도 드래그해서(사진이 옆으로 비껴
가지 않도록 Shift 를 누른 채 드래그) 명판을 넣
을 여분의 공간을 만든다.

STEP
05

다시 사진을 선택 영역으로 설정하기 위해 [Layers] 패널에서 Ctrl (Mac: Command)을 누른 채 'Layer 1' 섬네일(파리 사진)을 클릭해 사진 전체를 선택한다.

선택 영역을 사방으로 1/2인치 더 크게 만들기 위해(매트 프레임을 만들기 위해) **[Select]−[Transform Selection]**을 실행해서 변형 경계선으로 전환한다.

각 면의 중앙 조절 핸들을 클릭하고 사진으로부터 1/2인치 떨어진 외부 지점까지 드래그한다. 네 면모두 똑같이 경계선과 거리가 1/2인치여야 한다 (Ctrl + R (Mac: Command + R)을 눌러 Rulers 기능을 사용해 거리를 정확하게 설정할 수 있지만. 사실 필자는 눈대중으로 설정한다). 예제 사진과 같은 결과가 되면 Enter (Mac: Return)를 눌러 선택 영역 재조정 작업을 마친다.

STEP
06

새로 선택한 영역은 흰색으로 채울 것이지만, 이 매트는 사진 밑에 있어야 하므로 [Layers] 패널에서 [Create a new layer] 아이콘을 클릭해서 새 레이어를 추가한다.

만들어진 새 레이어를 파리 사진 레이어 아래로 드래그한다. 선택 영역은 그대로 있으므로 D를 누르고 X를 눌러 전경색을 흰색으로 지정한 다음 Alt + Delete (Mac: Option + Delete)를 눌러 매트 선택 영역을 흰색으로 채운다.

Ctrl + D (Mac: Command + D)를 눌러 선택을 해제한다.

매트 효과를 만들기 위해 [Layers] 패널에서 [Add a layer style] 아이콘을 클릭하고, [Layer Style] 창에서 [Inner Glow]를 선택한다. Blend Mode를 'Normal', Opacity를 '26%'로 설정한 다음 색상을 검은색으로 지정한다. Size를 '19px'로 설정하고 [OK] 버튼을 클릭하면 흰색 상자 안에 선이 가는 다란 그림자가 만들어져 마치 매트지 프레임을 사진 위에 놓은 것과 같은 효과가 생긴다.

STEP 07

이미지 영역 둘레에 검은색 테두리를 추가할 것이다. [Layers] 패널에서 'Background' 레이어를 클릭하고 Ctrl+A(Mac: Command+A)를 눌러 'Background' 레이어 전체를 선택한다. [Layers] 패널 아랫부분에서 [Create a new layer] 아이콘을 클릭해서 그림과 같이 'Background' 레이어 바로 위에 새 레이어를 추가한다.

STEP 08

이미지 가장자리에 선을 추가하기 위해 **[Edit]-[Stroke]**를 실행한다. 선이 선택 영역 내부에 나타나도록 하기 위해 Location을 'Inside', Width를 '100px'(고해상도 이미지이기 때문에 생각보다 두껍지 않을 것이다), Color를 검은색으로 지정하고 [OK]를 클릭한다.

전체 이미지 테두리에 검은색 프레임이 추가된다. Ctrl+D(Mac: Command+D)를 눌러 선택을 해제한다.

STEP 09

사진 아래에 명판을 추가해 보자. 문자 도구(T)를 선택하고 사진 아랫부분을 클릭한 다음 여러분의 이름이나 스튜디오 이름을 입력한다. 예제에서는 필자의 이름을 입력하고 Shift+W를 눌러 분리 선을 만든 다음 'PHOTOGRAPHY'를 입력했다. 글꼴을 'Gil Sans Light', 크기를 '2'로 지정한 다음, 텍스트 위치를 가운데로 맞추고 불투명도를 약간 낮춰 사진과 대립하지 않도록 글자를 회색으로 만들었다.

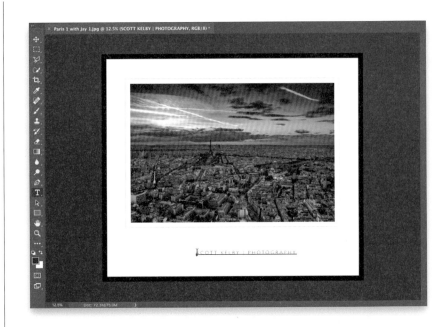

STEP 10

사진 아래에 있는 텍스트 위치를 가운데로 이동하기 위해 이동 도구를 선택하고, Ctrl(Mac: Command)을 누른 채 텍스트 레이어와 'Background' 레이어를 일괄 선택한다.
텍스트를 이동하기 위해 옵션바에서 [Align Horizontal Centers] 아이콘을 클릭하고 [Layers] 패널에서 'Type' 레이어를 클릭한 다음 Opacity를 '50%'로 설정해 회색으로 만든다. Ctrl+S(Mac: Command+S)를 누르고 Ctrl+W(Mac: Command+W)를 눌러 파일을 저장한 다음 닫는다.

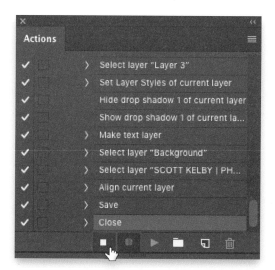

STEP
11

STEP 02의 액션 설정을 기억하는지 모르겠지만,
지금까지의 모든 과정을 기록했다.

[Actions] 패널 아랫부분에서 [Stop] 아이콘을 클
릭한다. 이제 액션을 실행하면 효과를 적용하고
파일을 저장한 다음 닫을 것이다.

액션을 만든 후에는 과정이 제대로 기록되었는지
한 번 확인하는 것이 좋으므로 라이트룸에서 다른
사진을 선택하고 Ctrl + E (Mac: Command + E)를
눌러 사진을 포토샵으로 가져온다.

[Actions] 패널에서 'Add Frame' 액션을 선택하
고 아랫부분에서 [Play] 아이콘을 클릭한다. 그러
면 효과를 신속하게 적용하고 파일을 저장하고 닫
은 다음 라이트룸으로 보낼 것이다. 결과가 만족
스럽다면 마지막 단계로 넘어간다.

STEP
12

액션을 드로플렛으로 만들어 보자. 드로플렛은 라
이트룸에서 사용할 수 있다. 사진을 드래그해서
드로플렛으로 드롭하면, 자동으로 포토샵을 시작
하고 그 사진을 연 다음, 드로플렛으로 만든 액션
을 적용하고 파일을 저장한 다음 닫는 과정이 자
동 실행된다. 드로플렛을 만들기 위해 포토샵에서
[File]-[Automate]-[Create Droplet]을 실행
한다.

STEP
13

[Create Droplet] 창에서 [Choose] 버튼을 클릭
하고 드로플렛 저장 위치로 데스크톱을 선택한 다
음 드로플렛 이름을 'Add Frame'으로 지정한다.
Play 영역에서 Action을 'Add Frame'으로 지정
한다. 창의 나머지 영역은 그대로 두고 [OK] 버튼
을 클릭한다. 이제 데스크톱을 보면 그림과 같이
드로플렛의 이름을 가리키고 있는 큰 화살표 아이
콘이 표시된다.

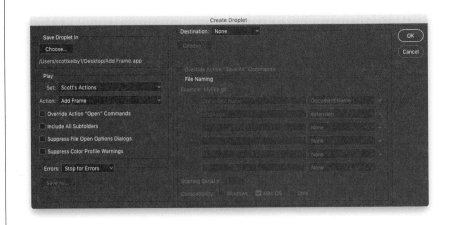

STEP
14

포토샵에서 Add Frame 드로플렛을 만들었으므
로 사진을 보내기한 다음의 처리 설정인 Export
Action 기능을 사용해 라이트룸 작업 과정에 드로
플렛을 추가해 보자.
Export Action을 만들려면, 라이트룸이 Export
Action을 저장하는 폴더에 드로플렛을 넣어야 한
다. 다행히 이 폴더를 찾는 것은 어렵지 않다.
라이트룸에서 **[File]-[Export]**를 실행하고
[Export] 창의 Post-Processing 영역에서 After
Export를 'Go to Export Actions Folder Now'로
지정한다.
라이트룸이 컴퓨터에 있는 Export Action을 저장
하는 폴더를 불러오면, 앞에서 데스크톱에 저장한
드로플렛을 클릭하고 [Export Action] 폴더로 드
래그해서 드롭한 다음 폴더를 닫는다.

STEP
15

포토샵 액션을 라이트룸에서 적용해 보자. Grid 보기 모드에서 액션을 적용할 사진을 선택하고 Ctrl + Shift + E (Mac: Command + Shift + E)를 눌러 [Export] 창을 불러온다.

Preset 영역에서 'User Presets'를 열고 CHAPTER 09의 시작 부분에서 만들었던 'Export JPEG for Web'을 선택한다(아직 프리셋을 만들지 않았다면 지금 돌아가서 만들기 바란다).

Export Location 영역에서 [Choose] 버튼을 클릭하고 JPEG 파일의 저장 폴더를 설정한다. File Naming 영역에서 사진의 파일명을 재설정할 수 있다.

Post-Processing 영역에서 After Export를 'Add Frame'으로 지정한다.

STEP
16

[Export] 버튼을 클릭하면 사진을 JPEG 형식으로 저장하고, 포토샵을 자동으로 시작하고 파일을 열어 'Add Frame' 액션을 적용한 다음 사진을 저장하고 닫는다. 옆의 예제 사진은 라이트룸에서 선택한 다른 사진에 'Add Frame' 액션을 적용한 결과이다.

PHOTO BOOKS
내가 찍은 사진들로 아름다운 포토북 만들기

요즈음 라이트룸의 [Book] 모듈을 사용해 누구나 서점에 서 보는 광택지 책 커버를 씌운 아름다운 하드 커버 포토 북을 만들 수 있다는 사실이 놀랍다. 출판업자의 허가나 건방진 편집자의 동의도 필요하지 않다. 모든 것을 내가 직접 결정하고 편집해서 4일 후면 내 집의 커피 테이블에 서 포토북을 받아 볼 수 있을 뿐 아니라 온라인 서점에서 판매도 가능하다.

다른 사진가들이 여러분의 커피 테이블 포토북을 보고 수 줍게 질문한다. "근데 이 책은 판매하는 책인가요? 사람들 이 구입할 수 있어요?" 물론 그들은 억지웃음을 지으며 "그 렇지는 않죠."라는 답을 기대하고 서 있을 것이다. 그러나 여러분은 "물론이죠."라며 태연하게 포토북을 구입할 수 있 는 웹 주소가 인쇄된 명함을 건네며 수줍게 덧붙인다. "가 격이 좀 비싸긴 한데, 원한다면 할인 코드를 알려 드릴게

요." 그리고 아무 말도 하지 않고 그저 미소를 지으며 가 만히 있는다.

그들의 입에서 억지웃음이 사라지고 수치심과 질투심이 끓어오를 때까지 기다린다. 치욕의 파도에 휩쓸려 강한 패 배자 냄새만 남을 것이다. 여러분이 기다려 온 바로 그 순 간이다. 카메라 동호회의 냉담한 전 부회장에게 복수할 기회이다. 모든 것이 완벽할 것이다.

사람들이 이제는 더 이상 타인의 집을 방문하지 않기 때 문에 여러분의 커피 테이블 포토북을 볼 기회가 없다는 점을 제외하면 말이다. 사람들은 이제 각자 집에 앉아 색 상 캘리브레이션을 하지 않은 삼성 갤럭시 탭 태블릿에서 3인치 크기 사진으로만 볼 수 있다. 하아, 상상할 때는 완 벽했는데…….

포토북을 만들기 전에 알아두기

포토북을 만들기 전에 어도비 제휴사인 Blurb(www.blurb.com)에서 만들 수 있는 책의 종류, 크기, 표지 종류 등 알아 두어야 할 점들을 먼저 살펴보자. 라이트룸과 연계하여 쉽게 포토북을 만들 수 있는 장점이 있고 한글 입력도 지원되지만, 한국에서 받는다면 3만 원 정도의 배송비가 붙는다. 배송비는 권 수에 따라 조금씩 올라가며, 한국까지의 배송 기간은 1~2주가 소요된다. 그러나 만든 포토북은 PDF나 JPEG 형식으로 저장하여 다른 업체를 이용할 수도 있으니, Blurb를 이용하지 않더라도 포토북을 만드는 방법을 알아두면 좋다.

STEP 01

윗부분 탭을 클릭하거나 Ctrl+Alt+4 (Mac: Command+Option+4)를 눌러 [Book] 모듈로 전환하면 모듈 윗부분에 [Book] 메뉴가 있다. 포토북을 만들기 전에 메뉴 아랫부분에서 'Book References'를 선택해서 기본 설정을 한다.
[Print], [Slideshow], [Web] 모듈과 마찬가지로 [Book] 모듈에서도 Default Photo Zoom을 'Zoom to Fill'이나 'Zoom to Fit' 중 지정한다. 필자는 'Zoom to Fill'로 지정했지만 각자 기호에 맞는 프레임을 선택한다.

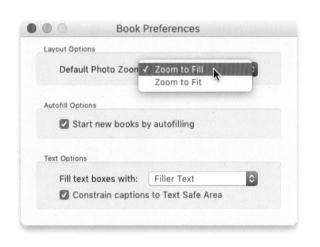

STEP 02

선택한 사진을 포토북 페이지에 자동으로 채우도록 설정하면 일일이 사진을 드래그해서 페이지마다 드롭할 필요가 없다.
Autofill Options 영역에서 'Start new books by autofilling'에 체크 표시하면 [Book] 모듈로 전환하자마자 Filmstrip 영역 사진들을 각 페이지 프레임에 자동으로 채운다. 물론 자동 설정을 적용한 다음 페이지 구성을 재설정하거나 사진을 교체할 수 있다.

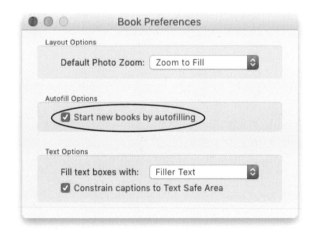

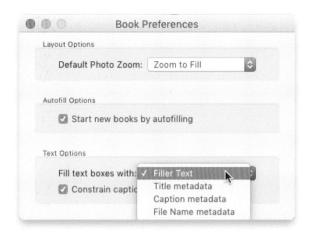

STEP 03

마지막 항목인 Text Options 영역에는 텍스트 추가가 가능한 영역을 직접 볼 수 있는 기본 설정 항목이 있다.

일부 레이아웃에는 텍스트 영역이 있는데 섬네일에서는 잘 보이지만 실제 페이지에 적용하면 이미 텍스트가 있는 경우를 제외하면 텍스트 상자가 어디에 있는지 알기 어렵다. Fill text boxes with를 'Filler Text'로 지정하면 삭제하거나 직접 텍스트를 입력하기 전까지 가이드 텍스트가 표시된다(가이드 텍스트는 인쇄가 되지 않으므로 걱정하지 않아도 된다). 그 외에도 [Library] 모듈의 [Metadata] 패널에서 사진에 캡션이나 제목을 설정했다면, 그대로 불러와 텍스트로 적용해 시간을 절약할 수 있다.

마지막으로 'Constrain captions to Text Safe Area'에 체크 표시하면 캡션이 잘려 나가는 영역이나 페이지 사이 여백에 침범하는 것을 방지한다.

STEP 04

페이지를 넘겨 포토북을 시작하기 전에 라이트룸에서 바로 주문할 수 있는 제휴 사이트 Blurb(www.blurb.com)에서 선택할 수 있는 다양한 포토북 크기와 종류를 소개하겠다. Blurb는 온라인 포토북 제작 업체로 많은 사진가들이 이용한다.

Blurb에는 다섯 가지 크기의 포토북이 있다 : Small Square 7×7인치, Standard Portrait (tall) 8×10인치, Standard Landscape (wide) 10×8인치, Large Landscape 13×11인치, Large Square 12×12인치.

그리고 세 종류의 표지가 있다 : Softcover, Hardcover Image Wrap(예제 사진에서 오른쪽과 왼쪽), Hardcover Dust Jacket.

플랩 안쪽 이미지나 텍스트도 선택이 가능하다. 이제 포토북을 만들어 보자.

10분 만에 포토북 만들기

이번 레슨은 포토북을 만드는 방법을 간단하게 정리한 가이드이다. 실제로 포토북을 만드는 시간보다 포토북에 넣을 사진들을 선택하는 것이 더 오래 걸릴 것이다. 이번 챕터의 나머지는 캡션 추가하기, 레이아웃 직접 만들기 등 개별적인 주제에 할애할 것이지만, 우선 지금은 빠르고 쉽게 포토북을 만들어 보자. 얼마나 빠르고 즐겁게 포토북을 만들 수 있는지 알게 되면 앞으로도 계속 포토북을 만들게 될 것이다.

첫 번째 단계는 매우 간단하다. 포토북에 넣을 만한 보정을 마친 사진들을 모아서 컬렉션으로 만든다. 컬렉션의 모든 사진을 포토북에 넣지 않아도 괜찮으며, 이 시점에서는 사진이 순서대로 정리되어 있지 않아도 된다.

필자는 항상 포토북에 넣을 최종 사진들을 컬렉션으로 만드는 것부터 시작한다. 예제에서는 'Morocco' 컬렉션 세트 안에 'Morocco for Photo Book' 컬렉션을 만들었다.

[Book] 모듈로 전환하면, 앞에서 미리 설정을 해 두었기 때문에 컬렉션 사진들이 컬렉션에 배치한 순서대로 포토북에 자동으로 들어간다. 사진 순서는 언제든지 변경할 수 있다. 사진 순서는 곧 정리할 것이다.

왼쪽 패널 영역은 사용하지 않기 때문에 더 넓은 공간 사용을 위해 닫는다. 포토북의 기본 레이아웃 설정은 오른쪽 페이지에만 사진을 넣고, 왼쪽 페이지는 비워 두는 것이다. 그러나 한 페이지에 사진을 하나씩 넣고 싶다면 [Clear Layout] 버튼을 클릭하고 Preset을 'One Photo Per Page'로 지정한다.

[Auto Layout] 버튼을 클릭하면 자동으로 사진이 양쪽 페이지에 삽입된다.

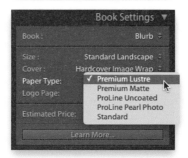

STEP
03

다른 작업을 하기 전에 [Book Settings] 패널의 Size에서 포토북 크기를 지정한다(나중에 설정하면 레이아웃을 망칠 수 있다). 처음으로 포토북을 만든다면, 비용 절감을 위해 10×8인치(또는 8× 10인치)를 추천한다.

포토북 만드는 과정이 익숙해진 다음에는 일반적인 커피 테이블 포토북 크기인 'Large Landscap'이나 'Large Square' 크기 포토북을 추천한다. 필자는 일반적으로 'Standard Landscape 10x8' 크기로 만드는데, 가격도 비싸지 않으며, 조사 결과에 의하면 사람들은 포토북을 볼 때 잡기 편한 크기를 가장 선호한다고 한다. Cover에서 표지 스타일을 지정한다. 필자는 포토북 대부분을 소프트 커버로 제작한다. 제본도 완벽하기 때문에 보기에도 좋고 가장 저렴하다. 'Hardcover Image Wrap(사진을 하드 커버 앞뒤 표지에 인쇄한 타입)'이나 'Hardcover Dust Jacket(별도로 사진을 인쇄한 광택지 커버를 씌운 타입)'으로 지정하면 가격이 상승한다.

마지막으로, Paper Type에서 인쇄용지를 지정한다. 필자는 보통 선물용이나 일반 포토북은 'Standard'나 'Premium Lustre'로 지정하며, 크기가 큰 하드 커버의 커피 테이블 포토북을 만드는 경우에만 'ProLine Pearl Photo'로 지정한다.

STEP
04

페이지 순서와 레이아웃을 직접 설정하기 전에 세 종류의 보기 모드를 살펴보자.

보기 모드는 미리 보기 영역 아래에 있는 도구바 왼쪽 작은 아이콘을 클릭해서 선택한다. 예를 들어, 두 번째 버튼을 클릭하거나 Ctrl+R (Mac: Command+R)을 누르면 두 페이지를 펼친 보기 모드(가장 많이 사용하게 될 보기 모드)가 된다. 첫 번째 아이콘을 클릭하거나 Ctrl+E (Mac: Command+E)를 누르면 전체 레이아웃 보기 모드로 표시된다. 세 번째 아이콘은 한 페이지 보기 모드이며, 스펠링을 체크하거나 텍스트를 확인할 때만 사용한다.

STEP 05

지루한 설정 단계를 완료했으니 즐거운 포토북 레이아웃 작업을 시작해 보자. 라이트룸이 자동으로 사진을 포토북에 넣었지만, **STEP 02**에서 설명했듯이 지금부터 사진 순서와 레이아웃 설정은 완전히 여러분이 결정한다.

예제 사진을 보면 두 페이지에 모두 사진이 있지만, 한 페이지에 다른 레이아웃을 적용하기 원한다면 편집할 페이지를 클릭하고(선택한 페이지에는 노란색 테두리가 나타난다) 오른쪽 아랫부분 모서리 작은 화살표를 클릭해서 예제 사진과 같은 페이지 레이아웃 메뉴를 표시한다.

예제에서는 '1 Photo' 레이아웃을 클릭하고 섬네일 목록에서 사진에 흰색 테두리가 있는 레이아웃을 선택하여 즉시 페이지에 적용했다. 그것이 전부이다. 마음에 드는 레이아웃 섬네일을 클릭해서 적용하면 된다.

STEP 06

라이트룸의 기본 레이아웃 설정은 한 페이지당 사진 한 개를 넣는 것이지만, 한 페이지에 여러 개의 사진을 넣고 싶다면, Modify Page 메뉴에서 한 페이지에 사진 두 장~네 장을 넣는 다양한 템플릿 중에서 선택할 수 있다.

예제의 경우 '2 Photos'로 지정하고 아랫부분 사진 두 장을 한 페이지에 넣는 다양한 레이아웃 섬네일 중 세로 사진 두 개를 나란히 배치하는 레이아웃을 선택해서 적용했다. 물론 사진 한 장을 더 추가해야 하기 때문에 현재는 빈 회색 칸만 있다(각 사진이 들어가는 공간을 셀이라고 부른다).

Note -

텍스트가 포함된 레이아웃에는 텍스트를 입력하는 영역이 선으로 표시되어 있다. 텍스트를 추가하기 싫다면 그대로 두면 된다.

- -

STEP 07

이제부터는 드래그와 드롭 작업만 하기 때문에 쉽다. 사진 두 장 레이아웃에 사진을 추가하려면, 아랫부분 Filmstrip 영역을 열고 원하는 사진을 클릭한 다음 회색 셀로 드래그해서 드롭한다. 왼쪽과 오른쪽 두 사진의 배치를 바꾸고 싶다면, 한쪽 사진을 다른 쪽 셀로 드래그해서 교체한다.

Note

STEP 06의 예제 사진을 보면 왼쪽 사진이 프레임 중앙에서 벗어나 있다. 셀 안 사진을 클릭하고 드래그해서 위치를 조절할 수 있다. 또한 사진을 클릭하면 윗부분에 줌 슬라이더가 나타나서 사진 크기를 조절할 수 있다. 사진을 과도하게 줌인하면 해상도가 인쇄에 적합하지 않을 정도로 떨어질 수 있는데, 그러한 경우에는 사진 오른쪽 윗부분에 경고 표시가 나타난다.

Tip

페이지 추가하기

언제든지 [Page] 패널에서 [Add Page] 버튼을 클릭해서 포토북에 페이지를 추가할 수 있다.

STEP 08

사진을 드래그해서 드롭하는 것은 한 페이지 안에서만 할 수 있는 것이 아니라 다른 페이지 사진도 드래그해서 배치를 교체할 수 있다. 예제 사진에서 왼쪽 페이지 사진을 클릭하고 오른쪽 페이지의 셀로 드래그해서 두 사진의 위치를 바꾸었다.

Tip

사진 제거하기

셀에 있는 사진을 클릭하고 Backspace (Mac: Delete)를 눌러 제거한다. 이때 사진은 컬렉션에서 제거되지 않으므로 여전히 Filmstrip 영역에서 찾아 다른 페이지로 드래그해서 드롭할 수 있다.

필자는 두 페이지 스프레드 레이아웃을 많이 사용
하는데, 필자 포토북에서 항상 상당한 분량을 포
함한다. 그 이유는 두 페이지에 시원하게 펼쳐진
사진의 영향력이 크기 때문이다. 훌륭한 포토북은
대부분 두 페이지 스프레드가 포함되어 있다.

Note -

모든 스프레드는 두 페이지를 차지하도록 기본 설
정되어 있다. 사진 한 장을 스프레드로 만들면 처
음에 자동으로 넣었던 나머지 사진 한 장은 제거되
지 않고 새 페이지가 추가되는 방식을 사용한다.
예를 들어, 오른쪽 페이지 사진에 스프레드 레이
아웃을 적용하면, 새 빈 페이지를 추가해 두 페이
지 스프레드가 만들어진다. 그러므로 빈 페이지
에 사진을 선택해야 한다. 스프레드를 왼쪽 페이
지에 적용하면 사진이 오른쪽 페이지까지 확장되
고, 원래 오른쪽에 있던 페이지는 다음 페이지로
넘어가기 때문에 포토북 전체 레이아웃이 한 페
이지씩 밀린다. 대처 방법은 다음 두 가지 중 하
나이다.

❶ 스프레드 다음 페이지를 클릭하고 한 페이지
를 더 추가한 다음 사진을 하나 더 추가하는 방법
❷ 오른쪽에 있던 페이지를 삭제하는 방법

- -

사진뿐만 아니라 페이지도 드래그하여 페이지 순
서를 바꿀 수 있다. 페이지를 클릭하고 드래그해
서 원하는 순서에 놓으면 된다. 심지어 스프레드
사이에 끼워 넣을 수도 있다. 같은 방법으로 왼쪽
과 오른쪽 페이지의 순서를 바꿀 수도 있다.
두 페이지 스프레드는 Ctrl (Mac: Command)을 이용
해 두 페이지를 일괄 선택해서 원하는 위치로 드
래그하여 이동한다.

STEP 11

모든 포토북 레이아웃과 앞뒤 표지 디자인(359쪽 참고), 페이지 순서 설정까지 마친 다음 실수는 없는지 확인한다(포토북에 넣은 텍스트에 오타가 없는지 확인하는 것도 잊지 말자. 인쇄된 포토북을 받은 다음에 오타를 발견하는 것보다 끔찍한 일은 없다).

확인을 마친 후, 오른쪽 패널 영역 아랫부분에서 [Send Book to Blurb] 버튼을 클릭한다. 해상도나 색 공간에 대해서는 우려할 필요가 없다. 버튼을 클릭하면 라이트룸이 나머지를 모두 처리해서 Blurb에 업로드할 준비를 한다.

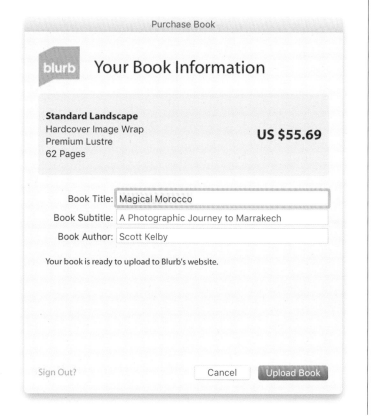

STEP 12

[Purchase Book] 창 윗부분에 주문하는 포토북 사양이 있고(스타일, 인쇄용지 종류, 페이지 수, 가격), 그 아래에는 책 제목과 부제, 저자를 입력하는 영역이 있다(여러분의 포토북을 Blurb의 웹 사이트에서 판매하는 경우에 도움이 된다).

Blurb 계정이 없다면, 결제와 배송 정보 등이 필요하므로 계정을 만든다. 그다음에는 라이트룸이 모든 것을 압축해서 업로드한다(시간이 생각보다 오래 걸리지 않는다). 그리고 며칠 후면 여러분이 직접 만든 포토북을 받을 것이다. 포토북을 만드는 과정은 놀랍도록 수월하다. 더 세밀한 요소들의 설정 방법이 알고 싶다면 이번 챕터의 나머지 부분을 모두 읽어 보기 바란다.

Auto Layout으로 레이아웃 과정 자동화하기

앞의 10분 만에 포토북을 만드는 간단한 방법에서는 [Book] 모듈로 전환하면 라이트룸이 컬렉션에 있는 사진들이 자동으로 포토북 페이지에 넣어졌다. 이 기능을 Auto Layout이라고 부르는데, 사진을 모든 페이지 혹은 모든 오른쪽 페이지에 여백이 없이 채우는 기본 레이아웃은 너무 단순해서 지루하다. 다행히 사용자가 자동 레이아웃을 직접 만들고 한 번의 클릭으로 적용할 수 있다.

이미 기본 자동 레이아웃을 적용한 상태라면, Auto Layout 기능을 사용할 수 있도록 다시 처음부터 시작해 보자. [Book] 모듈의 [Auto Layout] 패널에서 [Clear Layout] 버튼을 클릭한다.
Preset에서 몇 가지 기본 프리셋을 볼 수 있다. 하지만 알다시피 레이아웃이 단순하므로 'Edit Auto Layout Preset'으로 지정하여 직접 설정한 레이아웃을 프리셋으로 만들겠다.

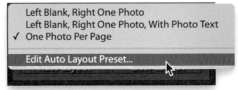

[Auto Layout Preset Editor] 창은 Left Page와 Right Page, 두 개의 영역으로 분리되어 있다. 왼쪽 영역 기본 설정은 오른쪽 페이지의 레이아웃 설정을 그대로 따르는 'Same as Right Side'나 빈 페이지인 'Blank'이다(선택한 프리셋에 따라 다르다).
'Fixed Layout'으로 지정하면 왼쪽과 오른쪽 페이지를 각각 다르게 설정할 수 있다.

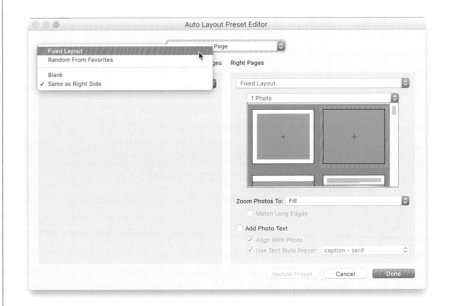

STEP 03

왼쪽 페이지 사진은 정사각형으로, 오른쪽 페이지 사진은 페이지 전체를 채우는 풀 페이지로 프리셋을 설정해 보자. 왼쪽 페이지 영역 윗부분의 팝업 메뉴에서 'Fixed Layout'을 선택하고 아랫부분 팝업 메뉴에서 '1 Photo'를 선택한 다음 정사각형 이미지 레이아웃을 찾아 선택한다. 오른쪽 영역 역시 팝업 메뉴를 'Fixed Layout'으로 지정하고, '1 Photo' 그리고 풀 페이지 레이아웃을 선택한다.

Tip

정보 오버레이 숨기기

크기, 페이지 수, 가격 등 포토북에 대한 정보가 미리 보기 영역 윗부분에 표시되도록 기본 설정되어 있다. 정보를 숨기려면 [View]−[Show Info Overlay]를 실행하거나 [I]를 눌러 해제한다.

STEP 04

[Auto Layout Preset Editor] 창의 Zoom Photos To에서 사진의 줌인 설정을 지정할 수 있다. 'Fit'으로 지정하면 프레임 안에 맞도록 사진 크기가 조절되기 때문에 사진이 정사각형으로 나타나지 않는다. 사진이 정사각형으로 보이려면 프레임에 꽉 차게 사진 크기를 조절하는 'Fill'로 지정한다.

프리셋을 적용한 다음에도 언제든지 각 페이지에서 사진을 마우스 오른쪽 버튼으로 클릭한 다음 **Zoom Photo to Fill Cell**을 실행해서 설정을 바꿀 수 있다.

Zoom Photos To를 'Fit'으로 지정한 페이지

Zoom Photos To를 'Fill'로 지정한 페이지

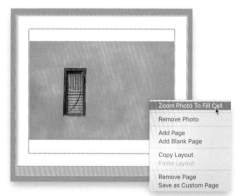

설정을 바꿀 수 있는
Zoom Photo To Fill Cell 메뉴

STEP 05

페이지에 텍스트를 추가할 계획이라면 'Add Photo Text'에 체크 표시한다. 그러면 페이지에서 텍스트 영역을 클릭하고 글을 입력할 수 있다. 또한 Use Text Style Preset에서 텍스트 프리셋을 선택할 수 있다. 물론 텍스트 영역이 이미 포함된 레이아웃을 선택하면 되지만, 텍스트가 없는 레이아웃을 사용하는 경우 필요할 수 있으므로 알아두면 도움이 될 것이다.

단순한 정사각형 사진보다 더 흥미로운 왼쪽 페이지 레이아웃을 선택해 보자. 두 번째 메뉴를 '2 Photos'로 지정하고 섬네일을 스크롤해서 가로 사진 두 개를 넣는 레이아웃을 선택해 보자.

Zoom Photos To를 'Fill'로 지정한다.

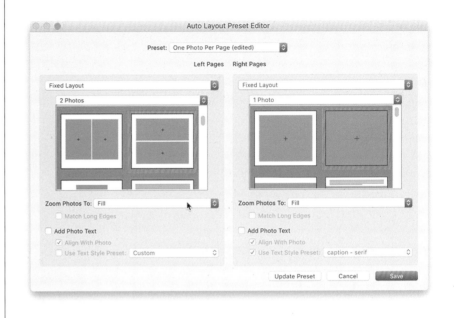

STEP 06

지금까지 설정한 레이아웃을 저장해 보자. Preset을 'Save Current Settings as New Preset'으로 지정하고 [New Preset] 창에서 왼쪽과 오른쪽 페이지 레이아웃을 짧게 묘사하는 프리셋 이름을 설정한다.

[Create] 버튼을 클릭해서 프리셋을 저장하고 실제로 프리셋을 사용해 보자.

STEP 07

[Auto Layout] 패널에서 [Clear Layout] 버튼을 클릭하고(이미 레이아웃을 적용한 경우), Preset 에서 앞에서 만든 프리셋을 선택한다. 이제 [Auto Layout] 버튼을 클릭하여 프리셋 레이아웃 설정에 맞춰 컬렉션에 있는 사진들을 빈 페이지들에 넣는다. 물론 이 시점은 완성된 단계가 아니라 시작점일 뿐이므로 편집하고 싶은 페이지를 클릭하고 오른쪽 아랫부분 모서리에 작은 검은색 화살표를 클릭해서 다른 레이아웃을 선택할 수 있다.

Note
- -
컬렉션의 첫 번째 사진을 포토북 앞표지에 넣고, 포토북의 첫 페이지에도 넣는다는 점을 눈치챘는가? 신경에 거슬리지만 다른 사진으로 교체하는 방법 외에는 별다른 방법이 없다.
- -

STEP 08

Auto Layout의 진정한 능력은 직접 페이지를 만들 때(346쪽 참고) 발휘된다. 라이트룸 레이아웃이 아니라 직접 디자인한 레이아웃으로 자동 레이아웃을 만들 수 있기 때문이다.

프리셋을 만들 때, Fixed Layout 아래의 두 번째 메뉴를 'Custom Pages'로 지정하면 직접 디자인한 모든 페이지 섬네일 중 선택할 수 있다. 예제에서는 오른쪽과 왼쪽 페이지에 동일한 작은 정사각형 프레임을 선택해서 프리셋으로 저장했다.

[Auto Layout] 패널에서 [Clear Layout] 버튼을 클릭하여 **STEP 07**에서 적용한 레이아웃을 제거한 다음 프리셋을 'L: Sm Square – R: Sm square'로 지정했다. 바로 이것이 진정한 Auto Layout 기능의 능력이다. 직접 디자인한 페이지 레이아웃이 포토북 수준을 한 단계 더 끌어올리는 힘이 된다.

페이지 레이아웃 직접 만들기

라이트룸에서 포토북을 만들 때 사전에 디자인된 레이아웃을 사용하고, 자주 사용하는 레이아웃은 섬네일을 뒤지지 않고 쉽게 선택할 수 있도록 [Favorite]로 설정할 수 있다. 그 외에도 페이지 레이아웃을 직접 만들 수 있을 뿐 아니라(어느 한도 안에서) 필요할 때 쉽게 사용할 수 있다.

STEP 01

조금 더 쉽게 레이아웃을 만들기 위해 페이지를 클릭한 다음 오른쪽 아랫부분 모서리의 작은 화살표를 클릭한다. Modify Page를 '1 Photo'로 지정하고, 그림과 같이 사진이 페이지 전체를 채우는 레이아웃을 선택한다. 이 레이아웃을 편집해서 나만의 레이아웃을 만들 것이다.

Note

아쉽게도 단일 사진 레이아웃만 직접 만들 수 있다. 한 페이지에 사진 두 개, 세 개 혹은 네 개를 넣는 페이지는 라이트룸 레이아웃을 사용해야 한다.

STEP 02

마우스 포인터를 페이지 오른쪽 아랫부분 모서리에 놓아 양방향 화살표로 전환되면 대각선 방향으로 중심을 향해 드래그한다. 그림과 같이 비율에 비례하여 사진 크기가 조절된다. 원하는 크기가 될 때까지 계속 드래그한 다음 레이아웃 설정을 저장하면 된다. 그러나 이와 같은 단순한 레이아웃보다 더 나은 페이지를 원할 것이다.

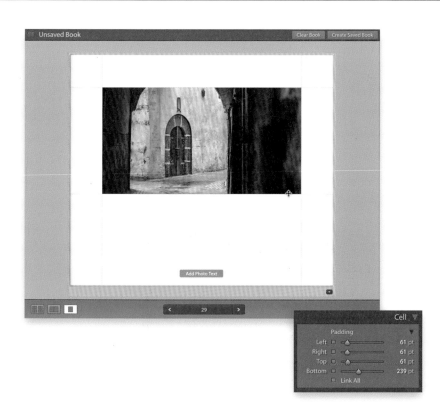

STEP 03

균형을 깬 페이지를 만들려면, 오른쪽 패널 영역의 [Cell] 패널에 있는 네 개의 Padding 슬라이더로 사진을 둘러싼 여백을 조절한다(사진이 들어가 있는 셀 크기를 조절한다). 기본적으로 슬라이더 네 개는 서로 연결되어 있기 때문에 하나의 슬라이더만 드래그해도 함께 움직여서 균형이 맞춰진다. 이 슬라이더들의 연결을 해제해서 개별적으로 조절하려면 'Link All'의 체크 표시를 해제한다. 이제 사진의 양옆과 윗부분이나 아랫부분을 클릭하고 드래그해서 각 면의 여백을 개별 조절할 수 있다.

예제 사진에서는 사진 아랫부분을 위로 드래그해서 파노라마 레이아웃을 만들었다. 이제 이 레이아웃에 사진을 넣으면, 즉시 파노라마 사진이 된다. 필자는 이 레이아웃을 포토북에 많이 사용한다.

STEP 04

셀 크기를 조절하는 방법을 배웠으니 이번에는 작은 정사각형 셀을 만들어 보자. 예제에서는 셀 네 면을 클릭하고 안으로 드래그해서 작은 셀을 만든다. 눈대중으로 드래그해서 최대한 정사각형이 되도록 만들었지만, [Cell] 패널의 슬라이더 설정으로 정확한지 확인할 수 있다.

필자는 특히 Left와 Right 설정이 같은지 유의한다. 원하는 레이아웃을 만들고 페이지 아무 곳이나 마우스 오른쪽 버튼으로 클릭한 다음 **Save as Custom Page**를 실행해서 페이지 레이아웃을 저장한다. 이제 Modify Page의 Custom Pages 영역에서 저장한 페이지 레이아웃을 선택해서 적용할 수 있다.

포토북에 텍스트와 캡션 넣기

라이트룸을 지속적으로 사용했다면 텍스트 기능에 제약이 많다는 약점을 이미 알 것이다. 포토북 기능은 다르다. 어도비는 [Book] 모듈에 강력한 기능의 텍스트 엔진을 추가해서 텍스트 형태와 위치를 원하는 대로 조절할 수 있다. 이제 [Slideshow]와 [Print] 모듈에도 동일한 텍스트 기능이 추가되기만을 바랄 뿐이다.

포토북에 텍스트를 적용하는 방법은 두 가지이다. 텍스트 영역이 포함된 레이아웃을 선택해서 텍스트 박스를 클릭하고 입력하는 방법과 [Text] 패널에서 'Photo Text'에 체크 표시하고 추가하는 방법이다. 'Photo Text'에 체크 표시하면 사진 아랫부분에 노란색 텍스트 박스가 표시된다. 박스를 클릭하고 텍스트를 입력한다.

'Align With Photo'에 체크 표시하면 입력한 텍스트를 사진과 연동해서 사진 셀 크기를 변경하면 텍스트 크기도 변경된다. 그러므로 셀 안 사진 크기를 축소하면, 캡션 크기 역시 축소된다. Offset은 사진과의 거리를 조절한다. 오른쪽으로 드래그할수록 사진과 텍스트 사이 거리가 멀어진다.

Note -

텍스트 박스를 자동 선택하도록 설정하려면 **[Edit]−[Select All Text Cells]**를 실행한다. 이 기능은 페이지에 세 장의 사진과 세 개의 캡션이 있는데 모든 캡션을 숨기고 싶은 경우에 편리하다. [Select All Text Cells]를 실행한 다음 'Photo Text'의 체크 표시를 해제하면 텍스트가 숨겨진다.

- -

Offset 아랫부분 [Above], [Over], [Below], 세 개의 버튼을 사용해서 사진 윗부분으로 이동하거나 사진 자체에도 텍스트를 추가할 수 있다.
[Over] 버튼을 클릭하면 사진에 텍스트가 삽입된다. Offset으로 위치를 조절한다.

Note

전체 페이지 레이아웃을 선택했다면 사진 윗부분과 아랫부분에 텍스트를 넣을 여백이 없기 때문에 [Over] 버튼만 사용할 수 있다.

텍스트는 기본적으로 사진 왼쪽에 정렬하도록 설정되어 있지만 [Type] 패널 아랫부분에 있는 [Align Left], [Align Center], [Align Right] 아이콘과 텍스트 칼럼을 추가하는 경우에만 사용이 가능한 [Justification] 아이콘으로 위치를 선택할 수 있다. 예제에는 [Align Center] 아이콘을 클릭했다.

Note

그림보다 [Type] 패널 슬라이더가 훨씬 적다면, Character 오른쪽 검은색 화살표 아이콘을 클릭해서 패널을 확장한다.

STEP 05

[Type] 패널에서 텍스트 색상을 흰색으로 변경해 보자. 텍스트를 블록으로 지정하고 패널에서 검은 색 Character 색상 상자를 클릭한 다음 색상표에서 흰색을 클릭한다.

패널 아랫부분에서 [Align Left] 아이콘을 클릭한 다음 텍스트를 보면 왼쪽 경계선과 근접하다. 경계선과 텍스트 사이의 거리를 조절하는 슬라이더는 없기 때문에 사진을 선택 해제한 다음 텍스트 박스 왼쪽 끝부분에 마우스 포인터를 놓아 양방향 화살표로 전환되면 텍스트를 클릭하고 오른쪽으로 약간 드래그해서 위치를 조절한다.

Note

마우스 포인터를 양방향 화살표로 전환하기가 약간 까다롭다. 또한 동일한 방법으로 텍스트 윗부분과 아랫부분에 마우스 포인터를 놓아서 화살표로 전환한 다음 텍스트를 상하로 옮길 수 있지만 이 역시 조금 까다로워서 수차례 시도가 필요할 수 있다.

STEP 06

[Book] 모듈에는 모두가 예상할 수 있는 일반적인 텍스트 기능(Size, Opacity, 두 줄 사이의 간격을 조절하는 Leading 등)이 있지만 예상하지 못했던 기능(글자 사이 간격을 조절하는 Tracking과 정렬 선을 설정하는 Baseline 등)도 몇 가지 있다. 물론 윗부분 메뉴에서 Font와 Style도 지정할 수 있다. 또 한 가지 유용한 기능은 윗부분에 있는 Text Style Preset으로, 인기가 높은 글꼴과 스타일을 지정할 수 있다.

여행 포토북을 만들 때 프리셋을 'caption-serif'로 지정하면 여행 사진 포토북에 어울리는 글자꼴과 스타일로 텍스트를 입력할 수 있다.

STEP 07

직접 설정한 텍스트가 마음에 든다면 Text Style Preset을 'Save Current Settings as New Preset'으로 지정하여 프리셋으로 저장한다. 그러면 다음에는 첫 단계부터 일일이 설정하지 않고 텍스트를 적용할 수 있다.

지금까지 설정한 텍스트에 한 줄을 더 추가하려면 [Text] 패널에서 'Page Text'에 체크 표시한다. 두 줄 사이의 간격은 Offset으로 조절하고 나머지도 앞 단계에서 배운 대로 설정한다. 이때 두 번째 줄 텍스트만 블록으로 지정해야 한다는 점을 잊지 말자.

STEP 08

더 시각적인 접근법을 선호한다면, 텍스트에도 Targeted Adjustment 도구(TAT 도구)를 사용할 수 있다. 도구로 텍스트를 선택한 다음 클릭하고 드래그해서 크기(오른쪽/왼쪽)나 줄 사이의 간격(상/하)을 조절한다. 필자는 텍스트에 TAT 도구를 사용하지 않는데, 슬라이더로 조절하는 방법이 더 쉽고 빠르기 때문이다.

Note

많은 텍스트를 추가할 수 있는 레이아웃을 선택했다면 [Type] 패널 아랫부분의 Columns를 사용해서 문단 여러 개로 나누어 배치할 수 있다. Gutter는 문단 사이의 간격을 조절한다. 오른쪽으로 드래그하면 간격이 넓어진다.

페이지 번호 추가
및 설정하기

라이트룸 [Book] 모듈의 또 다른 유용한 기능은 자동 페이지 번호 적용 기능이다. 페이지 번호 위치, 형식(글꼴과 크기 등), 시작 번호 설정, 특정 페이지 번호 숨기기 등 다양한 설정이 가능하다.

[Page] 패널에서 'Page Numbers'에 체크 표시하여 페이지 번호 적용 기능을 활성화한다. 페이지 번호의 기본 위치는 왼쪽 페이지는 왼쪽 아랫부분 모서리, 오른쪽 페이지는 오른쪽 아랫부분 모서리이다.

'Page Numbers' 체크박스 오른쪽 팝업 메뉴에서 페이지 번호 위치를 선택한다. 'Top'이나 'Bottom'으로 지정하면 페이지 윗부분이나 아랫부분 중앙에 번호가 추가된다. 'Side'로 지정하면 페이지 옆 중앙에, 'Top Corner'나 'Bottom Corner'로 지정하면 윗부분과 아랫부분 모서리에 번호가 추가된다.

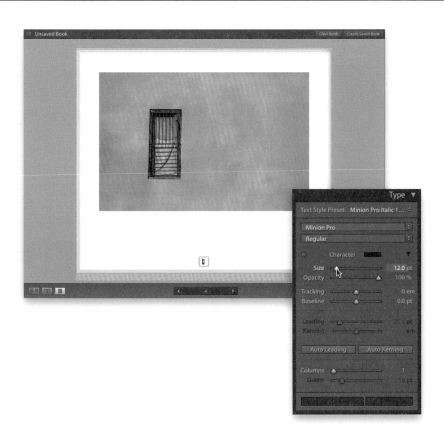

STEP 03

페이지 번호를 추가한 다음에는 번호를 블록으로 지정하고 [Type] 패널에서 글꼴이나 크기 등을 지정한다. 예제의 경우 글꼴을 'Minion Pro', Size 를 '12pt'로 지정했다.

STEP 04

그 외에도 페이지 시작 번호를 설정할 수 있다. 예를 들어, 포토북 첫 페이지는 비우고 오른쪽 페이지가 1페이지가 되는 경우 페이지 번호를 마우스 오른쪽 버튼으로 클릭한 다음 **Start Page Number**를 실행한다.

빈 페이지에는 페이지 번호를 넣고 싶지 않다면, 번호를 마우스 오른쪽 버튼으로 클릭한 다음 **Hide Page Number**를 실행하여 번호를 숨긴다.

레이아웃 템플릿에 대한 4가지 사항 알아보기

라이트룸에서 포토북을 만들 때 알아야 할 점이 몇 가지 있다. 어려운 기능은 아니지만 간혹 찾기 어렵거나 이름만 보고는 어떤 기능인지 알기 어려운 기능들이다. 그런 기능들을 사용하기 쉽도록 정리했다.

1. Match Long Edge 사용하기

Auto Layout 프리셋을 만들고(342쪽 참고), Zoom Photos To를 'Fit'으로 지정한 경우 'Match Long Edges'의 체크 표시를 해제하면 가로와 세로 사진을 한 페이지에 넣었을 때 세로 사진이 훨씬 크다.

'Match Long Edges'에 체크 표시하면 두 사진 크기의 균형을 자동 조절한다. Auto Layout 기능을 사용하지 않았다면, 세로 사진 모서리에 마우스 포인터를 놓아 양방향 화살표로 전환한 다음 클릭하고 드래그해서 직접 크기를 조절한다.

'Match Long Edges'가 해제되어
균형이 맞지 않는 모습

'Match Long Edges'에 체크 표시하여
균형이 자동으로 조절된 모습

2. 레이아웃 저장하기

마음에 드는 레이아웃이 있다면 Modify Page 레이아웃 섬네일 오른쪽 윗부분에 Quick Collection 마커처럼 생긴 아이콘을 클릭해서 [Favorites]에 저장한다. [Favorite]에 저장한 레이아웃은 아이콘을 다시 클릭하면 저장이 취소된다.

또한 Auto Layout 프리셋을 만들었다면 Auto Layout Preset Editor를 'Random From Favorites'로 지정하면 [Favorite]에 저장한 레이아웃 중에서 무작위로 불러온다. 그리고 페이지에 넣을 사진 개수도 설정할 수 있다.

3. 페이지 정리하기

페이지를 정리할 때 Multi-Page View 모드에서 페이지를 옮기려면, 페이지를 선택한 다음 페이지 번호가 있는 노란색 바를 클릭하고 원하는 순서로 드래그한다. 두 페이지 스프레드를 이동하려면, 첫 번째 페이지를 클릭하고 [Shift]를 누른 채 두 번째 페이지를 클릭해서 일괄 선택한 다음 번호가 있는 바를 클릭하고 원하는 순서로 드래그한다. 또한 여러 개의 페이지도 한 번에 이동할 수 있다. [Shift]를 누른 채 이동할 페이지들을 클릭해서 선택한 다음 아무 페이지나 클릭하고 아랫부분의 노란색 바를 클릭해서 원하는 위치로 드래그한다. Multi-Page View 모드에서는 사진을 클릭하고 드래그해서 다른 페이지 사진과 교체할 수 있다.

4. Dust Jacket 커버 사용하기

포토북 커버를 'Hardcover Dust Jacket'으로 지정하면 안으로 접히는 부분에 들어갈 사진을 두 장 더 추가할 수 있다.

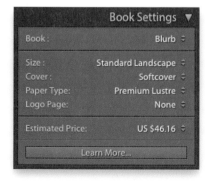

5. 네 가지라고 했지만 한 가지만 더

포토북 마지막 페이지 아랫부분에 Blurb의 로고를 추가하도록 승인하면 제작비를 할인해 준다. 예제로 제작한 포토북의 경우 46.16달러지만 [Book Settings] 패널에서 Logo Page를 'On'으로 지정하면 가격은 38.99달러로 20% 정도 할인을 받을 수 있다. 마지막 페이지는 어차피 비어 있으므로 고려할 만하다.

페이지 배경 만들기

기본적으로 모든 페이지 배경은 흰색이지만, 다음 네 가지 방법으로 배경에 색상을 추가하거나 이미지 배경을 추가할 수 있다.

STEP 01

페이지 배경 색상을 변경하려면 [Background] 패널에서 'Background Color'에 체크 표시한 다. 색상 상자를 클릭해서 새 색상을 선택한 다음 Background Color에서 윗부분 프리셋 색상 상자 중 하나를 선택하거나, 아랫부분의 그레이디언트 바에서 원하는 색조를 선택한다.

모든 색상을 보려면, 오른쪽 그레이디언트 바에 있 는 작은 수평 바를 클릭하고 드래그해서 원하는 색상을 찾는다.

STEP 02

단색의 페이지 배경 대신 라이트룸에 내장된 여행 사진을 위한 지도나 페이지 테두리, 웨딩 사진을 위한 작고 우아한 페이지 장식 등 사진 주제에 어 울리는 그래픽 이미지들을 적용할 수 있다.

배경 이미지를 사용하기 위해서는 'Graphic'에 체 크 표시하고, 패널 가운데 배경 그래픽 웰 오른쪽 작은 검은색 버튼을 클릭해서 내장된 배경 이미지 섬네일들이 있는 [Add Background Graphic] 메뉴를 불러온다.

윗부분에서 원하는 항목을 선택한 다음 섬네일을 스크롤하다가 마음에 드는 이미지를 발견하고 클 릭하면 그림과 같이 페이지 배경이 적용된다. 적용 한 배경은 Opacity로 불투명도를 조절할 수 있으 며, 색상 상자를 클릭해서 색상도 변경할 수 있다 (방법은 다음 단계에서 더 자세히 알아볼 것이다).

STEP 03

그래픽 이미지 대신 패턴 배경을 원한다면, 수직선 패턴을 추가할 수 있을 뿐 아니라 색상도 설정할 수 있다. 가장 먼저, [Add Background Graphic] 메뉴의 [Travel] 카테고리 팝업 메뉴에서 수직선 패턴을 선택한 다음 Opacity를 설정한다. 그리고 'Graphic' 체크 상자 오른쪽에 있는 색상 상자를 클릭해서 원하는 색상을 선택해 패턴에 적용한다. 예제에서는 오렌지 색상을 선택했으며, 배경이 선이 너무 튀지 않도록 Opacity를 '32%'로 설정했다.

STEP 04

또 하나의 [Background] 패널 선택 항목에 대해 알아보기 전에, 패널 윗부분을 보면 'Apply Background Globally'가 있다. 여기 체크 표시하면 현재 설정한 페이지 배경을 포토북 전체에 적용해서 직접 페이지마다 동일한 배경을 적용해야 하는 수고와 시간을 덜어 준다(필자는 각 페이지마다 다른 배경을 직접 만들기 위해 이 기능에 체크 표시하지 않는다).

이제 사진 배경을 만드는 방법을 알아보자(웨딩 앨범에 많이 사용된다). Filmstrip 영역에서 배경으로 사용할 사진을 [Background] 패널 중앙 정사각형 그래픽 웰로 드래그하면 페이지 배경으로 적용된다.

필자는 보통 사진 배경이 메인 사진과 상충되는 것을 원하지 않기 때문에 Opacity를 '10%'에서 '20%' 정도로 설정한다. 배경 그래픽 웰을 마우스 오른쪽 버튼으로 클릭하고 **Remove Photo**를 실행하면 사진이 배경에서 제거된다.

페이지 가이드와 포토북 설정 저장하기

페이지 가이드와 Blurb가 아닌 타 업체에 포토북 제작을 맡기는 경우, 보낼 포토북 레이아웃과 설정을 PDF나 JPEG 형식으로 저장하는 방법을 알아 두면 필요할 때 유용할 것이다.

페이지 가이드

페이지 레이아웃을 만들 때 시각적인 가이드가 필요하다면, 오른쪽 패널 영역에 있는 [Guides] 패널에서 다음 네 가지 가이드를 찾을 수 있다.

❶ **Page Bleed** : 사진을 꽉 채우는 풀 프레임 페이지인 경우 제본할 때 잘리는 경계선을 표시한다. 1/8인치 정도만 잘라 내기 때문에 눈치챌 정도는 아니다.

❷ **Text Safe Area** : 두 페이지 가운데의 겹친 부분이나 바깥 경계선에 너무 근접하지 않고 텍스트를 삽입할 수 있는 안전한 영역을 표시한다.

❸ **Photo Cells** : 사진을 클릭하면 나타나는 가이드이다. 필자는 기본적으로 체크 해제한다.

❹ **Filler Text** : 견본 텍스트를 넣어 텍스트를 입력하는 영역을 표시한다.

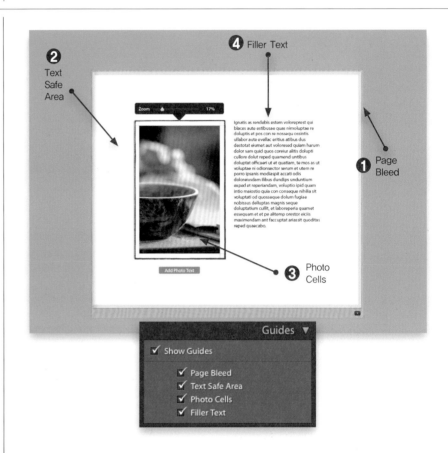

PDF나 JPEG 형식으로 포토북 저장하기

라이트룸에서 만든 포토북 인쇄를 반드시 Blurb에서 해야만 하는 것은 아니다. PDF나 JPEG 형식으로 저장해서 타 업체에 제작을 의뢰해도 된다. 포토북 레이아웃 설정을 저장하려면, [Book Settings] 패널에서 Book을 'PDF'나 'JPEG'로 지정한다.

'JPEG'를 선택하면 각 페이지를 개별 JPEG 형식 파일로 저장한다. 'PDF'나 'JPEG'로 지정하면, 사진 화질(필자는 '80'으로 설정)과 색상 프로필(많은 업체들이 'sRGB'를 권장), 해상도(필자는 '240ppi'로 설정), 샤프닝 강도와 출력 용지 종류를 설정할 수 있다(필자는 'High'와 'Glossy'로 설정).

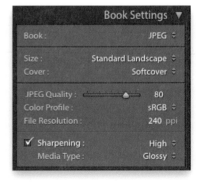

라이트룸의 [Book] 모듈에서는 포토북 표지 텍스트도 쉽게 만들 수 있다. 여러 줄의 텍스트를 만들거나, 서로 다른 글꼴로 여러 개의 텍스트 블록을 만들 수도 있으며, 하드 커버 표지 레이아웃에서는 책등에도 텍스트를 추가할 수 있다.

표지 텍스트 만들기

STEP 01

표지 앞면 페이지를 클릭해서 사진 아랫부분 중앙에 나타나는 [Add Photo Text] 버튼을 클릭하면, 사진 아랫부분에 텍스트 블록이 나타난다. 텍스트 블록에 입력하는 텍스트는 그대로 사진에 적용된다. [Add Photo Text] 버튼이 보이지 않는다면, [Text] 패널에서 'Photo Text'에 체크 표시한다. 예제 사진에서는 'Magical Morocco'를 입력했지만 텍스트 기본 크기가 작고 색상이 검은색이라 잘 보이지 않는다.

STEP 02

텍스트 블록의 기본 위치는 사진 아랫부분이지만, [Text] 패널의 Photo Text 영역에서 Offset을 설정하여 높이를 변경할 수 있다.
Offset을 큰 폭으로 드래그할수록 텍스트도 큰 폭으로 움직인다. 예제에서는 텍스트를 윗부분으로 이동했다.

STEP 03

텍스트 블록 위치를 설정한 다음에는 텍스트 색상, 크기, 글자 사이의 간격, 그리고 행 맞추기까지 모든 설정을 [Type] 패널에서 설정한다. [Type] 패널은 텍스트를 보기 좋게 만드는 기능들로 가득 찬 강력한 패널이다.

먼저 텍스트의 글꼴과 크기부터 설정해 보자. 텍스트를 클릭하고 드래그해서 선택한 다음 [Type] 패널의 첫 번째 팝업 메뉴에서 글꼴을 선택하고 Size를 설정한다. 예제에서는 글꼴을 'P22 Cezanne Pro', Size를 '54pt'로 지정했다.

텍스트 색상을 변경하려면, Character 색상 상자를 클릭하고 색상표에서 색상을 선택한다. 예제의 경우 흰색으로 지정했다.

STEP 04

이제 위치만 조절하면 된다. 예제에서는 패널 아랫부분 [Align Center] 아이콘을 클릭해서 텍스트를 가운데로 이동하고, 텍스트 블록을 약간 아래로 드래그해서 위치를 조절했다.

Tip

두 번째 텍스트 블록 만들기

[Text] 패널에서 [Page Text]에 체크 표시하여 두 번째 텍스트 블록을 만들어 첫 번째 텍스트 블록과 동일한 방법으로 설정한다.

STEP 05

하나의 텍스트 블록에 두 번째 줄을 추가하려면, 커서를 텍스트의 마지막 글자에 놓고 Enter (Mac: Return)를 누른다.

새로 추가한 둘째 줄은 첫째 줄과 다른 설정이 가능하기 때문에 둘째 줄만 선택해서 다른 글꼴을 적용하고, 크기를 바꾸고, Tracking 슬라이더로 글자 사이 간격도 설정할 수 있다. 또한 Leading 슬라이더로 줄 사이의 간격을 조절한다. 예제에서는 글꼴을 'Minion Pro', Size를 '18pt', Leading을 '50.3pt'로 설정했다.

마지막으로 텍스트 박스 윗부분을 클릭한 다음 아랫부분으로 약간 드래그했다.

STEP 06

하드 커버 포토북을 만드는 경우에는 책등에도 텍스트를 추가할 수 있다. 마우스 포인터를 책등으로 가져가면 나타나는 텍스트 박스를 클릭하고 텍스트를 입력한다. 그리고 글꼴, 색상, 위치 등을 설정한다.

Tip

책등 색상 선택하기

[Background] 패널에서 'Background Color'에 체크 표시한 다음 색상 상자를 클릭하고 색상표에서 색상을 선택한다. 또한 색상표가 나타나면 임의의 영역을 클릭한 채 스포이드 도구로 표지 사진에서 색상을 선택할 수 있다.

나만의 레이아웃 만들기

앞 레슨에서 사용한 간단한 Custom Page 레이아웃과 다른 나만의 레이아웃을 포토 북에 적용하고 싶다면, 필자가 어도비 라이트룸 전도사 줄리엔 코스트에게 전수 받 은 비법이 있다. [Print] 모듈에서 포토북에 넣을 사진으로 포토북과 같은 크기의 페 이지 레이아웃을 만들어서 JPEG 형식으로 저장한 다음 라이트룸으로 불러오는 것 이다. 엄밀히 말하면 템플릿은 아니지만 포토북에 사용하는 데 문제가 없다.

STEP 01

[Print] 모듈로 전환한 다음 [Page Setup] 버튼 을 클릭한다. [인쇄 설정(Mac:Page Setup)] 창에 서 [속성] 버튼을 클릭한 다음 Paper Options 영 역에서 [Custom] 버튼을 클릭한다. Mac에서는 Paper Size를 'Manage Custom Size'로 지정 하면 그림과 같은 창이 표시된다. 동일한 과정을 반복하지 않도록 새 프리셋 크기를 설정할 것이 다. 아랫부분의 [+] 아이콘을 클릭하고 Width와 Length(Mac:Height)에 만들고 있는 포토북 크기 를 입력한다. 예제에서는 '7in'을 입력했다. Mac에 서는 가장자리 여백(상하와 양옆)을 '0'으로 설정해 야 하므로 입력한 다음 [OK] 버튼을 두 번 클릭한 다. 이제 포토북에 필요한 레이아웃을 만들 때 한 번의 클릭으로 템플릿을 불러올 수 있다. 또한 다 양한 포토북 크기의 프리셋을 미리 만들면 편리하 다(10×8인치, 8×10인치, 13×10인치, 13×13인 치 등).

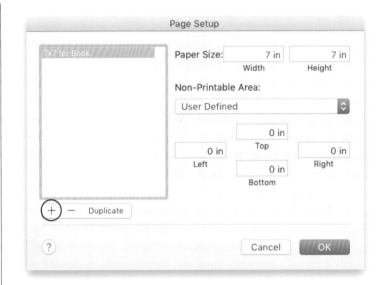

Tip

이 과정은 설치된 프린터나 드라이버에 따라 다르게 표시될 수 있다.

STEP 02

STEP 01 설정을 마치면 [Print] 모듈에서 원하는 레이아웃을 설정한다. 예제 사진의 레이아웃은 왼 쪽 패널 영역 [Template Browser] 패널에서 프 리셋을 '4 Wide'로 지정했다. 템플릿을 불러온 다 음 네 개의 사진을 선택한다. 그리고 오른쪽 패널 영역의 [Page] 패널에서 'Identity Plate'의 체크 표시를 해제한다. [Layout] 패널에서는 7×7인치 포토북 크기에 맞추기 위해 두 가지 설정만 했다. Margins 영역에서 Bottom과 Top 여백을 '0.44in' 으로 설정하고, Left 여백을 '0.50in'으로 설정해서 예제 사진과 같은 레이아웃을 만들었다. [Book] 모듈 템플릿에는 이것과 똑같은 레이아웃이 없다.

STEP 03

예제에서는 내장된 출력 템플릿을 사용했지만 오른쪽 패널 영역의 [Layout Style] 패널에서 프린트 모듈의 Custom Package 기능을 사용해 빈 문서에 레이아웃을 직접 만들 수 있다(378쪽 참고).

[Print] 모듈에서 페이지 설정을 마치고 [Print Job] 패널에서 Print To를 'JPEG File'로 지정한다. Print Sharpening과 Media Type을 설정하고 (396쪽 참고), 직접 설정한 7×7인치 크기를 사용할 수 있도록 'Custom File Dimensions'에 체크 표시한다. [Print to File] 버튼을 클릭해서 7×7인치 페이지 레이아웃을 JPEG 형식으로 저장한다.

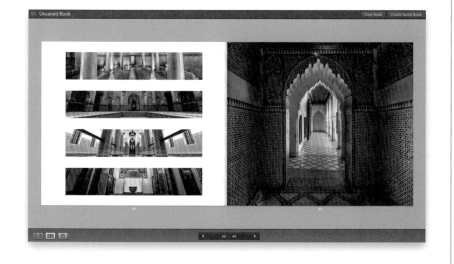

STEP 04

[Library] 모듈에서 Ctrl + Shift + I (Mac: Command + Shift + I)를 눌러 [Import] 창을 표시한다. 레이아웃 파일을 찾아 라이트룸으로 불러와 드래그해서 포토북에 넣을 사진들을 모은 컬렉션에 추가한다.

[Book] 모듈로 전환한 다음 새 레이아웃을 넣을 페이지에 있는 사진을 마우스 오른쪽 버튼으로 클릭하고 **Remove Photo**를 실행하여 빈 페이지로 만든다.

Modify Page 메뉴에서 사진이 페이지 전체를 채우는 레이아웃을 선택하고 Filmstrip 영역에서 [Print] 모듈에서 만든 페이지를 찾아 페이지로 드래그한다. 이렇게 만든 페이지는 템플릿이 아니라는 단점과 레이아웃을 원하는 대로 직접 만들 수 있는 장점이 있다.

CHAPTER 12

PRINTING
사진 출력하기

미리 경고하는데 이번에는 설교를 조금 늘어놓으려고 한다. 그 이유는 필자가 출력에 대한 확고한 신념을 가지고 있기 때문이다. 출력은 사진이 탄생하는 순간이다. 컴퓨터 화면에서 보는 사진은 실재가 아니라 얇은 유리막 뒤에 갇힌 무수한 픽셀과 1과 0일 뿐이다. 그 사진들은 디지털이기 때문에 만질 수도 없으며, 맛을 보거나 느낄 수도 없다.

출력된 사진은 실재이다. 그러나 '실재'라는 논점은 잠시 제쳐두고, 후손들을 위한 보존이라는 관점을 고려해 보자. 모든 사진을 하드 드라이브에 백업해 놓았는가? 훌륭하다. 그 드라이브 수명은 최소한 3년에서 운이 좋다면 최대 5년이다. 드라이브 사용 중에 실수로 떨어뜨리거나 넘어뜨리기라도 하면 그걸로 끝이다. 하드 드라이브뿐만이 아니다. CD나 DVD 같은 광학 드라이브에 사진을 백업해도 마찬가지이다. 그것들 역시 짧은 수명을 가지고 있으며, 언젠가는 수명을 다할 것이다.

하지만 인화된 사진은 최소한 100년은 보존된다. 바로 부모님이 남긴 과거 사진들이 담긴 신발 상자가 그 사실을 증명한다. 그들이 사진을 인화해서 상자에 넣어 둔 덕분에 우리가 어린 시절을 담은 시각적 역사를 소유하고 있는 것이다.

더 오랫동안 인화 사진을 보존할 수 있는 쉬운 방법이 있다. 포트폴리오 사진들을 출력하고 비행기를 타고 북극 스발바르 군도에 위치한 작은 노르웨이 섬인 스피츠베르겐으로 가지고 간다. 스발바르 세계 종자 보관소까지 가는 길을 물어서 찾아간다. 그곳에 도착하면 얼이라는 직원을 찾아(필자가 보냈다고 말한다) 그곳에 인화 사진을 보관하고 싶다고 얘기한다. 극한의 북극 공기와 여섯 개의 두꺼운 보안 철문들과 근처에서 먹이를 찾아 맴도는 북극곰들 덕분에 사진은 안전하게 보관된다. 또한 갈 때 얼에게 줄 칼스 주니어에서 구입한 베이컨 스위스 크리스피 치킨 필레 샌드위치와 다이어트 닥터 페퍼를 준비하는 것도 도움이 될 것이다. 얼이 정말 좋아하는 것들이다.

단일 사진 출력하기

지금까지 배운 라이트룸의 기능들이 마음에 들었다면 [Print] 모듈과는 완전히 사랑에 빠지게 될 것이다. 필자는 라이트룸보다 더 탁월하고 사용이 쉬운 출력 기능을 가진 프로그램을 본 적이 없다. 라이트룸 출력 프리셋은 사용이 쉬울 뿐 아니라 활용도도 높으며, 나만의 프리셋을 만들 수 있다.

STEP 01

[Print] 모듈을 사용하기 전에 왼쪽 아랫부분 [Page Setup] 버튼을 클릭하고, 나중에 레이아웃 크기 재조절이 필요 없도록 출력 용지 크기를 선택한다. 왼쪽 [Template Browser] 패널에서 'Fine Art Mat' 템플릿을 클릭하면 그림과 같은 레이아웃에 현재 선택한 컬렉션의 첫 번째 사진(미리 사진을 선택하지 않은 경우)이 나타난다.

[Print] 모듈의 [Collections] 패널에서도 다른 컬렉션을 선택할 수 있다. 사진 왼쪽 윗부분에 몇 줄의 정보가 표시된다. 출력하는 사진에는 나타나지 않지만, 시각적으로 방해가 된다면 ①를 누르거나 [View]-[Show Info Overlay]의 선택을 해제한다.

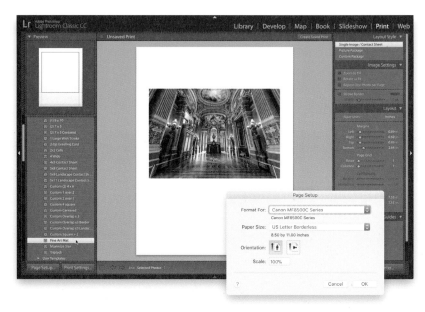

STEP 02

동일한 템플릿으로 사진을 여러 개 출력하려면 Filmstrip 영역에서 Ctrl (Mac: Command)을 이용해 출력할 사진을 모두 선택하고 페이지를 추가한다. 그림에서는 한 장의 사진만 보이지만 도구바를 보면 19개의 출력한 사진 중 첫 번째 사진이라는 것을 알 수 있다.

[Layout Style] 패널에는 세 가지 레이아웃 스타일이 있는데 'Single Image/Contact Sheet'는 한 개의 사진을 크기 조절이 가능한 하나의 셀에 추가한다. 예제 사진의 셀을 보려면, [Guides] 패널에서 'Show Guides'에 체크 표시한다. 그러면 회색의 페이지 여백과 검은색 경계선의 이미지 셀이 표시된다.

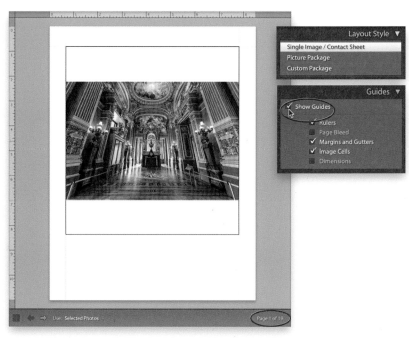

STEP 02의 레이아웃을 보면 사진 전체가 보이도록 기본 설정되어 있기 때문에 사진 위아랫부분에 여백이 있다. 셀에 사진을 채우려면 [Image Settings] 패널에서 'Zoom to Fill'에 체크 표시한다. 물론 이 설정을 선택하면 사진이 잘린다. 'Zoom to Fill'은 원래 밀착 출력을 위한 기능이지만, 다양한 레이아웃을 만드는 데 활용할 수 있다.

더 수월한 작업을 위해 셀의 특성을 알아보자.
첫째, 셀 안의 사진을 'Zoom to Fill'로 설정했기 때문에 셀 크기를 변경해도 사진 크기는 그대로이다. 그러므로 셀의 크기를 축소하면, 사진 일부가 잘려 나가서 레이아웃을 만들 때 유용하다.
[Layout] 패널 아랫부분에 있는 Cell Size 영역의 Height 슬라이더를 왼쪽으로 드래그하면(예제에서는 '4.41in'으로 설정), 줌인하지 않은 원래 너비가 될 때까지 전체 사진 크기를 축소한 다음 너비를 더 이상 변경하지 않고 셀 윗부분과 아랫부분을 축소한다. 그 결과 그림과 같이 사진을 '4:3' 화면비로 만든다(HD 영화를 즐겨 본다면 무슨 의미인지 알 것이다).

Height 슬라이더를 원위치로 드래그한 다음 이번에는 Width 슬라이더를 왼쪽으로 드래그해서 셀의 너비를 줄여 보자.

예제는 가로 사진이기 때문에 셀 높이를 축소하면 사진 크기가 함께 축소되지만, 이번에는 셀 너비만 줄어든다. 긴 세로의 셀 때문에 사진에는 벽난로가 프레임 왼쪽으로 치우쳐 있지만 쉽게 수정할 수 있다.

Tip

[Print] 모듈 단축키

[Print] 모듈 단축키는 거의 모든 다른 프로그램 출력 단축키와 동일한 Ctrl + P (Mac: Command + P)이다.

이와 같은 셀 레이아웃의 장점은 셀 안에 있는 사진 위치 조절이 가능하다는 것이다. 셀 내부에 마우스 포인터를 놓아 손 도구로 전환되면 사진을 클릭하고 원하는 위치로 드래그한다.

예제에서는 사진을 오른쪽으로 드래그해서 벽난로가 있는 중앙부를 가운데로 이동했다.

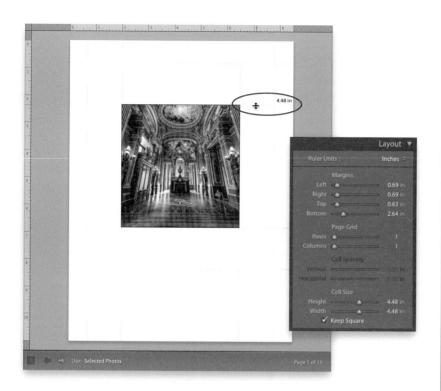

STEP 07

Cell Size 영역 아랫부분에서 'Keep Square'에 체크 표시하면 셀 높이와 너비가 동일한 길이로 유지되어 하나의 유닛처럼 작동한다. 이번에는 미리 보기 영역에 있는 레이아웃의 셀 경계선을 클릭하고 드래그해서 셀 크기 조절해 보자. 페이지에서 셀 경계선을 나타내는 양옆과 상하의 선을 드래그해서 셀 크기를 조절할 수 있다.

예제에서는 윗부분의 수평선을 윗부분으로 드래그해서 정사각형 셀의 크기를 확장했다(사진도 함께 확대된다). 셀은 사진을 보여 주는 창과 같은 역할을 한다.

Tip

사진 회전하기

가로 셀에 세로 사진을 추가한 경우 [Image Settings] 패널에서 'Rotate to Fit'에 체크 표시하여 페이지를 최대한 채울 수 있다.

STEP 08

필자가 좋아하는 라이트룸 출력 기능인 페이지 배경색 변경 기능으로 작업을 마무리해 보자. [Page] 패널에서 'Page Background Color'에 체크 표시하고 오른쪽 색상 상자를 클릭한 다음 [Page Background Color] 색상표에서 배경색을 선택한다.

예제에서는 검은색을 선택했지만, 배경색은 자유롭게 선택할 수 있다. 또한 사진 셀에 테두리도 적용할 수 있다. [Image Settings] 패널에서 'Stroke Border'에 체크 표시하고 색상을 선택한 다음 Width 슬라이더로 테두리 굵기를 설정한다.

다수의 사진을 넣은 밀착 인화 레이아웃 만들기

단일 사진 출력을 위해 여러 단계를 거치는 이유는 사실 Single Image/Contact Sheet 가 여러 개의 사진을 넣은 레이아웃과 밀착 인화를 위한 기능이기 때문이다. 이번에 는 여러 개의 사진을 넣은 흥미로운 레이아웃을 만들어 보자.

STEP 01

[Template Browser] 패널에서 사진을 여러 장 넣는 레이아웃 템플릿을 선택한다(마우스 포인터 를 템플릿 이름 위에 놓으면 [Preview] 패널에 서 레이아웃을 미리 볼 수 있다). 예를 들어, '2× 2 Cells' 템플릿을 클릭하면 선택한 사진들을 2열 2줄 셀 레이아웃에 추가한다.

예제에서는 사진을 여섯 장 선택했기 때문에 도구 바 오른쪽을 보면 총 2페이지가 만들어진 것을 확 인할 수 있으며, 두 번째 페이지에는 두 장의 사진 만 있다.

예제 사진을 보면 가로 사진들이 세로 셀 안에 있 기 때문에 레이아웃이 보기 좋지 않지만 수정이 가능하다. 만약 세로 사진이 섞여 있다면 더 보기 좋지 않을 것이다.

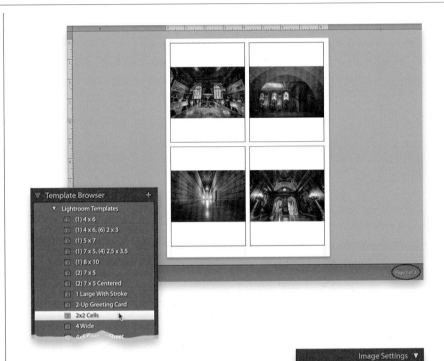

STEP 02

모든 가로 사진을 가로 셀에 넣어서 출력하고, 세 로 사진만 모아서 세로 셀만 있는 두 번째 템플릿 을 만들어 출력할 수도 있지만 가장 쉬운 방법은 [Image Settings] 패널에서 'Zoom to Fill'에 체크 표시하여 모든 사진이 셀에 꽉 차도록 설정하는 것이다.

또한 각 셀의 사진을 클릭하고 드래그해서 위치를 조절할 수 있다. 그러나 'Zoom to Fill'을 적용하면 가로 사진의 경우 상당한 영역이 잘려 나간다.

STEP
03

잘리는 영역 없이 사진을 출력하려면 [Image Settings] 패널에서 'Rotate to Fit'에 체크 표시하여 가로 사진을 회전해서 세로 셀에 맞춘다.
이 기능은 모든 페이지에 적용되기 때문에 다른 페이지에 있는 가로 사진도 회전한다.

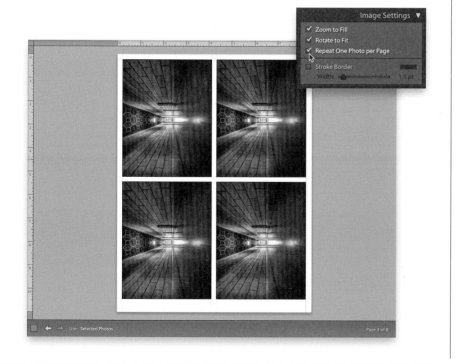

STEP
04

한 페이지에 동일한 사진을 여러 개 출력하고 싶다면 [Image Settings] 패널에서 'Repeat One Photo per Page'에 체크 표시한다. 또한 하나의 5×7 크기와 네 개의 지갑 사진 크기처럼 동일한 사진을 각각 다른 크기로 출력할 수도 있다 (384쪽 참고).

STEP 05

그림과 같이 다른 레이아웃을 선택하면 바로 새 레이아웃에 맞춰 사진들을 구성한다. 예제에서는 '4×5 Contact Sheet'를 선택했다. 각 사진 아랫부분에 파일명을 표시하는 것이 이 레이아웃의 장점이다.

파일명 표시 기능은 [Page] 패널 아랫부분의 'Photo Info'의 체크 표시를 해제하여 비활성화할 수 있다. 'Photo Info'에 체크 표시하면 오른쪽의 Filename에서 사진 아랫부분에 표시할 정보를 선택할 수 있다. 이번에도 세로와 가로 사진들이 섞였기 때문에 'Zoom to Fill'에 체크 표시하여 사진이 셀을 채우도록 설정했다. 하지만 사진이 잘리는 것을 원하지 않는다면 체크하지 않는다.

STEP 06

지금까지는 라이트룸에 내장된 템플릿을 사용했다. 이번에는 직접 레이아웃을 만들어 보자. 'Single Image/Contact Sheet' 레이아웃의 한계인 일정한 셀 크기를 개의치 않는다면 나만의 레이아웃은 생각보다 만들기 쉽다.

셀 하나는 정사각형으로, 다른 두 개의 셀은 직사각형으로 설정할 수 없다. 그러나 잠시 후 여러 개의 사진을 각각 다른 크기로 설정하는 방법에 대해 알아볼 것이다. 우선 밀착 인화 레이아웃을 활용한 멋진 레이아웃을 만들어 보자.

먼저 여덟 개에서 아홉 개 정도의 사진을 선택한 다음 'Maximize Size' 템플릿을 선택한다. 이 템플릿은 나만의 템플릿을 만드는 기본 레이아웃으로 사용하기에 적합하다. 사진을 추가해야 하기 때문에 [Image Settings] 패널에서 'Rotate to Fit'의 체크 표시를 해제한다.

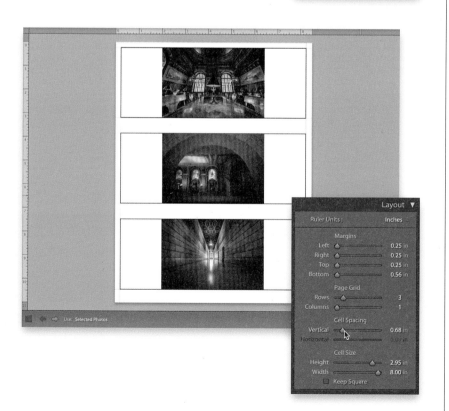

STEP 07

여러 개의 사진을 넣는 레이아웃은 [Layout] 패널에서 만든다. Page Grid 영역에서 레이아웃에 넣을 셀의 열과 줄 개수를 선택한다.
Columns는 '1'을 그대로 유지하고, Rows를 '3'으로 설정하여 그림과 같이 세 개의 줄에 세 개의 사진을 넣게 설정한다. 예제 사진을 보면 세 개의 사진들 사이에 여백이 없다.

Note

셀을 둘러싼 검은색 경계선은 셀의 경계선을 쉽게 보기 위한 가이드이다. 이 경계선은 [Guides] 패널에서 'Image Cells'의 체크 표시를 해제해서 비활성화한다.

STEP 08

사진들 사이에 여백을 추가하려면 Cell Spacing 영역의 Vertical 슬라이더를 오른쪽으로 드래그한다. 예제 사진의 경우에는 슬라이더를 '0.68in'까지 드래그해서 1/2인치보다 약간 더 넓은 여백을 만들었다.

STEP 09

Page Grid 영역에서 Columns 슬라이더를 '3'으로 드래그해서 레이아웃에 세 개의 열을 추가한다. 사진들 사이에 여백이 없도록 기본 설정되어 있기 때문에 수평으로 배치한 사진들 사이에 여백이 없다.

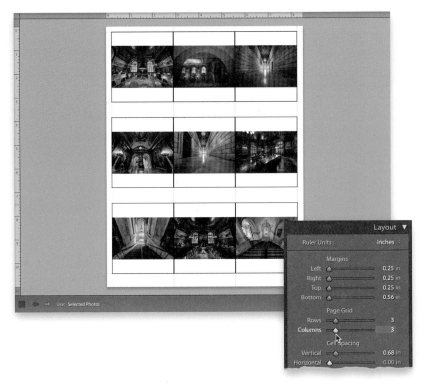

STEP 10

수평으로 배치한 사진들 사이에 여백을 추가하기 위해 Cell Spacing 영역의 Horizontal 슬라이더를 오른쪽으로 드래그한다. 이제 페이지 가장자리 여백을 살펴보면 윗부분과 아랫부분에는 여백이 있지만 양옆에는 여백이 거의 없다.

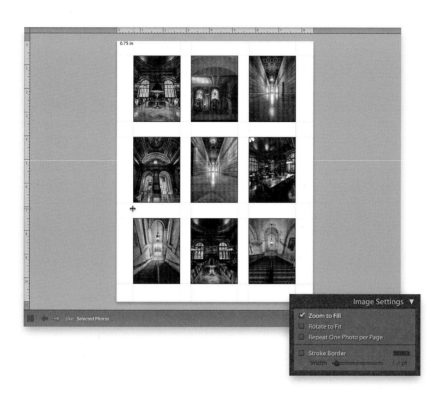

[Layout] 패널에서 Margin 슬라이더를 드래그해서 페이지 여백을 설정할 수 있지만 페이지에서 여백 가이드 선을 직접 드래그해서 설정할 수도 있다. 예제에서는 윗부분과 아랫부분, 그리고 양 옆 가이드 선을 클릭하고 드래그해서 페이지 둘레에 1/2인치 정도의 여백을 설정했다.

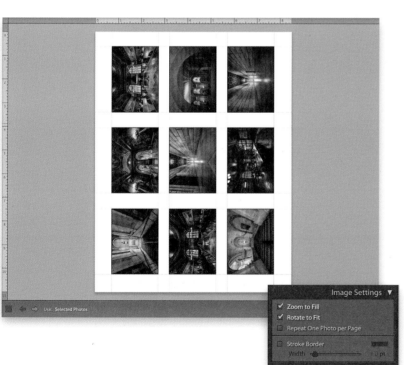

STEP
12

STEP 11의 예제 사진을 보면 모든 사진이 가로인데 셀은 세로이다. 사진을 잘라 내지 않고 더 크게 보고 싶다면 [Image Settings] 패널에서 'Rotate to Fit'에 체크 표시해서 사진을 회전한다. 이제 모든 사진이 회전되어서 셀을 채우고 있다.

STEP 13

'Contact Sheet' 스타일 레이아웃을 활용한 몇 가지 예를 살펴보고 이번 과정을 마무리하자(모든 레이아웃은 8.5×11인치 페이지 크기를 기반으로 하며, 페이지 크기는 왼쪽 패널 영역에서 선택한다). [Image Settings] 패널에서 'Zoom to Fill'에 체크 표시한다. [Layout] 패널의 Page Grid 영역에서 Rows를 '1', Columns를 '3'으로 설정한다.
Margins 영역의 Left, Right, Top을 '0.75in'으로 설정하고, 아랫부분에 Identity Plate를 추가하기 위해 Bottom을 '2.75in'으로 설정한다.
Cell Spacing 영역의 Horizontal을 '0.13in', Cell Size 영역의 Height를 '7.50in', Width를 '2.24in'으로 설정해서 길고 좁은 세로 셀을 만든다. 사진을 세 장 선택한 다음 [Page] 패널에서 'Identity Plate'에 체크 표시하고, 클릭하고 드래그해서 크기와 위치를 조절하면 예제 사진과 같은 레이아웃이 된다. 또한 'Show Guide'의 체크 표시를 해제하여 시선에 방해가 되는 가이드를 비활성화했다.

Note
이 레이아웃이 마음에 들면 프리셋으로 저장할 수 있다(389쪽 참고).

STEP 14

다음은 네 개의 파노라마 사진이 들어간 레이아웃을 만들어 보자. 이때 실제로 파노라마 사진을 사용할 필요가 없다. 먼저 'Zoom to Fill'에 체크 표시하고 [Layout] 패널의 Page Grid 영역에서 Rows를 '4', Columns를 '1'로 설정한다.
Margins 영역에서 Left, Right를 '0.50in', Top을 '0.75in'나 '0.80in'로 설정하고, Bottom을 '1.50in'으로 설정한다.
[Page] 패널에서 'Identity Plate'에 체크 표시를 해제한다. Cell Size 영역은 Width를 '7.30in', Height를 '1.81in'으로 설정한다.
Vertical을 '0.50in'으로 설정해서 셀 사이 여백을 추가해 그림과 같은 파노라마 레이아웃을 만든다.

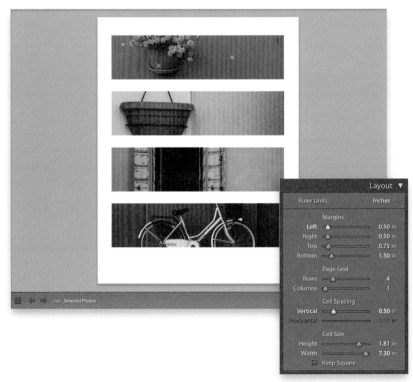

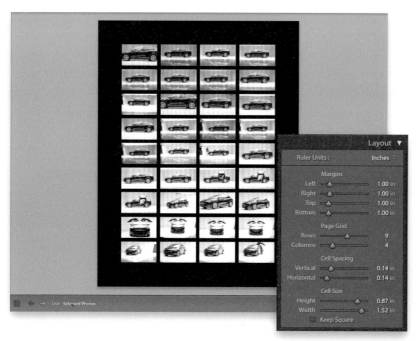

STEP 15

검은색 배경과 서른여섯 개의 가로 사진으로 포스터를 만들어 보자. 먼저 포스터에 넣을 서른여섯 개의 가로 사진들을 모아 컬렉션을 만든다.

[Image Settings] 패널에서 'Zoom to Fill'에 체크 표시한다. [Layout] 패널에서 Margins 항목의 네 면의 여백을 모두 '1.00in'으로 설정한다. Rows를 '9', Columns를 '4', Horizontal과 Vertical을 '0.14in'으로 설정한다. 마지막으로 [Page] 패널에서 'Page Background Color'에 체크 표시하고 오른쪽 색상 상자를 클릭해서 배경색을 선택한다. 페이지에 흰색 테두리가 보이면 [Page Setup] 버튼을 클릭하고 여백이 없는 출력을 선택한다.

STEP 16

흔히 사용하지 않는 레이아웃을 만들어 보자. 하나의 사진을 다섯 개의 세로 셀로 분리한 레이아웃이다. [Page Setup] 버튼을 클릭하고 페이지를 'Landscape'로 지정한다.

Filmstrip 영역에서 사진을 마우스 오른쪽 버튼으로 클릭한 다음 **Create Virtual Copy**를 실행한다. 이 단계를 세 번 더 반복해서 총 다섯 개의 복제 파일을 만든다.

다음은 [Image Settings] 패널에서 'Zoom to Fill'에 체크 표시하고 [Layout] 패널의 Margins 영역에서 네 면의 여백을 '0.50in'으로 설정한다. Rows를 '1', Columns을 '5', Horizontal을 '0.25in', Height를 '7.50in', Width를 '1.80in'으로 설정해서 긴 세로 셀을 만든다. Filmstrip 영역에서 다섯 개의 사진을 모두 선택한 다음 각 사진을 클릭하고 드래그해서 셀에 추가하면 그림과 같이 하나의 사진을 셀로 분리한 듯한 레이아웃이 된다.

나만의 출력 레이아웃 만들기

과거 버전의 제한된 셀 레이아웃에서 벗어나 'Custom Package' 출력 레이아웃 스타일을 사용해서 크기, 형태, 위치 등을 자유롭게 설정한 나만의 레이아웃을 만들 수 있다. 이번 레슨에서는 사진의 크기와 배치를 자유롭게 설정해서 나만의 레이아웃을 만들어 보자.

가장 먼저 [Layout Style] 패널에서 'Custom Package'를 선택한다. 이번에 배울 레이아웃은 빈 페이지에서 시작해야 하므로 만약 페이지에 셀이 보이면 [Cells] 패널에서 [Clear Layout] 버튼을 클릭해서 삭제한다. 페이지에 사진을 추가하는 방법은 두 가지이다. 첫째는 Filmstrip 영역에서 사진을 클릭하고 드래그해서 페이지에 추가하는 방법이다. 사진을 크기 조절이 가능한 셀 안에 추가하면, 모서리 조절점을 클릭하고 드래그해서 크기를 조절한다. 예제에서는 페이지 아랫부분을 거의 채우는 크기로 조절했다.

기본적으로 사진은 화면비를 맞추어 크기를 조절하지만 [Cells] 패널 아랫부분 'Lock to Photo Aspect Ratio'의 체크 표시를 해제하면 'Zoom to Fill'과 같은 기능을 활성화한 셀처럼 작동하기 때문에 셀을 사용해서 사진을 자유롭게 자를 수 있다.

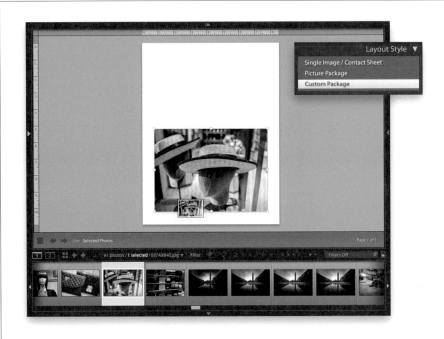

다른 방법으로 레이아웃을 만들기 위해 [Clear Layout] 버튼을 클릭해서 빈 페이시를 만든다. 예제에서는 셀을 먼저 만들고, 원하는 곳에 배치한 다음 사진을 드래그해서 넣는 방법을 사용해 보자. [Cells] 패널의 Add to Package 영역에서 원하는 셀 크기 버튼을 클릭한다.

예를 들어, 3×7인치 셀을 원한다면, [3×7] 버튼을 클릭하면 페이지에 3×7인치 크기의 셀이 추가된다. 그리고 셀을 클릭하고 드래그해서 원하는 곳에 배치할 수 있다. 위치를 설정한 다음에는 Filmstrip 영역에서 사진을 셀에 드래그한다.

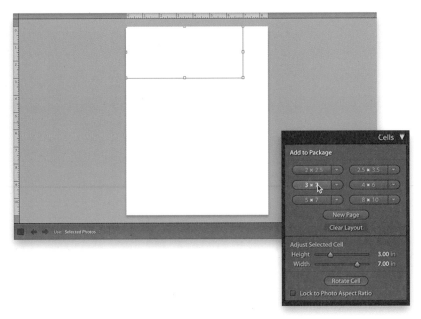

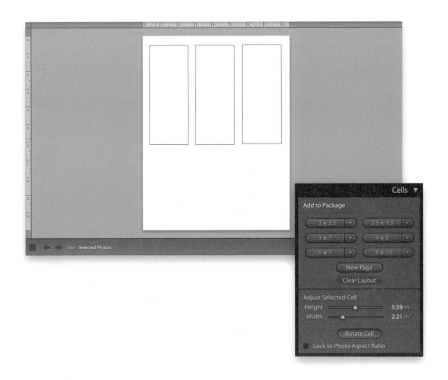

STEP 03

셀 버튼을 사용해서 레이아웃을 만들어 보자. [Clear Layout] 버튼을 클릭해서 빈 페이지를 만든 다음 [3×7] 버튼을 클릭하고, [Rotate Cell] 버튼을 클릭해서 세로의 긴 셀을 페이지에 추가한다. 셀은 페이지에 비해 크기가 약간 크지만 'Lock to Photo Aspect Ratio'에 체크 표시를 해제한 다음 셀 조절점이나 Adjust Selected Cell 영역의 슬라이더를 드래그해서 크기를 재조절할 수 있다. 예제에서는 Height를 '5.59in', Width를 '2.21in'으로 설정해서 크기를 축소했다.

다음은 똑같은 셀을 두 개 더 만들어야 한다. 가장 빠른 방법은 Alt (Mac: Option)를 누른 채 셀 내부를 클릭한 다음 드래그해서 복사본을 만드는 것이다. 이 방법으로 두 개의 셀을 더 만들어 나란히 배치한다. 이때 보이지 않는 수평 그리드가 셀의 수평을 맞추기 때문에 셀을 배치하기 쉽다. [Rulers, Grid & Guides] 패널에서 'Show Guides', 'Page Grid'에 체크 표시하고, Grid Snap을 'Grid'로 지정하면 그리드를 볼 수 있다.

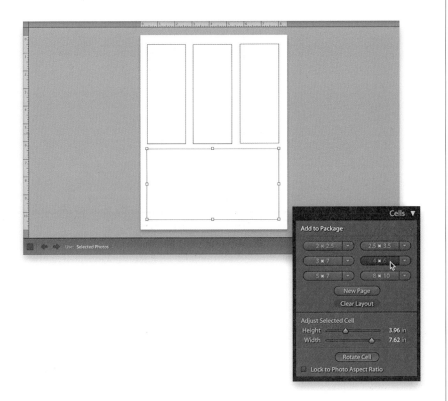

STEP 04

다음은 페이지 아랫부분에 4×6인치 크기의 사진을 추가해 보자. [4×6] 버튼을 클릭해서 추가한 셀은 윗부분에 배치한 세 개의 셀보다 높고 너비가 좁다. 너비를 맞추기 위해 먼저 [Cells] 패널 아랫부분에서 'Lock to Photo Aspect Ratio'의 체크 표시를 해제하고 Height를 '3.96in', Width를 '7.62in'으로 설정한다.

레이아웃을 완성하고 사진을 추가하기 전에 두 가지 설정이 필요하다. 'Lock to Photo Aspect Ratio'의 체크 표시를 해제하지 않으면 사진을 드래그해서 추가했을 때 셀이 사진 전체 크기로 확장된다. 또한 가로 사진을 자동으로 회전하지 않도록 [Image Settings] 패널에서 'Rotate to Fit'의 체크 표시도 해제한다.

STEP 05

사진을 레이아웃에 드래그한다. 추가한 사진이 마음에 들지 않는다면, 다른 사진을 그 위에 드래그한다.

작은 셀 안의 사진은 Ctrl(Mac: Command)을 누른 채 드래그해서 원하는 부분이 보이도록 위치를 조절한다.

이 레이아웃이 마음에 든다면 템플릿으로 저장하는 것도 잊지 말자(389쪽 참고).

Note -

필자는 [Rulers, Grid & Guides] 패널에서 'Show Guides'의 체크 표시를 해제했다.

- -

STEP 06

포토샵 레이어처럼 사진을 겹치게 배치하는 레이아웃을 만들어 보자. 레이아웃을 다시 만들기 전에 [Page Setup] 버튼을 클릭해서 처음의 Landscape 상태로 되돌린다.

[Cells] 패널에서 [Clear Layout] 버튼을 클릭하고 [8×10] 버튼을 클릭한 다음 그림과 같이 셀이 페이지 대부분을 차지하도록 크기와 위치를 조절한다. [2×2.5] 버튼을 세 번 클릭해서 세 개의 작은 셀을 추가하고 너비를 약간 넓게 조절한 다음 8×10 셀의 아랫부분과 겹치게 배치한다.

각 셀에 사진을 추가한다. 사진을 마우스 오른쪽 버튼으로 클릭히고 표시되는 메뉴에서 겹치는 순서를 선택할 수 있다. 사진 둘레에 흰색 테두리를 추가하려면 [Image Settings] 패널에서 'Photo Border'에 체크 표시한다(이때 'Guides'에 체크 표시하면 더 잘 볼 수 있다).

STEP 07

Page Orientation을 'Portrait'로 전환해 보자. 예를 들어, 이 레이아웃을 'Portrait' 스타일로 설정하면 멋진 웨딩 포토북 레이아웃이 될 수 있다. 그래서 필자는 사진을 교체한 다음 작은 셀을 회전하고 큰 셀의 너비를 약간 더 넓게 설정한 다음 'Photo Border'의 체크 표시를 해제했다.
'Inner Stroke Border'에도 체크 표시하고 '2pt'의 검은색 테두리를 추가해 보았다([Image Settings] 패널에도 있다).

STEP 08

방금 만든 레이아웃의 약간 다른 버전을 만들어 보자. STEP 07의 레이아웃에서 이번 레이아웃을 만드는데 60초밖에 걸리지 않았다. 예제에서는 'Inner Stroke Border'를 흰색으로 변경하고, 작은 셀들을 모두 오른쪽으로 드래그해서 메인 사진 안에 들어가도록 설정했다. 또한 메인 사진의 양 옆과 윗부분, 아랫부분을 드래그해서 페이지를 더 채웠다.

Note -

STEP 07에서 레이아웃을 프리셋으로 저장했다면, [Template Browser] 패널에서 프리셋을 마우스 오른쪽 버튼으로 클릭한 다음 **Update with Current Settings**를 선택해서 변경 설정을 업데이트할 수 있다. 직접 만든 레이아웃의 저장 방법은 389쪽을 참고하자.

- -

출력 레이아웃에 텍스트 추가하기

라이트룸에서는 출력 레이아웃에 텍스트를 쉽게 추가할 수 있다. 또한 [Web]과 [Slideshow] 모듈과 마찬가지로 라이트룸이 자동으로 사진의 메타데이터를 불러와 페이지에 추가하도록 설정하거나 직접 텍스트를 추가할 수 있다.

STEP 01

사진을 선택한 다음 [Template Browser] 패널에서 'Fine Art Mat' 템플릿을 선택하고 'Zoom to Fill'에 체크 표시한다. 텍스트를 추가하는 가장 쉬운 방법은 [Page] 패널에서 'Identity Plate'에 체크 표시하는 것이다(142쪽 참고). Identity Plate를 추가한 다음에는 클릭해서 원하는 위치로 드래그한다. 예제에서는 사진 아랫부분에 있는 여백 가운데로 드래그했다.

그림과 같이 각 줄의 글꼴을 다르게 설정하는 방법을 알아보자. 필자는 Mac의 TextEdit 애플리케이션을 사용해서(다른 텍스트 편집 애플리케이션을 사용해도 동일하다) 텍스트를 입력하고 속성을 설정한 다음 메모리로 복사했다. 그리고 라이트룸의 복사한 텍스트를 [Identity Plate Editor] 창에 붙였다.

STEP 02

Identity Plate를 사용하는 방법 외에도 사진의 메타데이터(노출 정보, 카메라 기종, 파일명, [Library] 모듈의 [Metadata] 패널에서 추가한 캡션 정보 등)를 불러와 텍스트로 추가하는 방법이 있다. [Page] 패널에서 'Photo Info'에 체크 표시하고 오른쪽의 팝업 메뉴에서 페이지에 추가할 정보를 선택한다.

예제에서는 'Custom Text'로 지정하고 입력란에 사진의 촬영지인 'El Centro, California'를 입력하자 바로 사진 아랫부분에 나타났다. 또한 바로 아래에 있는 Font Size에서 텍스트 크기를 변경할 수 있다.

STEP 03

라이트룸에서 사진의 메타데이터 및 카메라 데이터를 불러와 직접 목록을 만들어 사진 아랫부분에 텍스트로 추가해 출력하는 방법도 있다. [Page] 패널의 Photo Info를 'Edit'으로 지정하고 [Text Template Editor] 창을 표시하여 사진에서 불러올 메타데이터 목록을 설정할 수 있다.

예제에서는 세 번째인 EXIF Data 영역에서 노출, 조리개, ISO 설정을 선택하고 오른쪽에서 [Insert] 버튼을 클릭한다.

[Insert] 버튼 하나를 누를 때마다 윗부분 입력란에 대시를 입력해서 시각적 분리대를 만든다. '사진 아랫부분에 이런 정보를 넣어서 출력할 사람이 있을까?'하는 의문이 들긴 하지만 누군가는 필요로 할지도 모른다.

STEP 04

포토북을 위한 페이지를 출력하는 경우 라이트룸이 자동으로 페이지 수를 추가하도록 설정할 수 있다. [Page] 패널에서 'Page Options'에 체크 표시한 다음 'Page Numbers'에 체크 표시한다. 마지막으로 테스트 프린트를 출력하는 경우, 'Page Info'에 체크 표시하면 출력 설정(샤프닝, 색상 프로필, 프린터 기종 등 포함)을 페이지 왼쪽 아랫부분에 표시한다.

한 페이지에 사진
여러 장 출력하기

이번 챕터 앞부분에서 사진 하나를 동일한 크기로 한 페이지에 여러 개 배치해서 출력하는 방법을 알아보았다. 이번 레슨에서는 사진 하나를 다양한 크기로 한 페이지에 여러 개 배치해서 출력하는 방법을 알아보자.

먼저 페이지에 추가할 사진을 클릭한다.
[Template Browser] 패널에서 '(1) 4×6, (6) 2×
3' 템플릿을 선택해서 예제 사진과 같은 레이아웃
을 불러온다.
[Layout Style] 패널을 보면 'Picture Package'
레이아웃을 선택했음을 알 수 있다.

Note
사진과 셀의 위치를 확인하기 쉽도록 [Rulers,
Grid & Guides] 패널의 'Show Guides', 'Image
Cells'에 체크 표시하는 것이 좋다.

이 템플릿은 각 사진에 흰색 테두리를 적용하도록
기본 설정되어 있다. 테두리를 원하지 않는다면
[Image Settings] 패널에서 'Photo Border'의 체
크 표시를 해제한다. 그러면 사진들 사이에 여백
이 없이 밀착된다.

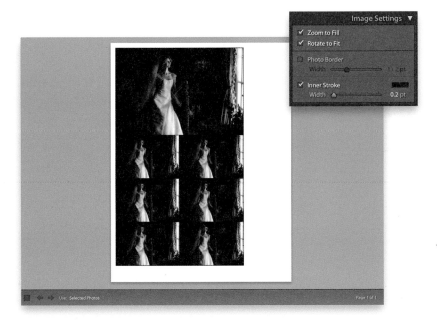

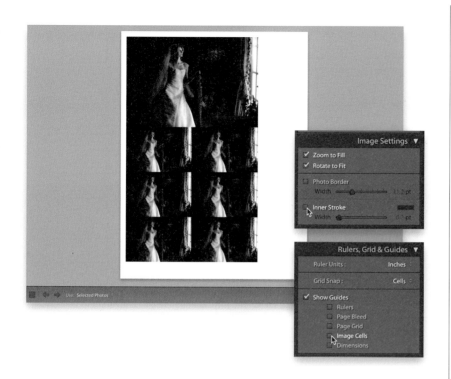

이 템플릿의 또 다른 기본 설정은 검은색 사진 경계선이다. 이 경계선은 'Inner Stroke' 아랫부분의 Width로 굵기를 조절할 수 있다. 경계선을 원하지 않는 경우 'Inner Stroke'의 체크 표시를 해제한다. 사진을 분리하는 가느다란 경계선이 보이지만 Image Cells 가이드이기 때문에 출력에는 적용되지 않으므로 걱정할 필요가 없다. 그러므로 [Rulers, Grid & Guides] 패널에서 체크 해제한다. 이제 사진들이 모두 테두리 없이 근접해서 배치되어 있다(이 레이아웃이 마음에 든다면 [Template Browser] 패널 헤더 오른쪽에 있는 [+] 버튼을 클릭해서 저장한다).

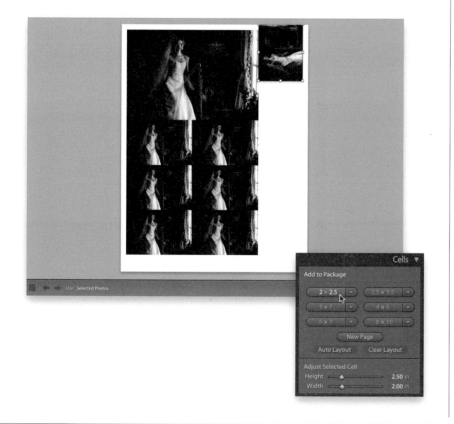

페이지에 사진을 더 추가하려면, [Cells] 패널에서 원하는 사진 크기 버튼을 클릭해서 셀을 추가한다. 예제에서는 [2×2.5] 버튼을 클릭해서 셀을 추가했다. 같은 방법으로 'Picture Package' 레이아웃에 셀을 추가할 수 있다. 셀을 클릭한 다음 Backspace(Mac: Delete)를 누르면 셀이 삭제된다.

**STEP
05**

직접 'Picture Package' 레이아웃을 처음부터 만
들고 싶다면, [Cells] 패널에서 [Clear Layout] 버
튼을 클릭해서 모든 셀을 삭제한다.

**STEP
06**

Add to Package 영역에서 원하는 사진 크기 버
튼을 클릭해서 페이지에 셀을 추가한다. 라이트룸
이 자동으로 셀 위치를 설정하기 때문에 항상 최적
의 위치는 아니다. 하지만 위치를 수정할 수 있다.

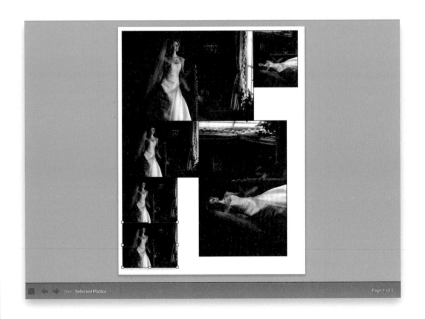

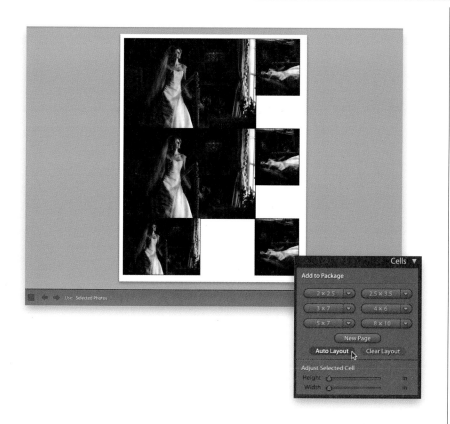

STEP 07

Add to Package 영역 아랫부분에서 [Auto Layout] 버튼을 클릭하면, 라이트룸이 최대한 많은 사진을 추가할 수 있도록 셀을 자동 배치한다. 또 다른 편리한 기능을 알아보기 위해 [Clear Layout] 버튼을 클릭해서 페이지를 비운다.

Tip

드래그해서 복사하기

셀을 복제하려면 Alt (Mac: Option)를 누른 채 복제하려는 셀을 클릭하고 복제한 셀을 드래그해서 원하는 위치에 놓는다. 다른 사진과 겹치는 경우 페이지 오른쪽 윗부분 모서리에 작은 경고 아이콘이 나타난다.

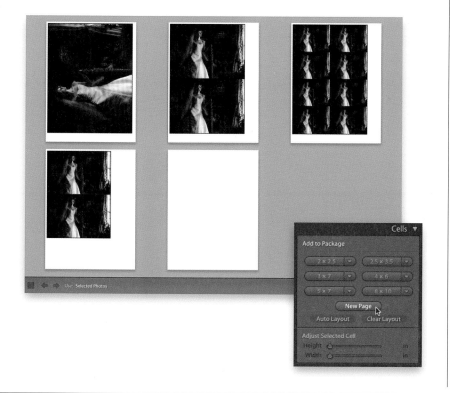

STEP 08

추가한 셀의 개수가 한 페이지에 모두 들어가지 않는 경우에는 자동으로 새 페이지가 추가된다. 예를 들어, 한 페이지에 모두 들어갈 수 없는 [8×10] 크기의 셀과 [5×7] 크기의 셀을 추가하면 자동으로 페이지가 추가되어 [5×7] 셀을 넣는다. 또 다른 [5×7] 셀과 [2×2.5] 셀, 그리고 지갑 사진 크기의 [2.5×3.5] 셀을 여덟 개 추가하면 페이지가 한 장 더 추가된다. [4×6] 셀을 두 개 더 추가하면, 한 페이지가 더 추가된다. 또한 Add to Package 영역 아랫부분에서 [New Page] 버튼을 클릭하면 빈 페이지를 직접 추가할 수 있다(그러면 다른 페이지에 있는 사진을 빈 페이지의 원하는 위치에 드래그할 수 있다).

STEP
09

페이지를 삭제하려면, 세 번째 그림과 같이 페이
지에 마우스 포인터를 놓으면 왼쪽 윗부분에 작은
× 표시가 나타난다. ×를 클릭하면 페이지가 삭
제된다.

Tip

한 페이지 줌인하기

그림과 같이 여러 개의 페이지가 있는 경우에 페
이지 하나만 보고 싶다면, 페이지를 클릭한 다
음 왼쪽 패널 영역 [Preview] 패널 헤더의 [Zoom
Page]를 클릭한다.

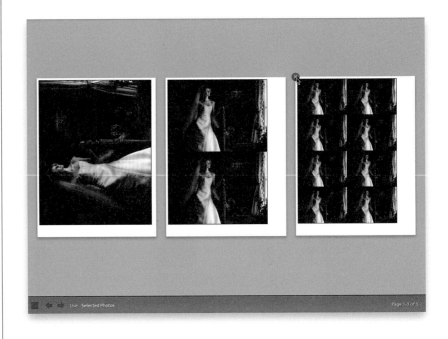

STEP
10

각 셀의 크기는 수동으로 조절할 수 있다('Zoom
to Fill'에 체크 표시하면 사진을 자르기 편리하다).
예를 들어, 두 번째 페이지 아랫부분에서 5×7 셀
을 삭제한다. 윗부분의 5×7 사진을 클릭하고, 아
랫부분 조절점을 클릭한 다음 위로 드래그해서 그
림과 같이 셀 높이를 축소한다.
[Cells] 패널 이랫부분 Adjust Selected Cell 슬
라이더로도 셀 크기를 조절할 수 있다(너비와 높
이를 조절하는 두 개의 슬라이더가 있다).
Ctrl (Mac: Command)을 누른 채 사진을 드래그하여
셀 안에서 사진 위치를 조절한다.

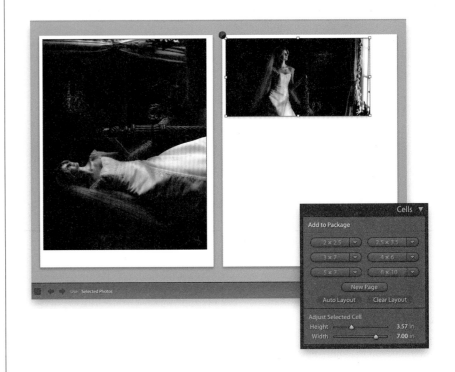

마음에 드는 레이아웃을 만들었을 때 템플릿으로 저장하면 한 번의 클릭으로 재사용할 수 있다. 그러나 출력 템플릿은 단순한 레이아웃의 저장 기능을 넘어 용지 크기부터 프린터 기종, 색상 관리, 샤프닝 등 모든 설정을 기억하는 탁월한 기능을 가지고 있다.

직접 만든 레이아웃을 템플릿으로 저장하기

STEP 01

가장 먼저 출력 템플릿으로 저장할 레이아웃을 만든다. 예제 사진의 레이아웃은 13×19인치 크기의 용지(용지 크기는 왼쪽 패널 영역의 [Page Setup] 버튼을 클릭해서 선택한다)이다. Page Grid 영역에서 Rows를 '5', Columns를 '4'로 설정하였고, 각 셀은 3인치 정도의 정사각형이며, 페이지 여백은 윗부분과 양옆이 1/2인치, 아랫부분이 3.69인치이다. 'Stroke Border'에 체크 표시하고 흰색으로 설정해서 테두리를 추가했으며, 'Identity Plate'에 체크 표시하여 아랫부분에 스튜디오 로고를 추가했다. 또한 [Image Settings] 패널에서 'Zoom to Fill'에 체크 표시했다.

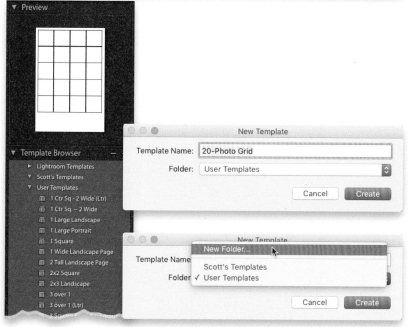

STEP 02

레이아웃을 완성한 다음 [Template Browser] 패널 헤더 오른쪽 [+] 아이콘을 클릭한다. [New Template] 창은 기본적으로 직접 만든 템플릿을 [User Template] 폴더에 저장한다. 직접 만들 수 있는 사용자 템플릿 폴더 개수는 제한이 없으므로 다양한 항목의 폴더를 만들면 템플릿을 정리하기 쉽다(예를 들어, 폴더 하나는 레터 사이즈, 다른 폴더는 13×19인치, 또 하나는 인물 사진용 레이아웃 등).

새 템플릿 폴더를 만들기 위해 Folder를 'New Folder'로 지정한다. 템플릿 이름을 설정하고 [Create] 버튼을 클릭한다. 템플릿 이름에 마우스 포인터를 놓으면 윗부분의 [Preview] 패널에서 레이아웃을 미리 볼 수 있다.

출력 레이아웃 저장하기

여러 단계를 거쳐 멋진 출력 레이아웃을 만들고 사진도 원하는 위치에 모두 배치했는데, 다른 컬렉션으로 전환해야 하는 경우 애써 만든 레이아웃을 잃고 싶지 않을 것이다. 다행히 라이트룸에는 출력 레이아웃 저장 기능이 있다. 게다가 용지 크기, 레이아웃 설정, 레이아웃에 넣은 사진 설정도 모두 기억한다.

STEP 01

사진을 출력한 후 최종 레이아웃(그리고 모든 출력 설정)이 마음에 든다면 미리 보기 영역 오른쪽 윗부분에서 [Create Saved Print] 버튼을 클릭한다. [Create Print] 창에서 출력 컬렉션을 저장한다. 이때 'Include only used photos'에 체크해서 새 출력 컬렉션을 저장할 때 출력에 실제로 사용한 사진만 저장한다. 또한 Location 영역의 'Inside'에 체크 표시하면, 새 출력 컬렉션을 넣을 컬렉션이나 컬렉션 세트를 선택할 수 있다.

STEP 02

[Create] 버튼을 클릭하면 새 출력 컬렉션을 [Collections] 패널에 추가한다. 출력 컬렉션은 이름 앞에 프린터 아이콘이 표시되기 때문에 구별하기 쉽다. 이제 긴 시간이 지난 다음에도 패널에서 출력 컬렉션을 클릭하고 그 안의 모든 사진을 선택하면, 출력 설정을 포함한 모든 설정을 그대로 유지하고 있는 출력 레이아웃을 불러온다.

Note

레이아웃에 사용한 사진들 중 나타나지 않는 사진이 있는 경우에는 Filmstrip 영역에서 사진을 선택하면 레이아웃에 나타난다.

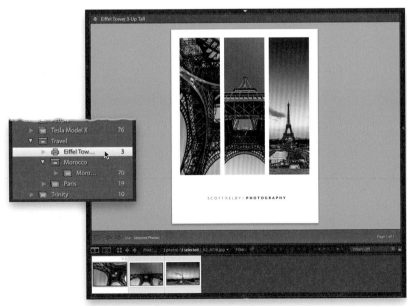

라이트룸 [Print] 모듈에는 웨딩 포토북에서 많이 사용하는, 사진을 페이지 배경으로 넣을 수 있는 기능이 없다. 그러나 사진을 페이지 배경으로 사용할 수 있는 간단한 방법이 있다. 그 방법을 알아보자.

배경 사진을 넣은 출력 레이아웃 만들기

 STEP 01

배경에 넣을 사진을 선택한 다음 Ctrl+' (Mac: Command+')를 눌러 가상 복제 파일을 만든다. 복제 파일로 배경 사진을 만들기 때문에 원본은 변형되지 않는다.

[Develop] 모듈의 [Tone Curve] 패널에서 예제 사진처럼 Point Curve가 보이지 않고 슬라이더가 보인다면 패널 오른쪽 아랫부분에서 [Point Curve] 아이콘을 클릭해서 활성화한다.

 STEP 02

사진으로 페이지 배경을 만들기 위해 왼쪽 아랫부분 모서리의 조절점을 클릭하고 3/4 지점까지 드래그한다.

STEP 03

이번 단계는 건너뛰어도 되지만 배경 사진을 흑백으로 변환하는 것을 고려해 보자. 흑백 배경 사진 앞에 컬러 사진을 두면 극적인 대비 효과를 표현할 수 있다. 배경 사진을 흑백으로 변환하기 위해 [HSL/Color/B&W] 패널에서 'Black & White'를 클릭한다. [Print] 모듈로 전환한 다음 [Page Setup] 버튼을 클릭하고 여백이 없는 8.5×11인치 크기의 가로 페이지를 선택한다.

Note

사진을 배경으로 사용하기 때문에 222쪽에서 배운 것과 같이 고대비 보정 과정이 없는 한 번의 클릭으로 만드는 단순한 흑백 이미지로 충분하다.

STEP 04

[Layout Style] 패널에서 'Custom Package'를 선택한 다음 [Cells] 패널에서 [Clear Layout] 버튼을 클릭한다.

'Lock to Photo Aspect Ratio'의 체크 표시를 해제해서 사진을 페이지보다 크게 확대할 수 있게 설정한다. 이제 배경 사진을 클릭해서 페이지로 드래그한다. 이때 사진이 페이지 전체를 채우도록 사진을 클릭하고 왼쪽 윗부분 모서리까지 드래그한 다음 오른쪽 아랫부분 모서리를 클릭하고 드래그해서 페이지 전체를 채우는 크기로 확대한다.

만약 사진을 크게 확대할 수 없다면 'Lock to Photo Aspect Ratio'의 체크 표시를 해제했는지 확인한다.

다음은 배경 사진 앞에 놓을 사진만 추가하는 간단한 과정이지만, 단순히 셀을 추가하면 라이트룸이 배경 사진 페이지를 하나의 페이지로 계산하기 때문에 추가한 셀을 새 페이지에 넣는다. 그러므로 예제와 같이 컬러 사진을 두 번째 페이지에 있는 새로 만든 셀로 드래그해서 넣은 다음 클릭해서 첫 번째 페이지로 드래그하여 추가한다.

이제 배경 사진 위에 추가한 사진을 드래그해서 위치를 설정한다(두 번째 페이지는 왼쪽 윗부분 모퉁이에 있는 [×] 버튼을 클릭해서 삭제한다. 예제 사진은 완성된 출력 레이아웃 이미지이다. 또한 필자는 [Page] 패널의 'Identity Plate'를 사용해서 텍스트도 추가했다(글꼴은 MyFonts.com에서 7$로 할인받아 구매한 'Rough Beauty Script by Pedro Teixeira'이다).

최종 출력하고 색상 관리 설정하기

원하는 출력 레이아웃으로 페이지 설정을 마치고 [Print Job] 패널에서 몇 가지 선택 항목만 설정하면 사진을 출력할 준비가 완료된다. 사진을 최상의 상태로 출력하기 위한 설정을 알아보자.

STEP 01

원하는 페이지 레이아웃을 설정한다. 그림의 경우 왼쪽 패널 영역 아랫부분 [Page Setup]을 클릭해서 '17×22'인치 크기의 가로 페이지를 선택했다. [Template Browser] 패널에서 'Maximize Size' 템플릿을 선택했다. Margins 영역의 Left, Right, Top 슬라이더로 여백을 '2.00in'으로 설정하고, Bottom을 '5.00in'으로 설정했다. 또한 'Zoom to Fill' 기능에 체크 표시하고, 마지막으로 사진 아랫부분에 Identity Plate를 추가했다.

STEP 02

[Print Job] 패널에서 출력 설정을 한다.
사진은 프린터로 출력하거나, 레이아웃을 고해상도 JPEG 파일로 만들어 현상소로 보내 출력하거나 혹은 다른 용도(의뢰인에게 보내거나 웹 사이트에 올리는 등)로 사용할 수 있다. Print to에서 프린터로 사진을 보내거나, JPEG 파일로 저장하도록 선택한다. 'JPEG File'을 선택하는 경우 다음 과정에서 JPEG 파일 설정 방법과 파일 보내기 설정 방법을 자세히 알아볼 것이다.

[Print Job] 패널 윗부분부터 설정 방법을 알아보자. 'Draft Mode Printing'에 체크 표시하면 화질이 좋은 고해상도 사진 대신 출력 속도가 빠른 저해상도의 JPEG 형식 미리 보기 이미지를 출력한다. 이 기능은 작은 크기 섬네일 이미지에 적합하므로 다수의 사진을 넣은 밀착 사진 출력에만 사용하기를 추천한다.

필자는 밀착 출력 이미지를 출력할 때 항상 이 기능을 활성화한다. 또한 'Draft Mode Printing' 기능에 체크 표시하면 다른 영역이 비활성화된다. 그러므로 밀착 사진을 출력하는 경우에만 체크한다.

'Draft Mode Printing'이 해제되어 있는지 확인하고 사진 해상도를 선택한다. 필자의 경우 해상도 설정 기준이 매우 간단하다. 필자는 모든 사진을 원본 해상도를 유지해서 출력하기 때문에 'Print Resolution'의 체크 표시를 해제한다(그러면 오른쪽의 기본 프린터용 해상도 설정인 '240ppi'가 비활성화된다).

필자는 다른 해상도를 선택하는 경우에만 이 항목을 체크하지만(아마도 샘플 이미지를 출력하는 경우), 마지막으로 이 항목을 체크한 것이 언제인지 기억도 나지 않는다. 이 주제에 대해 인터넷을 검색해 보면 180ppi부터 720ppi까지 각각 다른 해상도를 주장하고 있다.

다시 강조하지만 필자는 해상도를 선택하지 않는다. 'Print Resolution'의 체크 표시를 해제하고, 집에서 프린터로 출력하든, 현상소에 파일을 보내 출력하든 상관없이 각 사진 고유의 해상도로 출력한다(필자의 출력 사진들은 대부분 18메가픽셀 카메라로 촬영한 사진들이다. 최근에 출시되는 초심자용 DSLR 기종들이 24메가픽셀 정도이므로 그에 비하면 낮은 편이다).

STEP 05

Print Sharpening에서 출력 샤프닝을 설정한다. 출력 용지를 선택하고 적용할 샤프닝 강도를 선택하면, 해상도 설정까지 분석해서 최상의 결과를 얻을 수 있는 샤프닝을 적용한다. 먼저 'Print Sharpening'에 체크 표시하고(필자는 모든 출력과 JPEG 파일을 저장할 때 이 기능에 체크 표시한다), Media Type에서 출력 용지에 따라 'Glossy'와 'Matte' 중 하나를 지정한다.

Print Sharpening에서 적용할 샤프닝 강도를 지정한다. 필자는 최근에는 모든 출력을 'High'로 지정했다. 'Low'는 거의 차이를 느낄 수 없으며, 'Medium'은 필자에게 사진이 밋밋해 보인다. 직접 시험해 보고 'High' 설정이 너무 강하다고 느낀다면, 'Medium'이 적합한 설정일 것이다. 샤프닝 설정을 선택하면 나머지는 라이트룸이 처리해 줄 것이다.

STEP 06

'16 Bit Output'은 16비트 출력이 가능한 프린터를 사용하는 경우에 명암비를 확장하는 기능이다. 그러나 출력에 관해서는 항상 논쟁이 따르기 마련인데, '16 Bit Output' 기능 역시 출력한 사진에서 실제로 차이를 보이는지에 내해 의구심을 가진 사용자들이 있다. 어떤 사용자들은 전혀 차이가 없다고 주장하고, 어떤 사용자들은 그 의견에 반대한다. 온라인에서 사람들이 논쟁을 벌이든 말든 필자는 이 기능을 체크해서 활성화한다. 사진에 따라 도움이 될 수도 있으며, 이 기능을 사용해도 어떤 손실도 없기 때문이다.

STEP 07

이번에는 모니터로 보는 색상과 출력한 사진의 색상이 일치하도록 Color Management 영역을 설정해 보자. 그러나 모니터 캘리브레이션을 하지 않았다면 색상 관리 설정을 해도 소용없다는 점을 유의하자(캘리브레이션에 대해서는 곧 알아볼 것이다).

Color Management 영역은 프린터 프로필과 렌더링, 두 가지 설정이 필요하다. Profile 기본 설정은 프린터가 색상 관리를 자동 설정하는 'Managed by Printer'이다. 과거에는 프린터에 의존하지 않았지만 최근에는 프린터의 발전으로 상당히 좋은 결과를 얻을 수 있다. 그러나 최상의 출력을 원한다면 직접 설정하기를 추천한다.

STEP 08

프린터와 용지 프로필을 직접 설정하면 훨씬 좋은 결과를 얻을 수 있다. 프린터 드라이버에 프로필이 내장되어 있지 않다면, 출력에 사용하는 용지의 제조사 웹 사이트에서 용지와 프린터 ICC 색상 프로필을 다운로드한다.

예를 들어, 필자와 같이 캐논 Image PROGRAF PRO-1000 프린터와 Hahnemühle's Photo Rag Ultra Smooth 용지를 사용한다면, Hahnemühle's 웹 사이트 메뉴에서 [ICC Profile]-[Download Center]를 선택하고 사용하는 캐논 프린터와 일치하는 프로필을 찾아 다운로드하여 색상 프로필을 설치한다.

Windows에서는 압축 파일을 마우스 오른쪽 버튼으로 클릭한 다음 **Install Profile**을 실행한다.

Mac의 경우, 압축을 푼 프로필 파일이 [Library/ColorSync/Profiles] 폴더에 저장된다. 이 폴더는 숨겨져 있기 때문에 Alt (Mac: Option)를 누른 채 [Go] 메뉴에서 [Library]를 선택하면, 그 안에서 [ColorSync] 폴더를 찾을 수 있다. 그리고 폴더 안에 있는 [Profiles] 폴더에 드래그하면 된다.

STEP 09

색상 프로필을 설치한 다음에는 Profile을 'Other'로 지정한다. 컴퓨터에 설치한 모든 색상 프로필 목록이 있는 [Choose Profiles] 창에서 사용하는 프린터에 맞는 용지 프로필(예제에서는 Canon image PROGRAF PRO-1000 프린터와 Hahnemühle's Photo Rag Ultra Smooth 용지 프로필)을 찾아 체크 표시하고 [OK] 버튼을 클릭해서 팝업 메뉴에 추가한다.

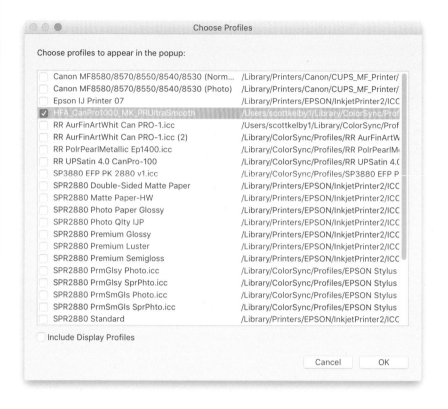

STEP 10

이제 [Print Job] 패널의 Profile에서 사용하는 프린터의 색상 프로필을 선택할 수 있다. 예제에서는 필자가 사용하는 Canon Pro-100 프린터를 위한 Hahnemühl 페이퍼 프로필인 'HFA_CanPro 1000_MK_PRUltraSmooth'를 선택했다. 이제 사용하는 용지에 적합한 최상의 색상을 얻도록 라이트룸이 처리해 줄 것이다. 이 설정 단계는 최상의 사진을 출력하기 위해 반드시 필요하나.

STEP
11

다음은 Color Management 영역의 Intent 설정에 대해 알아보자.

'Perceptual'을 선택하면 출력할 때 색상 균형을 맞추기 때문에 결과는 더 만족스러울 수 있지만, 모니터에서 본 색상과 다른 결과가 나오기도 한다. 'Relative'를 선택하면 조금 더 정확한 분석을 적용하지만 최종 결과가 만족스럽지 않을 가능성이 있다. 그러므로 사용하는 프린터에 최적인 항목을 선택해야 한다.

일반적으로 'Relative'를 많이 선택하지만, 자신이 사용하는 프린터에 적합한 설정을 찾으려면 테스트 출력을 해 본 다음 결정하는 것이 최선의 방법이다.

아랫부분의 'Print Adjustment' 기능은 첫 번째 출력을 실행한 다음 자세히 알아볼 것이다.

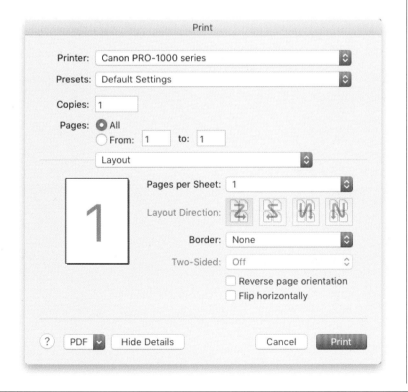

STEP
12

드디어 패널 아랫부분 [Printer] 버튼을 클릭할 차례이다. 버튼을 클릭해서 [Print] 창을 표시한다. Mac을 사용하는 경우 예제 사진과 같은 큰 창 대신 두 개의 팝업 메뉴가 있는 작은 창이 나타나면 [Show Details] 버튼을 클릭해서 확장한다.

STEP 13

[Print] 창의 메인 메뉴를 클릭하고 'Color Matching'으로 지정한다. 이때 프린터 색상 관리를 하는 영역과 메뉴는 사용하는 프린터에 따라 다를 수 있으므로 그림과 같지 않더라도 걱정할 필요 없다. 일반적으로 프린터 이름 옆의 [Properties] 버튼을 클릭해서 설정한다.

STEP 14

Color Matching 선택 항목을 보면 라이트룸이 이미 색상을 관리하기 때문에 두 색상 관리 시스템이 동시에 색상 관리를 실행하는 것은 도움이 되지 않으므로 프린터 색상 관리 항목이 비활성화되어 있을 것이다. 그러므로 프린터 색상 관리 항목이 비활성화되어 있지 않다면, 비활성화한다.
PC의 경우에는(프린터에 따라 설정 방법이 다를 수 있다) [Main] 탭의 Color/Intensity에서 [Manual] 버튼을 클릭하고 [Matching] 탭에 있는 [Set] 버튼을 클릭한 다음 Color Correction을 'None'으로 지정한다. [OK] 버튼을 클릭한다.
예제의 경우 자동으로 비활성화되어 있기 때문에 설정을 변경할 수 없다.

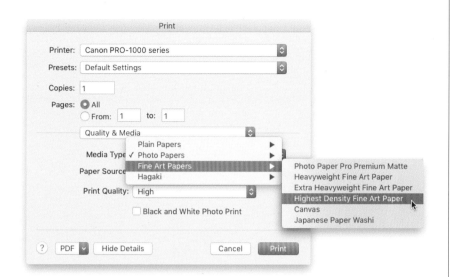

[Print] 창에서 'Media Type' 또는 'Quality & Media'를 선택하고(다시 강조하지만 설정 항목이 다를 수 있다. PC에서는 [Properties] 창에서 찾을 수 있다). Media Type에서 출력에 사용할 용지 종류를 선택한다. 예제에서는 'Highest Density Fine Art Paper'로 지정했다. 그리고 프린터가 16비트 출력을 지원한다면 활성화한다.

CANON U.S.A., INC.; SCOTT KELBY

Print Quality를 'High'로 지정한다. 예제에서는 캐논 프린터로 Hahnemühle 용지를 사용하는 경우의 출력 설정이며, 사용하는 프린터 및 용지와 최대한 유사한 설정을 선택한다. 이제 느긋하게 앉아 프린터에서 사진이 출력되어 나오는 것을 지켜본다.

STEP
17

사진을 출력한 다음 모니터 사진과 비교해 보자.
모니터를 캘리브레이션하고 이번 레슨의 출력 설
정 단계를 그대로 따랐다면 차이가 거의 없을 것이
다. 색상 차이가 크다면 가장 먼저 예상할 수 있는
원인은 캘리브레션 장비로 모니터를 캘리브레이션
하지 않았기 때문이다(X-Rite ColorMunki와 그림
에 있는 Datacolor Spyder5가 많이 사용된다).
캘리브레이션 장비는 사용도 매우 쉽다. 기기를
모니터에 놓고 소프트웨어를 시작한 다음 자동 설
정 기능을 선택하면, 몇 분이면 모니터 캘리브레
이션이 완료된다. 캘리브레이션 기기 도움 없이는
모니터에서 보는 색상을 출력하는 사진에 그대로
담기는 거의 불가능하다.

STEP
18

모니터 캘리브레이션도 적용하고 모든 설정 단계
를 따랐는데도 출력한 사진과 모니터 사진이 차이
가 난다면 다른 출력 문제가 원인일 수 있다. 출력
한 사진 색상은 일치하지만 어둡게 나온 경우, 투
과형 모니터에서는 밝게 보이는 사진이 용지에 출
력한 사진에서는 그렇지 않기 때문이다.
다행히 어도비가 [Print Job] 패널 아랫부분에
'Print Adjustment' 기능을 추가해서 이 문제를 해
결했다.

STEP 19

Print Adjustment 기능의 장점은 실제 사진의 밝기나 대비에는 전혀 영향을 미치지 않는다는 것이다. 이 기능은 화면에서 보는 사진 밝기는 그대로 유지하고 출력 사진 밝기와 대비만 조절한다. 출력 사진 밝기가 화면에서 보는 사진과 일치하는지 확인하는 방법은 테스트 출력이다. 사실 Brightness와 Contrast 설정은 출력하는 사진에만 적용되기 때문에 화면의 사진에서는 볼 수 없으므로 테스트 출력이 반드시 필요하다.
테스트 출력은 고가의 16×20인치 크기 용지가 아닌 작은 4×6인치로 출력해도 된다.

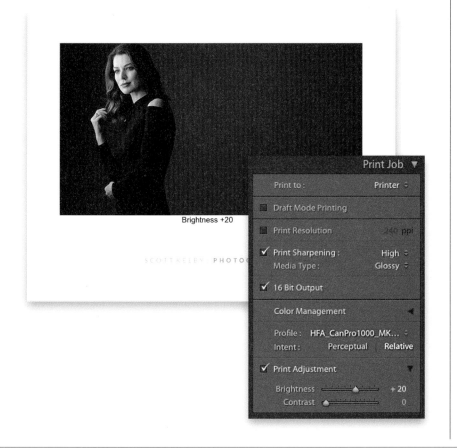

STEP 20

여러 가지 밝기 설정으로 테스트 출력을 실행한 다음 화면의 사진과 비교하면 어느 설정이 화면 사진과 가장 근접하였는지 알 수 있다(테스트 출력할 때 그림과 같이 각 사진에 밝기 설정을 캡션으로 넣으면 구분하기 편리하다. 캡션은 [Page] 패널의 Photo Info 영역에서 추가한다. 이 기능에 대해서는 382쪽에서 알아보았다).
화면 사진과 일치하는 밝기 설정을 찾으면 앞으로 동일한 용지와 프린터를 사용할 때마다 적용할 수 있다. 예제에서는 Contrast는 설정하지 않았는데, 테스트 출력한 사진 대비가 손실되었다면, 적절한 밝기 설정을 찾은 다음 동일한 방법으로 대비 설정도 찾는다.

Note -

매트, 광택, 파이버, 파인아트 등 사용하는 용지에 따라 사진 밝기가 다르게 나타나기 때문에 다른 용지에 출력할 때 밝기가 맞지 않는다면 테스트 출력을 재실행한다.

- -

현상소 출력을 위한 레이아웃을 JPEG로 저장하기

출력 레이아웃은 JPEG 형식으로 저장해서 출력소로 보내거나 타인에게 출력을 맡기거나 의뢰인에게 이메일로 전송하는 등 다양하게 사용할 수 있다.

STEP 01

레이아웃 설정을 완료한 다음 [Print Job] 패널에서 Print to를 'JPEG File'로 지정한다.

STEP 02

Print to를 'JPEG File'로 시정하면 패널에 새로운 기능들이 나타난다.

Draft Mode Printing은 작은 섬네일들을 넣은 밀착 사진을 출력할 때 사용하는 기능이다. File Resolution의 기본 설정은 '300ppi'이다. 설정을 바꾸려면 입력란을 클릭하고 해상도를 입력한다. 참고로 필자는 기본 설정을 변경하지 않는다.

STEP
03

다음에는 Print Sharpening이 있다. 예제에서는 출력에 사용할 용지를 지정하고('Matte'나 'Glossy'), 출력 사진에 적용할 샤프닝 강도를 설정한다(Low, Standard, High). 그러면 라이트룸이 설정을 분석해서(해상도 설정도 포함) 최적의 샤프닝 설정을 적용한다.

필자는 출력하거나 JPEG 형식으로 저장하는 모든 사진에 출력 샤프닝을 적용한다. 내보낼 JPEG 파일에 출력 샤프닝을 적용하고 싶지 않다면 'Print Sharpening'의 체크 표시를 해제한다.

STEP
04

작업을 완료하기 전에 결정해야 하는 두어 가지 선택 항목이 더 있다. 필자는 보통 JPEG Quality를 '80' 정도로 설정한다. '80'이 화질과 파일 압축 크기 사이의 균형을 최적으로 맞춘다고 생각하지만, '100'까지 설정이 가능하므로 자신이 원하는 화질에 맞게 설정한다.

'Custom File Dimensions'를 해제하면, [Page
Setup] 창에서 선택한 페이지 크기를 그대로 따
른다. JPEG 파일의 크기를 변경하려면, 'Custom
File Dimensions'에 체크 표시하고 마우스 포인
터를 입력란에 놓아 드래그해서 원하는 크기로 설
정한다.

예제에서는 '8.50×11.00in'으로 설정했다. 레이아
웃에 따라 여백과 셀 크기를 조절해야 하는 경우
도 있다.

마지막으로 Color Management 영역에서 Profile
을 설정한다. 대부분의 출력소가 sRGB 프로필을
요구하지만 출력소에 미리 문의하는 것이 좋다.
색상 프로필을 직접 설정하려면 마지막 프로젝트
로 돌아가 렌더링 Intent 설정에서 정보를 찾는
다. 이제 오른쪽 패널 영역 아랫부분에서 [Print to
File] 버튼을 클릭해서 파일을 저장한다.

아쉽게도 라이트룸에는 직접 만든 테두리나 프레임을 사진에 추가하는 기능이 없다. 그러나 Identity Plate 영역에 있는 특수 선택 항목을 활용해서 사진에 테두리를 추가할 수 있다.

출력 사진에 테두리 추가하기

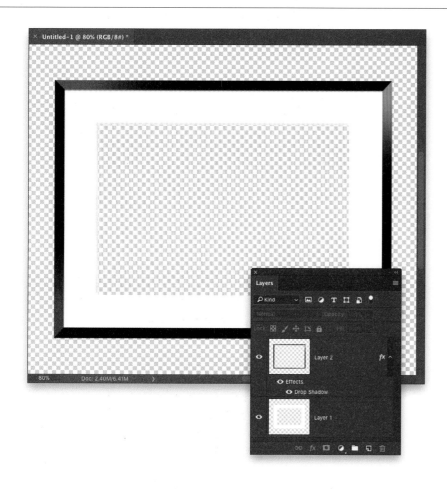

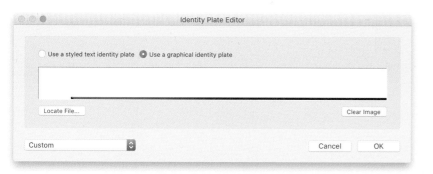

STEP 01

http://stock.adobe.com이나 다른 스톡 사진 에이전시에서 무료 저작권 프레임과 테두리들을 구입할 수 있지만 예제에서는 포토샵에서 매트지를 넣은 프레임을 직접 만들었다(만드는 과정을 담은 짧은 영상을 http://kelbyone.com/books/lrclassic7에 올렸으므로 참고하기 바란다. 영상은 영어로 설명한다).

추가할 테두리 파일은 불투명한 흰색 배경이 있으면 사진을 덮어 버리기 때문에 배경을 투명하게 만들어야 한다. 그러므로 프레임을 만든 다음 [Layers] 패널에서 'Background' 레이어를 휴지통 아이콘으로 드래그해서 삭제한다. 그리고 라이트룸에서 이 이미지를 사용할 때 투명한 배경을 유지하도록 PNG 형식으로 저장한다.

STEP 02

라이트룸으로 전환해서 테두리를 적용할 사진을 선택한다. [Print] 모듈의 [Page] 패널에서 'Identity Plate'에 체크 표시한 다음 'Edit'으로 지정한다. [Identity Plate Editor] 창에서 'Use a graphical identity plate'를 선택한 다음 [Locate File] 버튼을 클릭해서 PNG 파일을 찾고 [Choose]를 클릭해서 불러온다.

이때 예제와 같이 작은 미리 보기 창에서는 테두리가 보이지 않을 수도 있다.

STEP 03

[OK] 버튼을 클릭하면 출력할 사진 페이지 위에 마치 분리된 레이어처럼 테두리가 나타나므로, 먼저 테두리 크기와 위치를 사진에 맞게 설정해야 한다. 테두리 이미지는 포토샵에서 'Background' 레이어를 삭제하고 PNG 형식으로 저장했기 때문에 테두리 내부가 투명해서 사진이 보인다.

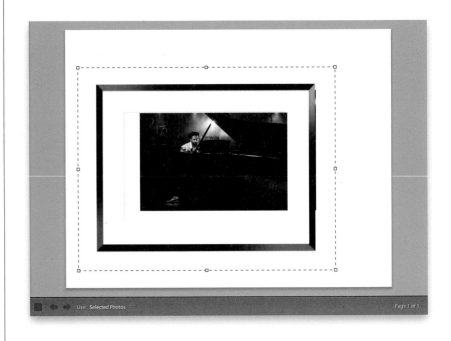

STEP 04

테두리 크기를 조절하려면, 모서리 조절점을 클릭하고 드래그하거나 [Page] 패널의 Scale을 드래그해서 조정한다. 크기를 조절한 다음 테두리 내부를 클릭하고 드래그해서 위치를 조절한다. 위치를 조절한 다음에는 [Layout] 패널의 Margins로 사진 크기 조절이 필요한 경우도 있다.

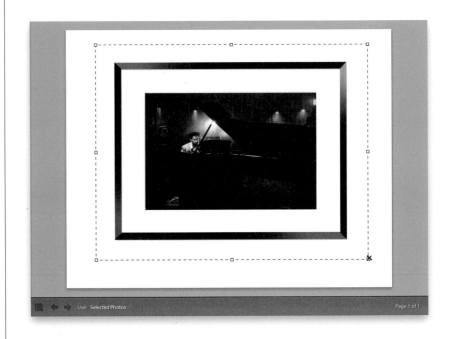

 STEP 05

테두리 크기와 위치 설정을 마친 다음 외부 영역을 클릭해서 선택 해제한다. 예제 사진은 테두리 설정을 마친 후의 모습이다. 테두리를 추후에 다시 사용하고 싶다면 [Identity Plate Editor] 창을 다시 불러와 왼쪽 아랫부분 Custom을 'Save As'로 지정하여 테두리 이미지를 Identity Plate로 저장하면 언제든지 사용할 수 있다.

Tip

다수의 사진을 위한 프레임

한 페이지에 다수의 사진을 넣는 경우 [Page] 패널에서 'Render on Every Image'에 체크 표시하여 모든 사진에 테두리 Identity Plate를 자동으로 추가한다.

 STEP 06

위에서는 가로 테두리를 만들었지만 세로 사진에도 테두리를 적용할 수 있다. 왼쪽 패널 영역 아랫부분의 [Page Setup] 버튼을 클릭하고 'Portrait'를 선택하면 Identity Plate도 자동으로 세로로 회전한다.

'Landscape' 페이지 설정에 세로 사진을 넣어서 출력하는 경우 [Page] 패널의 'Identity Plate' 체크 박스 오른쪽에서 회전 각도를 선택한다. 회전을 적용하고 테두리 크기와 위치를 재조절한다.

VIDEO
내 카메라로 촬영한 영상 편집하기

흔히 라이트룸을 생각할 때 영상 기능을 떠올리기보다 방
안의 빛을 떠올리는 사람이 많을 것이다. 사실 11여 년 전,
라이트룸이 아직 베타 버전이었을 때 이름이 '테이블 램프'
였다. 하마터면 라이트룸은 테이블 램프 1.0이 될 뻔했다.
그런데 어도비 마케팅 팀이 방 안의 빛이 반드시 테이블
램프에서 나오는 것은 아니라는 이의를 제기했다. 방 안의
빛은 천정 등이나 천장 팬 밑에 달린 등에서 나올 수도 있
다. 그래서 어도비는 잠시 '천장 팬 밑 등에서 나오는 빛'이
라는 의미의 약자인 'LTHFTBOACF'를 프로그램 이름으
로 고려했다. 이 이름은 발음이 어렵다는 점이 문제였는
데, 힐끗 보면 'LIFEBOAT'처럼 보인다. 'BOA'가 보아뱀

을 줄여서 칭하는 이름이기 때문에 어떤 기술팀 직원들은
LIFESNAKE라고 불렀다. 어떤 사람들은 조금 더 간편
하게 SnakeBoat 1.0이라고 칭했다.

그런데 어도비 시애틀 지점에서 'LTH'라는 첫 세 글자가
네바다주 라스롭 웰스 공항의 공항명 코드라는 점을 발
견했다. 시애틀 지점은 이것이 일종의 계시라고 생각했다.
만약 어도비의 패키지 디자인 팀의 한 난독증을 가진 타
이포그래퍼가 아니었다면 현재 우리는 라스롭스네이크램
프보트클래식(LathropSnakeLampBoat Classic)을 사용하
고 있었을지도 모른다.

영상 길이 편집하기

라이트룸의 영상 편집 기능은 여러분 생각보다 훨씬 탁월하며, 약간의 간단한 우회로만 개의치 않는다면 제목, 전환 효과, 배경 음악, 그리고 오디오까지 들어간 여러분만의 영화를 만들어 HD 형식으로 저장할 수도 있다. 그러나 우선 영상 길이를 편집하는 방법부터 알아보자.

영상도 사진과 동일한 방법으로 라이트룸으로 불러온다. 영상 파일은 [Import] 창에서 섬네일 왼쪽 아랫부분에 비디오 카메라 아이콘으로 표시되기 때문에 사진과 구분하기 쉽다(라이트룸은 대부분 DSLR 영상 형식을 지원한다). 영상을 불러온 다음 사진과 동일한 방법으로 정리할 수 있다(컬렉션, 플래그 등급, 메타데이터 등의 설정). 영상 섬네일 왼쪽 아랫부분에 영상 길이가 표시된다(예제 사진의 경우 선택한 영상의 길이는 11초이다). 섬네일을 왼쪽이나 오른쪽으로 드래그하여 영상을 미리 볼 수 있다.

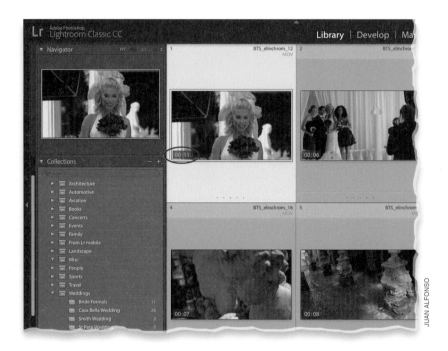

영상 전체를 재생하려면, 더블클릭해서 Loupe 보기 모드로 전환한 다음 영상 아랫부분의 조절바에서 재생 아이콘을 클릭하거나 Space Bar 를 누른나. 또한 조절바의 플레이 헤드를 드래그해서 수동으로 영상을 진행하거나 되감을 수 있다. 영상은 비디오와 오디오를 모두 재생하지만 라이트룸에는 볼륨 조절 기능이 없으므로 컴퓨터에서 조절한다.

 STEP 03

영상 길이를 편집하려면, 조절바 오른쪽 끝에 있는 기어 형태 아이콘을 클릭하면 예제 사진과 같은 편집 조절 박스가 나타난다.

영상 길이를 편집하는 방법은 두 가지이다. 영상 양 끝에 있는 두 줄의 작은 수직선 막대 형태 마커를 클릭하고 드래그해서 길이를 설정한다.

다른 방법은 Trim Start와 Trim End 지점(영상 시작 지점과 끝나는 지점)을 설정하는 것이다.

Space Bar 를 눌러 영상을 재생하고, 영상이 시작할 지점에서 Shift + I 를 눌러 Trim Start 지점을 설정한다. 마지막 프레임으로 만들고 나머지는 잘라야 하는 지점에서 Shift + O 를 눌러 Trim End 지점을 설정한다.

 STEP 04

영상에서 자른 부분은 영구 삭제하지 않으며 원본을 그대로 유지한다. 자르기 설정은 파일을 보낼 때 복제 파일에만 적용하므로(보내기 기능에 대해서는 곧 알아볼 것이다) 언제든지 원본 영상 파일로 돌아가 트림 핸들을 원래 위치로 되돌릴 수 있다.

영상 섬네일 선택하기

블로그나 페이스북에서 말하는 도중 일시 정지해서 입을 벌린 모습을 한 영상 섬네일을 본 적이 있을 것이다. 그리 보기 좋은 모습은 아니다. 그것은 영상 앞부분에서 무작위로 선택한 프레임을 섬네일로 설정하기 때문이다. 다행히 라이트룸에서는 Grid 보기 모드나 Filmstrip 영역에서 선택한 프레임을 섬네일로 설정할 수 있다.

STEP 01

'포스터 프레임'이라고 부르는 영상 섬네일을 선택할 수 있는 기능으로, 다수의 유사한 영상들이 있을 때 중요한 부분을 섬네일로 설정하면 영상을 구분하기 편리하다. 또한 영상을 외부로 내보낼 때도 포스터 프레임 설정을 유지한다. 포스터 프레임은 영상을 더블클릭해서 Loupe 보기 모드로 전환하고, 영상을 재생하다가 섬네일로 설정하고 싶은 장면에서 Space Bar 를 눌러 멈춘다.

JUAN ALFONSO

STEP 02

그리고 아랫부분 조절바를 클릭하고 누른 채 [Trim Video] 아이콘 왼쪽에 있는 작은 직사각형 아이콘을 클릭한 다음 **Set Poster Frame**을 실행하면 현재 화면에 나타난 프레임을 섬네일로 설정한다.

영상에서 사진을 추출한다는 것은 영상에서 단일 프레임을 별도의 JPEG 형식 사진으로 만든다는 의미이다. 이번 챕터 뒷부분에서 배울 프로젝트에 도움이 될 사진 추출 방법을 알아보자.

영상에서 사진 추출하기

STEP 01

영상에서 한 프레임을 빼서 사진으로 만드는 방법은 앞 페이지에서 배운 영상 섬네일을 만드는 방법과 유사하지만 단 한 가지 차이점이 있다. 섬네일을 더블클릭해서 영상을 Loupe 보기 모드에서 재생하다가 사진으로 만들고 싶은 프레임에서 멈춘다.

STEP 02

아랫부분의 조절바에서 [Trim Video] 아이콘 왼쪽에 있는 작은 직사각형 아이콘을 클릭한다. 그리고 이번에는 **Capture Frame**을 실행한다. 그러면 JPEG 형식의 두 번째 파일을 만든 다음 그림과 같이 Filmstrip 영역에서 선택한 영상 파일 왼쪽에 파일을 추가한다. 영상을 컬렉션에 아직 추가하지 않은 경우에는 JPEG 사진을 영상과 함께 스택으로 만든다.

섬네일 왼쪽 윗부분에 '2'가 보이면 사진을 성공적으로 만들었다는 의미이다. 스택을 확장하려면 ⓒ를 누른다. 여기에서 Stack 기능은 영상을 컬렉션에 추가하지 않은 경우에만 적용된다는 점을 기억하자.

간단하지만 제한된
영상 편집하기

영상 클립을 라이트룸의 [Develop] 모듈로 불러오면 '영상은 Develop 모듈에서 지원하지 않는다'는 경고문이 나타나지만, [Develop] 모듈로 가지 않고 영상을 흑백으로 변환하거나, 밝게 하거나, 어둡게 보정하거나, 대비 효과를 추가하거나, 또는 다른 간단한 효과들을 영상 전체에 한 번에 적용하는 방법이 있다.

STEP 01

간단한 영상 편집을 하기 위해서는 [Library] 모듈에 머물러 있어야 하므로 편집하려는 영상을 더블 클릭해서 Loupe 보기 모드로 전환한다. 이제 오른쪽 패널 영역의 [Quick Develop] 패널에서 영상을 편집할 것이다.

[Quick Develop] 패널은 [Develop] 모듈 [Basic] 패널의 간소화된 버전으로 슬라이더 대신 한 번의 클릭으로 설정을 적용하는 버튼을 사용한다. 이상한 점은 [Develop] 모듈에서는 불가능한 영상 편집이 [Quick Develop] 패널에서는 가능하다는 사실이다.

STEP 02

예를 들어, 영상 전체를 흑백으로 변환하고 싶다면, [Quick Develop] 패널의 Saved Preset 영역에서 Treatment를 'Black & White'로 지정한다. 영상을 조금 더 밝게 보정하고 싶은 경우에는 오른쪽 화살표 한 개가 있는 Exposure 아이콘을 한 번 클릭하면 영상 전체 밝기를 1/3스톱 높인다. 오른쪽 화살표 두 개의 Exposure 아이콘을 클릭하면 밝기를 1스톱 높인다.

패널을 보면 영상에 적용 불가능한 몇 가지 기능은 회색으로 비활성화되어 있다. 그러나 Contrast, White Balance의 Tint나 Temperature, Vibrance 기능은 조절이 가능하다.

적용한 설정이 마음에 들지 않는다면 Ctrl + Z 를 눌러 취소하거나 Quick Develop 패널 아랫부분의 [Reset All] 버튼을 클릭하여 영상에 적용한 모든 편집 설정을 취소해서 원본 상태로 복구할 수 있다.

영상을 [Develop] 모듈로 불러오면 영상은 지원하지 않는다는 경고 메시지가 표시되지만 아예 불가능한 것은 아니다. 사실 경고 메시지는 '친구(스틸 사진)를 데려온다면 [Develop] 모듈에서 Curves와 Split Toning을 포함한 훨씬 더 많은 기능을 사용해서 영상을 편집할 수 있다'는 의미이다.

이와 같은 우회로가 있다는 점이 이상하지만 [Develop] 모듈에서 영상 편집을 할 수 있다는 것은 반가운 소식이다.

다양한 기능들을 사용한 상급 영상 편집하기

STEP 01

[Develop] 모듈에서의 영상 편집 첫 단계는 사진을 추출하는 것이므로 영상을 더블클릭해서 Loupe 보기 모드로 전환한 다음 영상을 재생해서 원하는 프레임을 찾는다. 그리고 아랫부분의 조절바에서 작은 직사각형 아이콘을 클릭하고 **Capture Frame**을 실행하면, JPEG 형식 사진이 [Filmstrip] 영역의 현재 선택한 영상 왼쪽에 배치된다(영상이 컬렉션에 포함된 경우).

JPEG 파일을 먼저 클릭한 다음 Ctrl (Mac: Command)을 누른 채 영상 파일을 클릭해 그림과 같이 두 파일을 일괄 선택한다(JPEG 파일이 더 밝은 이유는 두 섬네일 중 우선 선택되었기 때문이다).

STEP 02

D를 눌러 [Develop] 모듈로 전환하면 JPEG 파일이 화면에 나타난다(선택 파일이기 때문이기도 하지만, [Develop] 모듈에서는 영상을 볼 수 없다). 그림과 같이 오른쪽 패널 영역 아랫부분에 있는 'Auto Sync' 기능을 반드시 활성화하자(왼쪽 작은 스위치를 켜서 활성화한다). Auto Sync 기능은 선택한 파일에 적용하는 모든 설정을 함께 선택한 다른 파일에도 일괄 적용한다. 단지 예제에서는 함께 선택한 파일이 영상일 뿐이다. 자동 동기화 기능을 사용하면 영상 파일에도 설정을 적용할 수 있다. 이제 JPEG 형식 사진에 편집 설정을 적용해 영상 클립에도 적용되도록 만들어 보자.

[Basic] 패널 윗부분에서 'Black & White'를 클릭하고 Contrast를 '30'으로 설정한 다음 [Split Toning] 패널로 스크롤해서 Shadows 영역의 Saturation을 '24', Hue를 '40'으로 설정해 갈색을 띤 듀오톤 효과를 적용한다.

[Tone Curve] 패널에서 대각선 커브의 가운데 지점을 클릭하고 그림과 같이 약간 아래로 드래그해서 중간톤을 조금 낮춘다.

Tip

[Quick Develop] 패널 프리셋 사용하기

[Develop] 모듈에서 마음에 드는 멋진 효과를 만든 다음 똑같은 효과를 다음에도 영상 클립에 사용하고 싶다면, 설정을 프리셋으로 저장한다 (228쪽 참고). 그러면 바로 [Library] 모듈의 [Quick Develop] 패널 윗부분 Saved Preset에서 선택하여 적용할 수 있다.

[Detail] 패널의 Sharpening 영역에서 Amount를 '50'으로 설정하고, [Effects] 패널의 Post-Crop Vignetting 영역에서 Amount를 '-11'로 설정해서 사진 가장자리를 약간 어둡게 보정한다.

지금까지 패널을 옮겨 다니면서 사진에 보정을 적용할 때마다 Filmstrip 영역에 있는 영상 클립 섬네일도 함께 업데이트된다는 것을 눈치챘는가? 사진에 적용한 것과 동일한 보정과 효과가 영상에도 적용된다.

Note

[Develop] 모듈의 일부 기능들은 영상에 적용할 수 없다(회색으로 비활성화되어 있지 않아도 적용되지 않는다). 프로필이나 Clarity, Highlights, Shadows 기능이나 [Lens Corrections] 패널 기능들은 영상에 사용할 수 없다. 또한 Adjustment Brush 기능 역시 사용할 수 없다.

라이트룸에서는 스틸 이미지를 넣어 편집하고, 배경 음악, 부드러운 전환 효과, 그리고 오프닝과 클로징 타이틀까지 넣은 웨딩 영상이나 비하인드 스토리, 인터뷰 혹은 프로모션용 영상을 만들어 HD 형식으로 저장할 수 있다. 게다가 이와 같은 영상을 만드는 것은 생각보다 쉽다. 라이트룸에서 나만의 단편 영화를 만드는 방법을 배워 보자.

단편 영화 만들고 HD 화질로 저장하기

STEP 01

첫 번째 단계는 모든 영상 클립들(원활한 편집 진행을 위해 영상 길이를 먼저 편집하자. 자세한 방법은 412쪽 참고)과 보정과 샤프닝을 적용한 최종 사진들을 모아 하나의 컬렉션으로 만든다.

필요한 영상과 사진을 컬렉션으로 만든 다음에는 영상에 들어갈 순서대로 정리한다. 예제에서는 똑같은 형식이 반복되지 않도록 몇 개의 사진을 넣고 그 뒤에 영상을 넣는 순서로 정리했다. 그리고 사진에는 패닝과 줌과 같은 동적 효과를 넣어 영상과 조화를 이루도록 만들 것이다. 그러므로 우선 영상으로 만들 파일들을 드래그하여 기본 순서를 정한다(필요하다면 나중에 컬렉션에서 순서를 바꿀 수 있다).

STEP 02

사진 순서를 정리한 다음 윗부분의 테스크바에서 [Slideshow]를 클릭해서 이 컬렉션을 [Slideshow] 모듈로 불러온다(우리는 영화를 [Slideshow] 모듈에서 만들 것이다). 왼쪽 패널 영역의 [Template Browser] 패널에서 'Widescreen' 템플릿을 선택하고(깔끔하고 단순한 템플릿), 영화 프레임 윗부분과 아랫부분에 두꺼운 검은색 바가 나타나지 않도록 오른쪽 패널 영역 윗부분 [Options] 패널에서 그림과 같이 이미지를 프레임 전체에 채우는 'Zoom to Fill Frame'에 체크 표시한다.

Note

16쪽에서 알려 준 웹 페이지에서 [Slideshow] 모듈 사용법에 대한 보너스 챕터를 찾을 수 있으므로 참고하자.

STEP 03

[Titles] 패널에서 'Intro Screen'에 체크 표시한다. 인트로 화면 배경 색상을 변경하고 싶다면, Intro Screen 오른쪽 작은 색상 상자를 클릭해서 색상 선택 상자를 불러와 새 배경 색상을 선택한다(예제의 경우에는 검은색 배경을 그대로 두었다).

몇 초 후, 인트로 화면이 사라진다. 필자는 그 이유를 알 수 없다(이상하지만 항상 그렇다). 인트로 화면을 다시 보려면, [Titles] 패널에서 Scale 슬라이더 노브를 클릭하고 누르고 있으면 마우스 버튼을 놓을 때까지 인트로 화면이 사라지지 않는다. 인트로 화면에는 기본적으로 사용자 이름 혹은 Identity Plate에 적용한 문구가 나타나도록 설정되어 있다.

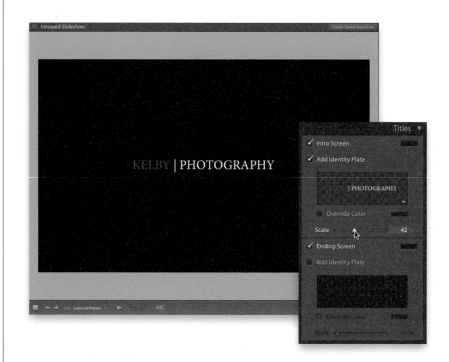

STEP 04

타이틀 화면 제목을 변경해 보자. [Add Identity Plate] 미리 보기 창 아랫부분 오른쪽 모서리의 화살표를 클릭하고 **Edit**을 실행한다.

[Identity Plate Editor] 창에서 제목을 입력하고 글꼴과 크기 등을 설정한다(자세한 사용법은 142쪽 참고).

오프닝 타이틀 설정을 완료한 다음에는 원한다면 아래에 있는 'Ending Screen'에서 클로징 타이틀을 설정한다. 적용한 텍스트는 Scale에서 크기를 조절할 수 있을 뿐 아니라 'Override Color'에 체크 표시하고 오른쪽에 있는 색상 상자를 클릭해서 텍스트 색상도 변경할 수 있다.

STEP 05

이번에는 배경 음악을 넣어 보자. 라이트룸은 지원 음원 형식에 대해 까다로운 편이라 AAC나 MP3 형식만 사용할 수 있다.

아이튠즈를 사용한다면 AAC 음악 파일로 변형할 수 있다. 아이튠즈에서 [File]-[Convert]-[Create AAC Version]을 실행하면 선택한 곡의 복제 파일이 라이트룸에서 사용 가능한 ACC 형식으로 변형된다. 아이튠즈를 사용하지 않는 경우에는 MP3 형식으로 변형해야 하는데, 다행히 인터넷에서 다양한 파일 형식 변형 무료 유틸리티를 찾을 수 있으므로 파일 변형을 먼저 실행한다. 그렇지 않으면 라이트룸으로 음원을 불러올 수 없다. 음원 형식을 변형한 다음 [Music] 패널에서 [+] 아이콘을 클릭하고 원하는 음원 트랙을 선택하면 [Music] 패널 아랫부분에 제목과 트랙의 길이가 표시된다.

STEP 06

배경 음악 설정의 마지막 단계는 [Playback] 패널에서 적용한다. [Fit to Music] 버튼을 클릭하면, 슬라이드 쇼 길이가 배경 음악 길이와 일치하도록 자동 설정되는데 슬라이드 쇼를 선택한 음원 길이에 맞춰 재생할 수 있다.

Audio Balance는 영상을 촬영할 때 녹음된 현장 음향을 어느 정도 넣을지 조절한다. 필자는 사진과 영상을 혼합해서 편집하는 경우, 현장 음향이 어느 부분에서는 들리고 어느 부분에서는 들리지 않는 것이 부드럽지 못하다고 생각하기 때문에 현장 음향이 전혀 들어가지 않도록 슬라이더를 왼쪽 끝까지 드래그하지만 결정은 여러분에게 달렸다. 다음은 스틸 사진에 모션 효과를 적용하도록 'Pan and Zoom'에 체크 표시한다. 슬라이더는 모션 효과의 강도를 조절한다. 그 아래의 두 선택 항목과 Quality는 이름만으로도 무슨 기능인지 충분히 알 수 있다.

STEP 07

이 시점에서 지금까지 설정한 영화를 살펴볼 수 있다. 오른쪽 패널 아랫부분의 [Preview] 버튼을 클릭하면 미리 보기 영역에서 영상을 재생한다. 영상을 전체 화면으로 보고 싶다면 [Play] 버튼을 클릭한다. 그렇다면 굳이 [Play] 버튼 대신 [Preview] 버튼을 클릭하는 이유는 무엇일까? 간혹 전체 화면으로 영상을 재생하는 것보다 더 부드럽고 재생까지 걸리는 시간이 짧기 때문이다. 그래서 필자는 편집 단계에서 영상을 확인할 때 더 부드러운 재생과 시간 절약을 위해 [Preview] 버튼을 사용한다.

STEP 08

영상 편집 진행 상태가 마음에 든다면, [Play] 버튼을 클릭해서 풀 사이즈 전체 화면 버전 영상을 렌더링한다. 모든 점이 만족스럽다면 원하는 형식으로 복제한 영상을 내보낼 차례이다.
왼쪽 패널 아랫부분 [Export Video] 버튼을 클릭해서 [Export Slideshow to Video] 창을 표시한다. Video Preset에서 내보낼 영상 크기와 화질을 선택한다. 크기가 가장 큰 최상의 화질을 원한다면, HD 화질과 크기의 '1080p(16:9)'를 선택한다. 각 항목을 선택할 때마다 바로 아랫부분에 해당 프리셋에 대한 자세한 설명이 있어서 도움이 된다. 영상 공유 방식에 따라 적절한 항목을 선택한다. 몇 분의 렌더링 과정 후에 영상이 완성된다. 라이트룸을 떠나지 않고 영상을 만드는 방법은 의외로 쉽고 간단하다.

Tip

페이스북에 영상 바로 올리기

라이트룸의 Publish Service 기능을 사용하면 영상을 페이스북에 바로 올릴 수 있다(자세한 방법은 308쪽에서 설명했지만, 라이트룸에서 영상도 바로 올릴 수 있다는 점을 알려 주고 싶었다.

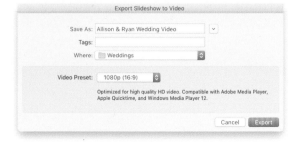

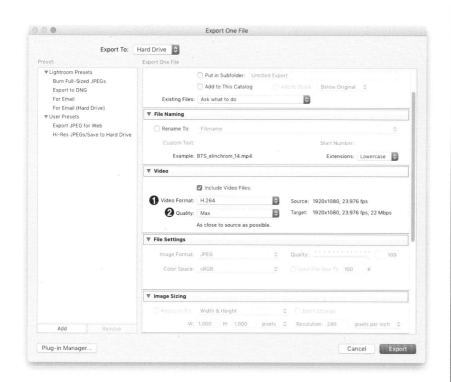

영상 클립을 내보낼 또 다른 방법은 [Library] 모듈에서 [Export] 버튼을 클릭하는 기본적인 방식이다 (292쪽 참고). [Export] 버튼을 클릭해서 [Export] 창을 표시한 다음 아랫부분으로 스크롤하면 영상 내보내기 영역이 있다. 영상을 선택했기 때문에 Include Video Files 항목이 이미 활성화되어 있어서 두 가지 항목만 설정하면 된다.

❶ Video Format에서 영상 클립을 어느 형식으로 저장할지 설정한다. 필자는 일반적으로 많이 사용되며 화질 손실을 최소화하면서 작은 크기의 파일로 만드는 'H.264'로 지정한다.

❷ Quality 설정에 따라 파일 압축 정도가 결정된다. 유튜브나 애니모토 등 웹에서 영상을 공유한다면 'Max'보다 낮은 설정을 선택하는 것이 좋다 (항목을 선택하면 오른쪽에 크기와 초당 프레임 수(fps)가 표시된다). 그러나 영상을 다른 영상 편집 프로그램에서 사용할 계획이라면 'Max'로 지정한다.

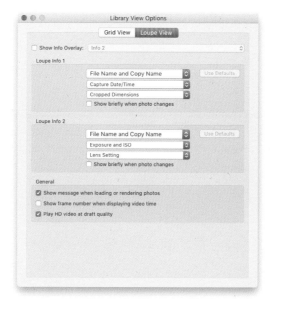

Tip

영상 기본 설정하기

영상 기본 설정은 [Library View Options] 창 (Ctrl + J (Mac: Command + J))의 [Loupe View] 탭 아랫부분에 두 개의 항목밖에 없다. 'Show frame number when displaying video time'은 영상 시간 옆에 프레임 번호를 표시한다. 'Play HD video at draft quality'는 HD 화질 영상을 부드럽게 재생하도록 돕는 기능이다. 속도가 빠른 컴퓨터를 사용하지 않는 경우에는 저해상도로 영상을 재생하는 것이 낫다.

CHAPTER 14

GOING MOBILE
스마트폰과 태블릿에서 라이트룸 사용하기

과거에는 이 챕터의 제목이 '라이트룸 모바일'이었다. 앱 이름 자체가 라이트룸 모바일이었기 때문이다. 그러나 어도비가 앱의 이름을 '라이트룸 CC'로 변경했는데, 아마도 이전 이름이 너무 뻔하고 한눈에 무엇인지 알기 쉽다는 점을 깨달았기 때문일 것이다. 사실 앱의 정식 이름은 라이트룸 CC가 아니라 '어도비 포토샵 라이트룸 CC'이다. 앱을 시작하면 나타나는 스플래시 스크린에서 보았을 것이다.

창 왼쪽 윗부분 모서리에 있는 LR 아이콘을 클릭하면 개발자 크레디트 페이지로 이동하는데, 거기에서 '라이트룸 모바일'이라 불렀던 앱의 완전한 정식 명칭을 볼 수 있다 (정보 자유법에 의해 상표 등록 페이지에 공개된 합법적인 명칭이다). 그 명칭은 바로 '어도비 포토샵 티토 저메인 조나단 리빙스턴 시걸 고든 라이트풋 키아누 셰어 롱고리아

베일리 허친슨 더 락 세르지오 멘데스 말론 라이트룸 CC, Sr., III, Esq'이다. 그렇다. 이 긴 이름이 정식 명칭으로 등록되어 있다. 의심된다면 직접 확인해도 좋다. 이름이 확실히 길기는 하다. 필자라면 개인적으로 고든, 더 락, 멘데스를 빼서 더 기억하기 쉽게 '어도비 포토샵 티토 저메인 조나단 리빙스턴 시걸 라이트풋 키아누 셰어 롱고리아 베일리 허친슨 말론 라이트룸 CC, Sr., III, Esq'로 짧게 만들 것이다.

또한 상표 등록 페이지를 살펴보면, 어도비는 라이트룸 CC에 Ointment(연고)와 Curd(응유)라고 부르는 두 개의 새 슬라이더를 추가할 계획을 가지고 있는 것으로 예상된다. 두 개의 새로운 슬라이더의 기능이 무엇인지 도저히 알 수 없지만, 한 가지는 확실하다. 저녁을 먹는 동안에는 절대로 사용하지 않을 것이다.

모바일용 라이트룸 CC의 4가지 장점 알아보기

라이트룸 모바일(명칭이 '라이트룸 CC'로 바꼈지만 예제에서는 명확한 구분을 위해 라이트룸 모바일이라고 부르겠다)을 사용해 라이트룸의 위력을 스마트폰과 태블릿까지 확장해 사진을 어디서든지 편집할 수 있다. 먼저 라이트룸 모바일이 가진 네 가지 장점에 대해 알아보자.

1. 훌륭한 카메라 앱을 가지고 있다

라이트룸 모바일에는 탁월한 카메라 기능이 내장되어 있다. 카메라의 Pro 모드를 선택하면, 조리개, 셔터 스피드, ISO, 화이트 밸런스를 수동으로 설정할 수 있을 뿐 아니라 사진을 촬영하기 전에 적용이 가능한 효과 프리셋들도 있다.

최신 기종 아이폰이나 삼성 스마트폰들은 RAW 형식도 지원하며, 데스크톱 라이트룸 클래식과 동일한 처리 방식을 사용하는 HDR 기능도 있고, 고해상도 RAW 형식 사진을 촬영하면 컴퓨터와 자동으로 동기화된다.

또한 레벨 기능, 하이라이트 클리핑 경고 기능과 사용법이 쉬운 노출 보정 기능도 내장되어 있다 (자세한 카메라 사용법은 454쪽 참고).

2. 컴퓨터 컬렉션을 동기화할 수 있다

모바일 기기의 동기화 기능을 활성화한다고 모든 데스크톱 사진이 동기화되는 것은 아니다(그렇게 큰 빈 공간을 가진 모바일 기기는 없다). 동기화하고 싶은 컬렉션이 있다면, 데스크톱 라이트룸 클래식에서 선택하고 동기화 기능 항목에 체크 표시해야 한다.

모바일 기기로 농기화한 컬렉션은 보성부터 능급 설정, 사진 정리, 공유 등 데스크톱 라이트룸 클래식과 동일한 작업을 실행할 수 있다. 또한 컬렉션을 동기화할 때 고해상도 사진 파일 대신 스마트 프리뷰를 보내기 때문에 1메가바이트 정도의 용량만 차지한다.

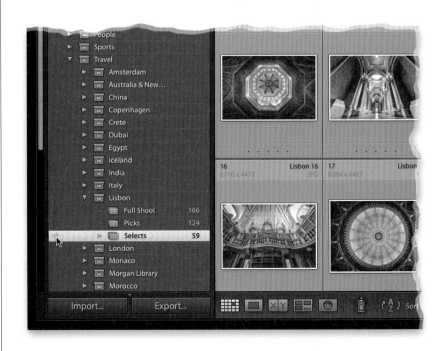

3. 사용법이 동일하다

라이트룸 모바일 기능은 라이트룸 클래식 기능에 기반을 두고 있기 때문에 모바일 기기에서 사진을 보정할 때 이미 사용법이 익숙한 슬라이더 기능을 사용한다. 그러므로 간단한 인터페이스의 차이만 배우면 바로 사용할 수 있다.

무엇보다도 라이트룸 모바일의 인터페이스가 데스크톱 라이트룸 인터페이스와 유사하기 때문에 이번 챕터만 숙지하면 라이트룸 모바일을 쉽게 사용할 수 있을 것이다.

4. 설정이 자동 업데이트된다

모바일 기기나 컴퓨터에서 설정을 적용하면, 변경 사항이 동기화 기능을 통해 자동으로 업데이트되기 때문에 사진을 폰, 태블릿 혹은 컴퓨터, 어느 기기에서 보정하든지 상관없이 모든 곳에 자동으로 반영된다. 그러므로 여러분이 어디에 있든지 라이트룸을 사용할 수 있다. 게다가 동기화된 사진은 폰, 태블릿, 데스크톱뿐만 아니라 웹에도 있으므로 인터넷에 공유할 준비가 되어있다.

패스워드로 보호되어 있으므로 걱정할 필요가 없지만, 필요하다면 컬렉션을 친구나 가족과 공유하거나 일반인들에게 웹 브라우저를 통해 공개할 수 있다.

모바일 기기에
라이트룸 설치하기

라이트룸 모바일 설치 방법은 매우 쉽지만, 두어 군데에서 어도비 계정에 로그인해야 하는 번거로운 과정을 거쳐야 한다. 그러나 한 번 설정을 마치면 다시 반복할 필요가 없다. 이제 라이트룸을 모바일 기기에서 시작해 보자.

STEP 01

컴퓨터 라이트룸 클래식에서 로고를 클릭하고 **Sync with Lightroom CC** 오른쪽에서 **Start**를 클릭하여 라이트룸 CC와 동기화를 시작한다. 준비가 되지 않았다면, 어도비 ID와 패스워드로 로그인해야 한다.

Tip

라이트룸 모바일로 사진을 불러오는 세 가지 방법

① 데스크톱이나 랩톱 라이트룸 클래식에서 컬렉션을 동기화할 수 있다.
② 모바일 기기에 이미 있는 사진을 Camera Roll에서 불러올 수 있다.
③ 라이트룸에 내장된 카메라로 사진을 찍을 수 있으며, 물론 사진은 모바일 기기의 라이트룸으로 보내진다.

STEP 02

아이폰이나 아이패드는 앱 스토어, 인드로이드 폰이나 태블릿은 구글 플레이에서 라이트룸 CC 무료 앱을 다운로드할 수 있다.

앱을 다운로드하고 어도비 ID와 패스워드로 로그인한다(이 방법으로 컴퓨터 라이트룸 클래식과 모바일 기기 라이트룸이 서로 연결되어 있다는 것을 확인한다).

이 시점에는 컴퓨터의 라이트룸 클래식에서 컬렉션을 선택해서 동기화하지 않았기 때문에 모바일 기기 라이트룸 CC에 아직 사진이 없다.

라이트룸 클래식 폴더는 라이트룸 모바일로 동기화되지 않는다. 컬렉션만 동기화할 수 있다. 그러므로 동기화하고 싶은 사진들이 컬렉션에 없다면 지금 컬렉션으로 만든다(폴더에 있는 사진들을 컬렉션으로 만드는 방법은 57쪽 참고).

라이트룸 CC로 컬렉션 동기화하기

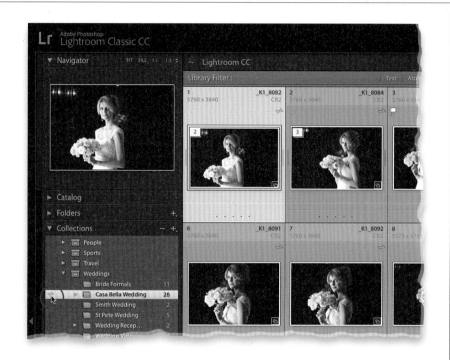

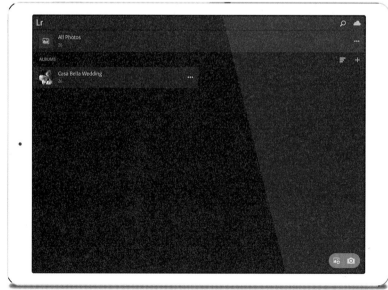

STEP 01

데스크톱 라이트룸 클래식의 동기화 기능을 활성화하면(지금부터는 '라이트룸 데스크톱'이라고 칭하겠다), 각 컬렉션 이름 가장 왼쪽에 새로운 작은 체크 상자가 표시된다. 라이트룸 모바일과 동기화하고 싶은 컬렉션의 체크 상자를 클릭하면, 그림과 같이 작은 동기화 아이콘이 표시된다.

Note

위에서 밝혔듯이 라이트룸 모바일에서는 라이트룸 데스크톱 컬렉션만 사용할 수 있으며 폴더는 사용하지 못한다.
라이트룸 데스크톱에 있는 폴더를 동기화하려면 먼저 컬렉션으로 만들어야 하므로 [Folders] 패널에서 폴더를 마우스 오른쪽 버튼으로 클릭하고 **Create Collection**을 실행한다.

STEP 02

이제 모바일 앱(기기 종류는 상관없다. 라이트룸 모바일만 설치되어 있다면 컬렉션을 동기화한다)의 Albums 보기 모드에서 그림과 같이 동기화한 컬렉션을 찾을 수 있다. 컬렉션 동기화는 이처럼 간단하다. 라이트룸 모바일에 동기화한 컬렉션이 더 이상 필요하지 않은 경우에는 라이트룸 데스크톱에서 컬렉션 이름 왼쪽에 있는 작은 동기화 아이콘을 다시 클릭해서 동기화를 해제한다.

Note

라이트룸 모바일로 동기화한 컬렉션은 더 이상 '컬렉션'이라고 칭하지 않고, '앨범'이라고 칭한다. 그러므로 우리도 이제부터 앨범이라고 부르자.

앨범 사용하기

모바일 버전의 [Library] 모듈인 메인 화면을 살펴보고, 새로운 타입의 Grid 보기 모드 사용법도 알아보자(필자는 어도비가 데스크톱 버전에도 이 Grid 보기 모드를 추가하기 바란다).

사실 모바일 기기를 위한 라이트룸 CC의 안드로이드 버전은 아이폰·아이패드 버전보다 뒤에 개발되었기 때문에 항상 기능들이 뒤쳐졌지만 이제는 거의 차이가 없으며, 일부 기능은 차이가 전혀 없다. 하지만 간혹 안드로이드 버전 일부 기능에서 보이는 차이는 우리를 미치게 만들 수도 있다.

STEP 01

모바일 기기에서 라이트룸 CC를 시작하면, Albums 보기 모드가 시작 화면으로 나타난다. Albums 보기 모드에는 그림과 같이 모든 컬렉션 섬네일이 수직 칼럼에 배치되어 있다. 태블릿에서는 그림과 같이 두 개의 수직 칼럼에 섬네일을 배치한다.

Tip

사진 자동 추가 기능

앨범 이름 옆에 있는 세 개의 점을 터치하고 [**Enable Auto Add**]를 터치하면 모바일 기기의 [Camera Roll]에 추가되는 모든 사진이 앨범에 자동으로 추가된다.

STEP 02

앨범 섬네일을 터치하면, 안에 있는 사진들이 그림과 같이 기본 Grid 보기 모드로 표시된다. Grid 보기 모드의 섬네일 크기는 두 손가락으로 집고 밀어서 조절한다. 그러나 크기 조절이 약간 까다롭기 때문에 시도가 두어 번 필요할 수도 있다.

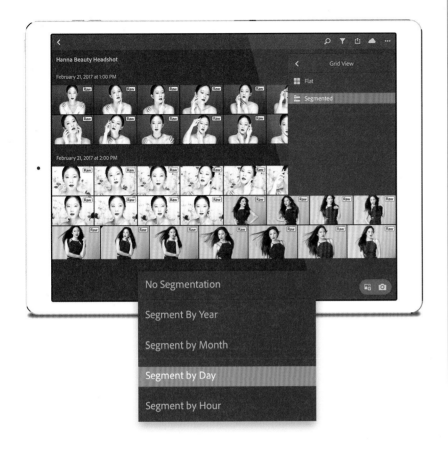

STEP 03

라이트룸 CC에는 두 종류의 Grid 보기 모드가 있다. **STEP 02**에서 살펴본 표준 Flat 보기 모드와 옆 그림과 같은 Segmented 보기 모드는 사진을 날짜 혹은 시간대로 분류한다.

오른쪽 윗부분의 세 개의 점을 터치하고 **[Seg mented]**를 터치하면, 그림과 같이 날짜를 기반으로 사진을 배치한 레이아웃의 Segment 보기 모드로 전환된다(세 개의 점을 다시 터치해서 팝업 메뉴를 숨긴다). 이 보기 모드에서 왼쪽 윗부분에 표시된 날짜를 터치하고 누르고 있으면 메뉴에서 사진을 연도, 달, 날짜 혹은 촬영 시간순으로 배치하도록 설정할 수 있다.

Tip

섬네일 순서 바꾸기

Flat Grid 보기 모드에서 사진 순서를 바꾸고 싶은 경우, 오른쪽 윗부분의 점 세 개를 터치한 다음 **[Sort By]-[Custom]**을 실행하고, 오른쪽 작은 연필 아이콘을 터치해서 **[Reorder]** 화면으로 전환한 다음 사진을 터치하고 드래그해서 원하는 순서로 배치한다.

STEP 04

라이트룸 모바일은 라이트룸 데스크톱에서 만든 컬렉션 세트를 지원하지 않지만, 동일한 기능을 가진 모바일 버전 컬렉션 세트를 만들 수 있다. 이름만 다를 뿐인데, 라이트룸 모바일에서는 '폴더'라고 부르며, 데스크톱 컬렉션 세트와 같이 앨범들을 폴더로 이동하면 된다. 폴더를 만들려면, Albums 보기 모드에서 오른쪽 윗부분 근처에 있는 [+] 아이콘을 터치하고 **[Create Folder]**를 실행한다.

이제 앨범 이름 오른쪽에 있는 점 세 개를 터치하고 **[Move To]**를 터치한 다음 [Destination] 화면에서 새 폴더를 터치하고, 오른쪽 윗부분의 'Move'를 터치한다. 그러므로 라이트룸 데스크톱에서 라이트룸 모바일로 동기화하고 싶은 컬렉션 세트가 있다면, 모바일에서 폴더를 먼저 만든 다음 동기화한 앨범들을 폴더로 이동한다.

STEP 05

Grid 보기 모드에서 섬네일에 표시할 수 있는 숨겨진 정보들이 있다. 화면을 두 손가락으로 터치해서 다양한 항목을 번갈아 보면서 선택할 수 있다. 예를 들어, 기본 항목은 섬네일의 오른쪽 윗부분에 파일 형식을 표시한 작은 배지인데, 두 손가락으로 터치하면 플래그나 별점 등급 설정 표시로 바뀐다.

다시 두 손가락으로 터치하면 촬영 날짜와 시간, 픽셀 크기, 파일명을 표시한다. 다시 터치하면 조리개, ISO, 셔터 스피드를 표시한다. 또 다시 터치하면 사진에 태그된 '좋아요'나 멘션을 표시한다 (이 기능에 대해서는 곧 알아볼 것이다). 그리고 다시 한 번 더 터치하면 모든 정보를 숨기고 아무 표시가 없는 사진 섬네일로 전환한다(필자는 이 보기 모드를 사용한다).

STEP 06

앨범에 사진을 추가하려면, 화면 오른쪽 아랫부분 모서리의 [Add Photos] 아이콘을 터치하여 [Camera Roll]에 있는 사진을 추가하거나(혹은 라이트룸 모바일에 동기화한 사진들 중에서 선택), 카메라 아이콘을 터치해서 라이트룸 모바일에 내장된 카메라를 사용해 사진을 촬영하면 현재 화면에 보이는 앨범에 추가된다.

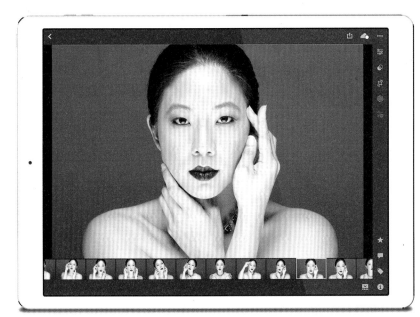

Tip

메타데이터 보기

저작권 정보부터 제목, 캡션, 파일 정보를 포함한 메타데이터 전체를 스마트폰에서 보려면, 왼쪽 윗부분의 [Panels] 팝업 메뉴에서 [Info]를 터치한다. 아이패드/안드로이드 태블릿에서는 오른쪽 아랫부분의 정보 아이콘을 터치한다.

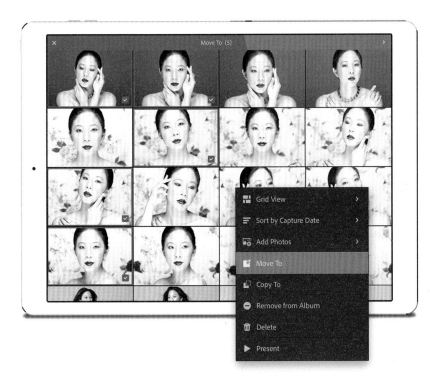

STEP 07

Grid 보기 모드에서 사진을 터치하면 그림과 같이 사진이 Loupe 보기 모드 크기로 확대된다. 사진을 한 번 터치하면 화면에 있는 정보와 도구바를 숨겨 사진을 전체 화면으로 볼 수 있다. 화면을 한 번 더 터치하면 기본 Loupe 보기 모드로 전환한다. 그리고 다음 방법으로 화면 아랫부분에 Filmstrip 영역을 불러와 앨범에 있는 나머지 사진들을 볼 수 있다.

- **아이패드 :** 화면 오른쪽 아랫부분에 있는 [Filmstrip] 아이콘을 터치한다.
- **안드로이드 태블릿 :** 화면 오른쪽 아랫부분 근처에 있는 별 형태 아이콘을 터치한다.
- **아이폰·안드로이드 폰 :** 왼쪽 윗부분 [Panels] 메뉴를 터치하고 **[Rate & Review]**를 터치한다.

STEP 08

하나의 앨범에 있는 사진을 다른 앨범으로 복사하거나 이동하거나 혹은 삭제하고 싶다면, Grid 보기 모드에서 오른쪽 윗부분 세 개의 점을 터치한 다음 메뉴에서 원하는 항목을 선택하고 설정을 적용할 사진을 터치한다(다수의 사진을 선택하려면 단순히 터치하면 된다). 예를 들어, 사진 이동을 선택했다면, 사진들을 터치하고 앨범 목록을 보기 위해 오른쪽 윗부분의 화살표를 터치한다. 이제 이동하는 사진들을 놓을 앨범 옆의 상자를 터치한 다음 오른쪽 윗부분의 'Move'를 터치해서 선택한다. 복사나 이동을 취소하려면 왼쪽 윗부분 [×]를 터치한다. [Remove from Album]과 [Delete]와 같은 다른 기능들도 같은 방법으로 선택해서 적용한다.

Note

[Remove From Album]은 사진을 앨범에서 제거한다. 원본 파일은 삭제되지 않으며, 사진은 라이트룸 데스크톱 컬렉션에 그대로 있다.

Pick 플래그와 등급 설정하기

라이트룸 모바일에서의 Pick 플래그와 별점 등급을 추가하는 작업은 라이트룸 데스크톱에서 설정하는 것보다 훨씬 즐거운 과정이 될 것이다. 게다가 촬영을 마치고 편안한 소파에 앉아 음료수를 마시며 느긋하게 사진을 선별할 수 있는 장점도 있다.

STEP 01

Pick 플래그와 별점 등급은 [Rate & Review] 패널에서 설정한다. 사진 하나를 터치해서 Loupe 보기 모드로 전환하고 다음 과정을 실행한다.

- **아이패드 · 안드로이드 태블릿 :** 화면 오른쪽 아랫부분 근처에 있는 별 아이콘(예제 사진에서 빨간색 원으로 표시한 곳)을 터치한다.
- **아이폰 · 안드로이드 폰 :** 왼쪽 윗부분 뒤로 가기 화살표 아이콘 오른쪽에 있는 [Panels]를 터치한 다음 **[Rate & Review]**를 터치한다.

화면 아랫부분에 터치해서 등급을 설정할 수 있는 별이나 플래그가 추가된다(아이패드 · 안드로이드 태블릿에는 그림과 같이 Filmstrip 영역 아랫부분에 두 종류가 모두 추가된다). 그러나 '스피드 등급' 기능으로 더 빠르게 등급 설정을 할 수 있다.

STEP 02

Pick 등급을 적용하고 싶은 사진을 봤을 때 화면 오른쪽을 위나 아래로 밀면 그림과 같이 세 개의 깃발이 화면에 나타나 플래그를 선택할 수 있다. 맨 위가 Pick 플래그이고, 중앙의 깃발은 등급 설정 해제, 아랫부분은 Reject 등급이다. 별점 등급을 적용하려면, 화면 왼쪽을 위나 아래로 밀어 화면 중앙에 별 다섯 개가 나타난 후 별점 등급을 설정한다. 이제 사진을 오른쪽으로 밀어 넘겨 보면서 동일한 방법으로 등급을 설정한다.

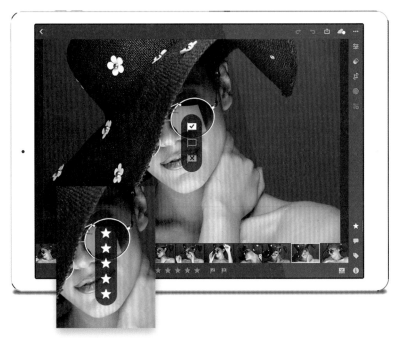

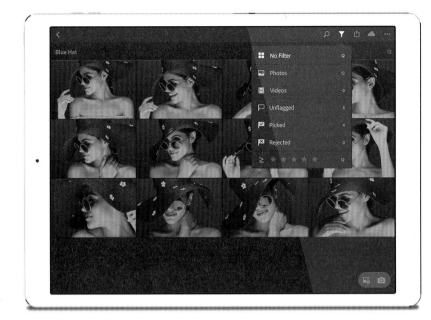

STEP 03

Picks 등급 사진만 보려면(또는 별점 등급을 적용한 사진들만 보려면), 왼쪽 윗부분 돌아가기 화살표 아이콘을 터치해서 Grid 보기 모드로 전환한 다음 오른쪽 윗부분에 있는 깔때기 형태 아이콘을 클릭해서 필터링 팝업 메뉴를 불러온다.

팝업 메뉴에는 등급 목록과 각 등급에 해당하는 사진 개수가 오른쪽에 표시되어 있다. 보고 싶은 등급을 터치하면 해당 등급을 적용한 사진들만 볼 수 있다.

메뉴 아랫부분에는 별점 등급이 있다. 보고 싶은 별점 등급을 터치해서 선택하면 된다.

메뉴 윗부분에서 [No Filter]나 [Show All]을 터치하여 필터 기능을 해제하거나, 앨범에 포함된 모든 사진이 보이도록 설정할 수 있다.

STEP 04

Picks 등급이나 별점 다섯 개 사진만 모아 별도의 앨범을 만들고 싶다면, **STEP 03**에서 배운 필터링 메뉴에서 [Picked(혹은 별점 다섯 개 등급)]를 선택하고 화면 오른쪽 윗부분의 점 세 개를 터치한 다음 **[Copy to]**를 실행한 후 모든 Picks 등급 사진(혹은 다섯 개 별점 등급 사진)을 선택한다(안드로이드 기기는 반대로 사진을 먼저 선택한다).

이제 사진들을 보낼 위치를 선택하기 위해 오른쪽 윗부분에 있는 오른쪽 화살표 아이콘을 터치해서 모든 앨범 목록이 있는 [Destination] 화면을 불러온다. 오른쪽 윗부분의 [+] 아이콘을 터치하고 **[Create Album]**을 선택한다. 새 앨범 이름을 설정하고 [OK]를 터치한 다음 오른쪽 윗부분 [Copy]를 터치해서 Picks 등급 사진들을 새 앨범으로 복사한다.

왼쪽 윗부분 왼쪽 돌아가기 화살표 아이콘을 터치해서 Albums 보기 모드로 전환되면 새로 만든 Picks 앨범을 찾을 수 있다.

모바일 기기에서
사진 편집하기

라이트룸 모바일의 슬라이더들은 라이트룸 데스크톱 라이트룸과 동일한 처리 방식을 사용하는 동일한 기능이기 때문에 사용하는 데 어려움이 없을 것이다. 화면을 가로로 돌리면 오른쪽에 패널들과 슬라이더들이 있는 라이트룸 데스크톱 인터페이스와 유사하며, 세로 화면은 슬라이더들이 아랫부분에 표시된다. 어느 방식을 사용하든지 큰 괴리감 없이 사진을 편집할 수 있다.

STEP 01

라이트룸 모바일에서의 사진 편집 첫 단계는 사진을 터치해서 Loupe 보기 모드로 전환하는 것이다. 그리고 다음 과정을 실행한다.

- **아이패드/안드로이드 태블릿:** [Edit] 아이콘(예제 사진에서 빨간색 원으로 표시한 곳)을 터치해서 오른쪽에 [EDITS] 패널을 연다.
- **아이폰/안드로이드 폰 :** 왼쪽 윗부분(돌아가기 화살표 아이콘 오른쪽) [Panels] 메뉴를 터치하고 [Edit]을 터치해서 화면 아랫부분에 아이콘들을 불러온다. 휴대전화를 옆으로 돌리면, 아이콘들이 화면 오른쪽으로 이동해 라이트룸 데스크톱 인터페이스와 유사해진다.

STEP 02

색상 프로필과 창의적인 효과 프로필을 라이트룸 모바일에서도 사용할 수 있다(프로필에 대한 자세한 내용은 CHAPTER 05와 CHAPTER 07 참고). [Browse] 아이콘(세 장의 사진이 쌓여 있는 형태)을 터치해서 각 프로필을 적용한 미리 보기 섬네일들이 있는 [Profiles] 브라우저를 불러온다. 선택한 프로필을 적용한 결과를 보여 주는 실시간 미리 보기 기능은 없기 때문에 프로필을 선택해서 적용해 보고 결과가 마음에 들지 않는 경우에는 다른 프로필을 터치한다. 마음에 드는 프로필이 없다면, 화면 오른쪽 윗부분 왼쪽 방향 곡선 화살표를 터치하거나 브라우저 오른쪽 윗부분에 있는 [×] 표시를 터치한다(아랫부분 체크 부호는 [Done] 버튼이다). 브라우저 윗부분 메뉴를 터치하면 라이트룸 데스크톱과 동일한 프로필들을 사용할 수 있다. 프로필을 적용하면 아랫부분에 효과의 강도를 조절할 수 있는 Amount가 나타난다.

STEP 03

라이트룸 모바일은 [Edits] 패널의 각 영역에 있는 슬라이더들을 재배치해서 전보다 훨씬 사용이 편리해졌다. 터치하는 영역마다(폰을 사용하는 경우에는 각 아이콘) 다른 기능 슬라이더 세트를 불러온다. 예를 들어, [Light] 혹은 태양 형태의 아이콘을 터치하면, 빛에 관계된 모든 슬라이더들을 불러온다(Exposure, Highlights, Shadows, Whites, Blacks).

이 영역 윗부분에는 Curves 기능 아이콘이 있다. 대각선 커브의 한 지점을 터치해서 조절점을 추가하고 위로 드래그해서 사진의 해당 영역을 밝게 보정하거나, 아래로 드래그해서 어둡게 보정할 수 있다. 조절점을 더블 터치하면 커브에서 삭제된다.

STEP 04

필자가 좋아하는 라이트룸 데스크톱 기능 중 하나인 하이라이트 클리핑 경고 기능을 라이트룸 모바일에서도 사용할 수 있는데, 찾기가 약간 까다롭다. 하이라이트 클리핑 경고는 Exposure, Shadows, Highlights, Whites, Blacks를 설정할 때 화면에서 확인할 수 있다. 손가락 두 개로 선택한 기능 슬라이더의 아무 지점이나 터치하면, 화면이 검은색으로 바뀌고 클리핑 현상이 나타나는 영역이 표시된다.

그림의 경우, Whites 설정을 과도하게 높여서 피부 영역의 Red 채널에 클리핑 현상이 나타나며, 특히 이마가 있는 영역은 모든 채널에 클리핑 현상이 나타나므로 Whites나 Highlights 설정을 클리핑 현상이 사라질 때까지 낮춘다.

STEP 05

과거 버전에 비해 대폭으로 개선된 [AUTO] 톤 버튼 기능도 모바일 버전에 추가되었다([EDITS] 패널 오른쪽 윗부분에 있다). 스마트폰에서는 오른쪽 윗부분 섬광이 있는 사진처럼 생긴 아이콘을 터치하면 자동 톤 보정이 적용된다. 결과가 마음에 들지 않으면 [Undo] 아이콘을 클릭해서 적용을 취소한다. 예제의 경우에는 자동 보정이 뷰티 스타일 사진에 적합하지 않다.

Tip

[Undo] 아이콘 사용하기

편집 중 실수를 했다면, 화면 오른쪽 윗부분 왼쪽 방향 곡선 화살표를 터치하여 가장 최근의 설정을 취소할 수 있다.
[Undo] 아이콘을 터치할 때마다 설정 단계를 하나씩 취소할 수 있다.

STEP 06

화이트 밸런스를 설정하기 위해 [Color(온도계 모양 아이콘)]를 터치하면, Temp, Tint, Vibrance, Saturation 슬라이더가 표시된다. 이 영역의 윗부분 중앙 근처에는 [White Balance] 프리셋 팝업 메뉴가 있다(JPEG 형식 사진보다 RAW 형식 사진의 프리셋 목록이 더 길다).

또한 [WB] 메뉴 오른쪽에는 우리가 이미 알고 있는 White Balance 도구(157쪽 참고)가 라이트룸 모바일에도 있으므로 터치하면 사진으로 드래그할 수 있는 루페가 표시된다. 루페를 사진에서 드래그하고 놓으면 해당 영역을 기반으로 화이트 밸런스 보정을 적용한 결과를 실시간으로 미리 볼 수 있다.

적정 화이트 밸런스로 보이는 영역을 찾고 루페의 체크 부호를 터치하면 도구는 원래 위치로 돌아간다. 스포이드 아이콘을 다시 터치하면 설정을 취소할 수 있다.

STEP 07

[COLOR] 영역에는 사진을 흑백으로 변환하는 [B&W] 버튼이 있지만, 매우 밋밋한 흑백 사진을 만들기 때문에 사용을 추천하지 않는다. 그 대신 [Profile] 브라우저에 있는 [B&W] 프로필을 사용하는 것이 훨씬 낫다(**STEP 02** 참고).

[B&W] 버튼 오른쪽에 있는 [HSL Color Mix] 아이콘을 터치하면 사진의 개별 색상을 조절하는 슬라이더가 표시된다.

Note

[HSL Color Mix] 아이콘을 터치하면 TAT 도구 (The Targeted Adjustment Tool)도 사용할 수 있다. 이 도구는 COLOR MIX 영역 윗부분에 있으며, 도구를 터치해서 활성화한 다음 사진에서 조절하고 싶은 색상 영역을 터치하고 상/하로 드래그해서 개별 색상을 설정한다.

Tip

설정 초기화하기

사진을 보정 전으로 초기화해서 다시 시작하고 싶다면, 패널 영역 아랫부분에 밑선이 있는 아래 방향 화살표 형태인 [Reset] 아이콘을 터치한다. 표시되는 메뉴에서 취소할 설정 범위를 선택할 수 있다. [Adjustment]를 터치하면 보정 설정들만 취소한다. [All]을 터치하면 사진을 원본 상태로 초기화한다. [To Import]를 터치하면 사진을 라이트룸 모바일로 불러왔을 때 상태로 복구한다(라이트룸 모바일에서 적용한 설정들만 취소한다). [To Open]을 터치하면 사진을 마지막으로 열었을 때의 상태로 되돌린다.

STEP 08

[Effects] 영역에는 Clarity, Dehaze, Vignette Amount 슬라이더들이 있으며, 기능도 라이트룸 데스크톱과 동일하다. 또한 색상 분할 톤 효과 버튼도 있다.

삼각형 형태의 [Detail] 아이콘을 터치하면, 라이트룸 데스크톱에서 사용하는 Sharpening 슬라이더와 Noise Reduction 슬라이더도 표시된다.

STEP 09

모든 슬라이더 외에 세 가지 보정 브러시와 필터 (Adjustment Brush, Graduated Filter, Radial Filter)도 라이트룸 모바일에 있다.

예제 사진에 빨간색 원으로 표시한 점선 테두리가 있는 원 형태의 [Selective Edits] 아이콘을 터치하면, 화면 왼쪽 윗부분 모서리에 큰 [+] 아이콘이 나타난다. [+] 아이콘을 터치하면, 세 가지 보정 도구가 표시된다.

원하는 도구를 터치하고(예제에서는 Adjustment Brush를 선택했다), 메뉴에서 브러시 크기, 경계의 부드러운 정도, 강도를 설정한다. 원하는 기능을 터치하고 위아래로 드래그해서 설정하면 된다.

Tip

보정 전후 사진 보기

사진을 터치하고 누르고 있으면, 편집 설정을 적용하기 전의 사진을 볼 수 있다.

STEP 10

도구 중 하나로 사진을 터치하면 선택 영역의 보정 사항을 설정해야 하므로 LIGHT, COLOR, EFFECTS 등 원하는 보정 기능을 선택한 다음 손가락으로 설정을 적용할 영역을 드래그해서 적용한다(Graduated Filter를 사용한다면 사진을 터치하고 아래로 드래그하고, Radial Filter를 사용한다면 터치하고 바깥 방향으로 드래그한다).

도구를 사용할 때 처음 손가락으로 터치한 지점에 핀이 추가되고 드래그하는 동안 마스크가 표시되거나, 브러시 편집 설정을 복사하거나 혹은 브러시 편집 설정을 제거하는 등 선택 항목이 있는 메뉴가 표시된다.

보정을 완료하면 [Done] 버튼을 터치하거나, 스마트폰을 사용한다면 체크 표시 아이콘을 터치해서 편집 설정을 적용한다. [Cancel] 버튼이나 작은 [×] 아이콘을 터치하면 선택 영역에 적용한 설정을 취소할 수 있다.

 STEP 11

두 개의 원이 겹친 형태의 [Presets] 아이콘을 터치하면 다양한 [Develop] 모듈 프리셋이 표시된다. 각 프리셋 옆에는 작은 미리 보기가 있다. 여기의 프리셋들은 한 번의 탭으로 적용하는 효과들이다. 효과가 마음에 들면 [Done] 버튼(혹은 체크 표시 아이콘)을 터치해서 적용을 완료하면 된다. PRESETS 영역에는 COLOR, CREATIVE, B&W, CURVE, GRAIN, SHARPENING, VIGNETTING 프리셋 세트들이 있다. 프리셋을 적용한 다음 Exposure나 Contrast 등의 슬라이더들로 추가 보정을 적용할 수 있다.

Note --------------------------------

현재는 라이트룸 데스크톱에서 직접 만든 프리셋이나 다운로드한 프리셋을 라이트룸 모바일로 불러올 수 없다.

 STEP 12

어떤 경우에는 여러 개의 프리셋 효과를 하나의 사진에 적용할 수 있다. 그 예를 잘 보여 주는 경우가 사진 가장자리를 어둡게 만드는 비네트 효과나 노이즈 혹은 커브 보정 설정을 적용할 때이다. 여러 개의 효과를 추가할 수 있는 이유는 이 프리셋들이 Split Toning이나 HSL, Color Mix 슬라이더를 사용하지 않고, 다른 프리셋을 추가해도 먼저 적용한 효과에 변화가 생기지 않는 설정들을 사용하기 때문이다.

예를 들어, [B&W] 프리셋을 적용한 다음 [Color] 프리셋을 추가하면 컬러 사진으로 바뀌지만, 노이즈나 비네트 효과 프리셋은 동일한 슬라이더들을 사용하지 않기 때문에 적용해도 괜찮다.

예제의 경우, [B&W] 프리셋 중 [B&W Soft]를 적용한 다음 [GRAIN] 프리셋 중 [Medium]을 추가해서 거친 입자의 필름 사진과 같은 효과를 만들었다.

STEP 13

라이트룸 데스크톱에서 작업 시간을 단축할 수 있는 강력한 기능인 [Apply Previous] 버튼이 라이트룸 모바일에도 있다. 이전 사진에 적용한 설정을 현재 선택한 사진에 한 번의 탭으로 똑같이 적용할 수 있는 이 기능의 사용법을 알아보자.

사진을 보정하고 [Filmstrip] 아이콘을 터치한 다음 동일한 설정을 적용할 사진을 찾아 터치한다. 그리고 [Edit] 패널에서 세 개의 슬라이더 오른쪽에 있는 [Previous] 아이콘을 터치한다. 표시되는 메뉴에서 기본 보정만 적용할지 혹은 크롭, 회전 등 전체 편집 설정을 적용할지 선택하면 사진에 즉시 적용된다.

STEP 14

하나의 사진에 적용한 설정을 다른 사진에도 적용(혹은 다수의 사진에 일괄 적용)할 수 있는 방법이 더 있다. 바로 설정을 복사해서 다른 사진에 적용하는 방법이다. 사진 보정을 완료한 다음 오른쪽 윗부분에 있는 점 세 개 아이콘을 터치하고 **[Copy Settings]**를 터치한다.

[Copy Settings] 창에서 복사할 설정 항목들을 체크해서 활성화한 다음 [OK]를 터치한다. 그리고 동일한 설정을 적용할 사진을 찾아 터치하고, 점세 개 아이콘을 터치한 다음 **[Paste Settings]**를 선택해서 적용한다. 또한 복사한 설정을 다수의 사진에도 일괄 적용할 수 있다.

STEP 15

렌즈 왜곡 현상이 있는 사진이 있다면, 렌즈 형태의 [OPTICS] 아이콘을 터치하고 Enable Lens Corrections를 활성화하여 렌즈 보정 프로필을 적용해 보정할 수 있다. 이 기능을 활성화하면, 내장된 렌즈 프로필들 중 촬영에 사용한 렌즈 기종에 부합하는 프로필을 선택해서 자동 적용한다. 프로필을 찾을 수 없는 경우에는 다음 방법을 시도해 보자.

STEP 16

[GEOMETRY] 아이콘을 클릭하면 한 번의 터치로 뒤로 넘어지는 건축물이나 수평이 맞지 않은 건축물과 같은 일반적인 렌즈 왜곡 현상을 자동 보정하는 Upright 기능을 사용할 수 있다. Upright 기능은 비뚤어진 사진도 보정한다.

이 패널에는 라이트룸 데스크톱과 동일하게 Distortion, Vertical, Horizontal, Rotate, Aspect 슬라이더가 모두 있으며, 윗부분에는 Upright 옆에 'Off'가 있다. 이 항목을 터치하면 Auto, Level, Vertical 등과 같은 항목이 있는 Upright 메뉴가 표시된다(272쪽 참고).

이 메뉴에 있는 [Guided]는 사진에서 직선이 되어야 하는 부분들을 터치하고 선을 드래그해서 보정하는 기능이다(Guided Upright 기능에 대한 자세한 내용은 276쪽 참고). 이 기능은 데스크톱보다 사용이 더 자연스럽게 느껴져서 모바일 기기에서 더 효과적이며, 최대 네 개의 선까지 추가할 수 있다. 결과가 만족스럽지 않다면, 휴지통 아이콘을 터치해서 취소하고, 결과가 마음에 들면 [Done] 버튼을 터치해서 적용한다. 또한 Constrain Crop은 Upright나 Guided Upright 기능을 적용하고 생길 수 있는 흰색 여백을 자동으로 잘라낸다(필자는 보통 이 기능을 항상 활성화한다. 대부분의 경우 작업 시간을 단축시킨다).

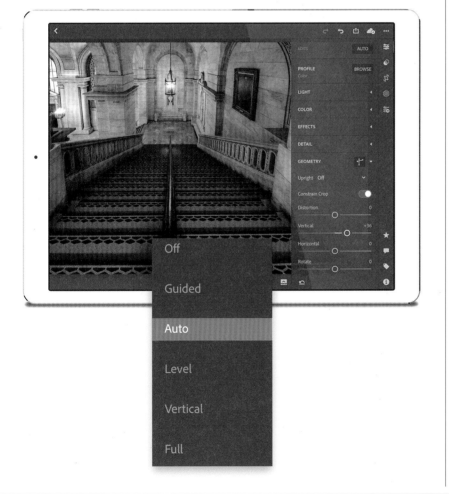

사진 자르고 회전하기

라이트룸 데스크톱 기능 중 라이트룸 모바일에서 훨씬 더 탁월한 것처럼 느껴진 기능을 꼽으라면 바로 자르기 기능이다. 라이트룸 모바일의 자르기 기능은 더 빠르고 직관적으로 느껴질 뿐 아니라 컴퓨터의 라이트룸과 똑같은 기능을 가지고 있지만, 모바일 기기에서의 사용이 더 부드럽고 쉬운 것 같다.

STEP 01

사진을 자르려면 자르기 도구 아이콘을 터치한다. 도구를 활성화하면 그림과 같이 사진에 크로핑 경계선이 나타나고, [CROP & ROTATE] 패널이 표시된다(스마트폰을 사용하는 경우에는 방향에 따라 아랫부분이나 옆에 아이콘들이 나타난다). 예제에서는 라이트룸 데스크톱에 있는 모든 자르기 기능들을 모바일에서 찾을 수 있다.

STEP 02

자를 때 종횡비 프리셋을 적용하려면(1×1 정방형, 4×3, 16×9 등), Aspect 메뉴를 터치하고(스마트폰에서는 여러 개의 직사각형이 쌓인 형태의 아이콘) 원하는 종횡비를 선택한다.

예제에서는 [16×9]를 선택하자 사진의 자르기 경계선이 새로운 종횡비로 업데이트되었다. 잘려 나가는 영역이 여전히 보이지만 짙은 회색으로 구분된다. 이제 자르기 경계선 안의 사진을 터치하고 드래그해서 위치를 조절한다.

Tip

자르기 설정 취소하기

자르기 경계선 내부를 두 번 터치하면 자르기를 적용하기 전으로 되돌아간다.

STEP 03

자르기 종횡비 프리셋 외에도 [Locked] 아이콘을 터치하면 종횡비에 구애받지 않고 자유롭게 사진을 자를 수 있으며, 자르기 경계선의 모서리나 한 면을 터치해서 다른 세 면에 영향을 주지 않고 자르기 설정을 할 수 있다(라이트룸 데스크톱에서 [Crop Overlay] 도구를 사용할 때 [Unlock] 아이콘을 클릭하는 것과 동일하다).

예제에서는 아이콘을 터치하고 양쪽 면 경계선을 터치한 다음 드래그해서 자르기 설정을 했다.

Rotate & Flip Image 영역에서 [Flip H] 아이콘(삼각형 두 개가 좌우로 배치된 형태의 아이콘)을 터치하면, 사진을 수평으로 뒤집는다. 물론 [Flip V] 아이콘을 터치하면(삼각형 두 개가 상하로 배치된 형태의 아이콘), 사진을 수직으로 뒤집는다.

Tip

Crop 오버레이 변경하기

자르기 도구를 선택한 후, 크로핑 경계선 내부를 두 손가락으로 터치하면 삼등 분할 오버레이 그리드가 임시로 나타난다.

STEP 04

크로핑 경계선 안에서 사진을 회전하려면, 경계선 외부를 터치하고 누른 채 위나 아래로 드래그한다. 예제 사진에서는 경계선 외부를 터치하고 드래그해서 사진을 약간 왼쪽으로 회전했다.

Tip

크로핑 경계선 세로로 바꾸기

크로핑 경계선은 기본적으로 가로이지만, 종횡비를 유지한 채 세로로 변경하려면 Aspect 영역에서 [Locked] 아이콘(왼쪽 곡선 화살표가 있는 직사각형 아이콘)을 터치한다.

웹에서 라이트룸 앨범 공유하기

라이트룸 데스크톱에서 앨범(컬렉션)을 동기화하면, 스마트폰과 태블릿에 동기화될 뿐만 아니라 동일한 앨범들이 특별한 개인 전용 웹 사이트와도 동기화된다(사용자만 접근할 수 있다). 이 '라이트룸 웹'의 장점은 여러분의 앨범들을 타인과(혹은 원한다면 SNS에도) 공유하기 위해 사용할 수 있다는 것이며, 흥미로운 선택 항목과 기능도 활용할 수 있다는 것이다.

STEP 01

앨범을 공유하는 기능이 라이트룸 모바일의 연장이기는 하지만(한 개 혹은 그 이상의 앨범(컬렉션) 동기화에 기반을 두고 있기 때문에), 이 기능은 모바일 기기를 통해 접근하지 않고 데스크톱 웹 브라우저를 사용한다(기술적으로는 스마트폰이나 태블릿에서 브라우저와 연결할 수 있지만, 모바일 기기에서는 이미 앨범에 접근이 가능하다).
동기화한 앨범들을 보려면, 라이트룸 데스크톱에서 [Help]-[View Your Synced Collections on the Web]을 실행한다. [Help] 메뉴에 이 항목이 없다면, 'http://lightroom.adobe.com'으로 접속한다.

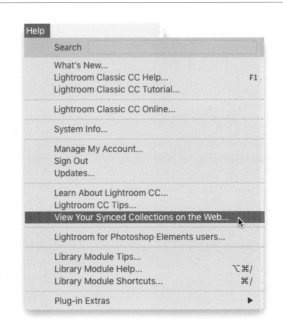

STEP 02

메뉴를 선택하면 웹 브라우저에 Lightroom Web이 표시된다(여러분의 사진들은 패스워드로 보호되기 때문에 어도비 ID와 패스워드로 로그인해야 할 수도 있다). 여기에서 동기화한 모든 앨범들을 볼 수 있다. Lightroom Web에 앨범을 가지고 있으면 좋은 이유가 무엇일까? 바로 공유가 훨씬 수월해진다는 점이다. 예를 들어, 고등학교 축구 경기를 촬영했는데, 다른 학부모들과 공유하고 싶다고 가정하자. 그러면 이메일이나 문자를 보내 개인적으로 앨범을 공유하거나, 페이스북, 트위터 또는 구글플러스를 통해 앨범을 공개적으로 공유할 수 있다.

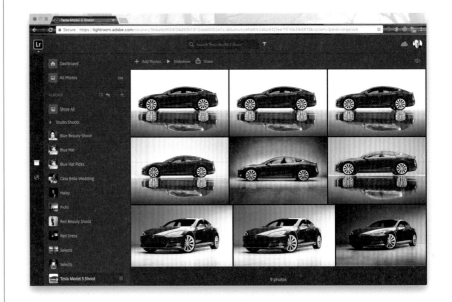

공유할 앨범을 클릭하고 페이지 윗부분 근처에 있는 [Share]를 클릭한다. [Share Options] 창에서 'Share This Album'을 선택하거나, 'Create a new share(사진과 함께 스토리를 담은 텍스트를 추가한 페이지를 만든다)' 중 원하는 공유 방식을 선택한다. 우선 'Share This Album'을 선택하고 또 다른 창에서 [Share This Album] 버튼을 클릭한다.

[Album Settings] 창에는 네 개의 탭이 있는데, 가장 많이 사용하는 [SHARE] 탭이 기본 선택되어 있다. 이 탭에는 앨범이 있는 웹 주소가 게시되어 있다. 웹 주소 오른쪽에 있는 클립보드 아이콘을 클릭해서 친구나 의뢰인에게 이메일이나 문자로 보내줄 수 있도록 주소를 복사한다.

앨범을 공개적으로 공유하고 싶다면, 페이스북이나 트위터 혹은 구글플러스 아이콘을 클릭한다. 창 아랫부분에는 공유할 앨범을 위한 몇 가지 선택 항목이 있다. 'Allow downloads'에 체크 표시해서 다운로드를 허용할 수 있으며(만약 축구 경기를 촬영했다면 다른 학부모들이 저해상도 사진을 다운로드할 수 있다), 'Show metadata'에 체크 표시하면 각 사진의 조리개, 셔터 스피드, 카메라 정보 등과 같은 메타데이터를 공개할 수 있고, 'Show location'에 체크 표시하면 카메라에서 기록된 GPS 정보를 공개한다.

앨범에서 Picks 등급이나 플래그 등급이 없거나 혹은 Rejects 등급의 사진들만 공유하고 싶다면, 창 아랫부분에 있는 플래그 선택 항목에서 설정한다(Reject 등급 사진들을 공유하고 싶은 사진가가 정말 있을까라는 의구심이 들기는 하지만).

누군가 자신의 브라우저에서 앨범이 있는 웹 주소
를 입력하면, 그림과 같은 화면을 보게 될 것이다.
사진을 클릭해 확대해서 볼 수 있으며, 방향키를
사용해서 사진들을 스크롤해서 볼 수도 있다. 오
른쪽 윗부분의 Play 아이콘을 클릭해 전환 효과까
지 들어간 슬라이드 쇼도 볼 수 있다(**STEP 04**의
[Album Settings] 창에 있는 [SLIDSHOW] 탭에
서 슬라이드 쇼를 설정할 수 있다).

다음 단계의 그림과 같이 사진을 확대해서 볼 때,
페이지 오른쪽에 있는 작은 [i] 아이콘을 클릭하
면 사진의 메타데이터나 GPS 정보도 볼 수 있다.

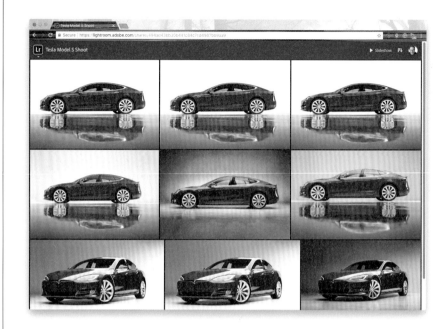

공유한 앨범을 보는 사람이 좋아하는 사진을 선택
하거나 의견 남기려면 어도비 사용자 계정이 필요
하다. 어도비 웹 사이트 계정은 무료이므로 쉽게
만들 수 있다.

필자의 경우에는 의뢰인을 위한 계정을 만드는데,
'access@KelbyPhoto.com'과 같이 평범한 주
소와 'client'와 같은 단순한 패스워드를 사용한다.
중요한 은행 계좌 정보 같은 것이 아니므로 단순
할수록 좋다. 그들은 필자가 그 웹 주소에 공유하
는 사진들만 보게 될 것이므로 모두 동일한 아이
디와 패스워드를 사용해도 상관없다. 그러므로 그
들이 언제든지 로그인해서 마음에 드는 사진을 발
견하면 하트 아이콘도 클릭하고 의견도 남길 수
있다.

창 왼쪽 아랫부분에 있는 의견 아이콘을 클릭하면
되며, 그들이 남긴 의견은 라이트룸 데스크톱에서
볼 수 있다.

STEP 07

공유한 앨범을 본 사람이 사진에 '좋아요'나 의견을 남기면 라이트룸 데스크톱 컬렉션에 노란색 멘션 아이콘이 추가된다(예제 사진에서 빨간색 원으로 표시한 곳과 같이 섬네일 배지가 추가된다). 그들이 남긴 멘션들은 [Library] 모듈 오른쪽 패널 영역 아랫부분에 있는 [Comments] 패널에서 찾을 수 있다.

Tip

웹에서 사진 편집하기

Lightroom Web에 있는 동안 사진을 편집하고 싶다면, [Basic] 패널 보정 기능들을 온라인에서 사용할 수 있다. 사진을 클릭해서 선택한 다음 왼쪽 윗부분 모서리에 [Edit This Photo] 버튼을 클릭하면 [Edit] 슬라이더가 오른쪽에 표시된다.

STEP 08

단순히 앨범을 공유하는 대신 앞에서 보았던 텍스트를 추가해서 스토리텔링 요소를 넣을 수 있는 Create a New Share 기능을 사용하고 싶다면, [Share Options] 창에서 'Create a New Share'를 클릭하고 제목을 설정한 다음 커버 사진을 선택한다. 다행히 어도비가 텍스트 추가 위치 설정 버튼을 효율적으로 배치했기 때문에 그 부분은 문제가 없을 것이다. 그러나 사진을 분리해서 텍스트를 더 추가할 수 있도록 설정하는 간격 설정 기능은 조금 찾기 까다롭다.

사진 사이의 간격을 조절하는 방법은 예제 사진에서 빨간색 원으로 표시한 부분과 같이 두 사진 사이에 마우스 포인터를 놓으면 나타나는 작은 + 표시를 클릭하는 것이다. + 표시를 클릭해서 두 사진 사이에 여백이 생기면, 새로운 텍스트 블록 버튼이 나타나 텍스트를 추가할 수 있다.

스토리를 완성하면, 페이지 왼쪽 윗부분 모서리에 공유 링크가 보인다. 이제 링크를 문자나 이메일로 보내거나 SNS에 공유할 준비가 끝났다.

스마트폰, 태블릿 혹은 웹에 촬영 실시간 공유하기

이번에 알아볼 기능은 라이트룸 모바일에서 가장 멋진 기능 중 하나이며, 이 기술은 의뢰인들에게 깊은 인상을 남긴다. 예제에서는 촬영 중에 의뢰인에게 태블릿을 건네주면, 실시간으로 사진을 볼 수 있을 뿐 아니라 Pick 등급이나 의견을 추가하고, 다른 장소에 있는 사람과 링크를 공유해서 촬영과 승인 과정에 의견을 반영할 수 있는 실시간 공유 기능을 설정해 보자.

STEP 01

촬영을 실시간으로 공유하기 위해서는 테더링 촬영으로 사진을 카메라에서 바로 라이트룸 데스크톱으로 보내야 한다(예제에서는 랩톱으로 사진을 보낼 것이다. 테더링 촬영 설정 방법은 98쪽 참고). 그림은 패션 촬영 현장의 모습으로 촬영한 사진들은 즉시 랩톱의 라이트룸 클래식으로 보내진다. 필자는 의뢰인이 테더링 촬영한 사진들을 아이패드(혹은 안드로이드 태블릿)로 볼 수 있을 뿐 아니라 의뢰인이 보는 사진들을 미리 선별하고 싶다.

STEP 02

먼저 라이트룸 데스크톱 · 랩톱에서 새 컬렉션을 만든다. [Create Collection] 창에서 컬렉션 이름을 설정한다. 예제에서는 'Red Dress Shoot'으로 지정했다. 그리고 'Set as target collection'에 체크 표시한다(촬영 실시간 공유를 위해 매우 중요한 기능이므로 반드시 체크한다). 또한 'Sync with Lightroom CC'에 체크 표시한다(이 또한 매우 중요하다).

'타깃 컬렉션'은 실시간 촬영에서 의뢰인이 들고 있는 아이패드에서 봤으면 하는 사진을 B를 눌러 타깃 컬렉션에 추가하는 것이다. 필자는 의뢰인에게 최고의 사진만 보여 주고 싶기 때문에 타깃 컬렉션을 만들어 보여 주고 싶은 사진들만 모은다.

STEP 03

아이패드에서 라이트룸 CC를 시작하면 새로 동기화한 컬렉션이 있다. 새 앨범을 터치해서 연 다음 촬영 현장의 뒤에서 지켜 보고 있는 의뢰인 혹은 아트 디렉터(또는 친구, 어시스턴트, 손님 등)에게 건네준다.

STEP 04

촬영을 시작한다. 촬영을 진행하다가 의뢰인에게 보여 주고 싶은 사진이 있을 때 B를 누르면 사진은 타깃 컬렉션으로 들어가고, 의뢰인이 들고 있는 라이트룸 모바일의 앨범과 동기화된다.

클라이언트에게 아이패드를 건네줄 때 마음에 드는 사진은 화면 아랫부분의 Pick 플래그를 터치하라고 알려 준다. 만약 의뢰인이 아이패드 또는 태블릿을 사용할 수 없는 상황이거나 기기를 가지고 있지 않다면, Lightroom Web을 대신 사용해서 (446쪽 참고) 동기화한 앨범을 공유하고, 문자로 앨범의 웹 주소를 알려 주면, 사진을 웹 브라우저에서 본다는 점 외에는 동일하게 진행된다. 웹 브라우저를 사용하면 Pick 플래그 대신 하트 아이콘을 사용해서 마음에 드는 사진을 표시할 수 있다. 또한 어도비 사용자 아이디와 패스워드가 있다면, 사진에 의견도 남길 수 있다(448쪽 참고). 이 기능의 또 다른 장점은 그들이 웹 주소를 타인들(사무실에 있는 동료 등)과 공유하면 타인들이 웹 브라우저에서 촬영을 실시간으로 지켜볼 수 있다는 것이다.

라이트룸 모바일에서 고급 검색하기

아마도 현재의 키워딩 시스템에 대해 만족감을 느끼는 사람은 아무도 없을 것이다. 어도비도 그 점을 알고 있는 듯하다. 그러므로 라이트룸 모바일의 키워딩을 사용하지 않는 검색 기능이 마음에 들 것이다. 이 검색 기능은 '자동차', '기타', '피자' 혹은 '어린이'와 같이 찾으려는 소재를 묘사하는 단어를 사용할 수 있다. Adobe Sensei로 작동하는 기능으로 대부분의 경우 만족스러운 결과를 얻을 수 있다.

STEP 01

Albums 보기 모드에서 오른쪽 윗부분 모서리에 있는 돋보기 아이콘을 터치해서 Sensei로 가동하는 검색 필드를 불러온다. 찾으려는 사진을 묘사하는 단어를 입력하면, 인공 지능을 사용해서 그 대상을 포함한 사진을 시각적으로 검색한다(별도의 키워드가 필요하지 않다).

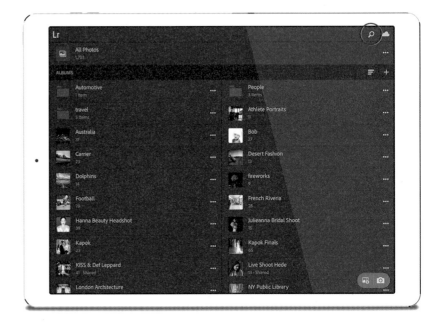

STEP 02

예제에서는 필자가 촬영한 모든 미식 축구 사진을 찾기 위해 검색 필드에 'football'을 입력하고 [Search] 버튼을 터치했다. 그림과 같이 1~2초 만에 모든 앨범에서 검색어와 일치하는 사진들이 찾아져 표시된다

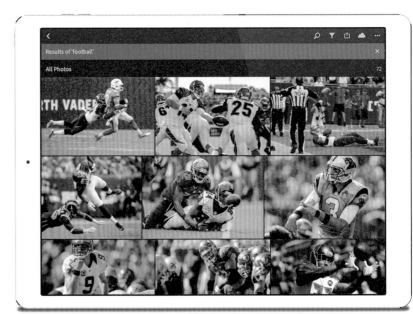

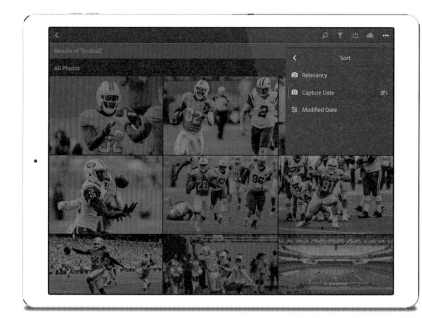

STEP 03

검색한 사진들을 정리하는 방법이 몇 가지 있다. 오른쪽 윗부분 모서리에 있는 점 세 개를 터치하면 [Sort] 메뉴에서 정리 방식을 선택할 수 있다. 기본 설정은 사진을 관련성에 따라 정리한 [Relevancy]이다. [Capture Date]를 선택하면, 가장 최근에 촬영한 사진이 맨 위에 표시된다. 오른쪽 아이콘을 터치하면 반대로 가장 오래된 사진이 맨 위에 표시된다.

Tip

라이트룸 모바일의 카메라 앱으로 촬영한 RAW 사진 카메라를 갤러리에 저장하기

라이트룸 모바일에 내장된 카메라로 촬영한 RAW 형식 사진은 스마트폰의 카메라 롤 혹은 갤러리가 아닌 라이트룸 모바일로 바로 보내도록 기본 설정되어 있다. 그러나 RAW 사진을 카메라 롤에 저장하고 싶다면, 윗부분 [Share] 아이콘을 터치하고 [Export Original]을 터치한 다음 [Camera Roll] 혹은 [Gallery]를 터치하면, RAW 사진들이 카메라 롤 또는 갤러리에 저장된다.

STEP 04

모든 앨범이 있는 Albums 보기 모드에서 검색을 시작하면, Sensei가 라이트룸 모바일에 있는 모든 사진들을 검색하도록 기본 설정되어 있다. 그러나 검색 범위를 특정 앨범으로 좁히고 싶다면, 검색하려는 앨범을 터치해서 열고 돋보기 아이콘을 터치한 다음 검색 조건을 입력하면(예제에서는 'bouquet'를 입력했다) 열려 있는 앨범만 검색된다. 예제에서는 부케가 있는 사진 두 개를 찾아서 불러왔다.

라이트룸 모바일 카메라 사용하기

이번 챕터를 시작할 때 라이트룸 모바일에 탁월한 내장 카메라 기능이 있다고 언급했다. 한 번 사용해 보면 다시는 일반 카메라 앱을 사용하지 않게 될 것이다. 이번에는 그 사용법을 배워 최대한 활용해 보자.

Albums 보기 모드나 앨범을 열고 있다면 화면 오른쪽 아랫부분 모서리에 파란색 알약 형태의 버튼이 보일 것이다. 그 버튼 오른쪽 카메라 아이콘을 터치해서 라이트룸 모바일 카메라를 불러온다. 앨범 안에 있을 때 카메라 버튼을 클릭하면 촬영한 사진들이 그 앨범에 포함된다. 그 외에는 Albums 보기 모드 화면 윗부분에 있는 [All Photos]로 들어간다.

불러온 카메라는 Automatic 모드로 기본 설정되어 있는데, 모든 노출이 자동 설정되어 일반 카메라 앱과 차이가 없다. 마치 DSLR 카메라나 미러리스 카메라로 촬영하는 것처럼 화이트 밸런스, ISO, 셔터 스피드, 조리개를 개별적으로 직접 설정하는 수동 모드로 촬영하고 싶다면, 셔터 버튼 아래에 있는 [Auto]를 터치해서 [High Dynamic Range]가 포함된 다른 선택 항목이 있는 메뉴를 불러온 다음 [Professional] 모드를 선택한다.

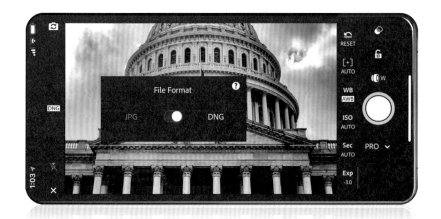

STEP 03

모든 Pro 모드 보정 아이콘들이 셔터 버튼 왼쪽에 배치되어 있다. 원하는 기능을 터치하면, 슬라이더가 나타난다(화이트 밸런스 기능인 [WB]를 선택하면 아이콘들이 나타난다).

또한 라이트룸 모바일 카메라는 JPEG 형식으로 촬영하도록 기본 설정되어 있지만 카메라가 RAW 형식을 지원한다면(아이폰 6 이상과 하이엔드 안드로이드 폰들은 RAW 형식 촬영이 가능하다), 화면 왼쪽에 있는 [JPG]를 터치하면 [File Format] 선택 항목이 표시된다. 버튼을 터치해서 어도비 RAW 사진 형식인 DNG 형식으로 변경한다.

STEP 04

라이트룸 모바일 카메라의 초점은 다른 카메라와 동일하게 초점을 맞추고 싶은 영역을 누르고 있으면 사각형 초점 영역 상자가 표시되어 맞출 수 있다.

Exposure Compensation 기능을 사용한 노출 보정 방법도 간단하다. 터치하고 왼쪽으로 드래그하면 노출을 어둡게 보정하고, 오른쪽으로 드래그하면 노출을 밝게 보정한다.

화면 윗부분에 노출 보정 값이 표시되어 노출이 얼마나 달라졌는지 확인하기도 쉽다.

STEP 05

그림의 아이콘은 다음과 같은 기능들을 가지고 있다.

❶ **노출 고정** : 아이콘을 터치해서 설정한 노출을 고정하고 구도를 조절한다.

❷ **광각/망원 화각 변경** : 화각을 변경할 수 있으며, 두 개의 렌즈가 내장된 아이폰과 같이 듀얼 렌즈 기능이 있는 폰에서만 가능하다.

❸ **실시간 촬영 효과 기능** : 사진을 찍기도 전에 프리셋 효과를 확인하고 적용할 수 있다. 그래서 셔터 버튼을 누르기 전에 흑백 효과나 대비 효과 혹은 창의적인 효과가 어울릴지 미리 보고 결정할 수 있다. 이 항목을 터치하면, 사진 아랫부분에 효과를 적용한 미리 보기 이미지들이 배치된다. 셔터 버튼을 터치해서 사진을 찍기 전에 마음에 드는 효과의 미리 보기를 터치해서 적용하면 된다.

Note

효과 프리셋을 적용해 사진을 촬영한 후 마음이 바뀐다면, 효과를 제거한 사진으로 되돌릴 수 있다.

STEP 06

왼쪽 윗부분(혹은 오른쪽 윗부분) 점 세 개를 터치하면 다음과 같은 추가 선택 항목들을 불러온다.

❶ 카메라 앱의 몇 가지 촬영 기능 기본 설정을 할 수 있다.

❷ 하이라이트 클리핑 경고 기능을 활성화/비활성화한다.

❸ 그림과 같이 [Grid&Level]에서 원하는 그리드 오버레이를 선택하거나 자동 수평 기능을 활성화할 수 있다.

❹ 셀프 타이머를 설정할 수 있다.

❺ 사진의 종횡비를 지정할 수 있다.

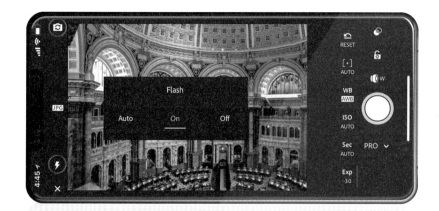

STEP 07

왼쪽 아랫부분(혹은 왼쪽 윗부분)에는 내장 플래시를 켜거나 끄는 아이콘이 있다. 아이콘을 터치하면, 예제 사진과 같은 [Flash] 메뉴를 불러온다. [Auto] 모드를 선택하면, 광원이 부족한 환경을 감지해 자동으로 플래시를 켠다. [On]과 [Off] 모드는 광원 조건에 상관없이 플래시를 항상 켜거나 끈 상태로 유지한다.

셀카를 찍고 싶다면, 곡선 화살표가 있는 카메라 아이콘을 터치한다.

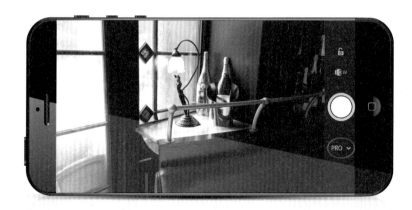

STEP 08

필자가 좋아하는 기능 중 하나로, 라이트룸 클래식과 동일한 기술을 사용해 더 넓은 계조 범위를 포착하는 HDR 모드를 사용할 수 있다. 레스토랑에서 촬영한 예제 사진을 예로 들어 보자.

필자가 라이트룸 모바일 카메라를 PRO 모드로 촬영한 윗부분 예제 사진에서는 창의 질감이 사라지고, 하이라이트 영역이 과도하게 밝아서 창 밖 풍경이 전혀 보이지 않는다.

[HDR] 모드로 전환하고 촬영한 아랫부분 예제 사진에서는 창 밖 테라스가 보이고, 판유리의 질감도 보인다. 테이블 램프도 위의 사진보다 세부 디테일이 나타나고, 오른쪽 샴페인 병이 있는 섀도우 영역도 훨씬 밝다.

[HDR] 모드로 촬영하면, 훨씬 더 넓은 계조 영역을 하나의 사진에 담을 수 있다.

라이트룸 모바일의 데스크톱 버전인 라이트룸 CC 알아보기

지금까지 라이트룸 모바일 사용법에 대해 알아보았다. 이번에는 라이트룸 CC라는 모바일 앱의 데스크톱 버전에 대해 간단히 소개하려고 한다. 라이트룸 CC는 모바일 버전과 똑같이 제한된 기능들을 가지고 있고 레이아웃도 거의 동일하며(모듈을 사용하지 않고 모든 것이 한 곳에 모여 있다), 심지어 앨범과 폴더를 사용한다는 점도 라이트룸 모바일과 동일하다.

데스크톱용 라이트룸 CC는 바로 이 책의 소개 글에서 언급했던 클라우드 저장을 기반으로 한 라이트룸 버전이다. 이제 기본적인 사용법을 알아보자.

STEP 01

데스크톱 라이트룸 CC의 사진을 불러오는 방식은 라이트룸 모바일과 약간 다르다. 직접 결정하는 사항들이 거의 없기 때문에 과정이 매우 간단하다. 사진은 어도비의 클라우드에 저장되기 때문에 파일 저장 위치를 설정하지 않는다. 사실 이 단계에서 할 수 있는 것은 단 두 가지이다. 불러오지 않을 사진들을 체크 해제하는 것과 사진을 추가할 앨범을 선택하는 것이다(가운데 윗부분에서 Add to Album을 지정한다). 사진을 새 앨범에 추가하는 경우에는 앨범명 설정 창만 있다.

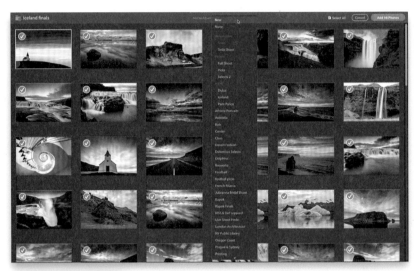

STEP 02

라이트룸 모바일의 메인 화면과 유사하기 때문에 예제 사진의 창이 익숙해 보일 것이다. 모바일 버전과 마찬가지로 앨범과 폴더가 왼쪽에 있으며, 앨범을 클릭하면 안에 있는 사진이 표시된다. 화면 아랫부분에서 Pick 플래그와 별점 등급을 설정한다. 왼쪽 아랫부분 섬네일 아래에는 보기 모드와 정리 방식 선택 항목들이 있다. 또한 윗부분에는 모바일 버전과 동일한 Sensei 검색 엔진을 사용하는 검색 바가 있다.

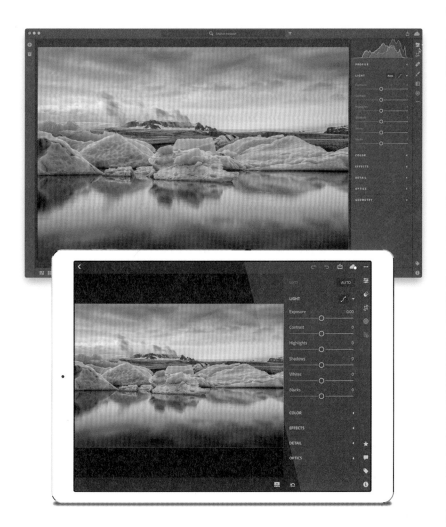

STEP 03

라이트룸 모바일과 마찬가지로 도구가 오른쪽에 배치되어 있으며, 도구 아이콘을 클릭해서 해당 도구 패널을 불러온다. 동일한 도구들이 동일한 순서로 동일한 그룹에 속해 있고 기능도 똑같다 (이번 챕터와 147쪽부터 시작하는 [Develop] 모듈에 대한 챕터에서 배운 슬라이더와 조절 기능이 동일하다).

차이점은 모바일 버전에서는 화면을 터치하고, 라이트룸 CC에서는 마우스로 클릭한다는 것뿐이다. 옆의 두 예제 사진을 보면 인터페이스가 크게 차이가 없다는 것을 알 수 있다.

Tip

클래식과 CC 버전 병용은 추천하지 않는다

어도비는 라이트룸 클래식이나 라이트룸 CC 중 하나만 사용하기를 추천하며, 두 버전의 병용은 추천하지 않는다. 한 가지 이유는 라이트룸 CC를 사용한 다음 라이트룸 모바일을 사용하는 경우, 적용한 설정이 라이트룸 클래식에 동기화되지 않고 라이트룸 CC에만 동기화되어 혼돈을 일으키기 때문이다. 그러므로 라이트룸 클래식과 라이트룸 모바일만 사용하면, 동기화에 아무 문제가 없을 것이다.

STEP 04

물론 라이트룸 CC에도 Color, Camera, B&W, 창의적인 프로필들이 모두 있다. 예제에서는 B&W 변환 프로필 중 하나를 클릭해서 컬러 사진을 흑백으로 변환했다. 라이트룸 CC에는 [Map] 모듈이나 [Print] 모듈이 없다. 앞으로 더 많은 기능이 추가되겠지만, 현재는 라이트룸 모바일과 동일한 기능만 있다.

CHAPTER 15

MY WORKFLOW
촬영부터 출력까지, 전체 작업 과정 알아보기

이 책의 지난 몇 판에는 필자의 라이트룸 작업 과정을 보너스 챕터로 마무리했다. 처음부터 끝까지 일반적인 프로젝트 작업 과정을 소개하면서 필자가 각 과정을 어떻게 다루고 대처하는지 보여 주었다.

이제 솔직히 밝힐 때가 왔다. 이번 챕터를 쓴 다음 사진을 재보정해서 챕터 전체를 다시 써야 했다. 그런데 또 다시 사진을 재보정하는 바람에 챕터를 다시 썼다. 결국 사진을 재보정할 때마다 챕터 전체를 다시 쓰는 과정을 반복했다. 그 이유는 필자가 늙어서 모든 것을 잊어버렸기 때문이다. 필자의 신체 나이는 50대밖에 되지 않는다(흔히 50대는 새로운 10대라고 하지 않던가). 그러나 필자의 정신 연령은 90대 후반에서 100대이기 때문에 라이트룸 작업 순서만 잊어버린 것이 아니라 랩톱을 어디에 두었는지 기억이 나지 않는다. 어제 사용했기 때문에 분명히 여기 어디엔가 있을 것이다.

어쨌든, 이번 챕터를 계속 다시 쓰는 대신 바에서 주는 냅킨에 라이트룸 작업에 대한 콘셉트를 보여 주는 간단한 그림을 그리기로 결정했다. 하지만 냅킨에 그림을 그리기 시작했을 때 두 가지 문제점에 부딪혔다. 첫 번째 문제점은 눈 앞에 라이트룸을 켜지 않았기 때문에 정확한 명칭들을 전부 기억할 수 없다는 것이다. 그래서 많은 경우에 작업 단계들을 매우 간략하게 설명해야 했다. 예를 들면, '오른쪽 윗부분 모서리에 있는 거시기 옆에 있는 거시기를 클릭한다'라든가, '윗부분 메뉴에서 그걸 변경하는 그 기능을 선택한다', 또는 '그 슬라이더를 움직여서 사진이 더 나아 보이게 만든다'라고 썼다. 직접 그린 그림을 첨부하면 무슨 내용인지 알 수 있을 거라고 확신한다.

두 번째 문제점은 그림 그릴 때 사용하는 펜과 자필로 쓴 노트가 랩톱 가방에 있다는 것이다. 나이를 먹는다는 것은 참 쉽지 않다.

촬영 단계 살펴보기

지금부터 필자의 일반적인 작업 과정을 소개하겠다. 필자의 작업 과정은 풍경 사진, 인물 사진 혹은 스포츠 사진 등 분야를 막론하고 동일한 방식으로 라이트룸을 사용하며, 동일한 과정으로 진행한다. 이번 챕터에 소개하는 작업 과정은 풍경 사진 촬영이므로 야외에서 시작된다. 필자가 촬영한 곳은 이탈리아 북부에 있는 돌로마이티 산맥이다. GPS 정보에 따르면 'Livinallongo del Col di Lana'에서 촬영한 것이라고 한다.

로케이션

필자는 형과 함께 여명 촬영 장소로 가던 중 이곳을 지나쳤다. 촬영을 마치고 돌아오는 길에 길가에 차를 세우고 작은 호숫가에 자리를 잡았다. 태양은 그다지 높이 뜨지 않은 상태라서 아직도 산 뒤에 있었다.

다소 어두운 광원 때문에(실제는 예제 사진 상태보다 어두웠다) 삼각대를 세우고 로우 앵글로 촬영하기 위해 그림과 같이 다리를 넓게 폈다. 삼각대는 영국 3 Legged Thing의 Albert이다.

카메라 정보와 설정

이번 작업 과정 레슨에 사용할 사진은(동일한 사진을 다운로드해서 과정을 그대로 따라할 수 있다. 16쪽 참고) 캐논 5D Mark IV와 캐논 24–70mm 렌즈로 촬영했다. 카메라를 조리개 우선 모드로 설정하고, f/11에 1/15초, ISO 100으로 촬영했다.

촬영 후 호텔에서 가장 먼저 한 일은 사진들을 2테라바이트 휴대용 외장 하드 드라이브에 백업하는 것이었다(그 결과 이제 사진이 메모리 카드와 외장 드라이브 두 곳에 있다). 인터넷을 사용할 수 있다면, Picks 등급 사진들을 Dropbox에 저장해서 클라우드 백업도 한다. 예제 사진은 촬영 중 뒤로 돌아 형 제프를 촬영한 것이다. 형은 이번 레슨과 아무 관련이 없다. 그냥 멋진 형을 자랑하고 싶었다.

여행에서 돌아온 다음 사진을 라이트룸으로 불러온다. 그리고 물론 집이든 촬영 현장이든 상관없이 사진은 항상 외장 하드 드라이브에 저장한다. 필자는 항상 경량 WD Element 2테라바이트 외장 드라이브를 가지고 다니는데, 가볍고 부피가 작아서 카메라 가방 공간을 많이 차지하지도 않고 가격도 저렴하다.

워크플로우 1
사진 불러오기

STEP 01

사진을 라이트룸으로 불러올 준비를 마치고 메모리 카드 리더기를 컴퓨터에 연결하면 그림과 같이 라이트룸의 [Import] 창이 표시된다. 메모리 카드에 있는 사진들을 복사하기 위해 윗부분에서 'Copy'를 클릭하면, 오른쪽 끝에 복사한 사진을 보내는 위치가 표시된다(예제에서는 'Scott's External Hard Drive').
작은 섬네일로 봐도 엉망인 사진(예를 들어, 초점이 전혀 맞지 않은 사진)을 발견하면, 어차피 삭제할 사진이므로 섬네일에서 체크 표시를 해제하여 불러오기를 취소한다.

STEP 02

[Library] 모듈에서 기다리지 않고 사진을 빨리 보기 위해 [File Handling] 패널에서 Build Previews를 'Minimal(로딩이 빠른 섬네일)'로 지정한다.
중복된 파일을 불러오지 않기 위해 항상 'Don't Import Suspected Duplicates'에 체크 표시한다. 또한 알아보기 쉽고 간단한 파일명을 설정한다. 예제에서는 'Dolomites'로 지정했다. 그리고 파일명 뒤에 '-1'로 시작하는 일련번호를 추가하도록 설정한다.
마지막으로 [Apply During Import] 패널의 Metadata에서 불러오는 모든 사진에 저작권 정보를 적용하도록 설정한다(저작권 템플릿을 만드는 방법은 110쪽 참고). 이제 [Import] 버튼을 클릭해서 사진을 불러온다.

워크플로우 2
사진 분류하기

사진을 라이트룸으로 불러온 다음에는 최상의 사진들을 분류하는 과정을 시작할 차례이다. 필자의 SLIM 시스템(52쪽 참고)으로 사진을 정리하고, 컬렉션 세트를 만들고, Pick 등급 사진들을 분류한 다음, Select 사진들을 찾고 모아서 컬렉션을 만들고, 컬렉션 세트 안에 넣는다.

STEP 01

[Library] 모듈 [Collections] 패널 헤더의 [+] 아이콘을 클릭하고 **Create Collection Set**를 실행한다. [Create Collection Set] 창에서 Name을 입력하고(예제에서는 'Dolomites with Jeff'로 지정했다), Location 영역에서 새로 만든 컬렉션 세트를 넣을 컬렉션 세트를 선택한다. 예제에서는 'Landscape' 컬렉션 세트로 지정했다.
설정을 마친 다음 [Create] 버튼을 클릭한다.

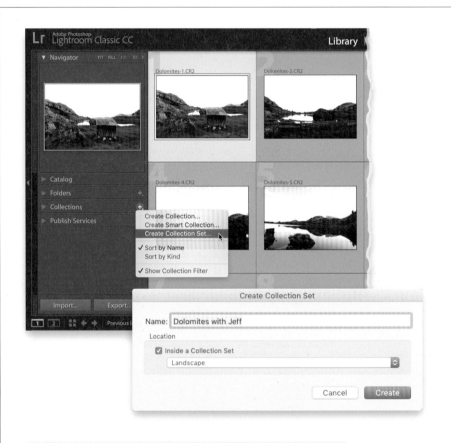

STEP 02

다음은 Dolomites 컬렉션 세트에 넣을 새 컬렉션을 만들어 돌로마이티 산맥에서 촬영한 사진들을 모두 넣을 것이다(필자는 모든 사진을 동일한 방식으로 정리한다).
Ctrl + A (Mac: Command + A)를 눌러 불러온 사진들을 모두 선택하고 Ctrl + N (Mac: Command + N)을 눌러 그림과 같은 [Create Collection] 창을 표시한다. Name을 'Full Shoot'으로 지정하고, Location 영역에서 앞 단계에서 만든 컬렉션 세트를 선택한다(예제에서는 'Dolomites with Jeff'로 지정했다).
Options 영역의 'Include selected photos'는 기본적으로 활성화되어 있지만, 그렇지 않은 경우에는 직접 체크 표시하고 [Create] 버튼을 클릭한다.

STEP 03

다음 단계는 촬영한 사진 중 최상의 사진들을 선별하는 작업이다. 첫 번째 사진을 클릭하고 Shift +Tab을 눌러 모든 패널을 숨긴다(또는 F를 눌러 사진을 Full Screen 보기 모드로 표시한다). 사진을 넘겨 보다가 마음에 드는 사진에서 P를 눌러 Pick 등급으로 설정한다(화면에 그림과 같이 사진을 Pick 등급으로 설정했다는 메시지가 표시된다. Full Screen 보기 모드에서는 화면 아랫부분 중앙에 작은 흰색 플래그가 표시된다). →를 눌러 다음 사진으로 진행하면서 나머지 사진들도 보며 Pick 등급 사진을 고른다.

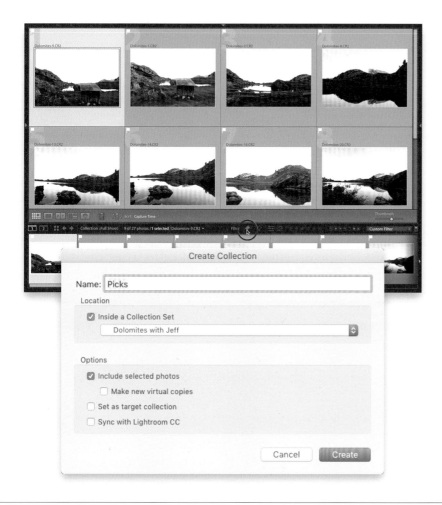

STEP 04

아랫부분에 Filmstrip 영역이 보이는지 확인하고, Filter에서 흰색 Pick 플래그를 더블클릭해서 Picks 등급 사진들만 보이도록 설정한다.

Note

Filter 옆 세 개의 Pick 플래그가 보이지 않는 경우에는 단어 'Filter'를 클릭하고 옆으로 드래그한다.

Ctrl+A(Mac: Command+A)를 눌러 Pick 등급 사진들을 일괄 선택하고, Ctrl+N(Mac: Command +N)을 눌러 새 컬렉션을 만든다. 컬렉션 이름을 'Picks'로 지정하고, 'Inside a Collection Set'에 체크 표시한 다음 'Dolomites with Jeff' 컬렉션 세트를 선택한다. [Create] 버튼을 클릭하면, Pick 사진들만으로 만든 새 컬렉션이 'Dolomites with Jeff' 컬렉션 세트에 추가된다.

지금까지의 작업 진행 과정을 정리해 보면 'Dolomites with Jeff' 컬렉션 세트를 만들었으며 그 안에 새 컬렉션 'Full Shoot'과 'Picks'를 만들었다.

STEP 05

다음은 분류 기준을 더 좁혀서 사진을 선별한다. 보정해서 온라인에 공유하거나, 출력할 만한 가치가 있는 최고의 사진을 천천히 고를 것이다. [Collections] 패널에서 방금 만든 'Picks' 컬렉션을 클릭하고, 미리 보기 영역에서 첫 번째 사진을 클릭해서 최고의 사진을 골라 보자. 이번에도 Shift + Tab 을 눌러 패널을 숨긴다. 그러나 이번에는 사진들에 이미 Pick 등급을 적용했기 때문에 최고의 사진에 별점 다섯 개 등급을 설정한다. Pick 등급 사진들을 넘겨 보면서 그중 최고의 사진에 5 를 눌러 별점 다섯 개 등급을 적용한다(그러면 화면에 'Set Rating to 5'라는 알림 메시지가 표시된다).

STEP 06

→를 눌러 Pick 등급 사진들을 넘겨 보면서 최고의 사진들에 별점 다섯 개 등급을 설정한다. 사진 선택을 마치면, Filmstrip 영역 윗부분 별점 다섯 개 등급 필터를 클릭해 사진 중 최고의 사진들만 화면에 나타나도록 설정한다.

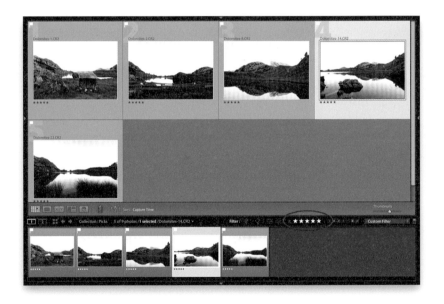

Ctrl+A(Mac: Command+A)를 눌러 별점 다섯 개 등급 사진을 모두 일괄 선택하고 Ctrl+N (Mac: Command+N)을 눌러 'Selects'라는 이름의 새 컬렉션을 만들어 'Dolomites with Jeff' 컬렉션 세트에 넣는다. 이제 'Dolomites with Jeff' 컬렉션 세트 안에 'Full Shoot', 'Picks', 'Selects', 세 개의 컬렉션이 있다.

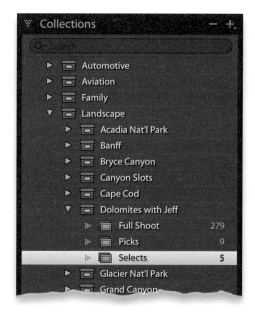

[Collections] 패널을 살펴보면, 지금까지 진행한 사진 정리 결과를 볼 수 있다(CHAPTER 02에서 이미 배웠으므로 익숙한 형태일 것이다). 'Landscape' 컬렉션 세트 안에 'Dolomites with Jeff' 컬렉션 세트가 있고, 그 안에 다음 세 개의 컬렉션이 있다.

❶ Full Shoot
❷ Picks
❸ Selects

필자가 실제로 보정하고, 자르고, 편집하거나 공유할 사진들은 'Selects' 컬렉션에 있다. 웨딩, 여행, 인물 혹은 스포츠, 사진의 종류에 상관없이 필자의 사진 정리와 분류 방식은 동일하다.

워크플로우 3
Select 등급 사진
보정하기

보정할 만한 가치가 있는 사진들을 선별했으니, 보정을 시작해 보자. 예제에서는 필자의 Select 등급 사진 보정 과정을 처음부터 완료 단계까지 카메라로 촬영한 RAW 형식 사진을 사용해 보여 줄 것이다.

예제 사진은 [Develop] 모듈로 불러온 RAW 형식 사진이다(동일한 사진을 이 책 소개 부분에서 알려준 웹 사이트에서 다운로드해 과정을 따라할 수 있다).

사진을 촬영할 때 ND 점진 필터가 없었기 때문에 하늘은 노출 과다이고, 전경은 역광 때문에 음영에 묻혔다. 그리고 하늘에 비행운이 있고, 다듬어야 할 잡초도 있다.

우선 RAW 사진에 프로필을 적용한다. 예제에서는 일단 Profile을 'Adobe Vivid'로 지정했지만 적용 전후 차이가 거의 없다. 하지만 나중에는 도움이 될 것이다.

[Basic] 패널에서 간단하지만 밋밋한 하늘 보정에 최적인 기법을 먼저 사용한다. 그것은 바로 Exposure 설정을 낮추는 방법이다. 어두워진 전경은 그 다음에 보정한다. 종종 엉망인 하늘보다 어두운 전경 보정이 훨씬 쉽다.

예제에서는 Exposure를 '−1.55'까지 낮췄다 (**STEP 01** 사진과 비교하면 훨씬 개선되었다). 그러나 그 결과 전경이 많이 어두워졌다.

전경 보정 역시 어렵지 않다. Profile을 'Adobe Color'로 변경해 보자. 색상 프로필에 따른 차이를 확인한 다음 다시 'Adobe Vivid'로 지정한다.

STEP 03

다음은 화이트와 블랙 포인트를 설정해서 계조 범위를 확장한다(라이트룸의 자동 기능을 사용한다). Shift를 누른 채 슬라이더 이름인 'Whites', 그리고 'Blacks'를 클릭해서 화이트와 블랙 포인트를 자동 설정한다.

예제에서는 깊은 섀도우 영역이 충분히 있기 때문에 Blacks 설정에는 큰 변화가 없지만, Whites는 '36'까지 높아졌다.

STEP 04

어두운 영역도 잘 보이도록 Shadows 슬라이더를 오른쪽으로 드래그한다. 예제에서는 '86'까지 드래그했다. 다음 단계에서 Contrast를 높이면 약간의 디테일 손실이 생기므로 적절하다고 생각한 설정보다 조금 더 높게 설정했다.

STEP
05

Contrast를 이용해 밝은 영역은 더 밝게, 어두운 영역은 더 어둡게 만든다. 필자는 보통 Contrast 를 높이는데, 예제의 경우에는 전경을 어둡게 만들지 않고 대비를 높일 수 있는 최대 설정이 '50' 이다. 하지만 이 정도만으로 충분하다.
또한 하늘을 더 선명하게 하기 위해 Highlights를 '-40'으로 낮추었다.

STEP
06

산과 풀을 더 선명하게 보정하기 위해 Clarity 설정을 높인다(예제에서는 '23'으로 설정). 그리고 Vibrance 설정을 약간 높여 더 풍부한 색상을 만든다(예제에서는 '6'으로 설정).

STEP 07

시각적 방해 요소인 하늘의 비행운을 제거해 보겠다. 예제의 경우, 모든 비행운을 제거하는 것은 불가능하다. 특히 하늘을 수평으로 가로지른 비행운은 크기도 하지만, 이 정도 레벨의 리터칭은 라이트룸에서 불가능하다(심지어 포토샵에서도 쉽지 않다).

Spot Removal 도구(⒬)를 선택하고, 사진에서 왼쪽 윗부분에 있는 비행운을 그림과 같이 드래그한다.

STEP 08

하늘을 보기 좋게 보정한 다음에는 아랫부분으로 내려와 왼쪽에 삐죽 솟아 있는 풀을 제거한다. 풀을 제거할 때 샘플 영역을 클릭하고 왼쪽으로 드래그해서 위치를 재조절해 더 나은 샘플 영역을 선택해야 할 수도 있다. 이와 같은 보정에는 인내심을 가지고 브러시 크기를 제거하려는 요소보다 약간 크게 설정해서 비행운이나 풀을 드래그하여 제거한다.

샘플 영역을 다른 영역으로 이동하는 것을 두려워하지 말고 이리저리 이동해서 더 나은 샘플 영역을 찾아보자(Spot Removal 도구의 자세한 사용법은 265쪽 참고).

STEP 09

다음은 ND 점진 필터 효과를 사용해 하늘을 더 멋지게 만들어 보자. 오른쪽 패널 영역 윗부분에서 Graduated Filter 도구(M)를 선택하고(197쪽 참고), 'Effect'를 더블클릭해서 모든 슬라이더 설정을 '0'으로 초기화한 다음 Exposure 슬라이더를 왼쪽으로 드래그해서 노출 설정을 낮춘다(예제에서는 '−0.89'로 설정했다).

Shift를 누른 채 도구로 사진 윗부분 가운데 지점을 클릭하고 수면 경계선을 약간 지난 지점까지 드래그해서 그림과 같이 하늘을 어둡게 만든 다음 아래로 내려올수록 점진적으로 투명해지는 점진 필터 효과를 추가한다.

더 풍부한 색상의 하늘을 원한다면 Contrast를 약간 더 높인다(예제에서는 '35'까지 높였다).

STEP 10

전 단계에서 하늘을 어둡게 만들기 위해 드래그한 Graduated Filter 효과가 왼쪽 바위 언덕까지 어둡게 만들었다. 이러한 경우에 우리는 보통 Eraser 브러시로 드래그해서 설정을 지우지만, Range Mask 기능을 사용하면 더 정확하고 빠르게 보정할 수 있다.

Range Mask를 'Color'로 지정하고 스포이트를 선택한 다음 사진에서 보호하려는 색상을 클릭한다(Shift를 누른 채 색상을 다섯 개까지 선택할 수 있다).

예제에서는 스포이트로 여러 곳을 클릭해 봤지만, 하늘에도 영향을 주었기 때문에 그림과 같이 한 가지 색상 대신 클릭하고 드래그해서 색상 범위를 선택했더니 마스크가 바위 언덕을 Graduated Filter 효과로부터 완벽하게 보호해 더 이상 어둡지 않다.

STEP 11

이제 샤프닝을 적용할 차례이다. [Detail] 패널의 Sharpening 영역에서 Amount 슬라이더를 적절하다고 생각되는 지점까지 드래그한다(효과를 정확하게 보기 위해서는 패널 왼쪽 윗부분의 느낌표 아이콘을 클릭해 사진을 1:1 크기로 확대해야 한다는 점을 기억하자. 샤프닝에 대한 자세한 내용은 282쪽 참고).

예제에서는 Amount를 '70'으로 설정했으며 보통 그보다 높게 설정하지 않는다. 더 강한 샤프닝을 원한다면, Radius를 '1.1'까지 높일 수 있지만 이 정도만으로도 충분할 것이다. 이제 보정 전후 사진을 비교해 보자.

STEP 12

Y 를 눌러 보정 전후의 사진을 나란히 배치하고 비교해 보자. 바위 언덕 디테일을 더 살리고 싶다면, Adjustment Brush 도구(K)를 선택한 다음 모든 슬라이더를 '0'으로 초기화하고, Exposure를 '0.50'으로 설정한다. 작은 크기의 브러시로 배경에 있는 언덕을 드래그해도 되지만, 그 대신 Shadows를 '86'에서 '96'으로 높였다. 또한 필자는 보정한 사진 색상이 너무 강하다고 느껴서 Vibrance를 '6'에서 '-3'으로 낮췄다. 이것이 바로 필자의 일반적인 사진 보정 작업 과정이다.

워크플로우 4
의뢰인의 피드백 받기

의뢰인이나 잡지사 혹은 블로그나 기업의 소셜 미디어 팀을 위한 촬영을 진행한 경우에는 최종 사진을 보여 주고 의뢰인으로부터 사용하고 싶은 사진에 대한 피드백이나 조언을 받아야 할 것이다. 이번에는 의뢰인이 마음에 드는 사진을 선택하고 피드백을 보낼 수 있는 온라인 갤러리를 짧은 시간에 만드는 과정을 보여 주려고 한다.

STEP 01

사진 보정을 완료하고 결과가 마음에 든다면, 'Selects' 컬렉션을 의뢰인에게 보여 줄 차례이다 (친구나 가족에게 보여 줄 수도 있다).
[Library] 모듈에서 'Sync with Lightroom CC'를 시작하여 동기화를 준비하고(428쪽 참고), [Collections] 패널의 'Selects' 컬렉션 이름 왼쪽에 있는 동기화 아이콘(예제에서 빨간색 원으로 표시한 곳)을 클릭한다.
의뢰인이 볼 컬렉션의 이름을 재설정하고 싶다면, 컬렉션 이름을 마우스 오른쪽 버튼으로 클릭하고 **Rename**을 실행해서 변경한다. 예제에서는 'Dolomites Selects'로 재설정했다.

STEP 02

동기화한 컬렉션은 [Library] 모듈의 [Help]-[View Your Synced Collections on the Web]을 선택하여 웹 브라우저로 볼 수 있다. 그러면 lightroom.adobe.com에 만들어진 개인 웹 페이지가 표시된다. 어도비 ID와 패스워드로 로그인하고 동기화한 컬렉션 목록에서 'Dolomites Selects' 컬렉션을 클릭하면 안에 있는 사진들을 볼 수 있다. 이 시점에서는 사용자만 볼 수 있으므로 타인들과 공유하기 위해 윗부분에 있는 'Share'를 클릭한다.

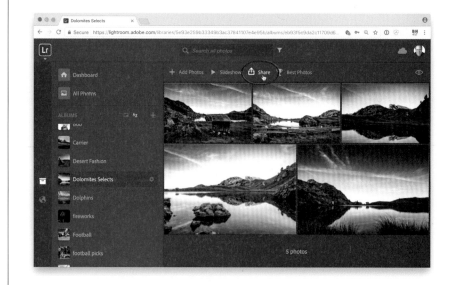

STEP 03

선택한 사진을 공유할지 묻는 [Share Options] 창에서 'Share This Album'을 선택하고, 다음 창에서 [Share This Album] 버튼을 클릭한다.

[Album Settings] 창에 블록으로 선택된 웹 주소가 'Selects' 컬렉션을 볼 수 있는 페이지이다. 오른쪽 작은 클립보드 아이콘을 클릭해서 주소를 메모리로 복사하면, 문자나 이메일에 붙여서 의뢰인에게(혹은 친구) 보낼 수 있다. 이 대화창에 있는 다른 선택 항목들에 대해서 더 알고 싶다면 447쪽을 참고하자.

STEP 04

의뢰인이 그 링크를 클릭하면, 웹 브라우저를 시작해서 'Dolomites Selects' 컬렉션을 볼 수 있다. 섬네일을 클릭하면 그림과 같이 사진이 크게 확대된다. 의뢰인들이 사진에 표시나 의견을 남겨서 피드백을 주려면 어도비 ID와 패스워드가 필요하다. 필자는 보통 의뢰인이 사용할 수 있는 계정을 만들어 알려 준다.

의뢰인이 하트 아이콘이나 의견 아이콘을 클릭하면, 오른쪽에 [Activity] 패널이 열린다. 의뢰인이 사진에 '좋아요'를 태그하거나 의견을 남기면, 여러분 컴퓨터에 있는 라이트룸의 [Selects] 컬렉션에 작은 노란색 느낌표 아이콘이 나타난다. 의견은 [Library] 모듈의 [Comments] 패널에서 볼 수 있으며, 서로 의견을 교환할 수도 있다. 이 기능으로 쉽게 의뢰인의 피드백을 받고, 의뢰인이 원하는 사진을 파악하고 대형 사진으로 출력할 수 있다.

워크플로우 5
사진 출력하기

지금까지 사진을 선별하고, Selects 사진들을 보정해서 외뢰인이 원하는 사진이 무엇인지 피드백까지 받았다. 이제 최종 사진을 출력할 차례이다. 필자는 보통 의뢰인이 요구하지 않아도 최종 사진을 큰 크기로 출력해서 보낸다. 의뢰인에게 감사하는 마음을 전달하는 필자만의 인사 방식이다.

STEP 01

출력하려는 사진을 클릭한 다음 [Print] 모듈의 [Template Browser] 패널에서 템플릿을 선택한다(여기에서 사용할 템플릿은 CHAPTER 11에서 직접 만든 것이다). 이 템플릿의 기본 크기는 US Letter(8×11인치)이기 때문에 왼쪽 패널 영역 아랫부분 [Page Setup] 버튼을 클릭해서 더 큰 페이지 크기를 선택한다. 표시되는 창에서 프린터, 페이지 크기, 페이지 방향을 선택하고 [OK] 버튼을 클릭해서 설정을 적용한다. 새로운 페이지 크기를 설정한 다음에는 여백 재조절이 필요한 경우도 있다.

STEP 02

이제 사진을 출력할 차례이다(CHAPTER 12 참고). [Print Job] 패널에서 Print to를 'Printer'로 지정한다. 필자의 경우 컬러 잉크젯 프린터를 사용하기 때문에 Print Resolution을 '240ppi'로 지정한다. 'Print Sharpening'에 체크 표시하고 메뉴에서 샤프닝 강도를 선택한다(필자는 일반적으로 'High'로 지정한다).

Media Type에서 출력하는 용지 종류를 지정한다(예제에서는 'Matte'로 지정했다). 사용하는 프린터가 16비트 출력 기능을 가지고 있다면 '16 Bit Output'에 체크 표시한다.

Color Management 영역에서 Profile과 Intent를 지정한다(자세한 방법은 397~399쪽 참고). 필자는 'Relative'로 지정했다.

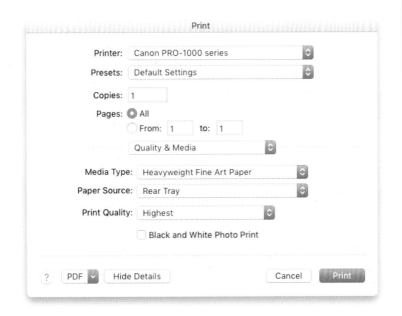

STEP 03

오른쪽 패널 영역 아랫부분에서 [Printer] 버튼을 클릭해서 [Print] 창을 표시한다. PC의 [Print] 창은 모습이 Mac과 다르지만 기본 기능은 동일하다. 출력 설정은 프린터 기종에 따라 조금씩 차이가 있지만, 색상 관리 기능을 비활성화하고, 출력 용지 선택만 주의하면 된다.

STEP 04

테스트 출력을 실행한다. [Print] 버튼을 클릭하고 사진이 출력되어 나올 때까지 기다린다. 테스트 출력 사진은 모니터에서 본 사진보다 어두울 가능성이 높다. 그러한 경우에는 [Print Job] 패널 아랫부분에서 'Print Adjustment'에 체크 표시하고 Brightness 슬라이더를 오른쪽으로 약간 드래그해서 보정한 다음 다시 테스트 출력을 실행한다. 적절한 설정을 찾기까지 두세 번 정도의 테스트 출력이 필요할 것이다. 적정 값을 찾으면 설정을 기억해 두고 동일한 용지를 사용할 때마다 적용할 수 있다(대비 역시 동일한 방법으로 설정할 수 있다). 그러나 출력한 사진의 색상에 문제가 있는 경우(푸른색이 강하거나 빨간색이 강하거나 등)에는 [Develop] 모듈의 [HSL] 패널에서 해당 색상의 Saturation 슬라이더를 재조절하고 다시 테스트 출력을 실행한다. 지금까지 촬영부터 최종 출력까지 필자의 작업 과정을 살펴보았다. 작업 과정을 책 가장 뒷부분에 넣은 이유는 라이트룸의 모든 기능을 파악한 다음에 읽어야 완전히 이해할 수 있기 때문이다. 이해되지 않는 부분이 있다면, 해당 기능에 대해 자세히 설명한 챕터로 돌아가 다시 읽어 보기 바란다.

디지털 사진에 대해 더 배우고 싶다면

이 책을 끝낸 다음 라이트룸 또는 포토샵에 대해 더 배우고 싶거나 사진을 더 잘 찍고 싶은 생각이 든다면 필자의 다른 저서 한 권과 도움이 될 만한 사이트를 추천한다.

Photoshop for Lightroom Users

이 책에서도 두어 번 예를 들어서 알겠지만 라이트룸에 없는 기능들을 사용하기 위해 포토샵으로 전환해서 작업을 해야 하는 경우가 있다. 그래서 필자가 포토샵을 사용해야 하는 라이트룸 사용자들을 위한 책을 썼다. 이 책에는 라이트룸에서는 할 수 없는 포토샵 기능을 배울 수 있다.

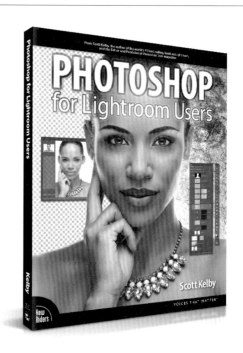

필자의 웹 사이트 : LightroomKillerTips.com

라이트룸 전문가 롭 실반과 함께 운영하는 라이트룸 블로그이며, 무료 팁과 레슨, 기법들에 대한 포스트를 올린다. 또한 질문에 답변을 하고, 콘테스트도 가끔 열어 경품도 주고, 무료 프리셋도 다운로드할 수 있는 라이트룸 사용자들을 위한 커뮤니티이다. 사이트를 북마크로 저장하거나 RSS를 팔로우해도 된다. 가입이나 등록은 필요 없으므로 언제든지 접속해서 유용한 정보도 얻고 다른 사용자들과 정보도 교환하며 즐기기 바란다.

필자의 온라인 라이트룸 강의 : KelbyOne.com

KelbyOne.com의 대표인 필자의 라이트룸 강의 뿐 아니라, 매트 클로스코우스키, 세르지 라멜리, 테리 화이트, 라이트룸 모바일 제품 매니저 조쉬 해프텔과 같은 세계적으로 저명한 라이트룸 강사들의 온라인 강의를 50개 이상 찾을 수 있다. 또한 라이트룸뿐 아니라 포토샵, 조명, 포즈, 풍경 사진까지 모든 사진 분야에 대한 온라인 강의를 찾을 수 있다. 월간 회원비는 10달러부터 시작되며, 월간 혹은 연간 회원이 되면 KelbyOne.com의 모든 강의를 자유롭게 열람할 수 있다.

라이트룸 세미나

필자는 미국 전역, 캐나다, 영국에서 세미나 투어를 연다. 기회가 된다면 세미나에 참가해 보기를 권한다. 세미나 투어에 대한 정보(세미나가 열리는 도시와 스케줄 정보)는 KelbyOneLive.com에서 찾을 수 있다. 여러분을 필자의 세미나에서 직접 만날 수 있기를 고대한다.

찾아보기

찾아보기

찾아보기